하룻밤에
읽는
미국사

아메리카 대륙의
발견에서
트럼프 행정부까지

손세호 지음

하룻밤에
읽는

미국사

AMERICAN HISTORY

RHK
알에이치코리아

《하룻밤에 읽는 미국사》 초판이 발간된 지 어느덧 12년, 개정판이 발간된 지도 벌써 8년이 지났다. 지난번 개정판 서문에서 "미국사의 경우는 수시로 돌아보고 점검하며 새로이 서술하고 해석해야 할 것이 끊임없이 발생하는 말 그대로 살아 움직이는 역사"라고 썼는데, 그사이 미국에서 일어난 사건들을 돌아보면 역시 틀린 말이 아니라는 것을 이번에도 절감하게 된다.

지난 8년 동안 미국에서는 무슨 일들이 일어났을까? 개정판에서 하늘도 놀라고 땅도 놀랄 만한 일이라고 했던 미국 최초의 흑인 대통령 오바마는 무난히 재선에 성공해 2차 임기를 수행하면서 전임 부시 행정부에서 시행한 이른바 '부자 감세'를 되돌리고 국채를 줄이기 위해 상당한 노력을 기울였다. 또한 오바마는 성적 소수자의 권리 향상에 크게 기여했다. 그리고 오바마 행정부는 재생 가능 에너지 산업의 발전을 촉진시키고자 했고, 자유무역협정을 추구해 환태평양 경제 동반자 협정(Trans-Pacific Economic Partnership, TPP)에 적극 참여했다. 오바마의 2차 임기 중 특기할 만한 사건 하나는 바로 1959년 이른바 쿠바 혁명으로 인해 국교가 단절되었던 쿠바와 관계 개선을 이룩하게 되었다는 사실이다. 그리하여 2015년에는 미국과 쿠바 사이에 공식적인 외교 관계가 회복되었고, 다음 해에는 오바마 대통령이 직접 쿠바를 방문하는 역사적인 사건이 발생하기도 했다.

다음으로 발생한 또 다른 놀라운 사건은 정치적 경력이라고는 전혀 없는 도널드 트럼프라는 인물이 '미국 우선주의(America First)'를 내세우며 대통령에 당선되었다는 사실이다. 대선 전 여론조사에서 선거 운동 기간 내내 우위를 점하던 민주당의 힐러리 클린턴을 누르고 트럼프가 당선된 것은 많은 사람들의 예상을 벗어난 사건이었다. 트럼프가 당선되자 대통령의 정책과 선동적인 발언 등에 반감을 느끼던 사람들이 그의 당선에 반대하는 시위를 벌인 것도 미국 역사상 처음 있는 일이기도 했다.

트럼프는 취임 이후 오바마 케어 폐기 시도를 비롯한 환태평양 경제 동반자 협정 탈퇴 등으로 전임 대통령 시절의 정책을 되돌리려 했다. 트럼프는 미국에 경제적 이득을 가져오기 위해 북미자유무역협정 개정과 한미 FTA 재협상을 추진했으며 이러한 그의 강력한 보호무역주의 정책은 이른바 미·중 무역전쟁으로까지 비화되었다. 트럼프의 미국 우선주의 정책은 강력한 이민 억제 정책으로도 나타나 취임 초부터 행정 명령을 발동해 중동과 아프리카의 특정 국가 사람들이 미국으로 여행이나 이민을 오는 것을 강력하게 제한하기도 했다. 또한 미국과 멕시코 국경 사이에 더욱 강력한 장벽을 세우기 위해 건설 예산 책정을 둘러싸고 민주당과 대립하는 바람에 역대 최장기 연방 정부의 '셧다운'이 지속되기도 했다.

트럼프가 대통령이 된 후 대외적으로 가장 심각하게 대두한 것은 북한 핵 문제였다. 트럼프 취임 이후에도 북한이 기존의 핵실험 이외에 미국 본토에까지 도달 가능한 대륙간탄도미사일 시험 발사에 나서자 트럼프는 그 이상의 도발은 "화염과 분노"에 직면하게 할 것이라고 경고했다. 이에 대해 북한도 다음번 시험 발사는 미국 영토인 괌을 향하게 될 것이라고 응수함으로써 북한 핵과 미사일을 둘러싼 한반도의 긴장이 한층 고조되었다. 이후 북한은 미국의 무력시위와 유엔 안전보장이사회에서의 대북 제재 결의안 및 미국의 독자제재 등에 직면했다. 이에 북한은 한국을 중재자로 해 미국에 '북미대화'의 가능성을 제시했고, 그 결과 2018년 6월 싱가포르에서 사상 첫 북미 정상회담이 개최되었다. 하지만 북한이 비핵화와 관련된 실질적인 조처를 취하지 않음으로써, 북미 양측 간의 협상은 교착상태에 빠지게 되었다. 이에 이를 타개하기 위한 두 번째 북미 정상회담이 2019년 2월 말 베트남의 하노이에서 열렸으나 아무런 성과도 얻지 못한 채 결렬되고 말았다.

트럼프는 취임 초기부터 대선 당시 러시아 정부가 선거에 개입해 트럼프에게 유리한 정보를 흘려서 그를 당선시키는 데 기여했다는 이른바 '러시아 스캔들'로 곤욕을 치러오고 있다. 이 스캔들을 조사하기 위해 특별 검사가 임명되어 지금까지 트럼프의 측근 6명을 포함해 34명이 기소된 상태다. 미국 언론은 특검의 수사 결과에 따라 '트럼프 탄핵'이 가능할 수 있다고 전망했다.

하지만 최근에 뮬러 특검이 제출한 수사 결과 보고서 요약본에 따르면, 특검팀은 트럼프 후보의 대선 캠프 측과 러시아 사이의 공모 혐의를 확인하지 못했고 트럼프 대통령의 사법 방해 혐의에 대해서도 명확한 결론을 내리지 못해 추가 기소도 없을 것이라고 한다. 하지만 뮬러 특검은 이후 기자회견을 통해 이 보고서가 트럼프 대통령에게 면죄부를 준 것이 아니라고 발표함으로써 향후 탄핵 가능성을 암시하기도 했다.

　이상이 개정판 발간 이후 미국에서 일어난 사건들이다. 따라서 이번 개정증보판에서는 이러한 내용을 말 그대로 살아 움직이는 미국 역사에 포함시켰다. 앞으로 개정판을 집필할 기회가 된다면 '하룻밤에 읽는'이라는 전제로 인해 기존에 다루지 못했던 내용까지 확대해 지금 분량의 두 배쯤 되는 미국사 책을 저술하고자 한다.

　이번 개정판을 위해서도 많은 분들이 도움을 주셨다. 특히 서강대학교 사학과의 박단 선생은 미국에서 연구년을 보내는 동안에도 《하룻밤에 읽는 미국사》를 정독하며 필자가 미처 파악하지 못했던 오자 등을 찾아내 알려주는 수고를 해주어 이에 감사를 드린다. 또한 탁월한 편집 능력으로 판을 거듭할수록 더욱더 책을 깔끔하게 만들어주는 알에이치코리아 편집부 여러분에게도 고마운 마음을 전한다. 마지막으로 개정판 이후에도 계속해서 《하룻밤에 읽는 미국사》를 아껴주는 독자 여러분에게 감사드린다.

2019년 6월
손세호

오늘을 살고 있는 우리에게 미국이라는 나라는 불과 20~30년 전과 달리 참으로 다양한 모습으로 다가온다. 예컨대 얼마 전까지 한국인의 미국 인식은 친미와 반미라는 경직된 이데올로기적 이분법의 틀 속에 갇혀 있었으나, 최근에는 용미(用美), 지미(知美), 숭미(崇美), 극미(克美), 배미(排美), 비미(批美)라는 마치 수많은 '미'자 돌림의 한국 여성 이름만큼이나 다양한 용어로 표현되고 있다. 이것은 오늘날 각계각층에서 다양한 스펙트럼을 통해 미국을 바라보기 시작했다는 것을 의미한다. 이것은 또한 미국이라는 나라가 오늘날 우리에게 그 어느 나라보다도 중요한 나라라는 것을 역설적으로 보여주는 것이기도 하다.

오늘의 우리에게 미국이 얼마나 중요한 나라인가에 대해서는 새삼 설명이 필요 없을지 모른다. 단적인 예를 들자면 우리나라 신문과 방송에서 '미국'이라는 단어가 나오지 않는 날이 하루라도 있을까? 굳이 최근에 있었던 북핵 문제, 전시작전권 환수, 미군기지 평택 이전, 한미 FTA 협상 등과 같이 우리나라와 관련된 굵직한 사건들이 아니더라도 빌 게이츠가 하버드 대학에서 명예 학사 및 박사 학위를 받은 일, 박세리가 미국 여자프로골프 명예의 전당에 헌정된 일, 심지어 힐튼 호텔의 상속녀 패리스 힐튼이 음주운전으로 투옥된 일까지도 신문 지면을 장식하는 것이 현실이다. 더욱이 한국의 부모들은 자녀들을 기왕에 공부시킬 바에는 기를 쓰고 미국에 보내 공부를 시켜야 직성이 풀리는 모양인데, 어찌 됐든 이것이 오늘날 우리의 모습이다.

하지만 이처럼 정치, 경제, 사회, 문화 등 거의 모든 분야에서 우리와 떼려야 뗄 수 없는 밀접한 관계를 맺고 있는 나라임에도, 정작 미국이라는 나라의 본모습에 대해 얼마나 알고 있는가라고 묻는다면 자신 있게 대답할 수 있는 사람이 그리 많지 않을 것이다. 우리가 미국을 얼마나 모르는가를 단적으로 보여준 일은 단연 최근에 있었던 버지니아텍에서의 조승희 총기 난사 사건에 대한 대다수 한국인과 재미교포의 초기 반응이라고 할 수 있다. 우리는 조승희가 한국 출신의 영주권자라는 이유만으로 당장 한국인과 재미교포에게 무슨 불똥이 튀지 않을까 전전긍긍했지만, 누가 뭐라고 해도 개인주의가 가장 발달한 미국인들에게 그 사건은 그저 미국에서 자란 한 개인의 일탈적 범죄행위에 불과했다.

　　그럼 미국을 알기 위해 우리는 무엇을 해야 할까? 한 나라의 정체성을 파악하기 위해 가장 빠르고 쉬운 길은 역시 그 나라의 역사를 들여다보는 일일 것이다. 그러니 이제 우리도 미국을 알기 위한 일종의 지름길로써 미국사를 읽는 일이 필요하다. 하지만 그동안 우리에게는 중고등학생을 비롯해 일반 대중이 쉽게 읽을 만한 미국사 책이 그리 많지 않았다. 시중에 나와 있는 미국사 관련 서적은 대부분 미국사를 전공하지 않은 국내 비전문가의 저술이거나 번역서에 그치고 있다. 그러다 보니 전문 역사가가 아닌 사람들의 만화로 소개되는 미국사 책이 베스트셀러가 되는 일도 벌어진다. 하지만 이 책들이 학생이나 대중들로 하여금 미국사에 쉽게 접근하게 해줄지는 모르지만, 이 작가들이 단순히 그

림만 그리는 차원을 넘어 역사를 집필하며 나름대로 역사 해석까지 시도하다 보니 때론 과감한 역사 왜곡이나 오류가 발견되기도 한다.

이런 저간의 사정이 아니더라도 필자는 오래전부터 '역사의 대중화'를 염두에 두어오면서, 대중에게 가까이 다가갈 수 있는 미국사 책을 저술하는 것이 미국사 전공자인 필자의 책무라고 생각해왔다. 그러던 차에 '하룻밤 시리즈'의 담당자로부터 미국사 부문의 집필 의뢰를 받게 되어 선뜻 응하게 되었다. 하지만 필자가 대학에서 20년 이상 미국사를 연구하고 강의하며 축적된 역량만 믿고 덤벼든 이 작업은 결코 쉬운 일이 아니었다. 우선 이 책을 집어들게 될 독자라면 적어도 미국사를 알고자 하는 욕구가 강할 터이니 기본적 사실에 충실해야 하고, 그러면서도 알기 쉬운 글로 미국사에 대한 관심과 흥미를 불러일으켜야 한다는 중압감이 크게 다가왔다. 다행히 '하룻밤 시리즈'가 취하고 있는 편집 체제가 각종 도표, 역사 메모, 역사 칼럼, 지도, 사진 등으로 자칫 딱딱하게 여겨질 수도 있는 본문을 보완해주고 있지만, 그래도 필자의 글이 독자에게 쉽게 다가갈 수 있을지 어떨지는 독자의 판단에 맡길 뿐이다.

다음으로 우리에게는 무척 짧게 여겨지는 미국 역사지만, 미국에서 일반적으로 통용되는 미국사 책의 내용과 범위는 실로 방대하다는 사실이 간결함을 추구하는 이 책의 집필에 어려움을 더해주었다. 예컨대 미국에서 사용되는 고등학교용 미국사 교과서만 보더라도 백과사전만 한 크기에 깨알보다 조금 큰 글씨체에다가 대개 2단 조판으로 평균 천페이지가 넘는다. 필자는 이처럼 방대한 내용을 추리고 추려서 우리나라 독자들에게 미국사의 핵심 내용만 서술하면서도 기존의 정치, 경제, 외교사 중심의 역사에서 탈피해 최근의 연구 성과를 토대로 사회사 및 문화사를 반영해보겠다 계획했는데, 막상 탈고를 하고 보니 부족한 점이 많이 눈에 띈다. 따라서 이 책에서 못다 한 이야기와 허술함은 다음 기회에 보완할 것을 약속해야 할 것 같다.

이 책이 나오기 위해서는 여러 분들의 신세를 져야 했다. 먼저 지난 몇 년간 초고를 토대로 한 필자의 강의를 경청해준 평택대학교 미국학과 학생들에게 애정 어린 고마움을 전한다. 그리고 기획 및 편집 과정에서 수고를 아끼지 않으며 좋은 책이 되도록 정성을 다해준 알에이치코리아 편집부에게도 깊은 감사를 드린다. 또한 책 쓴다는 핑계로 자주 찾아뵙지 못한 어머니, 늘 해맑은 미소로 아빠를 기쁘게 해준 아들 제민, 초고를 읽으며 눈높이를 맞춰준 딸 희민, 따뜻한 애정으로 가족을 보살펴준 아내 박옥희 그리고 도표 작성에 큰 도움을 준 동생 세진에게도 사랑과 고마움을 표한다. 끝으로 필자가 학문의 세계에 입문한 이래로 필자에게 끝없는 가르침을 주신 서강대학교 사학과 명예교수 이보형 선생님께 자그마한 보답이 되기를 기대하며 이 책을 바친다.

2007년 8월
용이벌에서 손세호

4장 새로운 공화국의 국가적 기초 확립

5장 남북전쟁과 재건 시대

6장 19세기 후반 산업의 발전과 해외 팽창

7장 혁신주의 시대와 제1차 세계대전

10장 냉전과 전후의 미국

11장 1960년대, 1970년대의 미국

12장 1980년대, 1990년대의 미국

13장 21세기의 미국

1장

신세계와 구세계의 만남

시베리아에서 베링해협을 건너 아메리카로!

> 아시아에서 아메리카 대륙으로 건너간 아메리카 인디언은
> 대략 기원전 8000년경에 남아메리카 남단까지 도달했다.

아메리카 대륙에 첫발을 디딘 사람들은 아시아인이었다

본래 아메리카 대륙에는 아시아, 아프리카, 유럽 대륙과 달리 인간이 살고 있지 않았다. 우리가 아메리카 원주민 또는 아메리카 인디언이라고 부르는 사람들도 다른 대륙에서 건너온 이주민이었다. 대략 2만 5000년에서 1만 년 전 사이에 시베리아 지방에 살던 몽골계 아시아인이 당시에는 육지로 연결되어 있었을 것으로 추정되는 베링해협을 건너 아메리카로 흘러들어왔던 것이다. 이들은 불 지피는 방법을 알고 있었고, 아마도 개를 데리고 새로운 대륙으로 건너온 것으로 보인다. 무기로는 나무 몽둥이와 돌 창 따위를 이용했다. 이들 최초의 이주민은 더 나은 사냥터를 찾아 알래스카의 중앙 평원을 가로질러 남하해 로키산맥의 동쪽 사면에까지 이르렀다.

이들은 이후 수천 년에 걸쳐 북아메리카에서 중앙아메리카를 거쳐 남아메리카 남단에 이르기까지 광범위하게 흩어져 살게 되었다. 남아메리카 남단에 도달한 시기는 대략 기원전 8000년경이다.

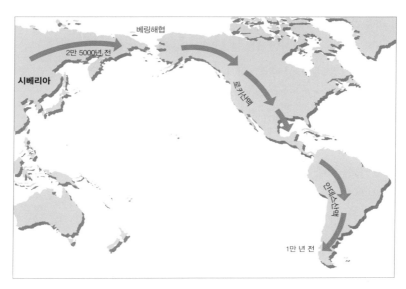

베링해협

2만 5000년 전

시베리아

로키산맥

1만 년 전

인데스산맥

▶ 아메리카의 인디언의 이동 경로

유럽인과 처음 마주칠 당시의 인디언 인구는 얼마나 되었을까?

15세기 말경 유럽인과 토착 아메리카인, 즉 인디언이 처음 접촉했을 무렵, 아메리카 대륙에 얼마나 많은 인디언이 살고 있었는지는 정확히 알 수 없다. 학자들에 따라 그 숫자는 최소 약 1600만 명에서 최대 1억 1200만 명 정도까지 커다란 차이를 보인다. 최근의 연구는 당시 인디언의 전체 인구가 9000만 명에서 1억 명 정도였을 것으로 추정하고, 그중 1000만 명에서 1200만 명이 오늘날의 미국과 캐나다 지역에 살았을 것으로 짐작한다. 이 무렵 인디언들은 1000개 이상의 언어와 방언을 구사하는 수백여 부족으로 나뉘어져 있었다.

유럽인과 처음 마주친 15세기 말 인디언의 생활 방식

인디언들은 풍부하면서도 다양한 문화를 발전시켰다. 일부 부족은 사냥, 고기잡이, 야생 식물 채취 등으로 살아갔으며, 어떤 부족들은 주로 농경에 의존하기도 했다. 또 다른 부족들은 촌락 주위에서 농경을 하며 동시에 수렵과 고기잡이로 부족한 식량을 보충하기도 했다. 또 일부 부족들은 작은 집단을 형성해 유목 생활을 했으며, 어떤 부족들은 마을이나 촌락에 정착해 살기도 했다. 일부 인디언들은 유럽인이 아메리카로 건너오기 훨씬 오래전에 문명을 창조했는데, 이것이 바로 마야(Mayas), 잉카(Incas), 아즈텍(Aztecs)문명이다.

역사 메모 ▶ 아메리카 대륙 최북단에 거주하는 원주민을 흔히 에스키모(Eskimo)라고 부르는데, 이는 백인들이 다소 경멸적으로 '날고기를 먹는 사람들'이라는 의미로 부른 것이다. 이들 원주민은 스스로를 '사람'을 뜻하는 이누이트(Inuit)라고 칭한다.

놀라운 과학 기술을 발전시켰던 거대 제국들

> 마야, 잉카와 아즈텍문명은 각각 독특한 문화와 제도를 발전시키며
> 전성기를 구가했다.

유럽보다 앞선 과학 기술을 보유했던 마야문명

중앙아메리카의 유카탄반도를 중심으로 번성했던 마야인은 당대의 유럽, 아프리카, 아시아 문명과 견줄 정도로 정교하고 풍요로운 문명을 건설했다. 주로 종교적 중심지로 이용되었던 대도시들은 드넓은 광장, 웅장한 공공건물, 화려한 사원 등을 갖추고 있었다. 마야인들은 이러한 건물을 다채로운 벽화, 부조, 조각 등으로 장식했다. 마야의 학자들은 문자, 숫자 영(零)을 포함한 정교한 수 체계, 당시 유럽에서 사용하던 것보다 훨씬 정확한 달력 등을 발전시켰을 뿐 아니라 일식의 날짜까지도 예측할 수 있는 천문 관측 기술을 보유했다.

마야문명은 약 11세기를 전후로 절정에 달했으나, 이후 쇠퇴하고 말았다. 아마도 인구는 급속하게 증가한 반면 식량 공급이 이를 따라가지 못했기 때문인 것 같다. 따라서 대다수 마야인들은 도시를 떠나 인근의 다른 부족, 특히 멕시코의 아즈텍문명에 흡수된 것으로 보인다. 그리고 그들이 떠난 도시의 폐허에는 밀림이 뒤덮고 말았다. 하지

만 소수의 후손들은 오늘날에도 마야문명이 번성했던 자리에서 근근이 살아가고 있다.

피라미드형 사회구조를 건설한 잉카문명

오늘날 남아메리카의 페루에 해당하는 지역에는 잉카문명이 있었다. 잉카인은 인근 부족들을 정복해 막강하고 부유한 제국을 건설했다. 안데스산맥 고지대에 자리한 수도 쿠스코(Cuzco)를 중심으로 잉카인은 잘 발달된 도로망과 교량을 이용해 제국을 통합했다. 잉카인이 건설한 요새화된 도시, 체계적인 도로망, 계단식 경작지와 관개 시설 등은 오늘날까지도 기술적인 경이로움으로 남아 있다. 마야인과 마찬가지로 잉카인도 농경에 의존해 살아갔다. 이들은 라마(lama)와 알파카(alpaca)를 운송 수단이자 식량 자원으로 삼았다. 동시에 잉카인은 이들 가축의 털을 이용해 의복을 만들어 입었을 뿐 아니라 직조공들은 정교하고 화려한 문양을 지닌 아름다운 직물을 만들어내기도 했다. 장인들은 금은을 가공해 신전과 궁전을 치장하기 위한 아름다운 장식물을 제작했다.

잉카인은 자신들의 제국을 피라미드형 구조로 조직했다. 사회의 모든 구성원들에게는 각자의 지위와 업무가 할당되었다. 사회 맨 하층부에는 농민, 노동자, 장인이 자리했다. 그다음에는 승려, 군 지휘관, 정부 관리가 위치했다. 최상층부에는 '태양신(Sun God)'이라고 부르는 최고 통치자 잉카(Inca)가 있었다. 잉카로부터 나오는 모든 권력과 권위는 귀족을 통해 노동자에게 전파되었다. 잉카 제국에서 잉카의 위상이 얼마나 중요했는지는 이 통치자의 권세가 무너졌을 때 하루아침에 전체 사회구조가 붕괴된 것으로도 입증된다.

멕시코		
테노크티틀란 •	마야	
아즈텍		

멕시코만

대서양

카리브해

태평양

잉카
페루
쿠스코 •
안데스산맥

▶ 아메리카의 3대 문명

마야문명	잉카문명	아즈텍문명
• 대도시 형성(정비된 도로) • 농업사회 • 문자와 숫자, 정확한 달력 • 천문 관측 기술 보유 • 종교 발전 • 약 11세기 전후로 절정. 이후 멕시코의 아즈텍문명에 흡수	• 제국 건설 (발달된 도로망과 교량 이용) • 농업 사회 (계단식 경작지와 관개 시설) • 정교하고 화려한 문양 발달 • 피라미드형 사회 구조 • 최고 통치자 잉카의 권세가 무너지자 사회 구조 붕괴	• 약 15세기경 강력한 제국 건설 (중앙아메리카 대부분 지배) • 대도시 형성(건축 기술 발달) • 광범위한 교역 발달 • 행정, 교육, 의학 체계의 발전 • 놀랄 만한 종교와 예식 구조 발전

인디언 정복자들이 세운 아즈텍문명

오늘날의 멕시코 지역에는 아즈텍문명이 있었다. 아즈텍인은 본래 사냥을 하며 살아가던 사람들이었다. 그러나 그들은 사냥을 하다가 만난 다른 부족들로부터 새로운 생활 방식을 재빨리 전수받고 군대를 발전시켜 인근 부족을 정복할 수 있었다. 이후 대략 1500년경에 이르러 아즈텍인은 강력한 제국을 건설하고 중앙아메리카의 상당 부분을 지배하게 되었다. 이들은 주로 농경에 의존하면서 멀리 떨어진 지역과 활발한 교역을 하기도 했다. 아즈텍 상인들은 귀금속, 카카오, 금은을 거래하면서 아메리카 대륙을 두루 걸치며 광범위한 원거리 여행을 했다. 아즈텍인은 피정복민을 약탈함으로써 엄청난 부를 축적했다. 그 결과 아즈텍 제국은 오늘날의 멕시코시티 자리에 웅장한 자태를 자랑하던 제국의 수도 테노크티틀란(Tenochtitlan)을 건설할 수 있었다. 이곳에 아즈텍인은 거대한 신전, 궁전, 공공건물 등을 지었다. 정복자로서의 아즈텍인은 무자비한 지배자들이었다는 평을 듣는다. 피정복민이 아즈텍 지배자들에 대항해 감히 반란을 일으킬 꿈조차 꾸지 못했다고 하니 사실인 듯하다.

> **역사 메모** ▶ 아즈텍 제국의 수도 테노크티틀란은 1500년경에 이미 인구 10만 명이 넘는 대도시였다. 이는 당시 유럽에서 가장 큰 규모의 대도시 인구와 비슷한 숫자다.

다양한 문화를 꽃피운 북아메리카 인디언

> 독립적인 생활을 했던 북아메리카 인디언들은 주위 환경에 따라 여러 문화를 꽃피웠다.
> 크게 남서부, 평원, 서부, 동부 삼림으로 나눠 문화적 특성을 살펴볼 수 있다.

중남미 인디언과 달리 독립적인 생활을 영위한 북아메리카 인디언

오늘날의 미국과 캐나다에 해당하는 지역에 살았던 인디언은 잉카나 아즈텍 제국의 인디언과 달리 제국의 신민(臣民)이 아니었다. 때에 따라 몇몇 부족이 상호 지원이나 방어를 위해 함께 힘을 합치기도 했고, 때론 일부 부족이 이웃 부족과 교역을 하거나 적대적 부족에 대항해 연합 전선을 펼치기도 했지만, 대체로 북아메리카의 수많은 부족들은 각자의 영토에서 독립적인 생활을 영위했다. 각각의 부족은 주위 환경에 자체의 생활 방식을 적응시키며 살아갔고, 인근 부족들은 대개 서로 비슷한 생활 방식을 발전시켰다. 따라서 크게 남서부, 평원, 서부, 동부 삼림 지역으로 나눠 문화적 특성을 살펴볼 수 있다.

남서부 지역 인디언 일부는 아파트에 거주했다

오늘날 미국의 애리조나, 뉴멕시코와 텍사스주 서부에 해당하는 남서부 지역에는 푸에블로족(Pueblo), 나바호족(Navajo), 아파치족(Apache)

뉴멕시코주 산타페 인근의 밴드리어 국립기념물 지역에 있는 고대 푸에블로 인디언의 주거지인 추오니 마을. 이 마을에는 1–2층 높이의 방이 400개 정도 있다.

이 있었다. 이들 부족은 덥고 건조한 반(半)사막 지역에서 살아갔다. 스페인어로 '마을'을 뜻하는 '푸에블로'라는 말은 푸에블로족에게 매우 적절한 호칭이었다. 왜냐하면 이들은 아메리카에서 최초의 '아파트형 가옥'을 짓고 살았기 때문이다. 약 1000년 전에 푸에블로 인디언의 조상은 협곡 절벽의 여기저기를 파내 아파트처럼 생긴 거주지를 만들었고, 평지에서는 햇볕에 말린 벽돌을 뜻하는 '아도비(adobe)'와 돌을 이용해 실제로 '아파트'를 지었는데, 개중에는 방이 800개나 되는 것도 있었다. 푸에블로 인디언은 평화를 사랑하는 사람들이었다. 그들은 관개 시설이 잘된 농경지에서 옥수수, 콩, 스쿼시, 목화 등을 재배했으며, 천을 짜거나 아름다운 도기를 구워내기도 했다. 이들은 춤과 노래, 드럼 등을 곁들인 다채로운 의식을 통해 신들과 신이 창조해낸 동물, 땅, 하늘에

경배를 올렸다.

나바호족과 아파치족은 푸에블로족의 가장 가까운 이웃이었다. 나바호족은 푸에블로족으로부터 농사짓는 법을 배웠으며, 아름다운 문양의 융단과 담요를 만들 줄 아는 노련한 직조공이기도 했다. 그러나 몇몇 가족이 공유하는 주거지에 살던 푸에블로족과 달리 나바호족은 각각의 가족이 아도비와 통나무로 지은 가옥인 호건(hogan)에서 살았다.

아파치족은 사슴과 들소 떼를 쫓아 이리저리 이동하는 수렵 부족이었다. 이들은 잦은 이동을 위해 몇 분 내로 세울 수 있는, 가느다란 가지로 된 둥근 오두막을 뜻하는 위키업(wickiup)에서 살았다. 아파치족은 특히 사나우면서도 인내심이 강하기로 유명했다. 따라서 푸에블로족이 이들에게 '적'을 뜻하는 '아파치'라는 이름을 붙여준 것도 놀랄 일은 아니다.

간편한 이동식 주택 '티피'에 살았던 평원 인디언

지금의 미국 대평원 지역에서 수렵과 농경이 혼합된 삶을 살았던 인디언 부족으로는 수우족(Sioux), 포니족(Pawnee), 카이오와족(Kiowa), 다코타족(Dakota), 오사지족(Osage), 코만치족(Comanche) 등이 있었다. 이들 평원 인디언은 오랜 기간 동안 미시시피강으로 흘러드는 미주리강과 여타 지류의 강둑을 따라 늘어선 마을에서 살았다. 이곳에서 인디언 여성들은 옥수수와 기타 작물을 경작했다. 그러나 여름철에는 친족 관계를 이루는 작은 무리의 가족들이 들소 사냥을 위해 대평원으로 나가기도 했다.

평원 인디언 역시 자주 이동을 해야 하는 탓에 설치와 해체가 간편한 주거 양식이 필요했다. 따라서 이들은 기다란 장대 몇 개를 원추형으로

평원 인디언의 간편한 이동식 주택인 티피(tepee)를 복원해놓은 모습. 본래는 들소 가죽으로 외부를 둘렀으나 지금은 천막용 천으로 외부를 덮어놓은 모습이다.

19세기까지만 해도 수천만 마리가 무리 지어 살면서 대평원 지역 인디언들에게 식량과 주요 생필품을 제공해주었던 들소 떼. 백인의 무차별한 남획으로 거의 멸종 상태에 이르러 현재 방목 상태로 자라는 야생 들소는 1만 5000마리에 불과하다고 한다. 사진은 옐로스톤공원에 있는 야생 들소.

세운 뒤 들소 가죽으로 뒤덮은 텐트 형태의 가옥인 티피(tepee)에서 생활했다. 대평원에서 수천만 마리가 무리 지어 사는 들소 떼는 평원 인디언에게 식량과 주요 생필품을 제공해주는 없어서는 안 될 동물이었다. 이들은 들소 가죽에서 의복, 티피, 로프 등을 얻었고, 힘줄에서 의복이나 티피를 엮는 데 쓰이는 가는 줄을 구했으며, 뼈를 이용해 무기를 만들었다. 나무라곤 거의 없는 평원 지역에서 바짝 마른 들소의 배설물은 매우 요긴한 땔감으로 사용되었다.

대부분 척박한 환경에서 힘겹게 살았던 서부 지역 인디언

서부 지역에는 쇼손족(Shoshone), 피마족(Pima), 네즈퍼시족(Nez Percé) 등이 살았다. 이 지역은 드높은 산맥, 바위투성이 고원, 깎아지른 듯한 산악 계곡, 캘리포니아의 해안 지대 등이 뒤섞여 있는 곳으로, 대부분이 매우 건조하기 때문에 인디언의 생활 역시 험난했다. 이 지역 인디언들은 작은 동물을 사냥하기도 했지만 주로 식물의 씨앗이나 뿌리, 견과, 야생 딸기 등을 식량으로 삼았기 때문에 '씨앗 채취자(Seed Gatherer)'로 알려졌다. 그나마 태평양 연안 북서부 지방의 자연환경은 다른 지역보다 훨씬 좋은 편이었기 때문에, 이 지역의 인디언 부족은 비교적 풍부한 식량 자원과 의복 및 주거지를 위한 재료를 확보하기 용이했다. 이렇듯 풍족한 자원 덕택에 이들은 해안선을 따라 커다란 촌락을 형성해 공동체 생활을 누릴 수 있었다.

특이한 형태의 종교 의식용 언덕을 축조했던 동부 삼림 지역 인디언

오늘날의 캐나다에서 멕시코만에 이르는 지역과 대서양 연안에서 미시시피강 서쪽에 이르는 동부 삼림 지역에는 북쪽에 알곤킨족(Algonquian)

• 독립적인 생활 형태
• 수렵·농경 혼합 생활
• 사회·경제·종교적 관행의 핵심은 자연과의 조화
  (자연 친화적이고 친환경적인 삶)
• 강한 자존심 공유
  (자립심, 솔선수범, 독립심을 덕목으로 삼음)

서부 지역 인디언
쇼손, 피마,
네즈퍼시

평원 인디언
수우, 포니, 카이오와, 다코타,
오사지, 코만치

동부 산림 지역 인디언
북쪽: 알곤킨,
이로쿼이 부족 연합
남쪽: 크리크, 체로키

남서부 지역 인디언
푸에블로, 나바호,
아파치

▶ 북아메리카 대륙의 인디언 부족

과 이로쿼이(Iroquois) 부족 연합, 남쪽에 크리크족(Creek)과 체로키족(Cherokee)이 있었다. 선사시대에 이 지역에 살았던 많은 부족들은 이른바 '언덕 축조자(Mound Builders)'로 불렸는데, 그 이유는 이들이 새, 곰, 늑대 등의 동물 형상을 한 거대한 의식용 언덕을 축조했기 때문이다. 유럽인이 동부 삼림 지역에 도착했을 때 마주친 인디언들은 바로 이 '언덕 축조자'의 후손이었다. 북미 대륙의 다른 지역과 달리 무성한 숲속에 수많은 호수가 있고, 깨끗한 시냇물과 강이 바다로 흘러드는 이 지역에서 인디언 부족들은 개간된 농경지로 둘러싸인 촌락에 거

인디언 전사들이 사용하던 활과 토마호크(tomahawk) 등을 비롯한 각종 무기와 장신구류. 뉴욕시의 미국자연사박물관 소장품. 이 박물관은 영화 〈박물관이 살아있다〉의 배경으로도 유명하다.

주하며, 옥수수·콩·스쿼시·담배 등을 재배했다. 이들은 또한 주위 숲에서 동물을 사냥해 식량을 보충했을 뿐 아니라 그 가죽으로는 모카신(moccasin)을 만들어 신고, 모피를 이용해 담요나 줄을 만들었다. 이 지역의 인디언 부족들은 상당한 수준의 독립을 유지하고 있었다.

북아메리카 인디언의 공통적인 종교관 및 세계관

다양한 생활 방식에도 불구하고 북아메리카 대륙의 인디언들은 공통적인 세계관을 공유하고 있었다. 이들은 우선 자연과 조화를 이루며 사는 것이 필수적이라고 믿었다. 이러한 믿음은 북미 인디언의 사회적, 경제적, 종교적 관행의 핵심을 이루었다. 이들은 세계를 창조한 신들이 자신들에게 맡겨준 위대한 대지를 이용할 특권이 있지만, 동시에 그것을 깨끗하게 후손에게 물려줄 책임이 있다고 믿었다. 따라서 요즘의 관점에서 보면 인디언이야말로 가장 자연 친화적이고 친환경적인 삶을 살았던 최초의 환경 보호 운동가들이었다고 할 수 있다. 인디언은 한편으로 강한 자존심을 공유하고 있었다. 이들은 자신의 부족과 공동체뿐 아니라 개인으로서 자기 자신에 대해 강한 자부심을 지녔다. 따라서 인디언은 스스로가 갖추어야 할 가장 큰 덕목으로 자립심, 솔선수범, 독립심을 꼽았다.

역사 메모 푸에블로족, 호피족(Hopi), 주니족(Zuni)의 경우, 남성들은 들소를 사냥하거나 옥수수와 콩을 경작했고, 여성들은 농경지, 작물, 심지어 도구까지 소유했다. 이들 여성은 또한 아도비와 협곡 절벽의 이른바 '아파트'도 소유했다.

전설 속의 땅 아메리카를 발견하다

콜럼버스의 신대륙 발견으로 스페인은 브라질을 제외한
중앙아메리카와 남아메리카를 정복하게 되었다.

15세기의 유럽인들이 새로운 세계에 관심을 돌리게 된 이유

15세기 이전 유럽인들은 신대륙 아메리카의 존재를 거의 알지 못했다. 다만 11세기 초 우리가 흔히 바이킹(Viking)이라고 부르는 일단의 스칸디나비아인이 오늘날 캐나다 동북부 해안의 뉴펀들랜드 지역을 다녀간 적이 있으나, 그들은 그곳을 간헐적으로 왕래하며 고기잡이만을 했고 정착하지 않았다. 이후 계속적인 왕래가 없었기 때문에 대서양 건너편에 새로운 대륙이 있다는 사실은 북유럽인의 전설로만 남게 되고 말았다.

유럽인들이 외부 세계에 눈을 돌리게 된 데에는 엄청난 인구 증가와 통합적이고 강력한 새로운 통치 체제가 등장한 것에 원인이 있다. 인구 증가로 말미암아 상업이 발달하고 해외 상품에 대한 수요도 증가하자 교역에 대한 관심이 더욱 높아진 것이다. 한편 새롭게 등장한 강력한 통치 체제는 서유럽 지역에서 막강한 군주들의 등장을 가능하게 만들었고, 이들은 자국의 상업을 더욱 촉진하는 데 주력했다. 당시 유럽인들

▶ 스페인의 아메리카 정복

은 중국의 도자기와 유리, 동인도의 향신료 등에 특히 매료되었으나, 험
난한 육로를 거쳐야 하는 동방과의 교역은 쉽지 않았다.

　15세기에 이르러 일부 서유럽 사회에서 항해술이 발달하면서 유럽
인들은 한결 빠르고 안전하게 동아시아로 가는 바닷길을 모색하기 시
작했다. 그중에서 선두에 선 사람들은 포르투갈인이었다. 아프리카의
서해안을 직접 탐험했던 항해 왕자 엔히크(Henrique)를 필두로 1486년
에 바르톨로뮤 디아스(Bartholomeu Diaz)는 아프리카 남단의 희망봉을
돌았고, 1498년에는 바스코 다 가마(Vasco da Gama)가 희망봉을 돌아
인도까지 항해했다. 그러나 이러한 선구적인 업적에도 불구하고 신대
륙 아메리카의 발견이라는 공은 스페인인에게 돌아가고 말았다.

계산 착오가 빚어낸 콜럼버스의 위대한 발견
　일찍이 포르투갈에서 선원 생활을 하던 이탈리아 출신 크리스토퍼

콜럼버스(Christopher Columbus)는 당대인들에게 어느 정도 알려져 있던 지구가 둥글다는 사실에 착안해 대서양을 건너 서쪽으로 항해하면 동아시아에 도달할 수 있으리라고 믿었다. 콜럼버스는 스페인의 강력한 두 통치자, 즉 아라곤의 페르난도와 카스티야의 이사벨을 끈질기게 설득해 1492년 이사벨 여왕으로부터 서쪽 항해에 필요한 지원을 받을 수 있었다. 그해 8월 세 척의 배와 90명의 선원을 이끌고 스페인을 출발한 콜럼버스는 10주간의 항해 끝에 10월 12일 아침 바하마 군도의 한 섬에 상륙했다. 하지만 콜럼버스는 자신이 도착한 곳이 동인도의 한 섬이라 생각했고, 그곳에서 마주친 아메리카 원주민을 인도 사람으로 착각해 '인디언'이라고 불렀다. 이렇듯 잘못 붙여진 아메리카 원주민의 명칭은 이후 거의 500년이나 이어지다 최근에 이르러서야 미국에서 '토착 아메리카인(Native-Americans)'으로 정정되었다. 콜럼버스의 오류는 그가 지구의 크기를 실제보다 훨씬 작은 것으로 잘못 계산한 데 따른 것이었다. 더욱이 그는 유럽과 아시아 사이에 새로운 대륙이 있으리라고는 전혀 생각하지 못했다. 따라서 콜럼버스는 이후 1502년까지 세 차례나 더 왕래를 하면서 아메리카 대륙 본토에 발을 딛었음에도 불구하고 죽을 때까지 자신이 동인도에 다녀온 것으로 믿었다.

신대륙의 명칭과 마젤란의 세계 일주 항해

콜럼버스는 자신이 다녀온 곳이 새로운 대륙이라는 사실을 전혀 알지 못했기에 이 신대륙의 명칭은 이탈리아 피렌체 출신의 상인으로서 포르투갈 탐사선을 타고 몇 차례 남아메리카 해안을 탐험한 바 있던 아메리고 베스푸치(Amerigo Vespucci)의 이름에서 비롯되었다. 베스푸치는 자신이 다녀온 곳이 새로운 대륙이라는 사실을 널리 알렸고, 그의

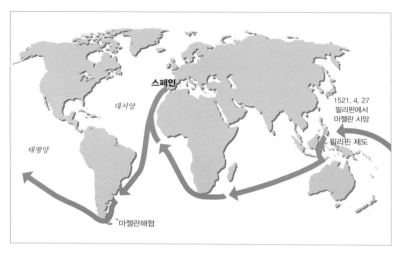

대서양

태평양

스페인

1521. 4. 27
필리핀에서
마젤란 사망

필리핀 제도

마젤란해협

▶ 마젤란의 세계 일주 항해

주장에 주목한 한 지도 제작자가 베스푸치의 이름을 기려 신대륙의 이름을 '아메리카'라고 붙였던 것이다.

어쨌든 콜럼버스의 탐험 이후 스페인은 이 신대륙을 가능한 한 샅샅이 탐사하고자 했다. 1513년 스페인인 바스코 데 발보아(Vasco de Balboa)는 파나마지협을 건너 태평양을 최초로 목격한 유럽인이 되었다. 1519년에서 1522년 사이에 스페인이 고용한 포르투갈인 페르디난드 마젤란(Ferdinand Magellan)은 오늘날 자신의 이름이 붙어 있는 남아메리카 최남단의 해협을 지나 그가 태평양이라고 이름 붙인 바다를 건너 필리핀에까지 이르렀다. 마젤란은 비록 필리핀에서 원주민의 손에 죽고 말았지만 그가 이끌던 선단은 항해를 계속해 마침내 세계 일주를 마칠 수 있었다.

스페인의 중앙아메리카 정복

신대륙을 탐험한 스페인인들은 아메리카 대륙을 더 이상 동방으로 가는 길에 놓인 장애물로 여기지 않았다. 그들은 콜럼버스의 첫 번째 항해 목적이 그랬듯이 아메리카에서 금은을 찾기를 원했고, 이를 위해 계속해서 탐험가들과 정복자들을 신세계에 보냈다. 예컨대 에르난 코르테스(Hernan Cortes)는 1519년 아즈텍 제국에 엄청난 양의 보물이 있다는 소문을 듣고 약 600명가량의 소규모 원정대를 이끌고 아즈텍 제국의 수도인 테노크티틀란을 공격했다. 강력한 황제인 몬테수마(Montezuma)가 이끌던 아즈텍인들은 처음에 코르테스를 보고 재림을 약속한 자신들의 신 케찰코아틀(Quetzalcoatl)이 돌아온 것이 아닐까 생각했다. 하지만 코르테스는 이들의 기대가 헛된 것임을 깨닫게 해주었다. 코르테스는 몬테수마를 살해하고 테노크티틀란을 파괴함과 동시에 엄청난 양의 금은을 약탈했다. 코르테스는 살아남은 아즈텍인들을 잔인하게 억압해 스페인 정복자 중에서 가장 잔악한 인물이라는 평을 받았다. 이후 콩키스타도르(conquistador)라고 알려진 스페인의 정복자들은 멕시코를 중심으로 북으로는 오늘날의 캘리포니아를 비롯한 미국의 남서부 지방과 남으로는 과테말라와 온두라스에 이르기까지 중앙아메리카 지역을 차지해 식민지로 만들고 이 지역을 '뉴스페인'이라고 불렀다.

스페인의 남아메리카 정복

코르테스의 멕시코 정복은 다른 스페인 정복자들을 자극해 이번에는 남아메리카 쪽으로 눈을 돌리게 만들었다. 1530년 프란시스코 피자로(Francisco Pizarro)는 페루에 상륙해 잉카제국을 공격했다. 이때 피자로에게 사로잡힌 잉카제국의 황제 아타우알파(Atahualpa)는 만약 자신을 풀어준다면 자신이 갇힌 감방을 사람 키보다 높게 황금으로 채워주겠다고 약속했다. 그러나 아타우알파가 이 약속을 지켰음에도 불구하고 스페인인들은 그를 풀어주기는커녕 오히려 화형에 처하고 말았다. 이후 스페인 정복자들은 멕시코에서처럼 페루를 중심으로 대략 16세기 중반까지 남쪽으로 칠레와 아르헨티나, 북쪽으로 에콰도르, 콜롬비아에 이르기까지 식민지를 확대하게 되었다. 이로써 교황청의 중재로 포르투갈의 식민지로 남게 된 브라질을 제외하고 중남미 대륙의 모든 지역이 스페인의 식민지가 되었다.

신세계와 구세계의 만남으로 인한 세계적 변화

스페인 정복자들이 의도했던 것은 아니지만 신대륙 아메리카는 정복자들이 행한 약탈보다 더 큰 재앙을 겪었다. 그것은 다름 아닌 스페인인이 부지불식간에 아메리카로 옮긴 홍역, 인플루엔자, 천연두 등의 질병이었다. 그중에서 특히 천연두는 면역력을 갖지 못한 아메리카 원주민에게 치명적인 결과를 가져다주었다. 예컨대 코르테스의 군대는 의도한 것은 아니었지만 아즈텍인에게 천연두를 옮겨 아즈텍 인구의 10분의 1을 사망하게 만들었다.

아메리카 원주민 역시 의도한 것은 아니었지만 당시 유럽에는 존재하지 않았던 질병을 구대륙으로 옮김으로써 일종의 복수극을 준비했다. 그것은 바로 매독이었다. 20세기 초까지도 적절한 치료제가 개발되지 않은 매독은 천연두처럼 사망률이 높지 않았지만 당시 유럽인에게는 치명적이었다. 매독은 전파 속도가 매우 빨라서 콜럼버스가 귀국한 다음 해인 1493년 바르셀로나에서 발생한 이후 선원과 매춘부 등을 통해 급속도로 퍼져 불과 6년 뒤에는 러시아까지 그리고 1505년에는 중국에까지 전파되었다.

그러나 신·구세계의 만남이 부정적인 결과만 낳은 것은 아니다. 이 두 세계는 이전까지 서로 갖고 있지 못하던 것을 교환함으로써 둘 다 엄청난 변화를 겪었다. 우선 아메리카에서 유럽으로 전파된 것으로는 옥수수, 감자, 호박, 땅콩, 토마토 등의 농산물을 들 수 있다. 이들 농작물은 영양가도 높을 뿐 아니라 생산성도 탁월해 이전까지 수시로 기근에 시달리던 유럽인에게 훌륭한 식량원을 제공해주었다.

신대륙 역시 유럽에서 전파된 산물로 인해 더욱 풍요로워졌다. 본래 아메리카에는 개와 라마 이외의 가축이 없었다. 유럽인이 들어오면서 소, 돼지, 양, 염소, 가금류 등의 가축이 도입됨으로써 신대륙의 식량 자원을 풍부하게 해주었고, 역시 유럽에서 전파된 말과 당나귀는 원주민에게 중요한 운송 수단이 되었다.

역사 메모 바이킹 중에서 신대륙 아메리카에 최초로 다녀간 사람은 리프 에릭슨(Leif Ericson) 일행이었다. 이들은 아이슬란드를 떠나 오늘날의 뉴펀들랜드 연안에서 한겨울을 보냈고, 이곳을 빈랜드(Vinland)라고 불렀다.

중국의 정화 원정대가 콜럼버스보다
72년 먼저 아메리카 대륙을 발견했다?

영국 해군의 퇴역 잠수함 함장인 개빈 멘지스(Gavin Menzies)는 2002년 3월 영국의 왕립지리학회에서 콜럼버스가 아메리카를 발견한 1492년보다 훨씬 앞선 1421년, 당시 명나라 제독이었던 정화(鄭和)의 함대가 아메리카를 발견했다고 주장했다. 그는 나아가 그해 11월에 출간한《1421: 중국이 세계를 발견한 해 (1421: The Year China Discovered the World)》를 통해 자신의 주장이 역사적 사실임을 여러 가지 근거를 통해 입증하고자 했다.

이후 '1421년의 가설'로도 불린 멘지스의 주장은 중국이 1421년에서 1423년에 이르는 기간 동안 아메리카 대륙뿐 아니라 호주, 뉴질랜드, 남극, 그린란드 북부, 대서양에서 북극을 거쳐 태평양에 이르는 북동항로(Northeast passage) 등을 발견했다는 것이다. 멘지스에 따르면 중국 명나라 시대 제3대 황제 영락제(永樂帝, 1360~1424)에서 제5대 선덕제에 이르는 기간인 1405년 겨울부터 1433년 7월까지 정화의 원정대가 총 7차례에 걸쳐 남해 원정을 떠났는데, 이중 6차 항해 때 이러한 발견이 이루어졌다고 한다. 6차 항해 때 본대와 별도로 각각 홍보(洪保), 주만(周滿), 주문(周聞), 양경(楊慶) 제독이 이끄는 4개의 소선단으로 나뉜 분견대가 세계를 항해했다. 이때 홍보는 남아메리카의 동부 해안과 남극·호주·뉴질랜드를, 주만은 남북아메리카의 서해안과 태평양 지역을, 주문은 북아메리카의 동부·그린란드와 북극해를 탐사 및 항해했다는 것이다.

만약 이것이 가능했다면 이는 아마도 정화의 함대가 당시 유럽과는 비교가 안 될 정도로 높은 수준의 항해술과 선박 건조 기술을 갖추었고, 보선(寶船)이라고 부르는 약 60척의 정크선과 190척의 소규모 선박을 가졌으며, 항해사·탐험가·선원·의사·노동자·군인 등을 포함한 약 2만 7000명의 대규모 인력을 동원해 원정에 나섰기 때문일 것이다. 콜럼버스가 타고 간 산타마리아호가 230톤에 불과했던 데에 비해 정화 함대의 정크선은 길이가 150미터, 폭이 60미터, 무게가 1500톤이나 되는 대형 선박이었다.

멘지스는 자신의 주장을 입증하는 증거로 유럽인이 아메리카에 도착했을 때 이미 인종적으로나 언어적으로 아시아계로 보이는 사람들이 상당수 있었다는 점, 15세기 초의 중국 난파선으로 확인된 선박 잔해가 세계 곳곳에서 발견된다는 점 외에도 각종 고지도와 문헌 등을 제시했다. 하지만 멘지스의 주장은 이후 로버트 핀레이(Robert Finlay)와 존 윌스(John E. Wills) 등의 역사가로부터 강한 비판을 받기도 했다.

2장

영국의 북아메리카
식민지 건설

북아메리카를 향한 영국의 욕심

영국은 왕실의 지원하에 최초로 북아메리카 식민지 건설을 시도했으나
참담한 실패로 돌아갔다. 하지만 영국은 결국 유한회사의 설립을 통해
식민지 건설에 성공하게 된다.

영국이 아메리카에 관심을 갖게 된 이유

영국인은 신대륙 아메리카에서 부를 얻기 위해 스페인인들보다 더
손쉬운 길을 택했다. 그것은 스페인인들이 중남미에서 발견한 금과 은
을 유럽으로 실어 나르는 배, 흔히 보물선이라고 하는 배를 중간에서
가로채는 일이었다. 영국인들이 신대륙에 관심을 갖게 된 첫 번째 이유
도 금은보화였던 것이다. 특히 1560년대와 1570년대에는 이른바 '바다
의 개들'이라고 불렸던 존 호킨스(John Hawkins)나 프랜시스 드레이크
(Francis Drake) 같은 영국의 해적이 스페인의 보물선을 약탈하며 명성
을 떨치기도 했다. 당시 영국 여왕 엘리자베스 1세는 이들의 활동을 은
밀히 지원하기도 했다.

영국인 최초의 북아메리카 식민지 건설 시도는 실패로 돌아갔다

본격적으로 북아메리카에 식민지를 건설해야 할 필요성을 느낀 영국
인은 이부(異父)형제인 험프리 길버트 경(Sir Humphrey Gilbert)과 월

터 롤리 경(Sir Walter Raleigh)이었다. 먼저 길버트가 뉴펀들랜드에 식민지를 건설하기 위해 항해에 나섰으나, 이내 실종되고 말았다. 그 뒤를 이어 롤리는 1587년, 성인 남녀와 어린이를 포함한 117명을 오늘날의 노스캐롤라이나 해안에 있는 로어노크(Roanoke)섬으로 보냈다. 그러나 이듬해 영국과 스페인 사이에 전쟁이 벌어지고, 스페인의 무적함대가 영국 해협으로 쳐들어와 로어노크 식민지에 보급선을 보내는 일이 늦어지게 되었다. 그래서 3년 뒤 보급선이 로어노크섬에 도착했을 때에는 그곳에 언제 사람을 보낸 적이 있었나 싶을 만큼 아무런 흔적도 남아 있지 않았다. 이 일을 가리켜 후세 사람들은 로어노크 식민지를 '사라진 식민지(lost colony)'라고 부르게 되었다. 결국 엘리자베스 여왕의 별명인 '처녀 여왕(Virgin Queen)'을 따서 지은 버지니아(Virginia) 식민지의 건설은 이렇게 참담한 실패로 돌아갔다. 영국은 이후 20여 년간 새로이 식민지를 건설할 생각을 하지 못했다.

영국의 북아메리카 식민지 건설을 가능하게 해준 유한회사

로어노크 식민지 건설의 실패에도 불구하고 영국인들이 다시 북아메리카에 식민지 건설을 꿈꾸게 된 것은 17세기 초에 새로운 사업 방식이 나타났기 때문이다. 식민지 건설은 엄청난 비용과 위험 부담이 따르는 일이라 한두 사람의 계획과 사업 자금을 가지고는 일을 추진하기가 거의 불가능했다. 그렇기 때문에 그 이전까지는 탐험이나 식민지 개척을 위해 유럽 여러 나라 왕실이 적극적으로 나서야 했다. 하지만 각국 왕실도 만만치 않은 비용과 위험 부담으로 인해 이를 꺼리는 편이었다. 이때 새롭게 나타난 사업 방식이 초기의 주식회사 형태인 유한회사(joint-stock company)였다. 이 유한회사는 귀족, 지방 지주, 상인 등의 소규모 투자가 집단이 공동 출자를 해서 자신이 투자한 지분에 대해서만 위험 부담을 지고 이윤을 나누어 갖는, 이전에는 볼 수 없었던 전혀 새로운 사업 형태였다.

이러한 형태의 유한회사는 영국의 런던과 플리머스(Plymouth) 두 곳에서 생겨났는데 그 회사들의 이름은 똑같이 버지니아 회사였다. 그중에서 런던의 버지니아 회사는 당시 영국 국왕 제임스 1세로부터 식민지를 건설할 권리를 부여하는 특허장을 받았는데, 중요한 내용은 버지니아 회사가 식민지에서 금, 은, 구리 같은 모든 종류의 광물을 채굴, 채광, 탐사할 권리를 가지며, 그러한 광물을 발견하면 그중 5분의 1은 국왕에게 지불할 의무를 지닌다는 것이었다.

역사 메모 1590년, 보급선이 로어노크섬에 도착했을 때, 이곳에서 발견된 것은 기둥에 새겨진 크로아토안(CROATOAN)이라는 글자뿐이었다. 크로아토안은 로어노크 근처의 해터러스곶(Cape Hatteras) 인근에 있는 섬 이름이었지만, 그곳에도 아무런 흔적이 남아 있지 않았다.

황금 찾기로 시작했으나
담배 재배로 성공한 체서피크만 식민지

> 영국인들은 처음에 스페인과 마찬가지로 황금을 찾아 버지니아로 왔으나
> 뜻한 바를 이루지 못했다. 대신에 담배를 재배함으로써 경제를 일으킬 수 있었다.

황금을 찾아 나선 영국인들

흔히 영국에서 미국으로 건너온 최초의 이주민이 1620년 메이플라워(Mayflower)호를 타고 뉴잉글랜드로 건너온 퓨리턴(Puritan)이라고 알고 있지만, 사실 미국에 최초로 정착한 사람들은 그보다 13년 전에 버지니아의 제임스강 어귀에 도착한 104명의 남자들이었다. 이들이 영국을 떠나 낯선 신대륙으로 오게 된 것은 앞서의 스페인인들과 마찬가지로 오로지 황금을 찾아 한몫 잡아보겠다는 꿈을 가졌기 때문이다. 이 점은 이들의 식민지 이주를 후원하고 투자한 런던의 버지니아 회사 주주들도 마찬가지였다. 그런데 그들이 도착한 제임스타운의 자연환경은 사람이 살기에 적합하지 않았다. 늪지대로 둘러싸여 있었기 때문에 말라리아 같은 각종 질병이 들끓는 데다 수질마저 나빠 건강에 좋지 않았다. 때문에 최초의 이주민들은 불화와 질병에 시달렸다. 그 결과 첫 겨울을 나는 동안 고작 38명만이 살아남았다. 특히 이듬해 겨울은 무시무시한 '굶주림의 시기'로 기록되었는데, 이 기간에 일부 정착민들은

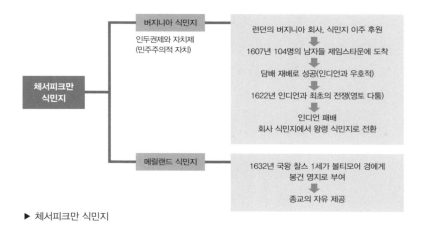

▶ 체서피크만 식민지

죽은 사람의 살을 먹으며 목숨을 이어가기도 했다고 전해진다. 이후로도 힘들고 어려운 생활은 계속되어 1624년 말까지 버지니아로 이주한 8000여 명의 사람 중 약 1300명만이 살아남았을 정도였다.

담배 재배로 살아남은 버지니아 식민지인

런던의 버지니아 회사 주주들과 초기 이주민들의 기대와 달리 버지니아에서는 금은이 발견되지 않았다. 이들은 무언가 돈이 될 만한 것을 찾아야 했다. 그때 나중에 이 지역 인디언 부족 연합 추장인 포우하탄(Powhatan)의 딸 포카혼타스(Pocahontas)와 결혼해 더 유명해진 존 롤프(John Rolfe)는 버지니아의 기후가 담배 재배에 적합하다는 것을 발견했다. 롤프는 남아메리카에서 버지니아 토양에 맞는 담배 종자를 수입해 이를 정착민에게 심도록 했고 수확 후에는 영국으로 수출하도록 했다. 이로써 담배는 버지니아 식민지에서 부의 원천이 되었다. 하지만 담배 재배의 성공은 식민지인에게는 행운이었지만 인디언에게는 불행이었다. 왜냐하면 담배 재배가 토양의 영양분을 빨리 고갈시켜 식민지 인들은 더 많은 담배를 수확하기 위해 새로운 땅을 찾아 자꾸 내륙으로 들어갈 수밖에 없었기 때문이다. 그러나 그 땅은 주인이 없는 빈 땅이 아니었다. 그 땅은 바로 인디언의 땅이었다. 결국 초기 약 25년간 비교적 우호적이었던 식민지인과 인디언 사이에 충돌을 피할 수 없게 되었다.

영국인과 인디언 사이에 벌어진 최초의 전쟁

식민지인이 자신들의 땅에 접근해오는 것에 위험을 느낀 사람은 포우하탄의 동생이자 후계자인 오페칸카누(Opechancanough)였다. 그는 1622년 부족 연합을 이끌고 제임스타운을 공격했다. 이후 20년이 넘도록 계속된 인디언과의 전쟁에서 식민지인들은 당시 버지니아 총 인구 8000명 중 약 500명이 죽을 정도로 커다란 희생을 겪었는데, 전쟁을 주도한 오페칸카누도 포로로 잡혀 처형되고 말았다. 결국 전쟁은 화력에서 열세인 인디언의 패배로 끝나고, 이후 인디언들은 서쪽 내륙 지방으로 쫓겨나고 말았다.

회사 식민지에서 왕령 식민지로의 변화

오페칸카누의 공격은 버지니아 식민지를 파괴하는 데 실패했지만, 식민지 건설을 주도한 런던의 버지니아 회사를 파산으로 몰아갔다. 따라서 영국 국왕 제임스 1세는 회사에 대한 특허장을 취소하고 버지니아를 왕령 식민지로 만들었다. 왕령 식민지란 국왕이 임명한 관리, 즉 총독이 통치하는 식민지를 말한다. 그런데도 버지니아에서는 회사 식민지 시절부터 존재한 두 가지 제도가 그대로 유지되었다. 그 하나는 인두권(人頭權) 제도로서 이민을 끌어들이기 위해 런던 회사의 주식을 사는 사람에게 무조건 50에이커의 식민지 땅을 주는 제도였다. 다른 하나는 버지니아 하원(House of Burgess)이라고 부르던 일종의 자치 제도로서 자체의 입법부에 대표를 선출할 수 있는 권리를 가진 제도였다. 특히 이 버지니아 하원을 통해 식민지인들은 상당한 정도의 자치권을 가진 대의제 정부 형태를 발전시킬 수 있었고, 이것이 나중에 식민지의 민주주의적 자치 전통의 하나로 자리 잡게 되었다.

메릴랜드 식민지의 건설

버지니아 식민지가 담배를 통해 경제적 자립을 이룩하고 번성하자, 이웃한 북쪽 지역에서도 이와 유사한 경제를 이끌어가는 새로운 식민지가 생겨나게 되었다. 이 메릴랜드(Maryland) 식민지는 1632년 영국 국왕 찰스 1세가 자신의 친구인 볼티모어 경 조지 캘버트(George Calvert)에게 일종의 봉건 영지로 부여함으로써 형성되었다.

캘버트 가문은 처음에는 이곳을 영국에서 박해받는 로마 가톨릭교도들에게 종교적 피난처로 제공했지만 나중에는 모든 크리스트교인에게 종교의 자유를 허용했다. 이 점에서 메릴랜드 식민지는 영국 국교회만을 인정한 버지니아와 달랐지만 그 밖에 정치, 경제, 사회 제도는 버지니아와 매우 유사한 형태로 발전했다. 이로써 이 두 식민지를 한데 묶어 부르는 남부 체서피크만(Chesapeake Bay) 식민지가 형성되었다.

역사 메모 버지니아 식민지가 살아남을 수 있었던 이유 중 하나는 탁월한 지도력을 지닌 존 스미스(John Smith)가 있었기 때문이다. 스미스는 식민지인들이 영국에서 누렸던 지위에 관계없이 누구나 일할 것을 요구했고, 질서 유지를 위해 군대식 규율을 강제하기도 했다.

영국 국교회에 반발한
퓨리턴의 북아메리카 정착

> 영국 국교회를 정화하려 한 퓨리턴은 국교도들의 탄압으로 메이플라워호를 타고
> 북아메리카로 이주해 뉴잉글랜드에 플리머스 식민지를 건설했다.

유럽 대륙의 종교개혁과 영국의 종교개혁

북부 뉴잉글랜드(New England) 식민지는 정착민의 목적, 성격, 과정, 사회 구조 등에서 남부 체서피크만 식민지와 매우 다른 모습을 보였다. 뉴잉글랜드 식민지는 영국에서의 종교적 박해를 피해 신앙 공동체를 건설하고자 대서양을 건너온 퓨리턴들이 건설한 식민지다. 따라서 뉴잉글랜드 식민지의 건설 과정을 이해하기 위해서는 퓨리턴이 누구인지를 먼저 알아야 한다. 그리고 이들 퓨리턴을 알기 위해서는 영국의 종교개혁 과정을 알아볼 필요가 있다.

16세기 초까지 서유럽 사회에서는 로마 가톨릭교회가 유럽 종교계를 지배하고 있었다. 이 점은 영국도 예외가 아니어서 국왕을 포함한 영국인들은 로마 가톨릭교를 신봉했다. 하지만 당시 로마 가톨릭교회는 면죄부 판매와 성직 매매 같은 일로 몇몇 개혁적인 성직자들로부터 비판을 받았다. 그러한 분위기에서 교회의 강력한 개혁을 주장하며 로마 가톨릭교회에서 떨어져 나와 새로운 크리스트교, 즉 프로테스탄트

교회가 형성되는 종교개혁이 이루어졌다. 유럽 대륙에서 이를 주도한 인물이 그 유명한 마틴 루터(Martin Luther)와 장 칼뱅(Jean Calvin)이다. 이로 인해 프로테스탄트 교회에서는 종교개혁자의 신학에 따라 다양한 종파가 나타나게 되었다.

그러나 영국의 종교개혁은 이러한 유럽 대륙에서의 종교개혁과는 성격이 조금 달랐다. 1530년 당시 영국 국왕 헨리 8세는 로마 가톨릭교회를 거부하고 독자적으로 영국 국왕이 교회의 우두머리가 되는 영국 국교회를 설립했다. 그 이유는 헨리 8세가 자신의 왕비이자 가톨릭을 신봉했던 스페인 출신의 캐서린과 이혼을 원했지만 가톨릭교회의 교황이 이를 허락하지 않았기 때문이다. 따라서 그는 유럽 대륙에서 일어난 종교개혁의 분위기를 이용해 영국에서도 프로테스탄트 종교개혁을 이룩한다는 명분으로 영국 국교회(Anglican Church)를 만들었다. 사정이 이렇다 보니 무늬만 종교개혁일 뿐 기존 교회의 부패하고 타락한 요소들을 거의 간직한 채 새로운 교회가 생겨나게 되었다.

퓨리턴의 등장

이에 대해 영국 국교회의 개혁이 충분치 못하고 부패하고 타락한 요소가 그대로 남아 있으니 이를 정화(purify)하자고 주장하는 사람들이 나타났다. 이들이 바로 퓨리턴인 것이다. 퓨리턴은 신학적으로는 대륙의 종교개혁가 장 칼뱅의 추종자들이었다.

칼뱅은 20세기 초 독일의 사회학자 막스 베버(Max Weber)가 잘 정리했듯이 예정설과 천직사상(天職思想)을 주장한 종교개혁자였다. 예정설이란 하나님은 인간이 태어나기 전부터 천국이나 지옥에 갈 운명을 미리 정해놓았다는 전제에서 출발한 것이었다. 하지만 만약 그렇다면 인간이 세상을 살면서 어떤 일을 하든 상관없지 않느냐는 문제가 대두되었고, 어떤 사람이 천국에 갈 운명인지 지옥에 갈 운명인지를 알 수 있는 방법이 없겠는가라는 의문도 생기게 되었다. 이를 보완해주는 것이 천직사상이었다. 이 천직사상에 따르면 인간이 가지고 있는 직업은 하늘이 주신 것이고 어떤 직업이든 그 직업에서 성공을 거두는 것이야말로 천국에 가기로 예정되어 있는 사람이라는 것을 보여주는 암시라는 것이다. 따라서 자신의 직업에서 성공을 거두기 위해서는 근검절약 및 절제하는 생활을 해야 한다고 했다. 뿐만 아니라 늘 기도하며 자기 탐구와 성서 연구에도 헌신해야 구원을 받을 수 있다고 했다. 퓨리턴은 이러한 사상을 충실히 따르고자 했던 사람들이다.

종교의 자유를 찾아 나선 분리파 퓨리턴

이러한 사상을 지닌 퓨리턴들은 영국에서 점차 자신들을 반대하는 국교도들로부터 탄압을 받게 되었다. 퓨리턴에는 회중파(Congregationalist)와 분리파(Separatist)라는 두 개의 분파가 있었다. 그 중에서도 먼저 더 큰 탄압을 받은 분파는 국교회로부터의 분리를 주장한 분리파였다. 결국 분리파 퓨리턴은 영국에서의 박해를 피해 일단 네덜란드의 라이덴(Leiden)으로 이주했다. 그러나 그곳에서도 자신들의 신앙을 유지하기 힘들다는 생각이 들자, 아예 신대륙에서 자신들만의 신앙 공동체를 건설할 계획을 세우게 된다. 그래서 영국으로 다시 돌아와 1620년 9월, 총 101명의 남녀가 메이플라워호를 타고 플리머스 항을 떠났다.

약 두 달에 걸친 항해 끝에 그들이 도착한 곳은 오늘날의 매사추세츠주 보스턴 남쪽 지역인 코드곶(Cape Cod)이었다. 그러나 그곳은 그들이 정착 허가를 받은 플리머스의 버지니아 회사 관할 구역보다 훨씬 북쪽에 있었다. 하지만 그들은 오랜 항해에 지치고 겨울이 다가오는 시점이라 허가받은 지역으로 내려가는 것을 포기하고 인근 지역에 상륙했다. 그들은 이곳을 자신들이 떠나온 항구의 이름을 따서 플리머스라고 불렀다.

나중에 순례시조(Pilgrims)라고 불리게 되는 이 퓨리턴들은 북아메리카 북동부 해안의 추운 겨울을 나기에는 준비가 부족했다. 결국 그해 겨울을 나면서 순례시조는 절반가량의 사람들만 살아남고 말았다. 그래도 이들은 남쪽 제임스타운에 정착했던 최초의 이주민보다는 운이 좋았다.

왜냐하면 이 지역의 기후는 체서피크만 지역 기후보다는 건강에 좋았고, 주변 인디언 부족과도 반세기 이상 평화적인 관계를 유지할 수 있었기 때문이다. 더욱이 이 순례시조들은 아주 우연히 영어를 할 줄 아는 스콴토(Squanto)라는 인디언의 도움을 받을 수도 있었다.

역사 메모 ▶ 본래 이름이 티스콴툼(Tisquantum)인 스콴토는 왐파노아그(Wampanoag) 부족 연합의 일원인 파투셋(Patuxet) 부족 출신이었다. 그는 1614년에 코드곶 인근에서 영국인 탐험가 토머스 헌트(Thomas Hunt)에게 납치되어 스페인으로 끌려갔다. 그곳에서 그는 다시 수도사에게 팔려 가 교육을 받고, 이후 영국으로 건너갔다가 1619년에야 다시 고향으로 돌아올 수 있었다.

종교적 목적으로 건설된 뉴잉글랜드

> 회중파 퓨리턴은 분리파 퓨리턴인 순례시조의 뒤를 이어
> 뉴잉글랜드를 건설하고 그들의 이상을 실현해나갔다.

'언덕 위의 도시'를 꿈꾸었던 회중파 청교도의 도래

순례시조가 플리머스에 정착한 지 채 10년도 지나지 않아 이번에는 회중파에 속하는 퓨리턴도 영국을 떠나기로 결심하기에 이르렀다. 제임스 1세의 뒤를 이어 퓨리턴에 적대적인 국왕 찰스 1세가 즉위하자 순례시조의 뒤를 잇기로 한 것이었다. 이들은 떠나기 전 아예 국왕으로부터 식민지 건설에 필요한 특허장을 얻어내고 스스로 매사추세츠만 회사(Massachusetts Bay Company)를 설립했다. 그리고 그 회사의 본거지마저 신대륙으로 옮기기로 결정했다. 그리하여 이 회사를 중심으로 매사추세츠 식민지가 본격적으로 건설되기 시작했다.

이 회중파 퓨리턴의 식민지 정착을 주도적으로 이끈 인물은 존 윈스럽(John Winthrop)이다. 그는 거의 20여 년간 매사추세츠 식민지의 지사를 지내며 초기 식민지 정착의 기틀을 마련했다. 그의 사상은 1630년 신대륙으로 향하는 배 안에서 행한 '크리스트교인의 자선의 본보기'라는 연설에 잘 나타나 있다. 그는 이 연설에서 퓨리턴이 대서양을 건너

유한회사인 매사추세츠만 회사를 세워 회중파 퓨리턴을 이끌고 1630년 뉴잉글랜드로 건너온 퓨리턴 지도자 존 윈스럽(1588~1649)과 그 후손의 묘비. 보스턴 소재.

가 새로 건설할 신앙 공동체는 마치 모세가 히브리인을 이끌고 가나안 땅을 찾아갔듯이 낡고 부패한 잉글랜드를 떠나 새로운 잉글랜드, 즉 뉴잉글랜드를 건설하는 것이라고 역설했다. 그리고 뉴잉글랜드는 세상 사람들에게 신앙 공동체의 본보기가 되는 '언덕 위의 도시(City Upon a Hill)'가 되어야 할 것을 강조했다. 이러한 윈스럽을 비롯한 퓨리턴의 사상은 주로 성경에 나타난 계약 사상에 바탕을 둔 것이었다.

퓨리턴이 자신들의 이상을 실현하고자 취한 방식

이에 따라 그들은 매사추세츠만 회사의 특허장도 상호 동의에 입각한 계약 공동체를 설립하는 문서로 보았다. 따라서 이 회사의 총회(General Court)도 나중에 식민지 의회로 발전할 수 있었다. 하지만 총회에서의 선거권을 매사추세츠에 거주하는 퓨리턴 성인 남성 교인으로 제한함으로써, 교인이 아닌 사람들을 제외하는 배타적인 측면도 있었다. 그런데도 매사추세츠는 퓨리턴이 정착한 지 20년도 되지 않아 지사와 양원제 입법부를 갖춘 자치 정부를 구성하기에 이르렀다.

매사추세츠 식민지에서의 토지 분배 방식은 자치체에 대한 퓨리턴의 이상을 실현하기 위한 방편으로 진행되었다. 이곳에서는 남부 체서피크만 지역과 달리 총회가 타운이 형성되는 곳에 토지를 나누어주었다. 구체적으로 말하면, 총회는 어느 정착지에 주민의 수가 60명이 되면 그곳에 타운을 세울 권한을 주고 36평방마일의 토지를 주었다. 그러면 최초로 토지를 받은 주민은 그들 스스로 그 땅을 나누어 가질 방식을 결정했다. 하지만 나누어 가진 몫은 영국에서의 지위에 따라 달랐다. 예컨대 성직자를 포함한 힘 있는 사람들은 더 넓고 좋은 땅을 차지했다. 그런데도 매사추세츠 식민지의 정착은 질서 있고 잘 통제된 가운데 진행되었다. 그리고 점차 정착민이 늘어나면서 남쪽으로는 로드아일랜드(Rhode Island)와 코네티컷(Connecticut), 북쪽으로는 뉴햄프셔(New Hampshire) 식민지가 매사추세츠와 똑같은 방식으로 생겨나게 되었다. 그래서 이들 지역을 오늘날 버몬트(Vermont)주와 메인(Maine)주를 포함해 뉴잉글랜드 지역이라고 부르는 것이다.

다른 사람들의 종교에 대해서는 매우 배타적이었던 퓨리턴

뉴잉글랜드에서는 종교가 매우 중요했다. 이곳에서는 오로지 퓨리턴의 회중파 교회만이 유일한 공식 종교였다. 따라서 같은 프로테스탄트라 할지라도 종파가 다를 경우에는 예배의 자유마저 허용되지 않았다. 또 모든 가정은 교회의 건설과 성직자의 봉급을 지불하기 위해 세금을 내야 했다. 한마디로 뉴잉글랜드 식민지에서는 교회와 국가가 분리되지 않았던 것이다. 결과적으로 종교의 자유를 찾아 아메리카로 왔다는 사람들이 다른 사람의 종교의 자유는 인정하지 않는 모순을 보여준 셈이다.

역사 메모 뉴잉글랜드 식민지는 남부 체서피크만 식민지와 달리 가족 단위 이주가 이루어졌고, 자연환경도 건강에 좋은 편이었다. 따라서 뉴잉글랜드에서는 인구의 자연 증가가 활발했고, 평균 수명도 다른 식민지에 비해 훨씬 높았다.

뉴욕은 '요크 공의 땅'이고 펜실베이니아는 '펜의 땅'이다?

> 식민지 뉴욕이 영국의 요크 공에게 넘어가고, 퀘이커(Quaker) 교도들에 의해
> 펜실베이니아 식민지가 건설되고, 사우스캐롤라이나와 조지아에도
> 건설되면서 대서양 연안 13개 식민지의 건설이 완료되었다.

네덜란드인이 먼저 건설한 오늘날의 뉴욕

남부 체서피크만 식민지가 경제적 목적에서 그리고 북부 뉴잉글랜드 식민지가 종교적 목적에서 건설되었고, 이주민의 대다수가 앵글로색슨족(Anglo-Saxon)이었다면, 중부 식민지라고 일컬어지게 될 지역은 비교적 다양한 계기와 목적 그리고 인종에서 출발했다고 할 수 있다.

우선 우리가 오늘날 뉴욕이라고 부르는 지역은 영국인이 아니라 네덜란드인이 건설한 식민였다. 네덜란드인들은 1620년대에 인디언과 주로 모피 교역을 할 목적으로 네덜란드 서인도 회사(Dutch West India Company) 주도로 뉴욕의 맨해튼과 허드슨강 유역에 교역 기지를 건설했다. 그리고 이 회사는 넓은 면적의 토지 부여를 약속하고 대지주에게 영주와 같은 권위를 부여하면서 이민을 끌어들이려고 노력했다. 그러나 네덜란드인은 영국인과 달리 이 지역에 커다란 관심을 보이지 않았다. 왜냐하면 교역 기지를 건설한 회사는 그들의 관심을 아프리카와 브라질 쪽에 두고 있었고, 네덜란드에서는 영국처럼 경제적, 종교적 압박

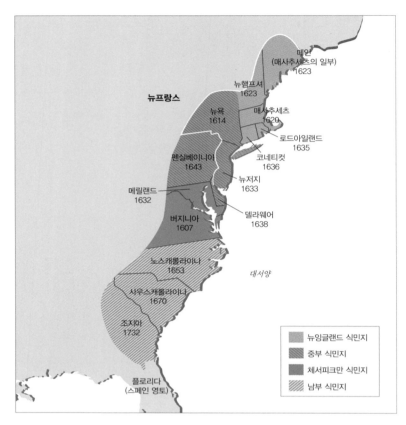

지도 내 텍스트:

메인
(매사추세츠의 일부)
1623

뉴햄프셔
1623

뉴프랑스

뉴욕
1614

매사추세츠
1620

로드아일랜드
1635

펜실베이니아
1643

코네티컷
1636

메릴랜드
1632

뉴저지
1633

버지니아
1607

델라웨어
1638

노스캐롤라이나
1653

대서양

사우스캐롤라이나
1670

조지아
1732

플로리다
(스페인 영토)

범례:
뉴잉글랜드 식민지
중부 식민지
체서피크만 식민지
남부 식민지

▶ 18세기 초까지 이루어진 13개 영국 식민지

이 심하지 않았기 때문에 굳이 아메리카로 이민을 떠나야 할 필요성을 크게 느끼지 못했기 때문이다. 그런데도 네덜란드인은 이 지역을 뉴네덜란드라 부르고 맨해튼 일대를 뉴암스테르담(New Amsterdam)이라고 부르며 정착민을 끌어들이려고 노력했다.

영국인이 네덜란드인으로부터 빼앗아 건설한 뉴욕 및 뉴저지 식민지

그사이 이 지역에 눈독을 들이게 된 사람들은 영국인이었다. 뉴잉글랜드에서의 정착이 원활해지고 인구가 늘어나자 퓨리턴들은 새로운 토지를 찾아 남쪽으로 내려와 정착하기 시작했다. 그때 영국 국왕 찰스 2세는 뉴욕 지역에 대한 네덜란드인의 권리를 무시하고 허드슨강 계곡을 포함한 코네티컷강과 델라웨어강 사이의 드넓은 땅을 나중에 영국왕 제임스 2세로 즉위하게 되는 자신의 동생 요크 공(Duke of York) 제임스에게 주었다.

요크 공은 재빨리 함대를 보내 뉴네덜란드 식민지인들에게 항복을 요구했고, 이에 네덜란드인들은 큰 저항 없이 이 땅을 요크 공에게 넘겨주고 말았다. 그리하여 이 땅은 이후 요크 공의 이름을 따서 뉴욕(New York)이라고 부르게 되었다.

이 뉴욕 식민지는 네덜란드인과 영국인이 대다수를 이루었지만, 그밖에도 적지 않은 수의 독일인을 포함해 왈론인(Walloon, 프랑스어를 쓰는 벨기에 남부인), 스칸디나비아인, 아프리카인 등이 살았다. 이것을 보면 오늘날 뉴욕시가 인종의 전시장이라고 부를 만큼 다양한 인종으로 구성된 이유가 어디에 있는지를 알 수 있다. 요크 공 제임스는 자신의 땅 중에서 허드슨강과 델라웨어강 사이의 땅을 다시 자기 친구들에게 주었고, 이로써 이 땅은 뉴욕에서 갈라져 나와 뉴저지(New Jersey) 식민지를 형성하게 된다.

요크 공으로부터 뉴저지 땅을 받은 사람들은 조지 카터릿 경(Sir George Carteret)과 존 버클리(John Berkeley)였다. 이들은 모두 영국의 귀족 신분이었기 때문에 뉴저지는 처음부터 영주(領主) 식민지로 출발하게 되었다. 그런데도 뉴저지 식민지는 넓은 면적의 토지 부여와 종교의 자유,

대의제 실시 등을 약속해 많은 정착민을 끌어들일 수 있었다. 그중에는 뉴잉글랜드 식민지 출신 이주민들도 많았다.

종교적 급진성으로 말미암아 영국에서 박해를 받은 퀘이커교도

이때 뉴저지 식민지 땅의 일부를 열심히 사들이는 영국인들이 있었다. 바로 퀘이커교도였다. 퀘이커교도는 앞서의 퓨리턴과 마찬가지로 영국에서 종교적 이유로 박해를 받고 있던 사람들이었다. 그들은 공식적으로는 '친구들의 모임(the Society of Friends)'이라고 부르는, 당시로서는 꽤 앞선 종교적 신조를 갖고 있던 크리스트교인이었다.

이들은 하나님과 인간 사이에 중재자, 즉 성직자가 필요 없다고 생각했다. 그리고 누구나 하나님을 믿는다면 '내면의 빛(inner light)'을 받을 수 있고, 그에 따라 구원도 받을 수 있다고 믿었다. 이들 퀘이커교도의 사상을 한마디로 정리하면 평등주의와 평화주의라고 할 수 있다. 그들은 하나님이 보기에 모든 인간은 평등하다고 믿었기 때문에, 퀘이커교도 사이에서는 공식적으로 훈련을 받은 성직자도 없었다. 뿐만 아니라 당시까지만 해도 남녀 사이에 상당한 차별이 있었지만, 퀘이커교도 사이에서는 남녀의 차별이 없었다.

더욱이 이들은 흑인 노예마저도 똑같은 인간이라고 보았기 때문에 일찍부터 노예제 반대 운동에 앞장서기도 했다. 또한 이들은 평화를 사랑했기 때문에 전쟁을 싫어하고 무기를 드는 일도 절대로 반대했다. 이러한 급진적인 신앙과 사상으로 인해 퀘이커교도들은 영국에서 박해를 받았고, 이로 인해 이들은 아메리카로 이주할 생각을 하고 있었다.

퀘이커교도의 펜실베이니아 식민지 건설

때마침 퀘이커교도들에게 아주 좋은 기회가 찾아왔다. 그것은 국왕 찰스 2세가 자신의 친구이자 퀘이커교도 중에서 가장 유명한 인물이던 윌리엄 펜(William Penn)에게 뉴욕과 메릴랜드 사이의 광활한 땅을 준 일이었다. 이로써 국왕의 지시에 따라 윌리엄 펜의 작고한 아버지 이름을 딴 펜실베이니아(Pennsylvania) 식민지가 생겨났다. 펜은 이 땅을 개인 영지로 유지했지만, 박해받는 퀘이커교도에게 신앙의 안식처로서 제공했을 뿐 아니라 모든 종교에 대해 자유를 약속함으로써 다양한 이민을 끌어들일 수 있었다.

그리고 펜은 퀘이커교의 사상에 입각해 그 지역의 인디언에게도 매우 관대한 정책을 취했다. 그는 그 지역의 지배적 인디언 부족인 델라웨어족(Delaware)으로부터 토지를 빼앗은 것이 아니라 사들였으며 인디언과의 교역에도 엄격한 규칙을 적용해 그들을 공정하게 대하도록 했다. 이 펜실베이니아의 토지는 풍부하고 비옥했기 때문에 금방 서인도제도에 밀가루와 식료품을 수출하며 경제적 토대를 마련할 수 있었다. 뿐만 아니라 장차 식민지의 중심지가 될 것을 염두에 두고 계획적으로 건설한 도시인 필라델피아 역시 많은 상인과 수공업자들을 끌어들여 금방 번성하게 되었다.

캐롤라이나 식민지의 형성

이처럼 북아메리카 대서양 중부 지역에 뉴욕, 뉴저지, 펜실베이니아 식민지가 건설될 무렵 버지니아 이남에서 스페인령 플로리다에 이르는 지역에도 새로운 식민지가 건설되고 있었다. 우선 캐롤라이나(Carolina) 식민지는 당시 영국 국왕 찰스 2세가 자신의 친구들에게 버지니아 남쪽 지역의 땅을 하사함으로써 영주 식민지로 출발하게 되었다. 이 캐롤라이나 식민지는 1730년대에 다시 남북으로 갈라져 노스캐롤라이나와 사우스캐롤라이나로 나뉘었다. 노스캐롤라이나는 주로 버지니아 식민지인들이 내려와 정착해 버지니아와 유사한 정치, 경제, 사회 제도를 지닌 사회를 형성했다.

사우스캐롤라이나 식민지의 건설

사우스캐롤라이나는 이미 카리브해 지역에 진출해 있던 영국인들이 이주했기 때문에 노스캐롤라이나와는 매우 다른 사회를 형성했다. 왜냐하면 이들은 애초부터 카리브해 지역에서 상당수의 흑인 노예를 데려왔다. 따라서 사우스캐롤라이나는 일찍부터 노예 노동에 입각해 흑인들이 주식으로 삼던 쌀과 염색 재료로 쓰이는 식물인 인디고(indigo)를 재배하면서 경제를 꾸려나가게 되었다.

조지아 식민지의 건설

사우스캐롤라이나 남쪽에서 스페인령 플로리다에 이르는 지역은 최초의 식민지 건설 이후 1세기가 넘도록 아무런 정착도 이루어지지 않았다. 영국인들도 스페인과의 충돌을 우려해 이 지역을 비워두었기 때문이다. 그러나 1732년 이 지역을 하사받은 제임스 오글레소프(James Oglethorpe)는 일단 유사시에 스페인에 대항해 무기를 들 수 있는 강인한 자영농들을 불러들여 새로운 식민지를 건설했다. 이것이 바로 미국 건국 이전에 마지막으로 건설된 조지아 식민지이다.

이로써 북아메리카에는 13개의 영국 식민지가 모두 건설되었다. 앞서 살펴본 대로 북부 뉴잉글랜드의 뉴햄프셔, 매사추세츠, 로드아일랜

드, 코네티컷, 중부 지역의 뉴욕, 뉴저지, 펜실베이니아, 델라웨어, 남부
체서피크만 지역의 버지니아와 메릴랜드 그리고 남부 지역의 노스캐롤
라이나, 사우스캐롤라이나, 조지아 식민지가 그것이다.

역사 메모 필라델피아는 윌리엄 펜이 1628년 직접 설계한 도안에 따라 건설되
었다. 델라웨어강과 슈이킬(Schuykill)강 사이에 위치한 이 도시의 이름은 그리스어에
서 유래하며 '형제애(brotherly love)'를 뜻한다.

무엇이 백인과 인디언을 갈라놓았을까?

초기에 우호적 관계였던 백인과 인디언은 식민지 인구의 증가와
영토 확장으로 인해 충돌하게 되었다.

처음에는 우호적 관계를 유지했던 백인과 인디언

앞서 보았듯이 남부 체서피크만 지역과 북부 뉴잉글랜드에 처음 정
착민이 도착했을 때, 그들과 그 지역에 살고 있던 인디언은 초기 얼마
간 비교적 우호적인 관계를 유지했다. 인디언과 백인의 영토 사이에 뚜
렷한 경계선이 있는 것도 아니어서 인디언들은 백인 마을에 자주 나타
나 아무렇지도 않게 돌아다녔고, 백인 상인들도 인디언 마을을 종종 방
문했다. 특히 초창기의 백인들에게는 인디언과의 교역이 식민지 경제
를 위해 커다란 도움을 주기도 했다. 예를 들어 사우스캐롤라이나 식민
지인들은 인근의 체로키족, 크리크족, 촉토족(Choctaw)으로부터 사슴
가죽을 사들여 이것을 유럽에 수출해 큰돈을 벌기도 했다.

그러나 점차 식민지 인구가 증가하고 식민지인들이 새로운 땅을 찾
아 대서양 연안 인디언 부족의 영토를 침범해 들어오자 인디언과 식민
지인 사이에 적대감이 싹트기 시작했다. 그리하여 인디언과 백인 사이
에 전쟁은 피할 수 없는 것이 되었다. 그중에서 가장 유명한 전쟁은 필

▶ 동부 인디언 부족(1650년)

립 왕의 전쟁과 베이컨의 반란 그리고 투스카로라(Tuscarora) 및 야마시
(Yamasee) 전쟁을 들 수 있다.

매사추세츠 식민지를 파괴한 필립 왕의 전쟁
먼저 필립 왕의 전쟁(King Philip's War)은 앞서 순례시조와 조약을
맺었던 왐파노아그족의 추장인 매사소이트(Massasoit)의 아들 메타코

메트(Metacomet)가 일으킨 전쟁이다. 식민지인들에게는 그가 필립 왕으로 알려져 있었기 때문에 이 전쟁을 필립 왕의 전쟁이라고 부른다. 메타코메트는 일찍부터 백인들이 자신의 영토에 침입하고 자신의 부족이 유럽의 문화에 물들어가는 것을 매우 못마땅하게 생각하고 있었다. 그러던 중 인디언 부족 사이에서 일어난 살인 사건에 식민지인들이 영국의 법을 적용해 처벌하려 하자 메타코메트와 그의 전사들은 이를 자신들에 대한 모욕으로 여겼다. 그리하여 메타코메트는 인근 부족과 연합해 코네티컷강 북부 지역의 식민지인들을 공격했다. 그 결과 매사추세츠 식민지의 상당수 마을이 철저히 파괴되었고 성인 남자의 10분의 1이 죽거나 포로로 잡히는 피해를 입었다. 그러자 식민지인들은 곧바로 무기와 인원을 보충해 인디언에 맞섰다. 한편 인디언들은 식량과 무기 부족에 시달린 데다 메타코메트마저 전투 중 사망하자 힘을 잃고 식민지인들에게 패배했다. 그리하여 백인에게 포로로 잡힌 인디언들은 서인도제도에 노예로 팔려 가는 신세가 되고 말았다. 이 전쟁의 결과로 뉴잉글랜드 지역 인디언 해안 부족의 세력은 완전히 무너지게 되었다.

인디언과의 갈등이 백인들 사이의 충돌로 발전한 베이컨의 반란

버지니아 식민지에서 있었던 베이컨의 반란(Bacon's Rebellion)은 백인과 인디언의 갈등이 급기야 백인들 사이의 충돌로 발전한 사건이었다. 1670년대 초 백인들은 정착지를 확대하기 위해 요크강 북쪽의 땅을 탐욕스러운 눈으로 바라보고 있었다. 하지만 그 땅은 백인과의 조약으로 인디언의 땅으로 인정되고 있었다. 그때 한 백인이 도이그족(Doeg) 인디언에게 살해당하는 사건이 일어나자, 백인들은 이를 구실로 도이그족뿐 아니라 그 땅의 주인이던 서스쿼해노크족(Susquehannock)까지 공격했다. 이에 대항해 서스퀘해노크족이 백인들에게 반격을 가하자 백인들 사이에서는 인디언에 대한 대응을 놓고 의견이 엇갈렸다. 그중 너새니얼 베이컨(Nathaniel Bacon)은 모든 인디언들을 쳐부수어야 한다고 주장했고, 버지니아 식민지의 총독인 윌리엄 버클리(William Berkeley)는 앞서 있었던 필립 왕의 전쟁 같은 일이 일어날 것을 염려해 이를 피하고자 했다. 이렇게 베이컨과 버클리 사이에 의견이 충돌하자 버클리는 1676년 여름 베이컨과 그 추종자가 반란을 꾀한다고 선언하며 제임스타운으로 진격해 이를 진압했다.

투스카로라 및 야마시 전쟁

마지막으로 투스카로라 및 야마시 전쟁은 18세기 들어 한 무리의 스위스 및 독일계 정착민들이 노스캐롤라이나에 있던 투스카로라족의 땅을 값을 치르지 않은 채 빼앗음으로써 발생했다. 분노한 투스카로라족은 1711년 백인들에게 공격을 가했다. 이에 백인들은 사우스캐롤라이나 식민지인의 도움을 받아 투스카로라족의 공격을 물리쳤다. 결국 인디언이 패했고, 이들은 뉴욕 지방으로 쫓겨 가게 되었다. 그로부터 2년 뒤, 이번에는 사우스캐롤라이나에 있던 야마시족이 백인들에게 반기를 들었다. 캐롤라이나 식민지의 백인 교역자들이 자신들을 착취하는 데 분노했던 것이다. 야마시족은 주변 크리크족의 도움을 받아 백인에게 협공을 가했으나, 승리를 위해서는 또 다른 인디언 부족인 체로키족의 도움이 필요했다. 그러나 체로키족은 옛날부터 크리크족과 사이가 좋지 않았기 때문에 야마시족의 도움을 거절하고 중립을 지켰다. 그 결과 야마시족과 크리크족은 전쟁에서 패하고, 인디언들은 서부 고원지대로 쫓겨 가는 신세가 되었다.

인디언과 백인 사이에 있었던 이러한 일련의 전쟁을 통해 궁극적으로 승리를 거둔 식민지인들은 1725년경에 이르러서는 애팔래치아산맥 동쪽의 대서양 연안 지역에 있는 인디언 부족을 거의 무력화시킬 수 있었다. 따라서 동부 해안 지대는 적어도 160킬로미터 내륙까지 백인들이 정착하기에 안전한 지역이 되었다.

역사 메모 베이컨과 버클리 총독 사이에 알력이 발생한 계기는 인디언과의 교역을 둘러싼 이권 때문이었다. 영국에서 이주해온 지 얼마 되지 않은 베이컨은 버클리와 그의 추종자들이 독점하고 있던 인디언과의 교역에서 배제되자 이들에 대한 불만이 점점 커졌다. 베이컨의 반란으로 인해 제임스타운은 잿더미가 되었고, 베이컨 자신은 반란의 와중에 이질로 사망했다.

"우리는 엄연한 아메리카인이다!"

> 식민지인은 그들만의 정치 구조와 관습을 발전시키고 인구가 증가함에 따라
> 아메리카인이라는 나름대로의 뚜렷한 정체성을 만들어갔다.

식민지인들이 발전시킨 자치의 전통

17세기 중반 영국은 '영국혁명'으로 인한 국내 문제 때문에 북아메리카 식민지에 관심을 기울일 겨를이 거의 없었다. 따라서 이 기간 중에 식민지인들은 영국의 간섭에서 벗어나 나름대로 자체적인 정치 구조와 관습을 발전시킬 수 있었다. 즉 각각의 식민지에 한 명의 지사나 총독으로 구성된 정부와 양원제 입법부를 발전시켰는데, 이것을 토대로 오늘날 미국의 거의 모든 주에서 양원제 입법부를 채택하게 되었다.

대략 17세기 말에 이르러 식민지인들은 상당한 수준의 정치적 자치권 행사에 익숙해졌고, 이러한 자치의 전통이 결국 아메리카 혁명으로 나아가는 밑거름이 되었다. 이로써 정부가 하는 일에는 주민의 동의가 필요하다는 전통이 특히 뉴잉글랜드 지방에서 굳건히 자리를 잡았다.

대표자 회의를 통한 식민지의 정치적 발전

18세기 식민지 정치발전에서 가장 중요한 것은 정치적 재능이 있는

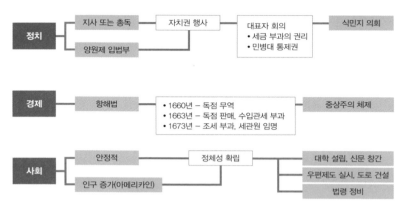

▶ 식민지 사회의 발달

식민지인이 대표자 회의(representative assembly)를 통해 자신의 주장을 펼칠 수 있게 되었다는 사실이다. 식민지인들은 주로 영국 정치인과 친분 있는 사람들로 채워졌던 고위 임명직에 취임하는 것을 거부하고, 오히려 대표자 회의에 참여해 그 역할을 확대함으로써 자신들의 세력을 강화했다. 점차 이 대표자 회의는 영국의 하원이 갖고 있던 것과 같은 권한, 예를 들면 세금 부과의 권리와 민병대 통제권 같은 것을 요구하기 시작했다. 따라서 대표자 회의는 훗날 식민지 의회로 발전하게 되었고, 이 의회의 구성원들은 스스로를 영국이 임명한 관리와 달리 진정한 주민의 대표라고 여겼다. 더불어 주민들도 대표자 회의야말로 자신들의 진정한 보호자라고 생각했다.

영국이 자국의 이익을 위해 식민지에 강요한 항해법

영국에서 왕정복고와 더불어 명예혁명이 일어난 후 식민지에 대한 영국 정부의 무관심은 끝을 맺었다. 영국이 다시 식민지에 관심을 갖게 된 이유는 주로 경제적인 것에 있었다. 영국은 항해법(Navigation Acts)을 제정해 식민지의 무역이 영국에 이롭도록 정책을 바꾸었다. 이 항해법은 17세기 중반 유럽 여러 나라에서 실시한 중상주의 정책의 한 방편이었는데, 그 주요 내용은 우선 영국과 식민지의 상인과 선박만이 식민지의 무역에 관계할 수 있다는 것, 그리고 양모, 설탕, 담배, 인디고, 쌀, 구리, 모피 등 특정 상품은 영국에만 판매할 수 있다는 것이었다. 몇 차례 개정되면서 나중에는 식민지에서 판매되는 모든 상품은 영국을 경유해야 하며 수입 관세를 물어야 했다. 심지어 식민지는 영국과 경쟁이되는 물건을 만들거나 수출할 수 없다고 규정하기까지 했다. 한마디로식민지의 무역이 영국에 중심을 두어야 한다는 것이었다. 이 항해법이식민지인에게 불리했는지 유리했는지에 대해서는 논란이 있지만, 식민지인들은 북아메리카 해안의 지리적 조건상 상당히 유리했던 밀수를통해 이 법에 저항했다.

아메리카 식민지의 사회적 변화

18세기 중반을 전후로 일어난 식민지 사회의 큰 변화 중 하나는 수십만 명의 유럽 이민자가 식민지로 몰려온 일이었다. 이번에는 영국이아니라 인구가 넘쳐나거나 경제적으로 어려움을 겪고 있던 스코틀랜드, 북아일랜드, 독일 등의 주민이 모국에서는 찾기 힘든 기회를 찾아아메리카로 이주했다. 이들 이민은 초기 정착민보다 한결 나은 상황에서 아메리카에 정착할 수 있었다. 이 무렵 대서양 연안 지역은 인디언의 위협에서 벗어나 있었고, 대의제 정치가 확립되어 식민지인들은 자치 정부하에서 발언권을 행사할 수 있었으며, 식민지 경제 자체도 번창일로에 있었기 때문이다.

당시 식민지 사회는 안정 국면에 접어들고 있었다. 백인과 흑인을 포함해 인구 대다수는 이민 1세대가 아니라 아메리카에서 태어난 사람들로서 이제 자신들이 아메리카인이라는 뚜렷한 동질성을 갖게 되었다. 이 시기의 가장 뚜렷한 특징은 인구가 급격하게 증가했다는 사실이다. 예를 들면 1700년경에 인디언을 제외한 전체 인구가 약 25만 명이었는데, 1775년경에는 10배가 넘는 약 250만 명에 달했다. 이러한 현상은 급속히 늘어난 이민도 어느 정도 기여한 게 사실이지만, 무엇보다 식민지 인구의 자연 증가 때문이라고 할 수 있다.

이 시기에 식민지 최초의 대학인 하버드를 비롯해 윌리엄 앤드 메리, 예일, 프린스턴 등 여러 대학이 속속 생겨났고, 도시마다 신문을 창간하는 등 교육과 언론의 기틀을 마련했다. 뿐만 아니라 정기적인 우편 제도도 실시되고, 도로가 건설되었으며, 법령도 정비되는 등 이제 영국의 복사판 또는 축소판이 아니라 나름대로 뚜렷한 정체성을 만들어가기 시작했다.

역사 메모 오늘날 아이비리그에 속하는 대부분의 대학은 본래 각 종파의 성직자를 양성하기 위한 목적에서 설립되었다. 예컨대 하버드 대학(1636년)은 퓨리턴 성직자, 프린스턴 대학(1701년)은 장로교 성직자, 윌리엄 앤드 메리 대학(1747년)은 영국 국교도 성직자 육성을 위해 각각 설립되었다.

흑인 노예제는 언제부터
어떻게 실시되었을까?

1620년대, 남부 체서피크만 식민지에서 담배 재배가 본격화되면서 식민지인들이 맞닥뜨린 가장 큰 문제 중 하나는 노동력 부족이었다. 이 문제를 해결하기 위해 식민지인들은 영국에서 계약 노동자(indentured servant)를 들여왔다. 계약 노동자란 영국에서 식민지로 이주할 경제적 형편이 안 되는 사람들에게 식민지 농장주들이 뱃삯 같은 이주 비용을 미리 주는 대신 식민지 농장에서 4~7년 정도 노동을 하게 하는 것이었다. 이들은 노예와 달리 계약 기간이 끝나면 자유를 얻을 수 있었고, 농장주들은 이때 정착에 필요한 약간의 토지나 현물을 주기도 했다.

오늘날의 미국에 최초로 흑인이 들어온 것은 1619년 한 네덜란드 선박이 카리브해에서 획득한 20명의 흑인을 식량과 선박 수리의 대가로 버지니아 식민지의 제임스타운에 내려놓으면서부터였다. 처음에 제임스타운 주민은 이 흑인들도 계약 노동자로 받아들였다. 따라서 이후 얼마간 영국령 북아메리카 식민지로 유입된 흑인들은 대개 계약 노동자 신분을 유지한 것으로 보인다. 그러나 1640년경 버지니아 법원이 최소한 한 명의 흑인을 계약 노동자에서 노예로 전락시키는 판결을 내린 이후, 1660년까지 많은 흑인이 노예로 취급당했고 그들의 자녀 역시 노예가 되었다는 내용의 자료가 많이 나타나는 것으로 보아 이 무렵부터 남부 체서피크만 식민지에서 노예제가 정착되기 시작한 듯하다.

이 남부 체서피크만 식민지 중의 하나인 메릴랜드 식민지는 1661년, 미국에서 처음으로 노예 신분은 평생토록 유지되고 상속되는 인종적 지위라고 정의했다. 이후 1670년 버지니아 식민지에서도 이러한 정의를 따랐다. 1660년대 말까지도 체서피크만 식민지의 노예 수는 약 1000명도 안 되었지만, 1680년대에는 약 4500명에서 1만 2000명으로 거의 3배나 증가했다. 그리고 1700년경에는 이 지역 전체 인구의 22퍼센트인 약 2만 명이 흑인 노예였다. 이 무렵까지도 흑인 노예와 비슷한 숫자의 백인 계약 노동자가 있었지만, 이전에 비하면 그 비율은 상당히 감소했다. 영국으로부터의 백인 계약 노동자 유입이 줄어들게 된 것은 1650년에서 1700년 사이에 영국 본토의 인구가 영국혁명 등으로 인해 상당히 감소했고, 그에 따라 임금도 50퍼센트 이상이나 올랐기 때문에 영국인들이 계약 노동자 신분으로 굳이 식민지로 이주할 필요가 없어진 탓도 있었다. 따라서 1705년에 이르러서는 안정적인 노동력 확보를 위한 방편으로 노예의 지위를 명확하게 규정하는 버지니아 노예단속법(Virginia Slave Codes)을 제정함으로써 법적으로 노예제가 확립되었다.

아메리카 혁명과 미국의 건국

식민지인들, '영국에 세금을 낼 수 없다!'

> 프랑스로부터 북아메리카를 빼앗은 영국은 전쟁으로 인한 재정 손실을 회복하고자
> 식민지에 여러 세금을 부과했지만 식민지인들의 저항으로 큰 성공을 거두지는 못했다.

프랑스-인디언 동맹전쟁의 결과

근대 세계사의 흐름을 바꾸어놓은 가장 큰 사건 중 하나를 꼽으라고 하면 아마도 아메리카 혁명을 들 수 있을 것이다. 아메리카 혁명은 오늘날 미국이라는 나라가 세워질 수 있었던 사건이었고, 가깝게는 프랑스 대혁명의 발발에 영향을 주었을 뿐 아니라 이후 세계 여러 나라가 자유와 민주주의를 향해 나아가는 계기를 마련해준 사건이기도 했다.

18세기 중반만 해도 식민지인은 자신들이 영국인이라는 사실을 자랑스럽게 여겼다. 그러나 그들은 그로부터 25년 뒤, 영국에 대항해 반란을 일으키게 된다. 그 이유는 독립전쟁이 일어나기 전에 있었던 여러 사건들에서 찾아볼 수 있다. 그중에서 하나의 전환점이 되었던 커다란 사건은 북아메리카 대륙에서 영국과 프랑스가 주도권을 다투었던 프랑스-인디언 동맹전쟁(French and Indian War)이었다.

본래 영국과 프랑스는 유럽에서 수백 년간 적대적인 관계를 유지하면서 수시로 전쟁을 했다. 대개의 전쟁은 유럽에서 치러졌지만 이 두

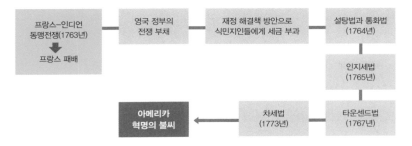

▶ 영국의 과도한 세금 부과

나라가 아메리카에 식민지를 갖게 되면서부터 유럽에서 전쟁이 벌어지면, 마치 고래 싸움에 새우 등 터지는 격으로 식민지에서도 영국군과 프랑스군 사이에 전쟁이 벌어지곤 했다. 그중 유럽에서는 7년전쟁(Seven Year's War)이라고 부르지만 아메리카에서는 프랑스-인디언 동맹전쟁이라고 부르는 전쟁에서 영국과 프랑스는 오대호 주변 지역을 서로 차지하기 위해 싸웠다. 이 전쟁에서 인디언이 프랑스 편을 들고 싸웠기 때문에 식민지인들은 이 전쟁의 이름을 프랑스-인디언 동맹전쟁이라고 불렀다.

이 전쟁은 결국 영국의 승리로 끝을 맺었다. 전쟁에 패한 프랑스는 1763년 파리조약을 통해 그들이 일찍부터 식민지로 개척했던 퀘벡을 포함한 오늘날의 캐나다 동북부 지역을 영국에 넘겨주어야 했다. 그 결과 오늘날까지도 캐나다는 영연방 국가 중 하나로 남게 되었다. 영국은 이 전쟁에서 승리를 거두었지만 그것은 말 그대로 상처뿐인 영광이었다. 오랜 기간 전쟁을 치르느라 국가적으로 많은 빚을 지게 되었기 때문이다. 게다가 영국 국민은 이미 낼 수 있는 세금은 다 내고 있었기 때문에 영국 정부는 국민들에게 더 이상의 세금을 내라고 할 처지가 못 되었다. 그때 생각해낸 것이 아메리카 식민지인들에 대한 세금 부과였다.

식민지에 대한 세금 부과로 재정 문제를 해결하려 한 영국

영국 정부는 식민지에 군대를 보내 인디언이나 프랑스인의 공격으로부터 식민지인들의 안전을 보장해주고 있으니 식민지인들이 그 부담을 나누어 갖는 의미에서 세금을 내는 것은 당연하다고 생각했다. 이에 따라 영국 의회는 1764년, 식민지에서 세금을 거둘 수 있도록 하는 몇 가지 법을 통과시켰다. 그중 가장 먼저 통과된 것은 설탕법과 통화법(Sugar and Currency Act)이었다. 설탕법은 외국산 설탕, 술, 커피, 인디고, 직물류에 대해 새로운 수입 관세를 부과하는 것이었다. 그리고 통화법은 식민지에서 지폐 발행을 금지한다는 내용이었다.

그러나 이 두 법은 식민지가 경제적으로 어려움을 겪고 있을 때 제정되었기 때문에 식민지인들의 커다란 반발을 샀다. 특히 식민지 상인들은 통화법으로 인해 지폐를 사용하지 못하고 금화나 은화로만 화폐를 유통해야 한다는 사실에 크게 저항했다.

대표 없는 곳에 과세 없다

그런데도 영국 의회는 1765년 봄, 인지세법(Stamp Act)을 제정했다. 이 법은 식민지에서 발행하는 대부분의 인쇄물에 인지를 붙이도록 하고, 인지 판매 대금을 영국 정부의 수입으로 한다는 것이었다. 인지세법에 대한 식민지인의 반발은 한층 강력했다. 이 법에 대한 저항은 이론적인 측면과 행동적인 측면 양쪽에서 일어났다. 우선 이론적인 면에서 식민지인들은 영국 의회의 권한은 영국에만 미치는 것이라고 주장했다. 특히 식민지인들은 영국 의회에 자신들의 대표를 보내지도 않았

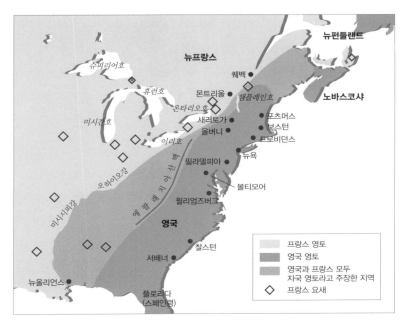

지도 내 표기:
- 뉴펀들랜드
- 뉴프랑스
- 슈피리어호
- 퀘벡
- 노바스코샤
- 후런호
- 몬트리올
- 챔플레인호
- 온타리오호
- 새러토가
- 포츠머스
- 미시건호
- 올버니
- 보스턴
- 이리호
- 프로비던스
- 오하이오강
- 필라델피아
- 뉴욕
- 미시시피강
- 애팔래치아산맥
- 볼티모어
- 윌리엄즈버그
- 영국
- 찰스턴
- 서배너
- 뉴올리언스
- 플로리다 (스페인령)

범례:
- 프랑스 영토
- 영국 영토
- 영국과 프랑스 모두 자국 영토라고 주장한 지역
- ◇ 프랑스 요새

▶ 1750년경 뉴프랑스와 영국 식민지

는데 영국 의회가 식민지에 세금을 부과하는 법을 제정하는 것은 잘못된 일이라고 생각했다. 이러한 근거로 "대표 없는 곳에 과세 없다(No taxation without representation)."라는 유명한 구호가 나오게 되었다.

다음으로 행동적인 면에서 식민지인들은 인지세법에 저항하기 위해 시위대를 조직해 인지 판매 상인으로 지정된 사람들을 위협하기 시작했다. 그러나 점차 시위가 폭력적인 모습으로 나아가자 식민지인들은 한층 조직적인 인지세법 반대 운동을 펼칠 필요성을 느끼게 되었다. 그래서 상인, 법률가, 부유한 수공업자 등으로 구성된 '자유의 아들들(Sons of Liberty)'이라는 조직을 만들어 평화적인 군중집회를 주도했다.

이와 더불어 식민지 의회는 영국 의회에 탄원서를 보내 인지세법의 취소를 요구했으며, 식민지 상인들은 영국의 수출 상인들에게 압력을 가하기 위해 영국상품수입금지협회를 조직했다. 그 결과 식민지로의 수출 길이 막히게 된 영국 상인들의 압력으로 영국 의회는 인지세법을 취소하게 되었다.

아메리카 혁명의 불씨를 남긴 '차'에 대한 입법

일단 목적을 달성한 식민지인들이 기쁨에 들떠 있는 동안 영국 의회는 1767년에 다시 타운센드 세입법(Townshend Acts)을 제정했다. 이 법은 표면적으로는 앞서의 항해법을 확대한 것처럼 보이도록 유리, 종이, 납, 페인트, 차(茶)에 수입 관세를 부과한다는 내용이었다. 하지만 타운센드 세입법은 이전의 관세와 두 가지 점에서 차이가 있었다. 그것은 외국이 아닌 영국으로부터의 수입에 대해서도 관세를 부과한다는 것이고, 식민지 내 특정 상품의 유통을 규제하기 위한 것이 아니라 세입을 목적으로 한다는 것이었다. 영국 정부는 이 세입으로 식민지에 파견한 영국 관리들의 봉급을 지불함으로써 식민지 의회의 권한을 약화시키고자 했다.

이 법에 대해서도 식민지인들은 즉각적으로 강력하게 저항했다. 이번에는 더욱 강력한 저항의 방법으로 아예 영국 상품에 대한 불매운동을 벌였다. 여성들도 이에 적극 참여하기 위해 '자유의 딸들(Daughters of Liberty)'이라는 모임을 조직해 직접 실을 뽑아서 천을 짜 옷을 해 입는다거나 차 대신 커피를 마시자는 운동을 벌이기도 했다. 이번에도 불매운동이 커다란 효과를 발휘해 영국은 타운센드 세입법 중에서 차에 대한 수입 관세를 제외한 나머지 법을 철회했다.

영국에서 방적기가 발명되어 기계로 실을 뽑아내기 전에 미국에서 손으로 목화에서 실을 뽑아내는 데 이용했던 물레. 사진 속 물레 옆 바구니에 목화 덩어리가 보인다.

영국에서 기계로 천을 짜는 방직기가 발명되기 전, 미국에서 수작업으로 천을 직조하는 데 이용한 직조기(베틀).

역사 메모 "대표 없는 곳에 과세 없다."라는 말은 보스턴 올드웨스트(OldWest) 교회 목사였던 조너선 메이휴(Jonathan Mayhew)가 1750년에 행한 설교에서 유래한다. 1765년경 보스턴에서 열린 인지세법 반대 시위 때 이 구호가 널리 사용되기 시작했는데, 누가 처음 이 말을 퍼뜨렸는지는 알려져 있지 않다. 보스턴 출신 정치가인 제임스 오티스(James Otis)는 이 구호와 관련해 "대표 없는 과세는 폭정이다(Taxation without representation is tyranny)."라는 말을 사용한 것으로 유명하다.

아메리카 혁명의 시작을 알리는 종이 울리다!

영국은 탄압법을 통해 식민지인들을 다스리려 했고,
식민지인들은 이에 저항하고자 대륙회의를 열어 아메리카 혁명의 발판을 마련했다.

엄청난 양의 차를 바다에 쏟아부은 보스턴 차사건과 탄압법

사소한 충돌 끝에 영국군의 발포로 식민지인 5명이 사망한 보스턴 학살 사건(Boston Massacre) 같은 폭력 사태가 있기는 했지만 식민지에는 그런대로 평온이 유지되었다. 그러나 1773년에 발생한 일련의 사태가 결국 혁명으로 치닫게 만들고 말았다. 영국은 앞서 타운센드 세입법 중 유일하게 효력을 발휘한 차세법(Tea Act)을 이용해 당시 파산 지경에 이른 동인도회사(East India Company)를 구하고자 했다. 이 법은 차에 부과된 관세를 동인도회사에 돌려줄 뿐 아니라 동인도회사로 하여금 식민지 내에서의 차 판매에 대한 독점권을 갖도록 하는 것이었다. 이 법에 따라 차를 가득 실은 배가 식민지의 여러 항구에 도착했는데, 그중 유독 보스턴에서 저항이 심했다.

보스턴 시민들은 군중집회를 열어 차를 하역하는 작업을 막기로 결정하고 부두를 감시했다. 그러던 어느 날, 차세법에 항의하는 군중집회가 보스턴의 한 교회에서 열리고 있는 가운데 군중 속에서 "모호크족

매사추세츠주 세일럼에 있는 식민지 시대 세관 건물. 아메리카 혁명 직전에 영국이 식민지인들에게 부과한 세법으로 인해 세관은 종종 식민지인들에게 불만의 표적이 되기도 했다.

1713년부터 1776년까지 영국의 식민지 정부 건물로 이용되었고, 독립선언 직후부터 1798년까지 매사추세츠주 정부 청사로 이용되었던 올드 스테이트 하우스. 바로 이 건물 앞에서 1770년 '보스턴 학살사건'이 일어났다.

(Mohawk)이 몰려온다.", "보스턴 항구가 찻주전자가 되었다."라는 외침과 함께 미리 계획한 대로 60여 명의 남자가 인디언으로 변장하고 배로 몰려가 차 상자를 모두 바다에 던져버렸다. 이것이 바로 유명한 보스턴 차사건(Boston Tea Party)이다. 이 사건에 대한 영국 정부의 대응은 강경했다. 영국은 식민지인들이 탄압법(Coercive Acts)이라고 부른 몇 가지 법을 제정해 식민지인들을 다스리려 했다. 그 법에는 매사추세츠 식민지에 대한 특허장을 변경해 상원의원을 국왕이 직접 임명하도록 하고, 총독의 권한을 강화하고, 식민지에서 고발당한 영국 관리와 군인의 재판은 영국에서 하고, 영국의 식민지 주둔군은 숙식을 위해 필요하면 식민지인의 건물과 식량을 마음대로 징발할 수 있다는 내용이 담겨 있었다.

제1회 대륙회의

이 법을 지켜본 식민지인은 오랫동안 염려해온 일이 현실로 다가오는 것을 느꼈다. 즉, 영국이 결국 식민지를 억압할 것이라고 생각했는데, 그것이 맞아 떨어진 것이다. 식민지인은 영국의 식민지 정책에 대한 신속한 정보 교환을 위해 이미 식민지 전역에 조직되어 있던 통신위원회(Committee of Correspondence)를 통해 영국의 탄압에 대응하기 위한 회의 소집을 제안했다. 그리하여 1774년 9월, 55명의 각 식민지 대표가 필라델피아에 모였는데, 이것이 바야흐로 아메리카 혁명의 불꽃을 피우게 되는 제1회 대륙회의(Continental Congress)이다.

이 대륙회의에 모인 대표들은 기존의 식민지 의회 의원들이 아니라 법의 범위를 벗어나 구성된 식민지협의회(Provincial Convention)를 통해 선출된 대표였다. 왜냐하면 당시 식민지 총독들은 대표 선출을 위한

아메리카 혁명의 지도자이자 건국의 아버지로 추앙받는 새뮤얼 애덤스(Samuel Adams, 1722-1803)의 묘비. 그는 아메리카 혁명의 도화선이 된 '보스턴 차사건'을 주도했고, 식민지인의 불만을 널리 알리기 위한 '통신위원회'의 창설에도 크게 기여했다. 보스턴 소재.

공식적인 식민지 의회의 소집을 허락하지 않았기 때문이다. 대륙회의에 모인 대표들은 대부분 법률가, 상인, 대농장주 등으로 식민지에서 지도자로 활동하는 사람이었다. 이들은 대부분 이전에는 전혀 만난 적이 없지만, 몇 년 내로 새로운 국가의 지도자가 될 사람들이었다. 대표적인 인물로는 새뮤얼 애덤스, 존 애덤스, 존 제이, 조지프 갤러웨이, 패트릭 헨리, 조지 워싱턴 등이 있었다.

실질적인 정부 역할을 하게 될 공안위원회 설치

제1회 대륙회의에서는 영국에 대한 아메리카인의 불만이 무엇인지 명확히 하고 어떻게 저항할 것인지를 논의했다. 그래서 저항의 방법으로 불매운동을 벌이고 영국에 탄원서를 보내기로 했다. 하지만 그들이 직면한 가장 큰 문제는 자신들의 저항을 어떻게 합법적이고 논리적인 것으로 만들 것인가였다. 이 문제를 해결하기 위해 그들은 존 애덤스가 초안을 잡은 〈권리와 불만의 선언서(Declaration of Rights and Grievances)〉를 채택했다. 이는 영국 의회의 식민지에 대한 모든 입법은 식민지인의 권리를 빼앗는 것이라고 선언하는 내용이었다. 또한 대륙회의는 더욱 적극적인 저항을 위해 이제까지 자발적이었던 불매운동을 강제적인 것으로 만들었다. 그리고 이러한 불매운동을 잘 지키는지 감시하기 위해 식민지 모든 지역에 공안위원회(Committee of Observation)를 조직했다. 이 공안위원회는 나아가 혁명 기간 중 사실상의 정부 역할을 했다.

이처럼 공안위원회가 점차 권한을 확대해가는 동안 기존의 식민지 정부는 무너지고 있었다. 따라서 식민지 의회의 기능을 대신하게 된 것은 앞서 대륙회의의 대표를 선출했던 식민지협의회였다. 이제 이 식민지협의회가 앞장서서 이듬해에 있을 제2회 대륙회의의 대표를 선출하고 민병대를 조직하며 무기와 탄약을 수집하기 시작했다. 한마디로 아메리카 혁명의 첫 총성이 울린 렉싱턴과 콩코드에서 전투가 벌어지기 6개월 전에 각 식민지 차원에서는 이미 독립이 이루어졌다고 할 수 있다.

역사 메모 영국에서 차를 실은 배가 도착한 식민지의 항구는 뉴욕, 필라델피아, 찰스턴, 보스턴이었다. 뉴욕의 경우 배가 계획대로 입항하는 데 실패했고, 필라델피아에서는 선장이 식민지인에게 설득당해 영국으로 돌아갔으며, 찰스턴에서는 차가 하역되었지만 지역 상인의 감독하에 폐기되었다. 유독 보스턴에서만 식민지인의 조직적인 저항이 벌어졌던 것이다.

1775년~1783년: 아메리카 혁명의 발발과 미국의 독립

아메리카 독립 만세!

식민지인들은 〈독립선언서〉를 발표하고 독립전쟁에서도 승리함으로써
영국으로부터 독립할 수 있었다.

영국군과 식민지인 간의 최초의 무력 충돌

이제 식민지인은 자신들의 권리를 확고히 하기 위해서는 필요하다면 무력에라도 호소하겠다는 태도를 갖게 되었다. 이에 대해 영국 의회는 식민지와 화해를 하자는 쪽과 무력으로 응징해야 한다는 쪽으로 나뉘었으나, 결국 강경론을 주장한 여당과 정부가 승리했다. 영국 의회가 식민지인이 반란 상태에 있다며 식민지에 더 많은 군대를 보내기로 결정한 것이다. 1775년 4월 19일 새벽, 드디어 영국군과 매사추세츠 식민지의 민병대는 보스턴 근처에 있는 렉싱턴과 콩코드에서 첫 전투를 벌였다. 이로써 '세계에 울려 퍼진 총성'이라고 일컬어지는 아메리카 혁명이 발발했다. 그런데 영국의 경우 잘 정비된 정부와 군대를 보유하고 있었지만 식민지는 그렇지 못했다. 식민지인에게는 다만 첫 전투 이후 소집된 제2회 대륙회의가 있었을 뿐이다. 따라서 1775년 5월 10일 제2회 대륙회의에 모인 대표들은 이 회의가 식민지 전체를 하나로 묶어주는 정부 역할을 해야 한다고 생각했다. 이에 대륙회의는 하나의 임시 정부

3장 아메리카 혁명과 미국의 건국   93

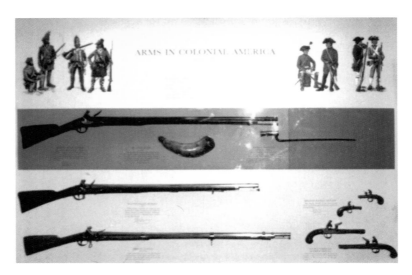

식민지 시대와 아메리카 혁명기에 사용되었던 머스킷(musket) 소총을 비롯한 각종 무기들. 워싱턴 국립미국역사박물관 소장.

로서 군수품을 마련하기 위해 화폐를 발행하고 민병대를 강화하기 위한 여러 가지 조치를 취했다. 그중 가장 중요한 것은 대륙군(Continental Army)을 창설하고 사령관을 임명하는 일이었다. 대륙회의는 일단 매사추세츠 민병대를 토대로 대륙군을 만든 다음, 사령관으로는 만장일치로 조지 워싱턴을 선출했다.

13개 나라의 탄생

영국군과 전투가 시작된 지 몇 달이 지나도록 식민지인과 그 지도자들은 아직도 자신들이 영국을 완전히 버린 것이라고는 생각하지 않았다. 그러나 그 무렵 작은 책자 하나가 등장해 식민지인의 생각을 완전히 바꾸어놓았다. 그것은 놀랍게도 아메리카로 건너온 지 채 2년도

되지 않은 영국 출신의 토머스 페인(Thomas Paine)이 쓴 《상식(Common Sense)》이라는 책이었다. 페인은 이 책을 통해 군주정, 귀족정, 민주정이 혼합된 영국식 정치체제가 아니라 공화정이 가장 바람직하며, 식민지인이 영국과의 관계에서 어떤 이득을 얻었기보다는 영국이 식민지를 얼마나 가차 없이 착취해왔는지를 밝혔다. 이 책은 출판된 지 3개월 만에 12만 부가 팔릴 정도로 인기를 끌었다. 얼마나 많은 사람이 이 책을 읽고 독립운동에 참여했는지 알 길은 없지만, 적어도 1776년 봄에 이르러 많은 사람이 이제 영국으로부터 독립하는 것을 당연한 일로 여기게 되었다. 이와 더불어 대륙회의는 각 식민지에 공화적 정부를 세울 것을 권유했고, 이에 따라

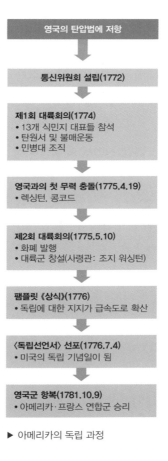

영국의 탄압법에 저항

통신위원회 설립(1772)

제1회 대륙회의(1774)
• 13개 식민지 대표들 참석
• 탄원서 및 불매운동
• 민병대 조직

영국과의 첫 무력 충돌(1775.4.19)
• 렉싱턴, 콩코드

제2회 대륙회의(1775.5.10)
• 화폐 발행
• 대륙군 창설(사령관: 조지 워싱턴)

팸플릿 《상식》(1776)
• 독립에 대한 지지가 급속도로 확산

〈독립선언서〉 선포(1776.7.4)
• 미국의 독립 기념일이 됨

영국군 항복(1781.10.9)
• 아메리카·프랑스 연합군 승리

▶ 아메리카의 독립 과정

13개 식민지는 먼저 헌법을 제정하고, 헌법에 입각해 정부를 세웠다.

〈독립선언서〉의 작성

이제 독립에 대한 확신이 서게 된 대륙회의 대표들은 독립을 세계만방에 선언하고자 했다. 따라서 그들은 토머스 제퍼슨(Thomas Jefferson)이 포함된 위원회에 〈독립선언서(Declaration of Independence)〉의 초

안 작성을 의뢰했고, 이 위원회는 다시 제퍼슨에게 초안을 만들어줄 것을 부탁했다. 그리하여 제퍼슨이 작성한 초안을 대륙회의에서 수정을 거쳐 선언한 것이 1776년 7월 4일의 일이다. 바로 이날이 그 유명한 미국의 독립 기념일이다.

〈독립선언서〉의 핵심 사상

근대 세계사에 가장 커다란 영향을 끼친 문서 중 하나로 평가받는 미국의 〈독립선언서〉는 선언의 필요성을 설명하는 전문을 포함해 인간의 평등, 기본적 인권, 인민의 동의에 입각한 정부의 조직, 혁명권 등을 분명하게 밝히고 있다. 그중 미국의 중고등학생이라면 대부분 외워야 하는 전문의 일부를 인용하면 다음과 같다.

> 모든 사람은 나면서부터 평등하며 창조주에게서 몇 개의 양도할 수 없는 권리를 부여받았고, 그 권리 중에는 생명과 자유와 행복의 추구가 있다는 것을 자명한 진리로서 주장하는 바이다. 이 권리를 확보하기 위해 사람은 정부를 조직했으며, 이 정부의 정당한 권리는 통치받는 사람들의 동의로부터 유래한다. 또 어떠한 형태의 정부이든 이러한 목적을 파괴하게 될 때에는 언제든지 그 정부를 변혁 또는 폐지해 통치받는 사람들의 안전과 행복을 가장 효과적으로 가져올 수 있는 그러한 원칙에 기초를 두고 그러한 형태로 기구를 갖춘 새로운 정부를 조직하는 것이 인민의 권리이다.

처음에는 고전을 면치 못했으나 궁극적으로 승리한 독립전쟁

초기의 전쟁은 주로 뉴욕시를 비롯한 중부 지역에서 치러졌다. 워싱

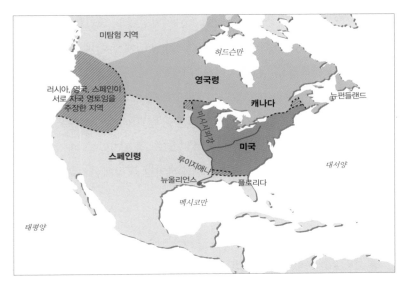

▶ 1783년 파리조약 체결 시의 북아메리카 형세

턴이 이끄는 아메리카 정규군은 수적인 면에서는 보잘것없었으나 결정
적인 순간마다 자발적으로 전투에 참여한 민병대의 도움을 받았다. 반
면에 영국군은 수적인 우세에도 불구하고 그들이 점령한 지역에서 약
탈을 일삼음으로써 주민들로부터 외면을 당했다. 처음에 비교적 일진
일퇴를 거듭하던 전쟁은 아메리카 독립군이 뉴욕주 북부의 새러토가
(Saratoga) 전투에서 대승을 거둠으로써 양상이 변하기 시작했다. 이 전
투에서의 승리는 그동안 영국에 대한 복수의 칼을 갈고 있던 프랑스가
아메리카인 편에 서서 식민지 독립전쟁에 직접 참전하는 계기가 되었
다. 이것은 독립전쟁에 결정적인 도움을 주었다. 새러토가에서의 패배
이후 영국은 전략을 바꾸어 전쟁터를 남부 지방으로 옮겼다. 비교적 영
국에 충성을 다하려는 사람들이 많은 남부인들이 영국군을 환영할 것

이라는 생각에서였다. 그런데도 영국군은 워싱턴의 탁월한 전략에 밀려 결국 1781년 10월 19일 요크타운(Yorktown)에서 아메리카 및 프랑스 연합군에 항복하고 말았다. 이로써 아메리카인은 그들의 독립을 스스로의 힘으로 지켜낼 수 있었다. 그리고 전쟁이 끝나고 2년 후 파리에서 맺은 조약을 통해 무조건적인 독립을 승인받았으며, 영토도 북쪽으로는 오늘날의 캐나다 국경까지, 남쪽으로는 플로리다를 제외한 북위 31도 이북 지역 그리고 서쪽으로는 미시시피강을 경계선으로 인정받게 되었다.

역사 메모 〈독립선언서〉에 언급된 인간의 양도할 수 없는 권리인 "생명과 자유와 행복의 추구"라는 표현은 본래 영국의 사상가 존 로크가 "생명, 자유 그리고 재산(property)"이라는 용어로 처음 사용했으며, 이후 애덤 스미스가 "생명, 자유 그리고 재산의 추구(pursuit of property)"로 다듬은 것을 제퍼슨이 빌려 쓰면서 '재산'이란 표현을 '행복'으로 바꾼 것이다.

1781년~1787년: **연합헌장과 연합회의**

13개 '나라들'의 건국과 연합을 향한 움직임

독립전쟁을 치르는 동안 13개의 '나라'가 먼저 건국됐다.
이들은 독립전쟁이 끝날 무렵 〈연합헌장〉을 제정하고
독립한 13개의 주를 묶어 아메리카합중국이라 불렀다.

미합중국보다 먼저 건국한 13개의 '나라들'

아메리카 혁명의 지도자들은 새로운 나라를 건설할 때 사실 오늘날
과 같은 의미의 민주주의를 확립하고자 했던 것은 아니다. 하지만 그들
은 정부는 국민의 동의에 기초해야 하며 정치체제에 대해서도 군주정
이나 귀족정에 비해 공화정이 낫다고 믿었다. 또한 그들은 이러한 정부
체제 아래서 서열은 상속받은 재산이나 지위에 따라 결정되는 것이 아
니라 업적에 따라 정해져야 한다고 생각했다.

그러나 이러한 요건을 갖춘 정부를 만드는 것은 쉬운 일이 아니었
다. 앞에서도 잠깐 언급했듯이 미국에서는 오늘날의 연방 정부보다 별
개의 독립된 나라들이었던 주(state)가 먼저 세워졌다. 대륙회의는 이
제 독립한 이 13개 나라를 어떻게 연합해 하나의 국가를 만들 것인가
하는 문제에 봉착했다. 대륙회의는 이 문제를 논의하기 위해 우선 위원
회를 구성했다. 대륙회의는 이 위원회에서 존 디킨슨(John Dickinson)
이 작성한 초안을 토대로 〈연합 및 항구적 동맹에 관한 헌장(Articles of

Confederation and Perpetual Union)〉을 채택했고 독립전쟁이 끝날 무렵 13개 나라의 비준을 받았다.

미합중국 최초의 헌법이라고 할 수 있는 〈연합헌장〉

간략하게 〈연합헌장〉이라고 부르는 이 문서는 미국 최초의 국가 기본법이라고 할 수 있다. 이 헌장에서 독립한 13개의 나라를 한데 묶어주는 국가의 이름을 아메리카합중국(the United States of America)이라고 불렀다. 이 헌장에 따르면 각 나라는 완전한 주권을 지니며, 표결 시에는 각 나라가 동일하게 한 표를 행사할 수 있었다. 중요한 문제를 결정할 때는 13개 나라 중 9개 나라의 찬성이 있으면 되었고, 〈연합헌장〉을 고칠 때에는 만장일치로 하기로 했다. 이 헌장에 따라 대륙회의를 대신해 생겨난 연합회의는 겉보기에 중앙정부의 모습을 갖고 있었다. 하지만 주로 외교와 국방에 관한 권한과 더불어 경제 면에서 차관 도입권, 화폐 발행권, 통화 관리권 등을 갖고 있었던 반면, 세금을 부과할 권리와 나라 사이에 통상을 규제할 권한이 없어 실질적으로는 중앙정부의 구실을 하기 힘들었다. 그 결과 이후 연합회의는 통상 및 재정 문제와 외교 문제 등을 제대로 해결하지 못하게 되었다. 따라서 독립전쟁 직후 경제가 심각한 침체 상태에 빠지자, 새로운 중앙정부를 세워야 한다는 주장이 일부에서 제기되기 시작했다. 이들은 단지 13개의 나라를 연합시키는 데 그치지 말고 전체 나라에 대해 통치력을 발휘할 수 있는 중앙정부를 만들어야 한다고 주장했다. 이러한 주장을 한 사람들은 주로 대지주, 대상인, 전시 발행 공채 소유자, 토지 투기업자 등 경제적으로 힘 있는 사람들이 주축을 이루었다.

아나폴리스 회의와 셰이즈의 반란

이때 버지니아주가 13개 주의 대표를 메릴랜드의 아나폴리스(Annapolis)에 초청해 연합 전체의 상업 정책을 논의할 것을 제안했다. 하지만 1786년 9월 아나폴리스 회의에는 5개 주 대표밖에 모이지 않았기 때문에, 9개월 후 필라델피아에서 또 다른 회합을 갖기로 하고 헤어졌다. 이와 더불어 그 무렵에 발생한 셰이즈의 반란(Shays' Rebellion)은 미국인에게 중앙정부의 필요성을 느끼게 해주었고 〈연합헌장〉을 개정해야 한다는 주장에 힘을 실어주었다. 이 반란은 매사추세츠 서부 지역의 농민들이 고율의 세금과 만성적인 화폐 공급 부족에 시달리고 있는데도 불구하고, 주 정부가 세금 미납자의 재산을 압류하기 위해 법원에 소송을 제기한 데 대한 불만에서 비롯되었다. 이 반란의 지도자는 독립군 대위 출신이자 농부인 대니얼 셰이즈(Daniel Shays)였고, 대부분의 가담자들도 제대 군인 출신이었다. 이들은 자신들의 반란의 명분을 이전의 독립 전쟁과 직접 연결시키고자 했다. 하지만 매사추세츠주 정부는 과거 영국의 폭정에 대항해 독립 투쟁을 벌인 것은 정당한 일이었지만, 새 정부하에서의 집단행동은 더 이상 합법적이지 않음을 주장하면서 민병대를 동원해 이 반란을 진압했다.

역사 메모 과도적 중앙정부로서 연합회의가 한 일 중 가장 중요한 것은 1784년에서 1787년에 걸쳐 제정한 일련의 북서부 영지법(Northwest Ordinances)이었다. 그 중 1787년의 북서부 영지법에 따르면 오하이오강 이북의 지역을 장차 3~5개 지역으로 분할해, 각 지역을 연합회의가 임명하는 지사가 통치하되 성인 남자의 수가 6만 명이 되면 공화적 헌법을 제정하고 정부를 수립해 이미 독립한 13개의 '나라'와 동등한 자격과 권리를 갖고 연합회의에 가입한다는 것이었다.

미국 헌법의 제정과 비준을 둘러싼 논쟁

미국 헌법은 삼권분립의 원칙에 입각해 국가의 기반은
국민이라는 국민주권론을 바탕으로 법의 지배를 제도화했으며
13개 나라의 비준을 받아 미국의 건국을 가능하게 했다.

제헌 회의에 모인 55명의 대표들

이러한 우여곡절을 겪으며 드디어 1787년 5월 새로운 헌법을 제정하기 위한 회의가 필라델피아에서 열렸다. 제헌 회의(Constitutional Convention)라고 부르는 이 회의에 모인 55명의 대표는 주로 상인, 대농장주, 의사, 장군, 지사, 법률가 등으로 당시 사회에서 지도자층에 속하는 사람들이었고, 대부분이 아메리카에서 출생한 사람들이었다. 이 회의에서 의장을 맡은 사람은 독립전쟁의 영웅 조지 워싱턴이었지만, 헌법 제정 과정에서 가장 탁월한 활동을 한 인물은 훗날 '헌법의 아버지'라고 불리게 된 제임스 매디슨(James Madison)이었다.

헌법안을 둘러싼 논쟁들

미국 헌법의 제정은 그리 쉬운 일이 아니었다. 우선 중앙정부의 성격과 권한에 대한 논란이 일었다. 먼저 제안된 안건은 인민주권론에 입각한 버지니아안(Virginia Plan)이었다. 이것은 인구 비례에 의한 양원제

미국 헌법의 제정 (1787년)	• 기본적인 헌정 원리-기존의 주 헌법으로부터 유래 • 양원제-하원: 주민의 직접선거로 선출(의원수-각 주의 인구수에 비례) 　　　　　-상원: 주 입법부에서 선출(의원수-각 주에서 2명)
미국 헌법의 확정 (1788년)	• 권력분립의 형태: 입법, 행정, 사법의 3부-견제와 균형의 원리 • 국가의 기반은 국민이다 • 헌법이 국가의 최고법이며 모든 법에 우선한다
헌법 수정 (1789년)	• 국민주권 강화를 목적으로 한 수정안 요구 • 수정헌법 제1조-10조: 권리장전

▶ 미국 헌법의 완성

입법부와 하나의 행정부와 사법부를 두자는 안으로서, 연방의회가 주법에 대해 거부권을 행사할 수 있는 권한을 부여했다. 또 다른 안건은 주권론(州權論)에 입각한 뉴저지안(New Jersey Plan)이었다. 이 안은 기존의 연합헌장을 수정하는 선에서 헌법을 제정하고 모든 주가 크기에 관계없이 동등한 권한을 갖자는 것이었다. 이 두 가지 안건이 팽팽하게 맞서며 열띤 논쟁을 벌인 결과 버지니아 안을 토대로 의회를 양원제로 하되 하원은 주민의 직접선거로, 상원은 주 입법부에서 선출한다는 타협이 이루어졌다.

그다음 문제는 과연 의원의 수를 어떻게 결정하느냐였다. 하원의원의 경우에는 각 주의 인구수에 비례해서 뽑는다는 원칙이 비교적 쉽게 결정되었지만, 상원의원의 수에 대해서는 규모가 큰 주와 작은 주 사이에 의견이 날카롭게 엇갈렸다. 역시 격렬한 논쟁 끝에 타협이 이루어져 주의 크기에 상관없이 상원의원의 수는 주마다 동일하게 2명으로 한다고 결정되었다.

또 하나의 문제는 북부에는 거의 없으면서 남부에서는 다수의 인구를 차지하고 있는 흑인 노예를 인구 계산에 포함시킬지 여부였다. 역시 이 문제에 대해서도 북부와 남부 출신 대표 사이에 격심한 논쟁이 있었지만, 그들은 절묘한 타협점을 찾아냈다. 그것은 바로 흑인 인구를 백인 인구의 5분의 3으로 계산한다는 것이었다.

미국 헌법의 세 가지 주요 특징

이른바 '5분의 3 타협(Three-fifth Compromise)'이라고 부르는 해괴한 협상까지 이루어지자 나머지 사소한 문제들은 비교적 쉽게 합의에 도달해 제헌 회의는 1787년 9월 미국 헌법의 확정 초안을 마련하게 되었다. 이후 세계 여러 나라 헌법의 본보기가 된 미국 헌법은 크게 다음과 같은 세 가지 주요 특징을 지니고 있다. 첫째, 견제와 균형의 원리에 입각한 삼권분립을 보여준다. 국가의 권력을 입법, 행정, 사법의 3부로 나누고 입법부는 인구 비례로 선출되는 임기 2년의 하원과 주 의회에서 간접 선출되는(오늘날에는 주민의 직접선거로 선출됨) 임기 6년의 상원으로 구성되었다. 입법부가 다른 부에 대해 갖는 견제 기능은 대통령과 연방 판사를 탄핵할 수 있다는 것이다. 다음으로 행정부는 임기 4년의 대통령이 중심이 되며 각 주가 연방의회에 보낼 수 있는 상원의원과 하원의원의 수를 합한 것과 같은 숫자의 선거인단에 의해 간접 선출한다(오늘날에는 직접선거와 마찬가지 방식으로 선출됨). 대통령의 의회에 대한 견제 기능은 연방의회에서 제정된 법에 거부권을 행사할 수 있다는 것이었다. 마지막으로 사법부는 대통령이 임명하되 상원의 인준을 받아야 하는 연방 대법원 판사를 중심으로 구성되었다. 연방 대법원 판사는 종신직으로 함으로써 사법부의 독립성을 유지할 수 있도록 했다.

두 번째 특징은 국가의 기반이 '나라' 또는 '주'에 있는 것이 아니라 직접 국민에게 있음을 분명히 밝히고 있다는 점이다. 한마디로 국민주권의 원리에 입각해 있는 것이다. 마지막 세 번째 특징은 법의 지배라는 사상을 제도화하고 있다는 점이다. 즉 헌법이 국가의 최고법이며 모든 법에 우선한다는 것을 분명히 밝히고 있다.

제헌 회의 대표들은 단순히 헌법을 만드는 데 그치지 않았다. 그들은 이 헌법안이 국민의 동의를 받지 못한다면 휴지 조각에 불과하다는 것을 잘 알고 있었다. 따라서 그들은 특별히 소집된 13개 주 헌법 비준 회의 중에서 최소한 9개 주의 비준을 받아야 헌법이 효력을 발휘할 수 있도록 했다.

헌법 비준을 둘러싸고 벌어진 연방파와 반연방파의 논쟁

미국 헌법이 각 주의 헌법 비준 회의에 제출되었을 때, 이를 둘러싼 의견은 찬반양론으로 갈라졌다. 이후 헌법에 찬성하는 사람들은 연방파(Federalist)라 부르게 되었고, 헌법에 큰 결함이 있는 것을 발견하고 이의 비준을 반대한 사람들은 반연방파(Anti-Federalist)라 부르게 되었다. 반연방파들은 이 헌법에 기초해 생겨날 새로운 중앙정부가 주에 커다란 위협이 될 것이라고 믿었다. 하지만 제임스 매디슨, 존 제이, 알렉산더 해밀턴(Alexander Hamilton) 같은 연방파의 노력과 호소로 헌법은 우여곡절 끝에 13개 주의 승인을 받게 되었고, 이에 따라 미합중국이라는 새로운 나라가 정식으로 건국되었다.

> **역사 메모** 매디슨, 제이, 해밀턴은 뉴욕주의 헌법 비준을 얻어내기 위해 각각 푸블리우스(Publius)라는 동일한 익명으로 85편의 논문을 뉴욕의 한 신문에 기고했다. 이 논문들은 나중에 미국 역사상 가장 중요한 정치적 논고 중 하나로 평가받는 《연방주의론(Federalist Papers)》이라는 책으로 출간되었다.

조지 워싱턴, 그를 대통령으로!

1789년 미국은 연방의회를 구성하기 위한 최초의 선거를 했다.
그다음 행정부에서는 조지 워싱턴이 대통령으로 선출되었고,
사법부에서는 존 제이가 초대 대법원장이 되었다.

최초의 연방의회 구성

이제 미국은 새롭게 마련된 헌법에 따라 우선 연방의회를 구성하기 위한 최초의 선거를 치르게 되었다. 그 결과 1789년 4월에 먼저 하원이 열리고 며칠 뒤 상원도 개원했다. 첫 번째 의회가 우선 해결해야 할 일은 새 정부를 유지하기 위한 세금 징수 방법 마련, 정부의 행정 부서 설립, 연방 사법부의 조직, 헌법 수정을 요구하는 주 헌법 비준 회의에 대한 대응책 마련 등이었다.

먼저 새 정부를 유지하기 위한 세금은 수입 상품에 관세를 부과함으로써 해결했다. 정부의 행정 부서는 기존 연합회의 시절에 설립되었던 전쟁부, 국무부, 재무부 외에 법무부와 체신부를 추가했다. 연방 사법부의 조직을 위해서는 사법부법을 통과시켜 연방 대법원에는 대법원장을 포함해 6명의 대법관을 두고(오늘날에는 9명의 대법관으로 구성됨), 연방 재판소의 사법 관할권을 정했다. 초대 대법원장으로는 존 제이가 취임했다.

미국의 '권리장전'이 된 수정헌법 제1조~제10조

다음으로 연방의회가 시급히 해결해야 할 문제는 헌법 수정에 관한 것이었다. 이번에도 매디슨이 맹활약을 해 수정헌법(Amendment) 제1조에서 제10조까지가 제정되었는데, 미국인들은 이것을 한데 묶어 '권리장전'이라고 불렀다. 권리장전에서 가장 중요한 내용은 수정헌법 제1조에 명시되어 있는 종교, 언론, 출판, 집회, 청원의 자유였다. 이에 따라 오늘날 미국에서는 그 무엇보다도 언론의 자유가 잘 보장되어 있는데, 언론이 막강한 힘을 발휘하는 것을 가리켜 언론을 입법, 행정, 사법에 이어 제4부라고 부르는 사람도 있을 정도다.

두 번째로 미국에서는 다른 나라와 달리 개인의 무기 소유를 인정하고 있는데, 이것은 바로 수정헌법 제2조에서 이를 하나의 권리로 인정하고 있기 때문이다. 이것의 본래 목적은 만약 연방과 주 정부가 충돌하게 되었을 때, 주가 스스로를 방어할 수 있도록 하기 위함이었다. 그러나 오늘날 미국에서 이 권리로 인해 각종 총기 사고가 일어나는 것을 보면 권리의 남용이 얼마나 심각한 문제인지를 잘 보여준다고 할 수 있다.

초대 대통령으로 조지 워싱턴이 취임하다

이렇게 연방의회의 주도로 각 부가 구성되면서, 행정부의 수반인 대통령을 뽑게 되었다. 그때 미국인들은 공화국의 초대 대통령으로 누구를 선출할 것인가라는 문제에 대해 의심의 여지 없이 워싱턴이야말로 적임자라고 생각했다. 따라서 선거인단의 투표는 거의 형식적인 것에 불과할 정도였다. 본래 워싱턴은 대통령을 할 생각이 없었다고 한다. 그래서 독립전쟁이 끝나자 자신이 할 일도 끝났다고 생각해 막강한 총사령관이라는 자리를 미련 없이 버리고 고향인 버지니아의 마운트버넌 (Mount Vernon)으로 돌아가 농장주로서 평화로운 생활을 하려 했다. 그렇지만 국민의 부름을 거역하지 못하고 조지 워싱턴은 결국 당시 임시 수도였던 뉴욕시에서 대통령에 취임하게 되었다.

워싱턴은 초대 대통령으로서 자신이 하는 모든 일이 앞으로 선례가 될 것이라는 생각에 매우 조심스럽게 행동했다. 이러한 그의 모습은 어느 날 존 애덤스가 대통령의 칭호를 유럽 군주들의 예에 따라 '자유의 수호자이신 미합중국의 대통령 각하(His Highness, the President of the United States of America, and Protector of their Liberty)'라고 부르면 어떻겠냐고 물었을 때 그냥 간단하게 '미스터 프레지던트(Mr. President)'라고 부르도록 하라고 말한 것에서도 잘 드러난다.

서로 상반된 성격의 인물인 초대 국무장관과 재무장관

대통령이 된 워싱턴은 우선 행정 부서의 장관을 임명해야 했다. 그래서 국무장관에는 토머스 제퍼슨 그리고 재무장관에는 알렉산더 해밀턴을 임명했다. 그런데 문제는 이 두 사람이 성격이나 출신 배경, 나아가 정치 사상까지 완전히 달랐다는 점이다. 제퍼슨은 비교적 부유한 버지니아 농장주의 아들로 태어나 상류층의 일원으로 정계에 진출했고 박학다식한 데다 다재다능한 인물이었다.

반면에 해밀턴은 영국령 식민지였던 서인도제도의 한 작은 섬에서 사생아로 출생해 갖은 고생을 거쳐 독학으로 대학을 다니던 중, 독립전쟁이 터지자 자원입대해 워싱턴의 부관으로 있다가 그의 후원으로 정계에 진출한 인물이었다. 따라서 출신지에 대한 애착이 없어 누구보다도 새로 생겨난 연방 정부에 충성을 다했다. 더욱이 그는 어린 시절 고생을 많이

했기 때문에 사람들은 주로 경제적으로 자기 이익을 챙기기 위해 움직인다는 생각을 갖고 있었다.

역사 메모 워싱턴 행정부 내 5개 부처 장관으로는 국무부 장관과 재무부 장관 이외에도 전쟁부 장관으로 헨리 녹스(Henry Knox), 법무부 장관으로 에드먼드 랜돌프(Edmund Randolph), 체신부 장관으로 새뮤얼 오스굿(Samuel Osgood)이 있었다.

재무장관 해밀턴과 국무장관 제퍼슨 간의 대립

재무장관 해밀턴의 경제정책에 반대하는 이들이 생기면서
미국은 제퍼슨의 민주공화파와 해밀턴의 연방파로 나뉘어 충돌하게 되었다.

해밀턴의 경제정책

앞에서 보았듯이 해밀턴의 경제사상은 재무장관으로서 초기 행정부의 경제정책에 크게 반영되었다. 새 정부의 채무 상태를 조사한 그는 연방 정부와 주 정부가 전쟁 기간 중 진 빚을 한데 묶어 새로운 공채를 발행했고 이를 연방 정부가 갚도록 했다. 이에 대해 이미 빚을 갚은 일부 남부 주들이 반발하자 해밀턴은 연방 정부의 새 수도를 남부 주인 버지니아와 메릴랜드를 지나는 포토맥 강변에 두기로 약속하면서 이를 무마했다. 그 결과 오늘날 미국의 수도인 워싱턴 D. C.(District of Columbia)가 생겨나게 되었다.

해밀턴의 두 번째 경제정책은 중앙은행을 설립하는 것이었다. 그는 영국 은행의 본을 받아 반관반민 형태의 미국은행(Bank of the United States) 설립을 제안했다. 이에 대해 제퍼슨과 매디슨을 비롯한 많은 사람들은 헌법이 의회에 이 은행을 설립할 법을 제정할 권한을 주지 않았다고 반대했다. 그런데도 해밀턴은 헌법에 대해 '넓은 의미의 해석'을 해야 한다고 주장하면서 미국은행 설립법을 통과시켰다. 결과적으로 설립 허가 기간을 20년으로 한정한 미국은행은 매우 성공적이어서 미국 경제를 안정시키는 데 크게 기여했다.

해밀턴은 세 번째로 제조업을 발전시키고 보호할 수 있는 계획을 제출했지만, 이 안건은 미국의 미래는 농업을 기반으로 해야 한다고 믿은 제퍼슨과 그 추종자들의 반대로 거부되고 말았다. 이처럼 해밀턴의 경제정책을 둘러싼 논쟁은 급기야 워싱턴 행정부 안에서 정치적 파당을 탄생하게 만들었다.

오늘날 미국 양대 정당의 기원이 된 파당의 형성

제퍼슨과 매디슨은 해밀턴 일파가 미국에 부패하고 귀족적인 정부를 만들려 한다고 주장하면서 자신들이 미국 혁명의 진정한 상속자임을 내세우기 위해 스스로를 민주공화파(Democratic Republicans, 이하 공화파로 줄임)라고 불렀다. 반면에 해밀턴은 제퍼슨 일파야말로 공화국을 파괴하려는 사람들이라고 비난하면서 스스로를 연방파(Federalists)라고 불렀다.

이러한 파당 간의 경쟁은 1789년 프랑스 혁명이 일어난 이후 영국과 프랑스 사이에 전쟁이 벌어지자 더욱 심화되었다. 공화파는 프랑스에 동조하는 입장을 취하면서 미국의 산업적 미래를 농업에 두어야 하고 민중에 기반을 둔 민주주의 사회를 건설해야 한다고 주장했다. 한편 연방파는 영국 편을 들면서 미국의 장래는 상공업에 토대를 둔 사회가 되어야 하며 정치적으로는 질서, 권위, 규율을 강조하면서 보통 사람이 정치에 참여하는 것을 그리 좋아하지 않았다. 이러한 성격을 지닌 두 파당은 훗날 미국 정치에서 양대 정당의 기원을 이루게 된다.

미국 국회의사당 원형 중앙 홀 천장에 프레스코화로 그려진 〈워싱턴의 신격화(Apotheosis of Washington)〉. 이 천장화는 그리스계 이탈리아인 콘스탄티노 브루미디가 1865년에 11개월에 걸쳐 그린 것이다. 이 그림은 워싱턴이 신이 되고 있는 장면을 그린 것인데, 왼쪽에 승리의 여신과 오른 쪽에 자유의 여신의 보좌를 받으며 13개 주를 상징하는 13명의 하녀로 둘러싸여 있는 모습이다.

파당 간의 다툼을 끝내달라고 호소한 워싱턴의 고별 연설

그러나 워싱턴은 자신이 임명한 두 장관이 서로 파당을 만들어 다투는 것을 좋아하지 않았다. 그래서 그는 한 신문에 앞으로 미국이 나아가야 할 대외 정책은 외국과 영구적인 동맹을 피하는 것이라고 역설하며, 세 번째 대통령 출마 포기를 선언하면서 파당 간의 다툼을 끝내달라고 부탁했다. 워싱턴의 간곡한 부탁에도 불구하고 세 번째 대통령을 뽑는 선거는 연방파와 공화파가 대립하는 가운데 치러졌다. 그 결과 선거인단 투표에서 최고 득표자가 대통령이 되고 다음 득표자가 부통령이 되는 선거제도로 인해 연방파의 존 애덤스가 대통령으로, 그리고 공화파의 제퍼슨이 부통령이 되는 불합리한 일이 발생했다. 따라서 애덤스 대통령 임기 중에는 커다란 정치적 문제들이 잇달았다.

프랑스 외무장관이 미국에 뇌물을 요구한 'XYZ 사건'

애덤스가 대통령으로 재직하고 있을 때, 유럽에서는 나폴레옹 전쟁으로 영국과 프랑스가 치열한 전투를 벌이고 있었다. 미국은 이 전쟁에서 중립을 지켰지만, 프랑스와의 관계가 나빠져 프랑스 해군이 미국의 선박을 강제로 나포하는 일이 발생했다. 애덤스 대통령은 프랑스와 화해하기 위해 특사를 보내 프랑스 외무장관 샤를 탈레랑(Charles de Talleyrand)과 접촉하도록 했다. 그러나 탈레랑의 측근은 특사들에게 장관을 만나기 위해서는 25만 달러의 뇌물이 필요하다고 귀띔했다. 뇌물을 요구한 프랑스인의 이름을 XYZ라고 표기했기 때문에 'XYZ 사건'이라고 알려진 이 소식이 알려지자 미국인들은 "국방을 위해서라면 수백만 달러의 돈도 아깝지 않지만, 뇌물을 위해서는 단돈 1센트도 줄 수 없다."면서 격분했다. 애덤스는 때마침 미국인들의 반(反)프랑스 감정을 이용해 프랑스와 친한 공화파 정치인을 탄압하기로 작정하고 외국인법과 보안법(Alien and Sedition Acts)을 제정했다.

36번의 투표 끝에 가까스로 대통령이 된 토머스 제퍼슨

이러한 연방파의 공화파에 대한 탄압은 오히려 공화파를 일치단결하게 만들었다. 따라서 1800년의 대통령 선거에서는 공화파의 제퍼슨이 대통령에 당선될 수 있었다. 그러나 그 과정은 그리 쉬운 것이 아니었다. 당시 제퍼슨과 애런 버(Aaron Burr) 두 사람이 선거인단 투표에서 같은 수의 표를 얻은 최고 득표자가 되자 대통령 선출권은 헌법에 따라 하원으로 넘어갔다. 하원에서도 35번이나 투표를 했지만 계속 같은 표수가 나오는 가운데, 연방파인 해밀턴이 그래도 버보다는 제퍼슨이 낫다는 결론을 내려 가까스로 36번째 투표에서 제퍼슨이 대통령에 당선될 수 있었다.

역사 메모 1796년 대통령 선거에서 발생한 문제는 1804년에 비준된 수정헌법 제12조를 통해 선거인단이 대통령과 부통령의 이름을 별개의 투표용지에 지정하도록 함으로써 해결되었다.

COLUMN 03

미국 헌법이 경제적 문서였다고?

오늘날 미국이라는 나라를 존재할 수 있게 만들었고, 대다수 미국인이 성경책 다음으로 가장 신성하게 생각하는 문서가 있다면 그것은 바로 미국 헌법일 것이다. 그러나 역대 미국 역사가 중에서 가장 영향력 있는 인물 중 한 사람으로 평가받는 찰스 A. 베어드(Charles A. Beard)는 1913년에 출간한 저서 《미국 헌법의 경제적 해석(An Economic Interpretation of the Constitution of the United States)》에서 미국 헌법이 경제적 문서에 불과하다는 주장을 해 커다란 논란을 불러일으켰다.

베어드는 1787년 필라델피아의 제헌 회의에 참석한 대표 55명의 재산 상태를 면밀히 검토한 결과 미국 헌법이 서로 경쟁하는 경제적 이해관계 당사자 간의 갈등의 산물에 불과하다는 결론을 내렸다. 나아가 그는 헌법의 제정과 비준 과정에서 이 헌법에 찬성한 사람들은 강력한 중앙 정부를 지지했던 연방파로서 경제적인 면에서는 주로 동산(動産) 소유자들이었다고 보았다. 베어드에 따르면 이들은 주로 상인, 선박업자, 은행가, 투기업자, 공채 및 사채 소유자 등으로 구성되었다. 반면에 헌법에 반대하면서 분권화된 정부를 지지했던 반연방파는 주로 부동산 소유자들이었다. 한편 베어드는 많은 남부 노예 소유 농장주들은 거대한 부동산 소유자이기도 하지만 역시 상당한 동산 소유자로서 북부의 상인이나 금융가들과 공통점이 많았기 때문에 헌법 지지자로 포함시켜야 한다고 주장했다.

베어드는 그 근거를 1780년대의 경제 상황에서 찾아볼 수 있다면서, 헌법이 확정될 경우 가장 큰 혜택을 보게 될 사람들은 상업 및 금융에서 경제적 이해

관계를 가진 사람들, 특히 공채 소유자들이었다고 주장했다. 왜냐하면 헌법에 의거해 새로이 생겨날 중앙 정부가 연합회의 시절의 채무를 떠안기로 되어 있었기 때문이다. 결론적으로 베어드는 이들의 경제적 이해관계가 제헌 회의에 참석한 대표들을 통해 헌법에 반영되었을 뿐 아니라 비준 과정에서도 영향력을 발휘함으로써 미국 헌법이 특정 계층의 경제적 이해관계가 반영된 문서라고 본 것이다.

베어드의 주장은 1950년대까지 표준적인 역사 해석으로 남아 있었지만, 이후 1954년 로버트 브라운(Robert E. Brown)의 《찰스 베어드와 미국 헌법》과 1958년 포레스트 맥도널드(Forrest McDonald)의 《우리 미국인: 미국 헌법의 경제적 기원》 등을 통해 사가들로부터 심각한 도전을 받았다. 그 결과 베어드의 연구에 어느 정도 오류가 있음이 밝혀졌지만, 미국 역사에 대해 최초로 경제적 해석을 시도한 베어드의 업적은 오늘날까지도 그를 미국 역사상 가장 위대한 역사가 중 한 사람으로 평가하기에 충분하다.

4장

새로운 공화국의
국가적 기초 확립

단돈 1500만 달러에 루이지애나를 사다

> 제퍼슨은 1500만 달러에 루이지애나 영토를 사들임으로써
> 영토를 2배로 늘리는 성과를 거두었다. 하지만 나폴레옹전쟁 때
> 출항금지법을 제정해 미국 역사상 가장 실패한 정책 중 하나라는 기록을 남겼다.

영구적 수도가 된 워싱턴에서 처음으로 취임한 대통령

제퍼슨은 1801년 이제 막 새로 건설된 수도인 워싱턴에서 대통령에 취임했다. 그는 전임 대통령보다는 민주적인 자세로 대통령직에 임했고 보통 사람들의 취향에 맞는 행동을 했다. 연방파도 비교적 평화적으로 정부를 넘겨주어 미국 역사에서 평화적인 정권 교체의 전통이 싹트게 되었다. 제퍼슨은 취임 연설을 통해 다음과 같이 파당 간의 경쟁을 끝내고 국가적 단결을 이룩해 세계에 모범을 보여야 할 때라는 것을 역설했다.

"우리는 모두 공화파이며, 우리는 모두 연방파입니다. 우리 미국의 공화적 정부는 이제 전 세계의 희망이 될 것입니다."

단돈 1500만 달러에 사들인 루이지애나 영토

제퍼슨이 대통령으로 있을 때, 미국에는 커다란 행운이 찾아왔다. 당시 미국의 영토는 서쪽으로 미시시피강을 경계로 동쪽 지역에 국한되

어 있었다. 그러나 이미 많은 미국인은 미시시피강과 그 지류인 오하이오강에 의존해 살아가고 있었다. 하지만 미국인이 미시시피강에 들어서기 위해서는 강의 하류에 위치한 도시 뉴올리언스(New Orleans)를 지나가야 했다. 그 당시 뉴올리언스는 프랑스 땅이었다. 그래서 일부 미국인은 프랑스와 전쟁을 해서라도 그 땅을 빼앗자고 주장했지만, 제퍼슨은 일단 프랑스가 뉴올리언스를 미국에 팔 생각이 있는지를 알아보기 위해 프랑스에 특사를 보냈다. 프랑스에 도착한 특사는 뉴올리언스를 포함한 루이지애나 전체를 1500만 달러에 사라는 놀라운 소식을 접했다.

특사로 파견된 로버트 리빙스턴(Robert Livingston)과 제임스 먼로(James Monroe)는 망설이지도 않고 그 자리에서 당장 루이지애나 구매조약에 서명했다. 당시 루이지애나라고 부르던 땅은 오늘날의 루이지애나주에 속하는 작은 땅이 아니라 미시시피강 서부에서 태평양 연안에 이르는 지역의 절반에 해당하는 면적이었고, 독립 당시에 정해진 미국 영토와 거의 같은 면적의 광대한 땅이었기 때문이다. 이로써 미국은 한순간에, 그것도 헐값에 영토를 2배나 늘릴 수 있었다. 이 루이지애나 매입이 미국 역사에 끼친 영향은 이루 말할 수 없이 크다. 이후 미국은 유럽에서 일어나는 일에 신경 쓸 필요 없이 드넓게 펼쳐진 서부로 향할 수 있었다.

미국 역사상 가장 실패한 정책 중 하나로 꼽히는 '출항금지법'

신생국 미국은 아직 나라의 힘이 강하지 못했기 때문에 유럽에서 일어나는 전쟁에 대해서는 항상 중립을 지키며 되도록 거리를 두려고 했다. 그러나 유럽에서 나폴레옹전쟁이 재발하자 미국은 곤란한 처지에

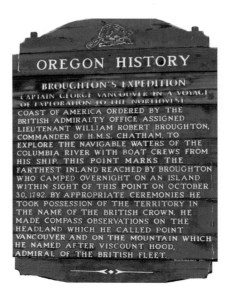

오리건주 컬럼비아강 강가에 세워져 있는 사적지 안내문. 미국에는 어디를 가든지 그곳이 사적지임과 역사적 사실을 알려주는 안내문이 많다. 이 안내문에는 조지 밴쿠버 선장이 이끄는 영국 해군의 탐험대의 일원이었던 윌리엄 브록턴 중위가 컬럼비아강을 거슬러 올라와 탐험을 한 내용이 실려 있다.

놓였다. 전쟁 초기 미국은 중립국으로서 영국과 프랑스와의 무역에서 상당한 이득을 보았다. 하지만 점차 미국의 상인들이 이 전쟁의 피해자가 되었다. 영국은 당시 세계에서 가장 강한 해군력을 보유한 나라였지만, 전쟁을 치르면서 수병이 부족하게 되자 대서양을 오가는 미국의 선박을 정지시키고 미국 선원들을 강제로 끌어가 영국 해군에 입대시켰기 때문이다. 이러한 영국의 태도는 미국인의 자존심을 무너뜨리는 것이었다.

그런데도 미국은 아직 영국에 맞서 전쟁을 할 만한 역량을 갖추지 못했기 때문에 속수무책으로 당할 수밖에 없었다. 당시 대통령 제퍼슨은 출항금지법(Embargo Act)이라는 매우 소극적인 정책으로 대응했다. 이 법은 미국이나 외국의 선박은 외국의 항구를 향해 미국을 떠날 수 없다는 것이었다. 한마디로 미국 선원이 영국에 강제 징집당하는 일을 원천적으로 막아보겠다는 것이었다. 그러나 이 정책은 오히려 미국의 무역을 매우 어려운 처지에 놓이게 만들었다. 미국 역사상 가장 실패한 정책 중 하나라고 평가받는 출항금지법은 곧이어 통상금지법(Non-Intercourse Act)으로 바뀌었지만 그마저도 별다른 효과를 거두지 못했다.

역사 메모 제퍼슨은 루이지애나 매입 이후 메리웨더 루이스(Meriwether Lewis) 대위에게 훗날 발견대(Corps of Discovery)라고 알려진 40여 명의 탐험대를 이끌고 1804년에서 1806년에 걸쳐 미주리에서 태평양에 이르는 지역을 탐사하도록 했다. 루이스는 윌리엄 클라크(William Clark) 중위를 동일한 지위를 가진 지휘관으로 대동 했기 때문에, 이 발견대는 흔히 '루이스와 클라크의 탐험대'라고도 부른다.

미영전쟁이 가져다준 '미국적 체제'

> 미국은 미영전쟁에서 무모한 군사적 모험을 감행했지만, 이를 계기로 경제적으로
> 크게 변화되었으며 국가주의적 계획에 입각한 '미국적 체제'가 널리 퍼졌다.

1812년 미영전쟁의 발발 원인

영국에 대한 미국인의 나쁜 감정은 이후 극에 달했다. 따라서 1812년
미영전쟁의 근본적인 발발 원인은 해상에서의 미국에 대한 영국의 중
립권 침해에서 비롯되었다고 할 수 있다. 그러나 독립 혁명 이후 성장한
젊은 세대인 서부 켄터키 출신 상원의원 헨리 클레이(Henry Clay)와 남
부 사우스캐롤라이나 출신 하원의원 존 칼훈(John C. Calhoun) 같은 '호
전주의자들(War Hawks)'의 주장이 전쟁 발발의 더 큰 요인으로 작용했
다. 이들은 영국과 전쟁을 해서라도 미국의 독립과 명예를 지켜야 하
며 영국령 캐나다 땅과 스페인령 플로리다마저도 미국이 차지해야 한
다고 역설했다. 이들은 서부의 새로운 토지에 관심이 컸던 농업 세력으
로서 켄터키, 테네시, 조지아, 사우스캐롤라이나 같은 서부와 남부의 주
민을 대변했으며, 정치적으로는 공화파에 속했다. 이들은 이 전쟁을 통
해 특히 각자의 지역에서 영국의 사주를 받아 정착민을 괴롭히던 인디
언을 굴복시킬 수 있을 것으로 기대했다. 반면 정치적으로 연방파에 속

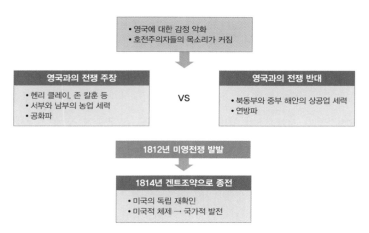

▶ 미영전쟁의 발발 원인과 결과

하는 북동부와 중부 해안 지역의 상공업 세력은 영국과의 전쟁에 반대했다. 특히 이 지역에서 해상 무역에 종사하는 상인과 해운업자들이 크게 반대했는데, 이들은 전쟁이 일어날 경우 커다란 손해를 볼 것이 뻔했기 때문이다. 제퍼슨의 뒤를 이어 영국과의 통상은 금지했지만 전쟁만은 피하려 했던 매디슨 대통령은 결국 호전주의자들의 압력에 못 이겨 1812년 6월 의회에 영국에 대한 선전포고를 요청했다. 이에 의회는 하원에서 79표 대 49표, 상원에서 19표 대 14표로 선전포고를 통과시켜 미영전쟁에 돌입하게 되었다.

무모한 군사적 모험이었던 미영전쟁

미영전쟁은 군사적 측면에서 미국에게는 어리석은 모험이었다. 미국은 아직 전쟁 준비가 제대로 되어 있지 않았기 때문이다. 따라서 미국은 초기 캐나다 공격에서 영국에 크게 패했다. 1813년 오대호 연안 해전과 캐나다의 템스(Thames)강 전투에서는 영국군을 격파하는 데 성공했지만, 1814년 유럽에서 프랑스의 나폴레옹을 물리침으로써 한숨 돌리게 된 영국이 여유 병력을 미국과의 전쟁에 투입하면서 전세는 다시 역전되었다. 이로 인해 수도인 워싱턴이 영국에 점령당해 대통령 관저와 연방 정부 건물 등이 황폐화되었다. 이를 복구하며 불에 그을린 벽을 하얗게 칠했다고 해서 오늘날 미국의 대통령 관저를 백악관(White House)이라고 부른다.

이 무렵 일찍이 전쟁에 반대했고, 영국 해군의 해안 봉쇄로 말미암아 커다란 타격을 받게 된 북부 5개 주의 연방파 대표들은 코네티컷주의 하트퍼드에 모여 주권론(state's right)에 입각해 연방 탈퇴를 논의하고 전쟁에 반대하는 결의안을 통과시키기도 했다. 다행히 이 결의안이 워싱턴에 도착하기 직전 강화조약이 체결되었다는 소식이 전해지는 바람에 연방 해체의 위기는 사라졌다. 이 전쟁의 마지막 전투는 뉴올리언스에서 치러졌는데, 미군은 나중에 대통령이 된 앤드루 잭슨(Andrew Jackson) 장군의 지휘 아래 대승을 거두었다. 그러나 이 전투가 있기 보름 전 전쟁은 이미 공식적으로 끝난 상태였다. 당시에는 통신이 원활하지 못한 까닭에 유럽에서 미국과 영국이 전쟁을 끝내기로 조약을 맺었다는 소식이 제때 전해지지 못했던 것이다. 이 전쟁의 결과는 기껏해야 미국의 독립을 재확인하고, 유럽의 정치 문제에 미국이 좀 더 신중해야 한다는 교훈을 얻은 정도였다.

미국의 국가적 발전을 위해 추진된 '미국적 체제'

하지만 이 전쟁이 가져다준 생각지 못했던 결과는 이후 미국이 경제적으로 크게 변화하는 계기를 마련해주었다는 점이다. 뿐만 아니라 전후 미국에는 새로운 의미의 국가주의(Nationalism)가 널리 퍼지게 되었다. 이제 국내 및 국외 문제에 자신을 갖게 된 공화파 정부는 이전에 연방파가 추구했던 경제적 발전과 상업의 촉진을 주장하기 시작했다. 나아가 의회의 지도자들도 매디슨 대통령의 국가주의적 계획을 적극적으로 지지했다. 그중 남부 출신의 존 칼훈 상원의원과 서부 출신의 헨리 클레이 하원 의장은 국가주의적 계획에 입각한 '미국적 체제(American System)'를 건설할 것을 강력히 주장했다. 이 '미국적 체제'는 상품의 유통을 원활히 하기 위해 새로운 도로를 건설하고, 보호관세를 통해 미국의 산업을 보호하며, 관세 수입으로 도로 건설에 필요한 자금을 마련하고, 중앙은행을 다시 설립해 자금의 이동을 원활하게 하는 것을 주요 내용으로 했다. 그 결과 1811년 시효가 끝나 사라진 제1미국은행을 계승할 제2미국은행이 클레이의 주도로 1816년 역시 20년의 유효 기간으로 설립되었다. 이들 정책은 사실 이전에 연방파가 주장하던 것이었지만, 이제 미국의 발전을 위해 공화파 출신 대통령도 이를 적극 추진하게 되었던 것이다.

역사 메모 ▷ 1814년 9월 13일 밤, 영국 해군이 밤새도록 볼티모어에 포격을 가하는 것을 지켜본 프랜시스 스콧 키(Francis Scott Key)는 새벽 동이 틀 무렵에도 미군 요새에서 성조기가 휘날리는 것을 보고 즉석에서 〈성조기여 영원하라(The Star-Sprangled Banner)〉라는 시를 지었다. 이 시는 곧바로 영국 아마추어 음악가 클럽의 애창곡에 실려 미국인들 사이에서 널리 불렸고, 1931년에는 미국의 공식 국가(國歌)가 되었다.

미국 대외 정책의 기초를 확립한
먼로 대통령의 고난

제임스 먼로 대통령은 미주리 타협으로 노예제에 대한 논쟁을 잠시 가라앉혔고
먼로 선언으로 대외 정책의 기본을 다졌다.

노예제로 인해 빚어진 문제를 해결하기 위한 미봉책: 미주리 타협

1817년 매디슨의 뒤를 이어 역시 공화파인 제임스 먼로(James Monroe)
가 대통령이 되어 연방파의 본거지인 뉴잉글랜드를 방문했을 때, 연방
파들은 먼로 대통령을 따뜻하게 맞아주었다. 이를 본 보스턴의 한 신문
은 이제 '화해의 시대(Era of Good Feeling)'가 도래했다고 대서특필했
고, 먼로 대통령도 다음과 같이 미래를 낙관적으로 바라보았다.

"우리의 체제에 불화란 없습니다. 미국 국민들은 공통의 이해관계에
있는 하나의 대가족입니다."

그러나 이러한 화해 분위기는 잠깐이었다. 곧이어 경제공황이 다가
와 노동자와 농민은 큰 어려움에 처하게 되었다. 하지만 한층 더 큰 문
제는 노예제를 둘러싸고 일어났다. 1819년 미주리 준주(準州)가 주로
승격될 수 있는 조건을 갖추고 노예제를 인정하는 주로서 연방에 가입
하겠다고 했을 때, 미국은 커다란 논쟁에 휘말렸다. 당시 미주리 준주는
노예제를 인정하지 않는 자유주인 오하이오(Ohio), 인디애나(Indiana),

일리노이(Illinois)와 같은 위도 상에 있었기 때문에, 미주리를 노예주로 인정한다면 앞으로 노예제가 북쪽에 새로 생겨날 주에까지 확산될 것을 우려했던 것이다. 그리고 당시 미국은 북부에 11개의 자유주와 남부에 11개의 노예주가 아슬아슬한 균형을 유지하고 있었으므로 새로이 미주리가 노예주로 연방에 가입한다면 이 균형이 깨지게 될 터였다. 결국 상당한 논란 끝에 '미주리 타협(Missouri Compromise)'이 이루어졌다. 이 타협의 내용은 미주리주를 노예주로 하는 대신 매사추세츠주로부터 메인(Maine) 지방을 떼어내 노예제를 인정하지 않는 메인주로 만든다는 것이었다. 그리고 미주리주의 남쪽 경계선인 북위 36도 30분 이북의 영토에서는 노예제를 영원히 금지한다고 했다. 이것으로 일단 노예제를 둘러싼 남북 간의 견해 차이가 해결된 것처럼 보였지만, 이 타협은 임시방편이었고 노예제 문제는 또다시 불거져 나와 남북 간의 대립을 격화시키게 된다.

플로리다를 미국에 귀속시키는 데 크게 기여한 존 퀸시 애덤스

먼로 대통령은 '화해의 시대'를 실현하는 모습을 몸소 보여주기 위해 연방파이자 뉴잉글랜드 출신이며 제2대 대통령 존 애덤스의 아들이기도 한 존 퀸시 애덤스(John Quincy Adams)를 국무장관에 임명했다. 애덤스는 국무장관이 되기 전에 이미 외교관으로서 상당한 경륜을 쌓았고, 열렬한 국민주의자로서 미국의 영토 팽창에 기꺼이 헌신하고자 하는 인물이었다.

이러한 애덤스의 의중은 스페인령 플로리다를 미국에 귀속시키는 데 성공한 애덤스-오니스 조약(Adams-Onís Treaty)의 성사로도 잘 드러난다. 미국은 이미 1812년 미영전쟁의 결과로 플로리다 서부를 차지했으

▶ 1820년 미주리 타협으로 나뉘어진 노예주와 자유주의 경계

나, 스페인과 소유권 문제로 분쟁을 빚고 있었다. 이에 애덤스는 스페인 공사 루이스 데 오니스(Luis de Onís)와 플로리다를 둘러싼 분쟁 해결을 위한 협상을 모색했다. 그와 동시에 애덤스는 플로리다 지역 세미놀 인디언의 미국 영토 침범으로 빚어진 세미놀 전쟁(Seminole War)을 빌미로 플로리다에 대한 미국의 무력 장악 가능성을 내세우며 스페인을 압박했다. 결국 스페인은 미국의 압박에 못 이겨 1819년 플로리다 전체를 미국에 양도함과 동시에 태평양 북서부 위도 42도 이북 지역에 대한 소유권도 포기하는 애덤스-오니스 조약을 맺었다. 대신에 미국도 이 조약을 통해 일단 텍사스에 대한 권리를 포기했지만, 미국인들은 1840년대에 텍사스마저도 차지하고 말았다.

신세계에 대한 유럽의 간섭을 막기 위해 단독으로 대응한 '먼로 선언'

먼로 대통령 재직 시에는 대외 정책에서도 어려운 문제가 산적했다. 특히 스페인의 식민지였던 라틴아메리카의 여러 나라가 하나하나 독립하게 되면서, 같은 대륙에 속해 있는 미국에 심각한 고민을 안겨주었다. 결국 미국 정부는 국내의 여론에 못 이겨 라틴아메리카 신생국들의 독립을 인정한 최초의 나라가 되었지만, 유럽에서 일어난 문제가 신세계의 안정을 위협하자 무언가 조치를 취하지 않으면 안 될 입장이었다. 이에 1823년 먼로 대통령은 신세계에 대한 유럽의 간섭에 대항한 단독 선언이자, 실질적으로는 국무장관 존 퀸시 애덤스의 작품인 먼로독트린(Monroe Doctrine)을 선언하게 된다.

미국은 이 선언을 통해 유럽 열강은 서반구(西半球)에 새로운 식민지를 만들려 하지 말 것, 신세계의 신생 독립국에 대해 유럽이 간섭하지 말 것 그리고 미국은 유럽이 보유하고 있는 기존의 식민지를 포함해 유럽에서 일어나는 일에 대해 관여하지 않겠다는 것을 분명히 밝혔다. 사실 이 선언은 미국이 든든한 군사력을 바탕으로 세계를 향해 큰소리를 친 것이 아니기 때문에, 단순히 선언적인 의미밖에 없지만 앞으로 제2차 세계대전이 일어날 때까지 미국 대외 정책의 기본이 되었다는 점에서 중요한 의미를 지닌다고 할 수 있다.

역사 메모 1801년부터 1835년까지 연방 대법원장으로 재직했던 존 마셜(John Marshall)은 특히 먼로 대통령 재임 시기에 일련의 판례를 통해 연방 정부가 경제 규제 문제에서 주보다 더 우위에 있음을 확실히 했다. 한마디로 고도의 국가주의적(nationalistic) 성향의 판결이었다.

진정한 민주주의의 기초를 다진 잭슨 대통령

> 잭슨 대통령은 평민에게 좀 더 다가갔으며
> 진정한 의미의 민주주의 실현을 위해 노력했다.

'통나무집에서 백악관까지'의 신화를 창조한 앤드루 잭슨

먼로 대통령이 먼로 선언으로 미국 대외 정책의 기반을 닦았다면, 이후 앤드루 잭슨 대통령 재임 기간 중에는 미국 민주주의의 기초가 놓였다고 할 수 있다. 미국의 정계는 이미 먼로 대통령 재임 말기에 연방파가 힘을 잃고 사라져간 대신 공화파가 내부적으로 국민공화파(National Republicans)와 민주공화파(Democratic Republicans)로 분열되어 서로 경쟁하고 있었다. 국민공화파는 주로 동북부 지역의 상공업 세력을 등에 업고 있었고, 민주공화파는 남부와 서부의 농업 세력을 대변했다.

먼로 대통령 이후 이 두 파의 대립 속에 먼저 국민공화파의 존 퀸시 애덤스가 대통령이 되었다. 하지만 그다음 선거에서는 다시 애덤스파와 잭슨파가 대립하는 가운데 특혜적인 관세와 미국은행에 반대하는 지방분권주의자이자 주권주의자(州權主義者)인 잭슨이 대통령에 당선되었다. 이 선거에서 서부 출신 잭슨이 당선될 수 있었던 것은 남부의 존 칼훈과 북부의 마틴 밴 뷰런(Martin Van Buren)이 서로 힘을 합쳤기

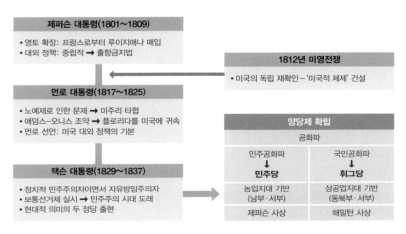

제퍼슨 대통령(1801~1809)
• 영토 확장: 프랑스로부터 루이지애나 매입
• 대외 정책: 중립적 → 출항금지법

1812년 미영전쟁
• 미국의 독립 재확인 – '미국적 체제' 건설

먼로 대통령(1817~1825)
• 노예제로 인한 문제 → 미주리 타협
• 애덤스-오니스 조약 → 플로리다를 미국에 귀속
• 먼로 선언: 미국 대외 정책의 기본

양당제 확립	
공화파	
민주공화파 ↓ 민주당	국민공화파 ↓ 휘그당
농업지대 기반 (남부·서부)	상공업지대 기반 (동북부·서부)
제퍼슨 사상	해밀턴 사상

잭슨 대통령(1829~1837)
• 정치적 민주주의자이면서 자유방임주의자
• 보통선거제 실시 → 민주주의 시대 도래
• 현대적 의미의 두 정당 출현

▶ 국가적 기초 확립

때문이었다. 잭슨은 대통령 취임식 날 벌어진 백악관 축하 파티에 수많은 평범한 남녀 어린이를 초대하여 자신의 서민적 풍모를 과시했다. 그리하여 이른바 '잭슨 민주주의(Jacksonian Democracy)'의 시대가 열렸다.

평민에게 가까이 다가가고자 했던 잭슨 대통령

잭슨은 본래 연방에 대해 주의 권한을 우위에 두는 주권주의자이기는 했지만, 대통령으로서 주보다는 연방의 보존이 앞서야 한다는 생각을 갖고 있었다. 예를 들면 부통령인 칼훈이 높은 관세율을 반대하며 연방이 주에 대해 불리한 법을 제정할 때에는 주가 그것을 무효화시킬 수 있다고 주장하자, 잭슨 대통령은 주권을 주장하는 것은 연방을 보존하는 범위 내에서 이루어져야 한다고 주장했다. 이러한 연방권과 주권 사이의 논쟁에서 칼훈 부통령은 잭슨 대통령과의 의견 차이로 인해 사임하고 말았다. 잭슨 대통령이 연방의 보존을 강조했지만 그렇다고 해서 그가 동북부의 상공업자나 국민주의자와 똑같은 생각을 갖고 있었던 것은 아니다. 그는 근본적으로 농업 세력과 지방분권을 주장하는 민주공화파의 지도자였으며, 평민을 대변하며 평민에게 더 가까이 다가가려는 정치적 민주주의자였다고 할 수 있다. 그래서 그는 경제적인 면에서도 모든 사람에게 동등한 기회를 부여해 그들이 자유롭게 자신의 이익을 추구할 수 있도록 하는 자유방임주의자이기도 했다.

독점을 반대하고 특권을 인정하지 않았던 잭슨

이러한 잭슨 대통령의 사상은 독점에 반대하고 특권을 인정하지 않으려는 그의 정책에 잘 나타났다. 그래서 그는 미국은행이 독점과 특혜의 상징이라 생각하고, 제2미국은행의 특허권을 연장하려는 법이 의회를 통과하자 대통령의 거부권을 행사해 이를 막았다. 그 밖에도 켄터키 주의 도로 건설에 연방 정부의 자금을 지원하려는 의회의 법에 대해서도 거부권을 행사하면서, 주의 도로에 연방이 지원하는 것은 특정 주에 대한 특혜라고 주장했다. 그의 반독점적, 지방분권적 태도는 연방파의 우두머리 격이었던 대법원장 존 마셜이 죽은 뒤 그 후임으로 주권론자인 로저 태니(Roger Taney)를 임명한 데에서도 잘 나타났다. 미국 연방대법원은 태니 대법원장 재직 시 주로 주권(州權)을 강조하는 판결을 내림으로써 잭슨의 정책을 뒷받침했다고 할 수 있다.

이처럼 잭슨 대통령이 독점과 특권에 반대하며 평민의 영향력을 넓혀나가자 정치 분야에서도 변화가 일어났다. 그중 가장 커다란 변화 중 하나는 정부가 임명하는 관직이 줄어들고 주민이 직접 뽑는 선출직 관리가 늘어났다는 것이다. 이 시기에 이르러서는 대통령 선거에서도 선거인단을 주민이 직접 선출하게 되었으며, 참정권을 가지려면 어느 정도의 재산이 있어야 한다는 조건이 거의 사라졌다. 진정한 의미에서 보통선거제를 실시하게 된 것이다. 더욱이 대통령 후보를 지명하는 절차도 이전에는 소수의 유력 인사들로만 구성된 당 간부 회의에서 결정하던 것을 이제는 평민 출신 정당 대의원의 투표로 후보를 지명하는 전국 지명 대회로 바뀌었다. 한마디로 이 시기에는 그 어느 때보다도 평등주의적 경향이 강하게 나타났고, 평민의 영향력도 강했다고 할 수 있다.

현대적인 의미의 정당 출현

이러한 변화와 더불어 잭슨 시대에는 대중에 기반을 둔 현대적인 의미의 정당이 나타났다. 따라서 공화파 내의 두 파인 민주공화파는 민주당(Democratic Party)으로, 국민공화파는 휘그당(Whig Party)으로 각각 발전하게 되었다. 이 두 당의 특징은 민주당이 주로 농업지대인 남부와 서부에서 지지를 받으며 주권론을 내세웠다면, 휘그당은 상공업지대인 동북부와 서부에 지지 기반을 두고 있었다고 할 수 있다. 한마디로 민주당이 전통적으로 건국 초기 제퍼슨의 사상을 이어받았다면, 휘그당은 해밀턴의 사상을 이어받은 것이다. 이로써 미국에는 처음으로 양당제도가 확립되었고, 남북전쟁 직전에 공화당(Republican Party)이 생겨나 휘그당의 자리를 대신함으로써 오늘날까지 민주당과 공화당의 양당제가 이어져오고 있다.

역사 메모 1832년 잭슨의 거부권 행사로 중앙은행 역할을 했던 제2미국은행이 기능을 상실한 뒤, 미국에는 1913년 연방준비제도법으로 연방준비제도은행이 설립될 때까지 중앙은행이 존재하지 못했다.

서부로, 서부로, 서부로 가자!

서부를 개척하는 과정에서 인디언과의 충돌도 적지 않았지만,
모피와 황금을 위해 더 많은 사람들이 서부로 몰려들었다.

미국인들이 '명백한 운명'이라고 믿었던 서부로의 팽창

1830년대 이전만 해도 대다수 미국인들에게 서부라고 하면 대개 애
팔래치아산맥 서쪽 지역에서 미시시피강 동쪽에 이르는 지역과 오대호
주변 지역을 가리키는 말이었다. 그러나 1830년대를 기점으로 미국은
미시시피강을 넘어 서쪽으로, 기왕에 프랑스로부터 사들인 루이지애나
영토에 대한 개척을 시작했고, 멕시코 땅이던 텍사스를 포함해 캘리포니
아에 이르는 방대한 지역을 전쟁을 통해 차지했다. 그리고 태평양 연안
지역의 북쪽 땅은 영국과의 협상을 통해 영토상의 경계를 확정지음으로
써 적어도 미국 본토는 오늘날과 거의 비슷한 모습을 갖추게 되었다.

그러나 그 과정은 미국인에게 끝없이 펼쳐진 미지의 땅을 개척하는
것으로 비쳤고 신이 미국인에게 부여한 '명백한 운명(Manifest Destiny)'
을 달성하는 길이었을지는 몰라도, 그 땅의 주인이던 인디언과 멕시코
인에게는 '명백한 침략'의 길이었다.

미국인이 1830년대에 미시시피강을 넘어 서쪽으로 개척을 시작했을

때 그들의 가장 큰 걸림돌은 인디언이었다. 하지만 백인은 그들의 존재를 무시하고 우세한 무기를 앞세워 인디언의 땅을 침범해 원주민을 몰아냈다. 그 결과 오하이오강 북쪽에 있던 쇼니족(Shawnee), 와이언도트족(Wyandot), 델라웨어족, 마이애미족(Miami)은 더 서쪽으로 밀려나게 되었다. 그렇다고 해서 인디언들이 아무 저항 없이 물러난 것은 아니다. 예를 들면 소크족(Sauk)의 추장이었던 블랙 호크(Black Hawk)는 주변 부족과 힘을 합쳐 백인의 침입에 저항했지만, 결국 패배하여 더 먼 서쪽으로 쫓겨나고 말았다. 마찬가지로 남부 지역에서도 인디언들이 백인의 서부 진출에 저항했지만, 대부분의 부족은 백인들의 감언이설에 넘어가 불평등한 조약에 서명을 하고는 토지를 잃게 되었다.

서부로 가는 통로가 열리다

백인의 서부 진출 입구를 가로막았던 인디언의 장벽이 제거되자 서부로의 새로운 길을 개척하기 위해 처음으로 앞장선 사람들은 모피 사냥꾼과 모피 상인이었다. 그들은 이미 미시시피강 동쪽 지역에서는 찾아보기 힘든 값비싼 모피를 얻기 위해 들판과 산을 가로질러 멀고 먼 서쪽으로 진출했다. 그 결과 이들이 의도한 것은 아니지만 차츰 서부로 가는 길이 열리게 되었다. 그중 가장 먼저 알려진 길은 오리건 통로(Oregon Trail)였다. 오리건 지역은 이미 제퍼슨 대통령 시절에 대통령이 직접 파견한 메리웨더 루이스(Meriwether Lewis)와 윌리엄 클라크(William Clark)의 탐험대가 답사한 적이 있는 지역이기도 했다. 사람들은 차츰 이 길을 따라 포장마차에 가족과 가재도구를 싣고 비옥한 서쪽 땅을 찾아 나서기 시작했다. 뒤따라 오리건으로 향하는 수많은 포장마차의 행렬이 줄을 잇는 이른바 '오리건 열풍(Oregon Fever)'이 일어나

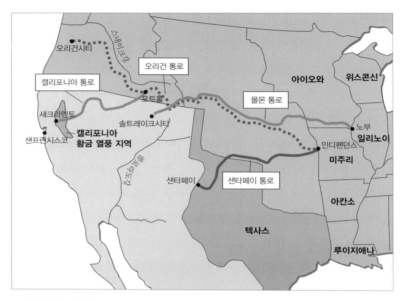

▶ 서부로 가는 통로

기도 했다. 그 결과 당시 아직 국경선이 분명하게 정해지지 않았던 영국 식민지 캐나다와 국경 분쟁이 벌어졌지만, 미국은 영국과의 원만한 협상을 통해 북위 49도선을 기준으로 국경선을 정했다. 이러한 까닭에 오대호 서쪽의 캐나다와 미국 국경선은 이 선을 기준으로 자로 잰 것처럼 일직선으로 정해졌다.

오리건 통로가 열린 뒤 이어서 서부로 가는 다른 통로들도 열리기 시작했다. 두 번째로 열린 통로는 오리건 통로를 따라 서쪽으로 가다 캔자스시티에서 서남쪽으로 나아가 뉴멕시코에 이르는 샌타페이 통로(Santa Fe Trail)였다. 다음으로 캘리포니아 통로(California Trail)가 열렸는데, 이 길 역시 오리건 통로를 이용해 서쪽으로 가다가 중간에 스네

미주리주 세인트루이스에 있는 게이트웨이 아치. 1804년 루이스와 클라크의 탐험대가 탐험을 시작한 지점 근처에 세워진 기념물로서 서부로의 진출이 주로 세인트루이스에서 시작되었기에 서부로의 관문이라고 부르기도 한다.

이크강에서 서남쪽으로 방향을 잡아 로키산맥을 넘고 다시 시에라네바 다산맥을 넘어 캘리포니아에 이르는 통로였다.

황금을 찾아 서부로 몰려든 사람들

처음에 캘리포니아에 도착한 사람들은 모피 사냥꾼이었다. 그러나 1848년에 캘리포니아의 새크라멘토(Sacramento) 인근에서 금 노다지 가 발견되자, 수많은 사람이 이 소식을 듣고 한탕을 노리며 몰려들었 다. 이것이 바로 유명한 캘리포니아의 '황금 열풍(Gold Rush)'이다. 이 황금 열풍으로 인해 한순간에 샌프란시스코라는 커다란 도시가 생겨났 다. 대부분의 사람이 1849년에 캘리포니아로 몰려들었기 때문에, 이들 을 가리켜 '49년에 온 사람들(Forty-Niners)'이라고 불렀다. 오늘날에도 샌프란시스코 미식축구팀의 별명이 '49년에 온 사람들'인 까닭은 여기에 있다. 이 통로가 열리기 전 캘리포니아로 오기 위해서는 동부에서 배를 타고 멀리 남아메리카 남쪽 끝을 돌아 태평양을 항해하는 머나먼 길을 택하거나, 중앙아메리카의 멕시코나 파나마지협을 통해 대서양과 태평양 사이의 가장 가까운 육지 길을 이용해 다시 배를 타야 했다. 그러나 캘리포니아 통로가 열림으로써 머나먼 뱃길을 통하지 않아도 되었다.

역사 메모 ▶ 미국의 팽창주의를 한마디로 표현한 '명백한 운명'이라는 말을 최초로 사용한 인물은 존 오설리번(John O' Sullivan)이었다. 그는 1854년 〈데모크래틱 리뷰(Democratic Review)〉를 통해 대륙으로 영토를 확장하는 것이 미국인에게 주어진 특별한 '명백한 운명'이라고 주장했다. 이러한 이념을 실천한 결과 미국은 1840년대에 100만 평방마일의 새로운 영토를 획득할 수 있었다.

텍사스는 멕시코에게서 빼앗은 땅이다?

> 본래 멕시코 땅이던 텍사스에 미국인 거주자가 늘어나면서 미국인들은
> 텍사스의 독립을 선포했고, 독립을 쟁취한 텍사스공화국은 결국 미국에 합병되었다.
> 나아가 미국은 멕시코와 전쟁을 벌여 캘리포니아를 비롯한 서부와 남서부 지역을 차지했다.

멕시코 땅을 빼앗아 독립한 텍사스

서부로 향하는 새로운 통로 개척과 더불어 일어난 가장 중요한 사건은 미국이 새롭게 드넓은 영토를 차지하게 된 일이다. 먼저 샌타페이 통로를 통해 서남쪽으로 내려간 사람들 중 일부는 더 남쪽으로 내려가 1820년대부터 텍사스에 정착했다. 본래 이 땅은 멕시코 영토였지만 멕시코 정부는 처음에는 미국인들의 정착에 크게 신경 쓰지 않았다. 그러나 점차 미국인 정착민의 수가 멕시코 주민의 수보다 많아지게 되자 멕시코 정부는 미국인을 통제하려고 했다. 이에 대해 미국인들은 아예 1836년 텍사스에 공화국을 세우고 독립을 선포했다. 그러자 멕시코의 산타 안나(Santa Anna) 대통령이 직접 군대를 이끌고 텍사스로 출정해 알라모(Alamo) 전투에서 미국인을 전멸시켰다. 이에 미국인들은 샘 휴스턴(Sam Houston) 장군의 지휘하에 멕시코군에 맞서 승리를 거두었다. 결국 멕시코 정부는 텍사스공화국의 독립을 인정하고 리오그란데 강을 두 나라 사이의 국경선으로 정하게 되었다.

텍사스주 오스틴에 있는 주 의회 의사당 로비 바닥에 새겨진 미국과 텍사스주 관련 상징 문양들.
중앙의 텍사스공화국(Republic of Texas)이라는 문구는 텍사스가 1845년 미연방의 한 주로 합병
되기 전까지 1836년부터 멕시코로부터 독립한 공화국임을 보여준다.

    일단 독립을 쟁취한 텍사스인들은 하나의 독립된 공화국으로 홀로서
기가 힘들다는 사실을 깨닫고 미국 정부에 합병을 요청했다. 서부로의
팽창을 주장하는 미국 내 팽창주의자들에게는 매우 기쁜 소식이었지
만, 미국 정부로서는 텍사스공화국의 합병 요청이 그리 반가운 일만은
아니었다. 왜냐하면 텍사스는 노예제를 실시하고 있으므로 만약 텍사
스가 미국에 합병된다면 남부에 노예주가 하나 더 늘어나게 되는 셈이
기 때문이었다. 그렇게 되면 북부의 노예제 폐지론자들이 격렬한 반대
를 할 것이 분명했다. 따라서 국내 정치의 불안을 염려한 당시 제임스
포크(James Polk) 대통령은 텍사스인의 요청을 거절했다. 그러나 남부
출신의 노예 소유주이며 팽창주의자로서 훗날 대통령에 취임한 재커리

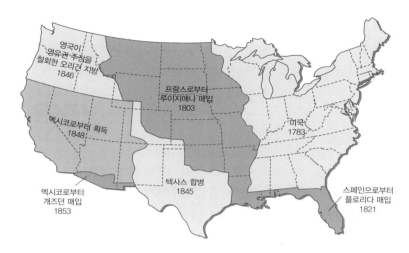

▶ 미국의 영토 팽창(1783~1853)

테일러(Zachary Taylor) 등은 합병을 적극적으로 추진했다. 그 결과 합병안이 연방의회의 상·하 양원 합동 회의에 제출되어 통과됨으로써 텍사스는 1845년 노예주로서 미국 연방의 한 주가 되었다.

멕시코와의 전쟁으로 영토를 넓힌 미국

하지만 텍사스의 미국 합병은 멕시코인의 분노를 샀다. 급기야 양국간의 국교가 단절되자 미국은 멕시코에 특사를 파견해 협상을 하려 했지만, 멕시코 정부는 특사를 만나주지도 않았다. 미국은 이를 구실로 적극적인 팽창주의자 재커리 테일러 장군의 군대로 하여금 멕시코를 공격하도록 했다. 이렇게 해서 미국-멕시코 전쟁이 일어나게 되었다. 그와 동시에 역시 멕시코 영토였던 캘리포니아에서도 미국인들이 독립을 선언하고 공화국을 수립했다. 이렇게 미국은 무력으로 멕시코 영토를 차지한 다음 1848년 멕시코와 과달루페 이달고(Guadalupe Hidalgo) 조약을 맺어 오늘날의 캘리포니아, 네바다, 유타, 애리조나, 뉴멕시코, 콜로라도, 와이오밍에 해당하는 지역을 미국 영토로 확보하게 되었다.

> **역사 메모** 유타 영토는 1847년 이래 주로 몰몬교도가 개척 및 정착하기 시작해 1860년대 준주에서 주로 승격하기 위해 연방에 가입을 요청했으나 당시 몰몬교도들이 일부다처제를 실시한다는 이유로 거부되었다. 결국 유타는 몰몬교도들이 1890년 일부다처제를 폐지한 다음 1896년이 되어서야 미국의 45번째 주로 가입할 수 있었다.

운하 건설과 철도 건설로 일어난 교통혁명

> 미국은 영토가 확장됨에 따라 교통망도 확장시켜야 했다. 이에 따라 운하와 철도를
> 건설하면서 적은 시간과 적은 비용으로 운송이 가능하게 되었다.

영토 팽창에 따른 운송망 확장의 필요성

새로운 영토의 팽창은 드넓은 지역을 한층 빨리 연결시켜줄 교통망을 필요로 했다. 미국은 건국 이후 1800년에서 1830년에 이르는 시기에 유료 도로를 건설해 대서양 연안 지대와 오하이오강 일대의 북서부 지역을 연결했다. 그러나 도로를 통한 운송은 운송 양과 시간 및 비용 면에서 커다란 한계를 지니고 있었다. 이 무렵 발명된 증기선은 승객과 화물을 비교적 빠른 시간에 수송할 수 있었지만, 이 배들이 오갈 수 있는 강은 서부의 미시시피강과 그 지류인 오하이오강 그리고 동부의 허드슨강 정도였다. 서부의 개척과 증기선으로 인해 미시시피강을 따라 피츠버그(Pittsburgh), 신시내티(Cincinnati), 루이빌(Louisville) 등의 도시가 발달했고, 이 강 하구에 있는 뉴올리언스는 거대한 항구도시로 발전했다. 그러나 상공업이 발달하고 인구가 많은 동부의 항구도시에서 배를 이용해 미시시피강을 거슬러 올라가는 일은 대서양을 따라 내려가다 플로리다 남단을 돌아서 가야 하는 머나먼 길이었다.

운하의 시대가 열리다

이러한 불편을 해결하기 위해 건설되기 시작한 것이 운하였다. 가장 먼저 건설된 이리(Erie)운하는 뉴욕항에서 허드슨강을 북쪽으로 거슬러 올라가 올버니(Albany)에서 다시 서쪽으로 모호크강을 따라 이어져 1825년 10월에는 이리호수까지 연결되었다. 그 결과 뉴욕시에서 이리호수의 최하단부에 자리 잡은 버펄로(Buffalo)까지 걸리는 시간은 20일에서 6일로 단축되었고, 화물 수송비도 10분의 1로 크게 줄어들었다. 이러한 이리운하의 장점에 힘입어 오대호 주변에는 버펄로, 디트로이트(Detroit), 클리블랜드(Cleveland), 시카고 등의 대도시가 생겨났다. 이로 인해 이 모든 지역을 연결할 수 있는 대서양 연안의 유일한 항구인 뉴욕항은 오늘날과 같은 국제적 도시로 발돋움할 수 있는 조건을 갖추게 되었다.

이리운하는 북서부 지역의 인구 증가를 가져왔다. 이제 백인 정착민은 이리운하를 통해 서부로의 이주가 한결 용이해졌고, 이곳에 정착한 이주민들이 생산한 농산물 역시 동부 시장으로 훨씬 빠르게 운송되었다. 그와 동시에 동부에서 생산된 공산품도 뉴욕을 통해 이리운하를 따라 서부로 원활하게 운반되었다.

이리운하의 성공은 다른 지역에서도 운하 건설 붐을 일으켰다. 그러나 오하이오강과 오대호를 연결하는 운하를 제외하고는 커다란 성과를 거두지 못했다. 그 밖의 지역에서는 운하가 산악 지대를 지나야 하므로 건설 자체가 도중에 중단되었기 때문이다. 그리고 북쪽 지방에서는 겨울에 운하가 얼어붙기 때문에 운행이 불가능하다는 단점도 있었다. 따라서 좀 더 원활한 운송을 위해서는 다른 수송 수단이 절실했다. 그때 이러한 단점을 보완해줄 새로운 발명품이 있었으니 바로 철도였다.

▶ 운하의 건설

철도의 건설과 더불어 완성된 '교통혁명'

미국 최초의 철도는 1830년 볼티모어-오하이오 회사가 건설한 노선으로 개통 거리는 약 20킬로미터에 불과했다. 그러나 서부로 연결되는 더 나은 교통 체제를 확보하려는 동부 해안 도시의 기업인들은 철도가 지닌 장점을 재빨리 파악했다. 이후 철도 건설이 붐을 이루어 1836년경에는 11개 주에 걸쳐 1600킬로미터 이상의 철로가 놓였으며, 남북전쟁 직전에 이르러 미국 철도의 총 길이는 4만 7000킬로미터에 달했다. 철도 건설에는 막대한 자본이 필요했는데, 이 시기 철도 건설 자금은 대부분 정부 기금으로 충당되었다. 철도 건설을 위해 가장 큰 기여를 한 것은 연방 정부였다. 연방 정부는 철도 회사에 토지를 공여해줌으로써 철도 건설을 촉진했다. 예컨대 1860년 연방의회는 철도 건설을 위해 11개 주에 3000만 에이커가 넘는 면적의 토지를 제공했다. 이로써 미국은 이미 남북전쟁 이전에 '교통혁명'을 이룩해 동부의 상공업지대와 서부의 농업지대를 서로 긴밀하게 연결할 수 있었다.

역사 메모 운하를 통한 하천 운송과 철도는 효율성에서 엄청난 차이를 보였다. 1830년대 뉴욕에서 시카고까지 운하와 오대호를 통한 수로 운송에 대략 3주의 시간이 걸렸다면, 1850년대에 철도 운송은 채 이틀도 걸리지 않았다.

주식회사와 공장제로 일어난 산업혁명

> 산업혁명은 미국의 뉴잉글랜드 지방을 중심으로 일어났는데, 이때 주식회사의 등장,
> 공장제의 도입, 기술혁신 등으로 미국의 산업은 빠르게 성장했다.

산업혁명과 더불어 등장한 주식회사

서부로의 팽창과 교통망의 확대는 북동부 지방의 산업화를 촉진했다. 특히 뉴잉글랜드 지방은 지리적 특성이 농업에는 적합하지 않았기 때문에, 일찍부터 주로 상공업 및 어업에 종사했다. 따라서 뉴잉글랜드 지방을 중심으로 산업 발전과 관련해 근대적 의미의 기업 조직인 주식회사가 등장하면서 산업혁명이 일어나게 되었다.

주식회사가 나타나기 이전의 사업 형태는 주로 개인 사업이나 동업이었다. 그러나 이러한 사업 방식으로는 막대한 자금을 필요로 하는 철도 건설이나 공장을 지을 수 없었다. 하지만 1830년대에 이르러 여러 주에서 한 단체가 간단한 절차를 거쳐 정해진 수수료를 지불하면 특허장을 부여해주는 일반 주식회사법이 제정됨으로써 주식회사의 설립이 쉬워졌고, 거대한 액수의 자본을 모을 수 있게 되면서 한층 더 큰 규모의 제조업과 사업을 벌일 수 있었다.

공장제로의 이행

산업혁명을 이끈 또 하나의 큰 요인은 다름 아닌 공장의 등장이었다. 공장이 등장하기 이전의 생산 방식은 대개 가정이나 개인이 운영하는 소규모 작업장에서 이루어지는 수공업적 형태였다. 그러나 운송망의 확장과 발달은 미국의 여러 지역을 자급자족적인 경제에서 전국적인 시장경제체제로 변화시키고, 이와 더불어 여러 과학기술의 향상이 이루어지자 생산 방식도 기계를 이용한 공장제로 바뀌게 되었다.

영국에서 산업혁명을 선도했던 산업이 방적 및 방직 공업이었듯이 미국에서도 19세기 초부터 뉴잉글랜드에 특히 풍부했던 수력을 이용한 방적 및 방직 공업이 발달했다. 그러나 1830년대부터 기계를 움직일 수 있는 동력을 수력에 의존하지 않아도 되는 증기기관이 널리 보급됨으로써 뉴잉글랜드 지방뿐 아니라 북동부 전역에 수많은 공장이 들어서게 되었고, 생산 품목도 섬유 및 신발 제조 등에서 제철 및 무기 제조 같은 다양한 산업으로 확산되었다. 그 결과 북동부 지역은 남북전쟁 이전까지 미국 전체 공장의 절반을 약간 넘는 공장을 보유하게 되었다. 이 공장들이 전체 제조품의 3분의 2 이상을 생산했으며, 산업 노동자의 3분의 2 이상을 고용했다.

기술혁신과 새로운 발명

미국에서의 산업혁명 역시 기술혁신 없이는 불가능한 일이었다. 미국에서는 19세기 초부터 연방 정부의 주도로 정부 병기 공장이 기계 부품을 제작하는 데 필수적인 새로운 선반이나 만능 절삭기 등을 만들고, 나아가 1850년대에는 정밀 연마기와 같은 공작 기계를 만들어냄으로써 기술혁신을 이룩하는 데 크게 기여했다. 매사추세츠주 스프링필드

(Springfield)와 버지니아주 하퍼스페리(Harpers Ferry)의 연방 병기 공장은 이처럼 다양한 공작 기계를 개발해 기술혁신을 주도했다.

성능 좋은 공작 기계의 개발과 더불어 일찍이 19세기 초부터 일라이 휘트니(Eli Whitney)가 최초로 총기 제작에 도입한 표준화된 부품 교환 방식은 다른 산업 분야에도 적용되어 엄청난 파급 효과를 가져왔다. 부품의 호환성이라는 새로운 발상은 곧바로 시계 공업에 도입되었고, 나아가 기관차 및 증기기관 제작, 농기구 제조 등의 기계 공업에서 일대 혁명을 일으켰다. 이처럼 기계와 부품의 규격이 통일됨에 따라 대량생산이 가능하게 되었고, 그에 따라 생산 원가도 절감할 수 있었다.

미국인들이 철학적 사색가라기보다 창의적 발명가적 기질이 더 뛰어나다는 사실은 이 무렵부터 쏟아져 나오기 시작한 발명 특허 건수에서도 확인할 수 있다. 예컨대 1830년에 544건에 불과했던 발명 특허는 1840년대에는 6460건에 달했고, 이후로도 계속 놀라운 속도로 증가했다. 이 시기의 대표적인 발명품 중 하나는 1846년 일라이어스 하우(Elias Howe)가 개발하고 아이작 싱어(Isaac Singer)가 성능을 향상시켜 이후 기성복 제조에 크게 기여한 재봉틀이었다.

역사 메모 이 시기 농업에서도 기계화가 이루어졌는데, 1831년 사이러스 매코믹(Cyrus Hall McCormick)이 발명한 수확기는 1860년대까지 약 7만 대가 보급되었다. 이 수확기는 중서부 지역에서 생산되는 밀의 3분 2 정도를 손쉽게 거두어들였다.

남부를 '독특한' 사회로 만들었던 노예제

> 백인 농장주들은 노예제를 유지하며 호화로운 저택에 살았지만,
> 흑인 노예들은 소유주의 재산으로 취급되어 힘든 노동과 가혹한 체벌에 시달려야 했다.

농업지대로 발전한 남부에서의 면화 재배와 노예제의 상관관계

북부와 마찬가지로 남부도 19세기 중반에 이르기까지 상당한 성장을 이룩했다. 이 시기 남부 농업의 생산성은 한층 높아졌으며 더욱 번성하게 되었다. 특히 남부는 사탕수수, 쌀, 담배를 비롯해 면화 같은 이른바 환금작물(換金作物)을 재배함으로써 국제무역에서 주요 세력이 되었고, 이를 통해 상당한 부를 모으기도 했다. 이 중 가장 큰 비중을 차지한 것은 물론 면화였다. 하지만 면화 재배는 대서양 연안 지역에서의 재배에 그쳤거나 쇠퇴하고 말았을지도 모른다. 면화 재배가 점차 서쪽의 내륙으로 확대되면서 새로운 지역에서 잘 자라는 면화 종자를 찾기가 힘들었기 때문이다.

그런데 19세기 초에 새로운 품종이 도입되면서 이 문제는 해결되었다. 그러나 이 새 품종은 목화에서 씨를 분리해내기가 무척 힘들다는 단점이 있었다. 수많은 노예들이 이 작업에 매달렸지만 하루 종일 해봐야 얼마 안 되는 양만 분리할 수 있었다. 따라서 남부의 일부 농장주조

일라이 휘트니(1765–825)가 발명한 조면기. 목화에서 씨를 분리해내는 이 기계의 발명은 남부에서 수익성 악화로 인해 쇠퇴할 뻔했던 면화 재배와 노예제가 크게 확산되는 데 기여했다. 워싱턴 국립미국역사박물관 소장.

차도 이대로 가다가는 노예제 자체가 필요 없게 될 터이니 자연히 노예가 해방될 것이라고 전망할 정도였다. 그러나 이 무렵 북부 출신의 일라이 휘트니가 목화에서 씨를 간단하게 분리해내는 조면기(cotton gin)라는 기계를 발명함으로써 이 문제는 쉽게 해결되었다. 더욱이 당시 영국에서는 산업혁명으로 인해 면방직 공업이 활발해짐에 따라 원료인 면화의 수요가 엄청났기 때문에 남부에서 면화 재배 지역이 빠른 속도로 확산되었다.

면화 재배 지역은 이제 사우스캐롤라이나의 서부 지역과 조지아에서 앨라배마, 미시시피, 루이지애나, 텍사스, 아칸소 등으로 이동하게 되었다. 따라서 노예제는 폐지되기는커녕 면화 재배 지역의 확대와 더불어 더욱 확산되고 강화되었다.

면화가 남부 경제에서 얼마나 중요했는지는 남북전쟁 직전 무렵까지

북부	아메리카 연방	남부
• 급속한 사회 변화 • 도시의 급성장 • 산업자본가와 금융자본가의 등장 • 독특한 노동 계층 형성		• 환금작물 재배로 상당한 부 축적 • 노예제에 의존한 대농장 체제 • 귀족적 농장주 계층 • 노예법에 갇힌 흑인 노예들
복합적 근대 사회로의 발전		**노예제 문제가 결국 지역갈등 초래**

▶ 북부와 남부의 사회구조

도 면화가 미국 수출량의 약 3분의 2 정도를 차지했고, 금액으로도 약 2억 달러에 달했다는 사실로 확인할 수 있다. 반면 남부에서는 면화 재배를 위주로 한 농업 이외에 다른 산업은 그다지 발달하지 못했다. 흔히 '상(上)남부'라고 부르는 버지니아, 노스캐롤라이나, 메릴랜드, 켄터키 등지에서 밀가루 제조업, 방직업, 제철업이 발전하기는 했지만, 북부의 산업에 비하면 규모 면에서 보잘것없는 수준이었다.

남부 사회를 지탱해준 노예제와 대농장제

미국 사회에서 남부를 독특하게 만든 것은 자존심 높은 남부인의 생활 방식뿐 아니라 말 그대로 '독특한 제도(peculiar institution)'였던 노예제와 대농장제였다. 당시 사람들에게 '남부' 하면 떠오르는 것은 대농장에서 일하는 노예들의 모습이었다. 그러나 사실 남부 백인 중에서 노예를 소유한 사람은 소수였다. 많건 적건 노예를 소유했던 남부 백인은 4분의 1이 안 되었다. 그나마 상당수의 노예, 적어도 40명에서 50명 이상의 노예와 800에이커 이상의 대농장을 소유한 백인은 극소수에 불과했다. 그런데도 수많은 노예를 거느린 대농장주들이 남부를 대표하는 것처럼 보인 까닭은 그들이 남부 사회의 중심에 서서 남부의 정치, 경제, 사회를 지배했기 때문이다.

흑인 노예들은 어떻게 살았을까?

남부 대농장주들의 호화로운 삶 이면에는 '해 뜰 때부터 해 질 때까지' 그리고 죽을 때까지 강제 노동에 시달려야 하는 흑인 노예들이 있었다. 미국 남부에서 노예는 인간이 아니라 일종의 재산이었다. 그러므로 노예는 사고팔 수 있었으며, 담보로 맡길 수 있었고, 빚을 갚기 위해 줄 수도 있었다. 따라서 노예는 대개 소시장에서 소를 팔고 사듯이 경매시장에서 가장 높은 값을 쳐주는 사람에게 팔리곤 했다.

노예는 재산을 소유하거나 글을 배우는 것도 법적으로 금지되었다. 또한 노예는 법적으로 인격을 전혀 보장받지 못했기 때문에 법정에서 증인으로 나서거나, 법적으로 결혼도 할 수 없었다. 그러나 대부분의 농장주가 노예들을 대개 근처 농장의 다른 노예와 사실상의 혼인을 맺어주었는데, 이는 결혼을 통해 자식이 생겨나면 또 하나의 노예가 늘어나는 것을 의미했기 때문이다. 노예 소유주가 노예의 가정을 아무렇지 않게 생각했다는 사실은 노예 소유주의 형편에 따라 노예 가족을 따로따로 떼어내 각각 다른 사람에게 팔았다는 것으로도 알 수 있다. 노예의 가격은 시기마다 달랐는데, 특히 19세기 초 미국에 노예 수입이 금지되면서 가격이 급등해 60년 만에 5배로 뛰었다. 예컨대 1790년대 노예의 평균 가격은 200달러였지만 1850년대에는 대략 1000달러에서 1500달러 정도에 달했다.

역사 메모 ▶ 제3대 대통령 토머스 제퍼슨 역시 한때 200여 명의 노예를 소유한 농장주로서 흑인 여성 노예인 샐리 헤밍스(Sally Hemings)와의 사이에 자식을 두었다는 설이 오랫동안 전해져왔다. 최근 유전자(DNA) 검사를 통한 과학적 검증 결과 헤밍스의 후손이 제퍼슨과 혈연적으로 밀접한 관계가 있음이 밝혀졌다.

노예주가 될 것인가, 자유주가 될 것인가?

북부인과 남부인은 초기에는 타협을 통해 노예주와 자유주의 균형을 맞추려 했지만 이미 감정적으로 갈라진 노예주와 자유주의 충돌은 캔자스 유혈 사건으로 점점 악화되었다.

소극적이고 점진적이었던 초기의 노예제 반대 운동

노예제의 비참한 실상은 노예제가 없던 인도주의적 성향을 지닌 북부 사람들의 분노를 사기에 충분한 것이었다. 일찍이 19세기 초부터 북부에는 노예제에 반대하는 사람들이 있었지만 그들은 대부분 노예제에 대해 도덕적인 비난을 하는 데 그치거나 아예 흑인을 그들의 고향인 아프리카로 돌려보내자는 운동을 벌이는 정도였다. 이 아프리카 식민 운동(African Colonization Movement)은 노예 주인들에게 보상금을 주고 노예를 사서 해방시킨 다음 아프리카로 보내자는 점진적인 성격의 운동이었다.

노예제의 무조건적이고 즉각적인 폐지를 주장한 개리슨

좀 더 적극적으로 노예제 문제를 해결하고자 한 일부 북부인의 노력은 1830년대 들어 윌리엄 로이드 개리슨(William Lloyd Garrison)이 〈해방자(Liberator)〉라는 신문을 발간해 노예제의 즉각적인 폐지를 주장하면서 시작되었다. 그는 인도주의적 입장에서 미국 〈독립선언서〉에 나타난 평등 사상을 강조하며 노예의 무조건적이고 즉각적인 해방을 주장했다. 나아가 개리슨은 미국노예제반대협회(American Anti-Slavery Society)를 창설해 노예제 폐지 운동을 조직화함으로써 북부인들로 하여금 노예제 폐지를 위해 동참할 것을 호소했다. 이 협회는 전성기에 북부에 400개 이상의 지부를 거느렸고 25만 명 이상의 회원을 보유하기도 했다.

이처럼 북부의 많은 백인이 노예제 폐지 운동에 참여하기도 했지만 누구보다도 노예제의 해악을 잘 알았기에 그것을 폐지해야 한다고 느낀 사람들은 다름 아닌 흑인이었다. 당시 북부에는 약 25만 명의 자유 흑인이 있었다. 그들은 남부의 노예와 달리 북부에서 자유를 누리고 있었지만, 어떤 면에서는 노예보다 더 극심한 가난과 억압 속에서 생활하기도 했다. 그래서 그들은 누구보다도 열렬히 노예제 폐지 운동에 앞장섰는데, 그중에서 가장 유명한 인물은 프레더릭 더글러스(Frederick Douglass)였다. 그는 본래 메릴랜드주 출신의 노예였으나 북부로 탈출해 매사추세츠에서 개리슨과 함께 노예제 폐지를 위해 적극적인 노력을 기울였다.

하지만 이러한 북부 노예제 폐지 운동에 대한 남부인들과 일부 북부 백인의 저항 역시 만만치 않았다. 이들은 노예제 폐지론자에게 폭력을 가해 그들의 운동을 막으려 했다. 예컨대 일리노이주에서는 노예제 폐지론을 주장하는 신문사의 편집장인 일라이자 러브조이(Elijah Lovejoy)가 살해당하기도 했다. 심지어 남부인들은 마치 흉악범을 수배하듯이 개리슨의 목에 현상금을 걸기도 했다.

북부로 탈출하는 데 성공한 도망 노예 출신으로서 흑인 노예제 폐지에 앞장 선 프레더릭 더글러스가 1878년 워싱턴에서 구입한 '시더힐(Cedar Hill)' 저택에 있는 더글러스의 책상. 이곳은 현재 국립역사유적지에서 관리하고 있다.

노예제에 반대하는 정당의 설립

이처럼 북부인과 남부인 사이에 노예제를 둘러싼 감정 대립이 심해지는 가운데 서부 지역에 새로운 영토가 생겨남에 따라 노예제 문제는 정치적 문제로 확대되어 남북 간의 대립으로 발전하기에 이르렀다. 따라서 연방의회 내에서는 남부와 북부 출신 의원들 사이에 새로운 영토에서의 노예제 문제를 놓고 격렬한 논쟁이 오갔다.

남북 대립이 심각해져가는 가운데 미국의 분열을 걱정한 헨리 클레이는 타협안을 내놓았다. 그 안에 따르면 캘리포니아는 자유주로 연방에 가입시키고, 아직 준주 상태에 있는 유타와 뉴멕시코는 노예제 허용 문제를 주민 투표에 맡기며, 수도인 워싱턴에서는 노예제를 폐지하지는 않되 노예 매매를 금지하고, 남부에서 북부로 도망친 노예는 반드시

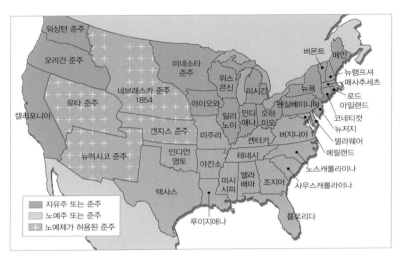

▶ 1854년 캔자스-네브래스카 법 제정 당시의 노예주와 자유주

돌려보낸다는 것이었다. 이 중재안을 기초로 의회에서는 '1850년의 타협'이 이루어졌다. 그러나 이 타협은 문제의 근원을 해결한 것이 아니라 땜질을 한 것에 불과했다.

'캔자스-네브래스카 법'으로 빚어진 유혈 사태

그로부터 4년 뒤 노예제를 둘러싼 또 다른 문제가 남북 간의 대립을 더욱 심각하게 만들었다. 그것은 서부 영토였던 캔자스와 네브래스카가 주로 승격할 수 있는 자격을 갖추어 연방에 가입하게 되었을 때, '캔자스-네브래스카 법(Kansas-Nebraska Act)'이 1854년에 의회를 통과하면서 이 두 주를 자유주로 할 것인가 아니면 노예주로 할 것인가의 문제를 그 주의 주민 투표로 결정하도록 한 데서 발생했다. 왜냐하면 이미 24년 전에 있었던 미주리 타협에 따르면 캔자스와 네브래스카

주는 북위 36도 30분 북쪽에 있기 때문에 노예제를 실시해서는 안 되었다. 하지만 캔자스-네브래스카 법이 통과되자 노예제를 지지하는 사람들과 반대하는 사람들은 주민 투표에서 우위를 차지하기 위해 지지자들을 서둘러 그 지역으로 보냈다. 결과는 노예제 지지자들의 승리로 끝나 캔자스는 노예주가 되었다. 이에 노예제를 극도로 싫어했던 자유토지론자 존 브라운(John Brown)은 추종자들을 이끌고 캔자스로 들어가 5명의 노예제 지지자를 살해했다. 이것이 빌미가 되어 양측에서 격렬한 무력 충돌이 일어나 200여 명의 사람이 죽는 이른바 '유혈의 캔자스' 사건이 발생했다.

이 무렵 정치적으로도 변화가 일어났다. 휘그당이 노예제에 대한 찬반양론으로 분열해 점차 쇠퇴하면서 휘그당원 중에서 노예제에 반대하는 '양심적인 휘그'와 캔자스-네브래스카 법에 반대했던 일부 민주당원이 힘을 합쳐 새로이 공화당(Republican Party)을 만들었던 것이다. 따라서 이후로 민주당은 주로 남부의 노예제 옹호 세력을 지지 기반으로 하고 공화당은 북부의 노예제 반대론자의 압도적 지지를 받게 됨으로써 정당마저도 남북으로 갈리는 형세가 되었다.

역사 메모 ▶ 존 브라운은 1859년에 노예제 폐지를 위한 반란을 도모하기 위해 추종자들을 이끌고 버지니아주의 하퍼스페리에 있는 연방 무기고를 습격했다. 브라운은 결국 체포되어 교수형을 당했으나, 그의 행동과 처형은 남북전쟁 발발 원인 중에서 중요한 요소로 평가받기도 했다.

노예제에 대한 흑인 노예들의 저항 방식

혹독한 노예 생활에 대해 흑인 노예들은 다양한 방식으로 저항했다. 그것은 크게 적극적인 저항과 소극적인 저항 두 가지로 나타났다. 적극적인 저항은 노예들이 반란을 일으키는 것이었다. 따라서 18세기부터 남북전쟁 이전까지 각각 주동자의 이름을 딴 1800년 버지니아에서의 가브리엘 프로서(Gabriel Prosser), 1822년 사우스캐롤라이나 찰스턴에서의 덴마크 베시(Denmark Vesey), 1831년 역시 버지니아주 사우샘프턴 카운티에서의 냇 터너(Nat Turner)의 반란 같은 흑인 노예들의 크고 작은 저항이 250여 차례나 있었다. 그중 가장 규모가 컸던 냇 터너 반란의 경우, 추종자로부터 '예언자'로 불렸던 터너를 중심으로 규합된 70여 명의 흑인 노예들이 인근의 백인 농장주 집을 습격하고 불을 지르며 60여 명의 백인을 닥치는 대로 죽였다. 물론 이 반란은 지역 민병대와 연방 포병 부대에 의해 곧 진압되었고 터너를 포함한 100명 이상의 흑인이 처형되는 결과를 가져왔다. 하지만 이러한 노예 반란은 백인 노예 소유주로 하여금 공포심을 불러일으켰고, 이는 결국 남부 사회에서 흑인 노예에 대한 더욱 철저한 감시와 억압으로 이어졌다.

소극적인 저항의 방식은 대개 감독관의 감시가 소홀할 때 일을 하는 척하며 딴전을 피우거나 아예 북부로 도망을 치는 것이었다. 하지만 도망을 치는 일은 농장 주변 지역 이외에는 지리를 잘 모르는 노예들에게 그리 쉬운 일이 아니었다. 더욱이 통행증이 없는 노예들은 길거리를 다닐 수 없었기 때문에 추적자들에 의해 금방 다시 잡혀오기 마련이었다. 그런데도 일부 노예들이 도망에 성공할 수 있었던 것은 '지하 철도(Underground Railroad)'라고 부르는 비밀 지하 조직망이 있었기 때문이다. '지하 철도'는 노예제에 반대하거나 싫어하는 백인과 도망 노예 출신 흑인이 노예의 탈출을 도와 밤에 숲속에서 길을 안내하거나 숙소와 음식을 제공해주는 조직이었다. 이 '지하 철도' 조직을 이용해 1810년에서 1850년에 이르는 기간 동안 공식적인 통계로는 약 6000명이, 비공식적 통계로는 약 3만 명에서 10만 명에 달하는 노예가 주로 북부의 자유주나 멀리 캐나다까지, 다른 통로로는 멕시코나 해외로 탈출할 수 있었다. 본인이 도망 노예 출신이었던 해리엇 터브먼(Harriet Tubman)은 남부에 13차례나 잠입해 70명 이상의 흑인 노예를 '지하 철도' 조직을 통해 캐나다로 탈출시키기도 했다.

5장

남북전쟁과 재건 시대

남부, '링컨이 대통령? 그럼 갈라서!'

공화당 출신의 링컨이 대통령에 당선되자 남부는 연방에서 탈퇴하고
새로운 연합국가를 만들었다. 이렇게 충돌이 잦아지면서
결국 남부와 북부는 내전에 돌입하게 되었다.

최초의 공화당 출신 대통령이 된 에이브러햄 링컨

노예제를 둘러싼 위기가 남북을 분열의 분위기로 몰아가고 있을 때, 불에 기름을 부은 것은 1860년의 대통령 선거였다. 노예제 문제는 이미 휘그당을 분열시켜 쇠퇴하게 만든 데 이어 민주당마저도 남북으로 완전히 갈라져 각각 다른 대통령 후보를 내세우게 만들었다. 공화당은 열렬한 노예제 폐지론자인 윌리엄 시워드(William Seward)를 후보로 내세울 경우 남부의 지지를 받기 힘들 것을 우려해 비교적 온건한 인물이었던 에이브러햄 링컨(Abraham Lincoln)을 대통령 후보로 지명했다.

링컨은 노예제가 도덕적으로 잘못됐다고 생각했지만 노예제 폐지론자는 아니었다. 그는 다만 노예제로 인해 연방이 분열될지도 모른다는 것을 걱정했고, 만약 그렇게 된다면 무력을 써서라도 분열을 막아야 한다는 단호한 입장을 보였을 뿐이다.

일리노이주 스프링필드에 있는 링컨 대통령의 집. 링컨은 1844년부터 대통령이 되기 직전인 1861년까지 이 집에서 살았다. 또한 이곳은 링컨이 생전에 소유한 유일한 집이기도 했다.

남부 연합의 수립으로 미합중국이 두 개의 연합국가로 갈라지다

결국 링컨의 당선을 지켜본 남부인들은 드디어 올 것이 오고야 말았다는 생각을 하게 되었다. 남부인들은 북부인들이 똘똘 뭉쳐 90퍼센트가 넘는 지지율로 공화당 출신의 링컨을 대통령으로 당선시키는 것을 보면서 자신들이 연방 내에서 소수파로 떨어져 세력을 잃어버리기 전에 굳은 의지를 보여주어야 한다고 생각했다.

그 방법은 연방으로부터 떨어져 나와 자신들만의 새로운 연합국가를 만드는 것이었다. 그리하여 1860년 12월 사우스캐롤라이나주를 시작으로 미시시피, 플로리다, 앨라배마, 조지아, 루이지애나, 텍사스의 7개 주가 연방에서 탈퇴했다. 이들 주의 대표들은 앨라배마주의 몽고메리(Montgomery)에 모여 새로운 국가인 남부 연합(Confederate States

▶ 북부 연방과 남부 연합

of America)을 선포하고 대통령으로 미시시피 출신의 제퍼슨 데이비스 (Jefferson Davis)를 선출했다. 이로써 이제 미국 내에는 두 개의 연합국 가가 존재하게 되었다.

남부 연합 정부는 남부 지역에 있는 연방 정부의 무기고, 요새, 정부 기관을 차지하기 시작했다. 그러나 사우스캐롤라이나주의 찰스턴 항구 인근에 있는 섬터 요새(Fort Sumter)의 소규모 연방 군대는 항복을 거부 하고 버텼다. 이에 대해 남부 연합군은 1861년 4월 12일 섬터 요새에 포격을 가했고, 이로써 미국 역사상 가장 피비린내 나는 전쟁이자 내전 으로 기록된 '남북전쟁(Civil War)'이 시작되었다.

북부와 남부의 인적·물적 자원 비교
전쟁이 일어나자 남부 지역에서는 버지니아, 아칸소, 테네시, 노스캐롤라이나주가 추가로 남부 연합에 가입했다. 그리고 수도도 몽고메리에서 버지니아의 리치먼드(Richmond)로 옮겼다. 따라서 이제 남북전쟁의 당사자는 연방에서 떨어져 나간 남부의 11개 주와 북부의 나머지 주가 되었다. 한편 노예주이면서 지역적으로 남부에 속했던 메릴랜드, 델라웨어, 켄터키, 미주리의 4개 주는 그대로 연방에 남아 있었다.

남북전쟁은 처음부터 물질적인 자원 면에서 북부가 훨씬 우세한 가운데 시작되었다. 북부는 남부보다 인구수가 2배 이상 많았고 남부의 노예를 제외하고 비교하면 4배 이상 많았다. 뿐만 아니라 북부는 남부보다 자본 면에서 4배, 제조 업체 수에서 6.5배, 산업 노동자 수에서 12배, 공업 생산력에서 11배, 철도망의 길이에서 2배였다.

특히 철도망에서 북부는 잘 통합된 선로 체계를 갖추고 있었기 때문에 남부에 비해 훨씬 원활한 물자 수송이 가능했다. 따라서 전쟁을 치르는 데 가장 기본적인 요소 중 하나인 인적, 물적 자원에서 북부는 이미 승리를 거두었다고도 할 수 있다.

그러나 전쟁의 승패는 물자와 인적 자원만으로 결정되는 것은 아니다. 남부 연합에는 군사적인 측면에서 우수한 장교단과 자기 고향을 지키려는 굳은 의지로 무장한 병사들이 있었다. 또한 남부는 대부분 전쟁 내내 자기 영토 내에서 방어전을 치렀기 때문에 지리에 익숙했고 지역 주민의 지원을 받는다는 이점을 지니고 있었다. 이와 반대로 북부는 전쟁에 대한 여론이 분열되어 있었던 데다 전쟁에 대한 지원도 불안정한 편이었다. 더욱이 남부는 영국과 프랑스의 직물 산업이 남부의 면화에 의존하고 있었기 때문에 외교적으로 이러한 나라들이 남부를 지원해줄 것이라고 기대했던 반면 북부는 국제적으로 홀로 전쟁에 임해야 했다.

남북 간의 피 튀기는 대결

북부 연방과 남부 연합의 대통령들은 각기 장군들을 임명해 전쟁을 시작했다.
초기에는 남부가 우세했으나 결국 북부가 승리하면서 남부 연합은 항복하고 말았다.

전쟁 초기 남군이 우세했던 동부 전선

전쟁이 시작되자 양군은 북부 연방과 남부 연합의 수도가 각각 위치해 있는 워싱턴과 리치먼드 사이의 지역을 가장 중요한 전략적 요충지로 여기고 주력군을 배치해 치열한 공방전을 벌였다. 먼저 남부 연합의 수도를 향해 대대적인 공격을 감행한 쪽은 북군이었다. 그러나 북군은 준비가 덜 된 상태에서 공격을 한 까닭에 제1차 불런(Bull Run) 전투라고 부르는 마나사스(Manassas) 전투에서 패배했다.

이 전투 이후 링컨 대통령은 동부 전선 포토맥군 사령관에 젊고 탁월한 전략가로 평가를 받고 있던 조지 매클렐런(George McClellan)을 임명해 마나사스 전투의 패배를 만회하려고 했다. 그러나 자존심 강하고 거만한 매클렐런은 주력 부대를 이끌고 남부 연합의 수도인 리치먼드를 공격할 계획을 세우고 버지니아 해안에 상륙했으나 링컨이 수도 워싱턴의 안전을 우려해 추가 병력을 보내주지 않자 진격을 멈추는 바람에 두 사람 사이가 나빠지게 되었다.

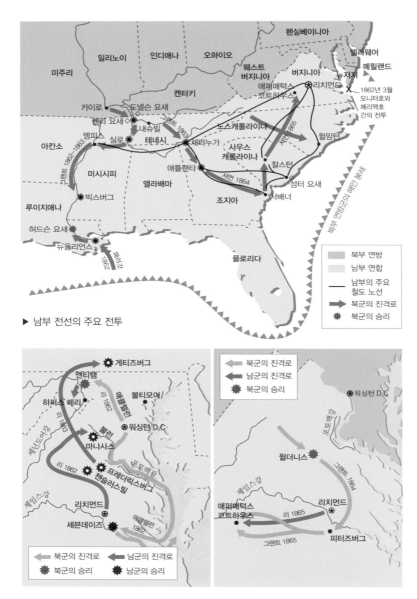

▶ 남부 전선의 주요 전투

▶ 동부 전선(좌), 리치먼드 함락(우)

그사이 남군은 새로이 로버트 리(Robert E. Lee) 장군을 북버지니아
군 사령관으로 임명해 북군에 대항하도록 했다. 리 장군은 전쟁이 일
어나기 직전 링컨 대통령이 북군의 사령관으로 임명하려 했지만 자신
의 고향이 버지니아이기 때문에 고향을 위해 싸울 수밖에 없다며 남부
로 내려간 탁월한 지략가이자 용맹스러운 장군이었다. 리 장군은 제2차
불런 전투를 주도하며 선제공격을 해온 또 다른 북부의 장군 존 포프
(John Pope)의 군대를 물리쳤다. 그러자 링컨은 포프의 지휘권을 빼앗
아 그 지역의 모든 북군에 대한 지휘를 다시 매클렐런에게 맡겼다.

리 장군은 다시 공격에 나서 앤티텀(Antietam)에서 북군과 남북전쟁
중 가장 피비린내 나는 전투를 치렀다. 이 전투에서 양측 모두 6000명
이상의 전사자와 1만 7000명 이상의 부상자가 발생했다. 이 전투에서
북군이 승리하기는 했지만 만약 북군의 매클렐런 장군이 남군에 대해
한 번만 더 공격을 가했더라면 남부 연합군을 완전히 패배시킬 수 있었
을 기회를 놓치고 말았다. 결국 이러한 실수로 링컨은 매클렐런을 영원
히 해임시킬 수밖에 없었다.

리 장군은 이어서 프레더릭스버그(Fredericksburg)와 챈슬러스빌
(Chancellorsville)에서 과감한 전투를 벌여 북군을 물리쳤다. 하지만 북군
을 완전히 패배시킬 정도의 만족할 만한 승리를 거둔 것은 아니었다. 또
이 전투에서 남군 최고의 장군 중 하나이자 '돌벽(Stonewall)'이라는 별명
을 갖고 있던 토머스 잭슨(Thomas Jackson) 장군이 부상을 당하기도 했다.

서부 전선에서 승승장구한 북군
이처럼 북군이 동부 전선에서 리 장군에게 패배를 당하는 동안 서
부 전선에서는 북군이 승승장구하고 있었다. 서부 지역의 북군을 이

조지아주 애틀랜타 인근에 있는 스톤마운틴의 암벽에 새겨진 남부 연합의 대통령 제퍼슨 데이비스와 두 명의 장군인 로버트 리와 토머스 '스톤월' 잭슨의 기마 부조상.

끌고 있던 율리시스 그랜트(Ulysses S. Grant) 장군은 미시시피강에 있는 남군의 주요 요새 빅스버그(Vicksburg)를 공격해 항복을 받아냈다. 그와 동시에 남군의 강력한 요새였던 루이지애나의 허드슨 요새(Fort Hudson)도 남쪽 뉴올리언스에서 올라온 북군에 항복했다. 따라서 북군은 미시시피강을 완전히 지배하게 되었고, 이는 남북전쟁에서 중요한 전환점을 이루게 된다. 왜냐하면 미시시피강을 경계로 서쪽에 있는 남부 연합의 미주리, 아칸소, 루이지애나, 텍사스주가 강 동쪽의 남부 연합 주들과 분리됨으로써 남군에 공급할 인력과 물자가 크게 줄어들었기 때문이다.

남북전쟁의 분수령이 된 게티즈버그 전투

서부 전선에서 빅스버그가 북군에 포위당해 있는 동안 동부 전선의 리 장군은 펜실베이니아를 공격할 계획을 세웠다. 그러면 서부 전선의 북군이 동북쪽으로 이동해 미시시피강 하류 쪽의 숨통이 트일 것이라는 계산에서였다. 그런 이유로 리 장군은 셰년도어(Shenandoah) 계곡에서 메릴랜드를 거쳐 펜실베이니아로 진군했다. 조지 미드(George Mead)가 이끄는 북군도 남군의 이동과 평행을 이루며 북쪽으로 이동해 결국 게티즈버그(Gettysburg)에서 맞붙었다. 게티즈버그 전투는 3일 동안 치러졌고, 북군의 승리로 끝났다. 이 전투가 갖는 의미는 이후 약화된 북버지니아군이 다시는 북부를 위협하지 못하고 단지 방어적인 입장에 처하게 되었다는 사실이다. 전쟁이 끝난 후 게티즈버그에는 국립묘지가 세워졌고, 이 전투에서 사망한 북군과 남군의 전사자를 기리기 위해 링컨 대통령이 추모 연설을 하기도 했다. 그것이 바로 "국민의, 국민을 위한, 국민에 의한 정부"라는 말로 유명한 게티즈버그 연설이다.

남부를 초토화시킨 셔먼 장군의 '바다로의 진군'

얼마 뒤 켄터키 쪽의 북군은 테네시로 진격해 애팔래치아산맥 서쪽의 교통 중심지인 채터누가(Chattanooga)를 점령했다. 그리고 북군의 서부 지역 지휘관 윌리엄 셔먼(William Tecumseh Sherman) 장군은 조지아주로 들어가 애틀랜타를 점령한 다음 유명한 '바다로의 진군(March to the Sea)'을 시작했다. 그것은 조지아주 내륙에 있는 애틀랜타에서 대서양 연안에 있는 서배너(Savannah)로 진군하면서 북군이 지나가는 폭 6.5킬로미터 이내에 있는 모든 마을과 농장을 불태우며 황폐화시키는 작전이었다. 그럼으로써 셔먼은 남부인의 전쟁 의지를 꺾어버리고자 했던 것이다.

남부 연합의 항복

이제 전쟁은 막바지에 다다랐고, 북군 전체를 지휘하는 사령관이 된 그랜트 장군은 리 장군과 최후의 결전을 준비했다. 그랜트는 남부 연합의 수도인 리치먼드를 직접 공략하기보다는 근처에 있는 철도 중심지 피터즈버그(Petersburg)를 공격했다. 그러나 리 장군도 병력을 보충해 피터즈버그를 사수하고자 했기 때문에 북군은 9개월에 걸쳐 포위 공격을 해야 했다. 결국 수많은 사상자와 탈주병으로 인해 전력이 약화된 리 장군은 피터즈버그와 리치먼드를 포기하고 남쪽으로 후퇴했다. 그러나 북군이 자신과 그의 부대를 추격하고 있다는 것을 알게 된 리 장군은 1865년 4월 9일 버지니아의 애퍼매턱스 코트하우스(Appomattox Courthouse)라는 작은 마을에 있는 한 농가에서 북군의 그랜트 장군에게 항복했다. 남군의 항복 소식을 들은 데이비스 대통령을 비롯한 남부 연합의 지도자들은 텍사스로 도망치려 했으나 조지아에서 북군에 체포됨으로써 남부 연합은 완전히 무너지고 말았다. 이로써 미국 역사상 미국이 치른 모든 전쟁의 사망자를 합친 것보다 많은 약 61만 명의 사망자를 낸 남북전쟁은 북부의 승리로 끝을 맺었다.

> **역사 메모** ▶ 링컨 대통령은 1863년 1월 1일을 기해 남부 지역의 모든 노예를 해방시킨다는 '노예해방령(Emancipation Proclamation)'을 선포해 노예해방의 아버지로 추앙받았다. 그러나 링컨의 노예해방은 인도주의적 차원의 노예제 폐지론에 입각한 것이 아니라 당시 중립을 지키고 있던 영국을 북부 연방 쪽으로 기울게 하려는 외교적 목적과 노예제에 기반을 둔 남부의 경제적 토대를 무너뜨리려는 전략적 목적에 따른 것이었다.

전후 재건 문제와 그에 따른 계획

> 전쟁 후 초토화된 남부와 이름뿐인 자유만 얻은 흑인 노예들을 보고
> 대통령은 재건을 계획했으나 결국 암살을 당하고 말았다.
> 그 후 앤드루 존슨 대통령이 재건 계획을 실행해나갔다.

황폐화된 남부와 이름뿐인 자유만 얻은 흑인들

남북전쟁은 결국 북부의 승리로 끝났지만 남북 간에 피비린내 나는 전쟁을 4년 동안이나 치렀기 때문에 이를 다시 하나로 합치는 일은 그리 쉬운 일이 아니었다. 산산조각 난 나라를 재결합하기 위해 애쓴 재건 시대(Reconstruction Era)만큼 미국 역사에서 힘들었던 시기도 없다.

남북전쟁 이후 남부는 황폐화되었다. 도시와 농장은 북군에 의해 불에 타거나 약탈당했으며 다리와 철도 같은 시설은 파괴되었다. 뿐만 아니라 이 전쟁에서 약 25만 명이 넘는 남부 연합 병사들이 죽었기 때문에 남부의 많은 가정은 성인 남자 없이 생활을 꾸려나가야 했다. 더욱이 전쟁 기간 중에 있었던 1863년의 노예해방선언과 1865년의 수정헌법 제13조로 노예제가 폐지됨으로써 많은 남부인은 그들의 재산인 노예를 빼앗기고 말았다.

그러나 노예 상태에서 해방된 흑인이라고 해서 사정이 다르지는 않았다. 해방 노예들은 노예제의 굴레에서 벗어난 것을 기뻐했지만, 그들

에게 주어진 것은 그야말로 허울 좋은 추상적인 자유였을 뿐이다. 많은 백인 농장주들은 여러 가지 방법을 동원해 흑인들을 합법적인 농장 노동자로 묶어둠으로써 변형된 형태의 노예제를 지속시키고자 했다. 해방된 노예들은 그들이 평생 동안 강제로 노동을 해온 대가로 한 줌의 땅도 한 푼의 돈도 받지 못한 채 다만 이름뿐인 자유만 얻었다.

링컨 대통령의 관대한 재건 계획

링컨 대통령은 전쟁이 끝나기 이전부터 반란을 일으킨 남부 여러 주들을 어떻게 연방에 복귀시킬 것인가를 생각한 끝에 '10퍼센트 계획'이라는 재건 정책을 내놓았다. 그것은 남부 연합의 주요 지도자들을 제외하고 1860년 선거 당시 총유권자의 10퍼센트가 연방에 충성을 서약한다면 그들로 하여금 새로운 주 정부를 세울 수 있게 하겠다는 관대한 재건 정책이었다. 이에 따라 테네시, 루이지애나, 아칸소 3개 주에서 새로운 주 정부가 세워졌다. 그러나 이 정책은 공화당을 온건파와 급진파로 갈라놓는 결과를 가져왔다. 급진파는 링컨의 재건안이 너무 관대하다고 반대하면서 남부 연합 지도자에 대한 강력한 처벌을 요구하는 법안을 의회에서 통과시키기도 했다. 하지만 이 법안은 링컨 대통령이 거부권을 행사하는 바람에 무산되었다.

링컨 대통령은 남북전쟁이 끝난 지 6일째 되던 날 그리고 2차 임기에 취임한 지 42일째 되던 날 워싱턴에 있

링컨 대통령의 무덤에 세워져 있는 링컨의 동상.

는 포드 극장에서 연극을 보던 중 남부 연합의 열렬한 지지자인 배우 존 윌크스 부스(John Wilkes Booth)의 총에 머리를 맞고 사망했다. 따라서 재건 정책은 당시 부통령으로서 대통령직을 이어받게 된 앤드루 존슨(Andrew Johnson)의 손으로 넘어가게 되었다.

링컨의 재건 계획을 거의 그대로 계승한 앤드루 존슨 대통령

존슨 대통령의 재건 정책은 대부분 링컨의 계획을 그대로 따른 것이었고 오히려 한층 더 관대하기까지 했다. 그는 남부 출신으로 가난한 가정에서 태어나 자신의 힘으로 정치적 성공을 거둔 인물이었다. 부인으로부터 글을 배울 때까지 문맹이었으며 성격이 과격하고 요령이 없는 사람이라는 평을 들었다. 존슨은 연방에 충성하는 대부분의 남부인에 대해 남부 연합에 가담한 주요 인물을 제외하고는 모두 사면한다는 포고령을 내렸다. 그리고 남부에 임시 군사 정부를 세우고 임명된 임시 주지사 주도로 새로운 주 헌법을 제정할 회의를 열기 위한 선거를 치르도록 했다. 그러나 이 선거에는 해방된 흑인들이 참여할 수 없었다. 반면 앞서 사면에서 제외되었던 남부 연합의 주요 인물들이 차례로 사면을 받게 되었다. 이처럼 관대한 조치에 대부분의 남부 주들이 호응하여 새로운 주 헌법을 제정하고 선거를 치르게 되었다. 이에 대해 존슨 대통령은 남부에 새롭게 세워진 주 정부를 지지하기로 결정하고 재건이 완성되었다고 선언했다.

흑인의 시민권을 인정한 수정헌법 제14조

그러나 이것으로 재건이 끝난 것은 아니었다. 많은 북부인들은 과거 남부 연합의 주요 인물들이 아무런 불이익도 없이 연방 의원직을 회복한 것과 해방된 흑인들에게 선거권이 주어지지 않은 것에 불만을 표시했다. 더욱이 대부분의 남부 주들이 흑인단속법(Black Codes)을 제정하자 북부 공화당 급진파 의원들의 분노는 극에 달했다. 흑인단속법에 따르면 흑인들은 신분증을 가지고 다녀야 하며, 통행금지를 지켜야 하고, 심지어는 직업 선택에도 제한을 받았다. 북부인들의 눈에는 흑인단속법이야말로 흑인들을 이전의 노예 상태로 되돌아가게 하는 것과 마찬가지로 보였던 것이다. 따라서 공화당이 주도하는 연방의회는 존슨 대통령의 재건 정책을 견제하기 위해 수정헌법 제14조를 통과시켰다.

수정헌법 제14조는 흑인의 시민권을 인정하고 어떠한 주도 시민의 권리를 빼앗을 수 없도록 했다. 그러나 이 수정헌법에서는 흑인에게 투표권을 준다는 내용을 분명하게 밝히지 않고 남부 주들이 선택할 수 있도록 했다. 일테면 남부 주들이 흑인에게 투표권을 주지 않는 대신 연방의회에서의 의석수를 줄이든가 투표권을 주어서 의석수를 늘릴 것인가를 남부 주들이 알아서 선택하도록 한 것이다. 이와 더불어 수정헌법 제14조는 남부 연합에 협력했던 주요 인물들이 다시 연방 정부의 높은 자리에 오르지 못하도록 했다. 이에 대해 존슨 대통령과 남부 주들은 수정헌법 제14조를 거부했다.

역사 메모 재건 시대 때 남부에서 실권을 장악한 사람들은 이른바 '떴다꾼(carpetbagger)'과 스캘러왜그(scalawag)였다. '떴다꾼'은 말 그대로 싸구려 가방 하나만 달랑 들고 전후 북부에서 남부로 내려와 공화당과 주둔 중인 북군을 배경으로 이권을 챙겨 한몫 잡으려는 사람들이었고, 스캘러왜그는 남부 백인으로 역시 공화당과 군대를 등에 업고 이득을 얻고자 한 일종의 부역자였다.

탄핵을 면한 앤드루 존슨과 남부의 부활

앤드루 존슨은 의회와 대립하며 탄핵당할 뻔한 사건을 겪었다.
그리고 흑인들은 노예 시절과 다름없는 생활을 했으며
남부 백인들은 재건의 종식과 더불어 남북전쟁 이전 상태를 회복했다.

미국 대통령 중에서 처음으로 탄핵당할 뻔했던 앤드루 존슨

공화당 급진파 의원들이 주도한 연방의회는 이러한 사태에 분노를 느끼고 의회가 직접 행동을 취하기로 결정했다. 그 결과 1867년 군정 재건법을 제정해 남부에 군정을 실시하기로 했다. 따라서 남부는 5개의 관구로 나누어지고 각 관구에는 군정 지사가 임명되었다. 또한 주 제헌 회의와 주 정부 선거에서 흑인들에게 투표권을 보장함과 동시에 남부 연합의 지도자들은 투표를 하지 못하도록 했다. 나아가 남부 주들은 수정헌법 제14조를 비준해야만 연방에 가입할 수 있도록 했다.

또한 의회는 대통령의 권한을 축소하기 위해 관직보유법과 군령법(軍令法)을 제정했다. 관직보유법은 관리를 면직시킬 경우 상원의 감독을 받도록 하는 것이었고, 군령법은 대통령이 군사명령을 내릴 경우, 앞서 상원의 동의를 받아 임명된 군사령관을 꼭 거치도록 하는 것이었다. 그러나 존슨 대통령은 관직보유법에 도전해 국방장관을 해임했고, 이에 의회는 대통령이 법을 어겼다는 이유로 탄핵안을 제출했다. 존슨에게는 다행스럽게도, 탄핵안은 의회에서 단 한 표 차이로 통과되지 못했다. 그러나 존슨 대통령은 미국 역사상 처음으로 탄핵당할 위기에 처한 대통령으로 남는 불명예를 안게 되었다.

공화당 급진파가 주도한 급진적 재건 계획

존슨의 뒤를 이어 남북전쟁의 영웅이자 공화당 후보였던 율리시스 그랜트 장군이 대통령에 취임했다. 그랜트 행정부에서도 연방의회가 재건을 주도해 공화당 급진파는 수정헌법 제15조를 통과시키는 데 성공했다. 이 수정헌법 제15조는 "미국 시민의 투표권은 인종, 피부색 또는 과거의 예속 상태로 인해 미국이나 주에 의해 거부되거나 제한되지 아니한다."라고 밝힘으로써 흑인에게 투표권을 확실히 보장해주었다. 이로써 흑인들은 겉보기에 완전한 자유를 찾은 듯 보였다. 그러나 완전한 자유의 길은 결코 쉬운 것이 아니었다.

해방된 흑인에게는 처음부터 그들이 노예 시절에 했던 노동에 대한 아무런 보상도 주어지지 않았다. 공화당 급진파가 해방 노예의 경제적 자립을 위해 이전 농장주들의 토지를 나누어 해방된 흑인들에게 '40에이커의 땅과 한 필의 노새'를 주려는 정책을 계획했지만 이것마저도 이루어지지 못했던 것이다. 흑인은 가능하면 독립된 생활을 하기 위해 농사지을 땅을 갖기를 원했지만 그들에게는 땅을 살 돈이 없었다. 백인들로부터 땅을 빌려 농사를 지으려 해도 백인 농장주들은 흑인에게 땅을 빌려주지 않았다. 결국 흑인들은 대부분 백인 농장주의 소작농이 되어 복잡한 계약 조건 아래 이전의 노예 상태와 다를 바 없는 생활을 하게 되었다.

흑인들에게 무자비한 테러를 가한 백인우월주의 조직 KKK단

이처럼 경제적으로도 매우 빈곤한 생활을 해야 했던 흑인들을 더욱 힘들게 만든 것은 백인우월주의를 믿는 일부 남부 백인들이었다. 특히 흑인들을 두려움에 떨게 만든 것은 가장 악명 높은 백인우월주의 비밀 조직인 큐 클럭스 클랜(Ku Klux Klan, KKK단)이었다. 이들은 하얀색 두 건과 단복을 입고 자기들 마음에 들지 않는 흑인을 무자비하게 폭행하 거나 살해했으며 흑인들의 집과 건물에 불을 지르기도 했다. 이들은 흑 인뿐 아니라 흑인에게 도움을 주거나 우호적인 백인 공화당원들에게까 지 테러를 가했다. 1870년대 초에 연방 정부가 테러 행위를 금지하는 법 을 제정함으로써 백인우월주의 비밀 조직의 폭력 행위가 수그러들기는 했지만 이후에도 흑인에 대한 테러가 완전히 없어진 것은 아니었다.

악명 높은 백인우월주의 비밀 조직인 KKK단은 흑인들을 두려움에 떨게 만들었다.

남북전쟁 이전의 상태를 회복한 남부

이처럼 의회가 주도하는 재건 정책도 흑인에게 별다른 경제적 혜택을 주지 못하고 남부 백인들에게는 불만스러운 것으로 비쳐지는 가운데, 당시 정국을 주도하던 공화당마저 분열함으로써 재건은 종말을 향해 치닫게 되었다. 1872년의 대통령 선거에서 공화당 급진파의 가혹한 재건 정책과 그랜트 행정부의 부정부패에 불만을 느낀 일부 공화당원들은 공화당 자유파를 결성하고 민주당과 연합해 독자적으로 후보를 내세웠다. 비록 이 선거에서 그랜트가 다시 대통령에 당선되기는 했지만 이러한 공화당의 분열은 이미 재건에 대한 여론이 바뀌고 있음을 보여주었다. 더욱이 그랜트 대통령은 대사면령(大赦免令)을 내려 과거 남부 연합의 지도자 대부분이 다시 정계에 진출하는 길을 열어주었다. 그 결과 남부에서는 사우스캐롤라이나, 루이지애나, 플로리다를 제외한 남부 주들이 다시 민주당 손에 들어감으로써 정치적으로 남북전쟁 이전의 상태를 '회복'했다.

남부의 부활을 가져다준 '1877년의 타협'

이러한 가운데 '1877년의 타협'이 이루어져 재건 시대는 완전히 막을 내리게 되었다. 1876년에 치른 대통령 선거에서 민주당의 새뮤얼 틸든(Samuel Tilden) 후보가 일반투표에서 공화당의 러더퍼드 헤이즈(Rutherford Hayes) 후보에게 25만 표를 앞질렀으나 선거인단 표에서는 단 한 표가 부족해 대통령 당선에 필요한 선거인단 표의 과반수를 얻지 못했다. 이 경우에는 연방의회 하원에서 대통령을 결정해야 하지만 민주당과 공화당 모두 이 선거가 부정선거라고 주장했기 때문에, 의회에서는 특별선거위원회를 만들어 공화당 후보인 헤이즈의 당선을 선언했다. 그러나 이러한 결정에 도달하기까지 남부 민주당과 공화당 사이에 타협이 필요했다. 남부 민주당은 헤이즈의 대통령 당선을 인정하는 대신 공화당으로부터 남부의 철도 건설과 내륙 개발에 연방 정부의 자금 지원을 약속받았던 것이다. 또한 헤이즈는 대통령에 당선되자 그때까지 루이지애나, 플로리다, 사우스캐롤라이나의 남부 3개 주에 남아 있던 연방군을 철수시킴으로써 남부인들의 지원에 보답했다. 이로써 '1877년의 타협'을 통해 연방 재건 문제는 끝을 맺게 되었다.

> **역사 메모** KKK단은 본래 1865년 12월 테네시주 풀라스키(Pulaski)에서 6명의 중산층 퇴역 남부 연합 군인의 사교클럽으로 시작했으나, 이내 테러 조직으로 발전했다. KKK단의 명칭은 그리스어로 동아리를 뜻하는 '키클로스(kyklos)'와 '친족(clan)'을 결합한 것이다.

흑백 차별을 인정하는 법이라고?

> 신남부 시대를 맞아 흑인은 더욱더 차별을 당하게 되었다.
> 심지어 흑백 차별을 인정하는 '짐 크로 법'이 생겨났다.

다시 강력한 소수 보수주의 세력의 수중에 들어간 신남부

'1877년의 타협'으로 남부에 남아 있던 마지막 연방군이 철수한 뒤 남부의 정치 권력을 잡게 된 세력은 백인 민주당과 새로이 등장한 상업 및 산업 자본가였다. 이들은 공화당이 지배하는 재건 정부를 무너뜨리고 남부를 또다시 강력하고 보수적인 소수 세력의 지배에 놓이게 했다. 따라서 이들은 '보수파' 또는 '왕당파(Bourbons)'로 일컬어졌다. 이들 보수주의 세력은 남부의 경제가 근대화된 북부의 산업보다 훨씬 뒤처졌기 때문에 전쟁에서 패했다고 생각하고, 이제는 남부가 북부를 뛰어넘어 새로운 남부, 즉 '신남부(New South)'를 건설해야 한다고 믿었다.

부분적으로 이들의 노력으로 인해 남부 산업은 재건 이후 상당히 성장할 수 있었다. 특히 두드러지게 발전한 산업 분야는 방직업, 담배 제조업, 제철업과 철도 건설이었다. 예를 들면 방직업의 경우 19세기의 마지막 20년간 9배의 성장을 이룩했으며, 철도의 길이도 2배 이상 증가했다. 특히 철도 건설에서 남부는 북부의 기준에 맞게 철도 궤도의 폭

노예제 폐지	남부의 진보	공화당 급진파의 가혹한 재건 정책
진정한 평등 보장에는 미약	북부의 온건주의 바탕 흑인의 시민권 인정	부정부패, 흑인에 대한 테러

신남부 형성	1877년의 타협	자유파 결성, 민주당과 연합
짐 크로 법: 흑백 차별 인정	공화당 승리, 연방군 철수	남부 백인들 선거권 회복

▶ 남부 재건 정책

을 바꿈으로써 수송을 더욱 원활하게 하는 중요한 변화를 이룩하기도 했다.

그러나 전체적으로 볼 때 남부의 산업화는 이 기간 중에 이루어진 북부의 산업화에 비하면 상당히 제한적인 것이었다. 19세기 말까지도 미국의 제조업에서 남부가 차지하는 비중은 10퍼센트에 지나지 않았다. 더욱이 커다란 발전이 있었던 방직, 제철, 철도 산업의 경우도 대부분 북부가 자본을 대주었기 때문에 가능했다. 따라서 남부를 산업적으로 다양한 사회로 만들려는 이들의 노력에도 불구하고 '신남부'는 여전히 농업 사회로 머물러 있었다.

신남부가 여전히 농업 사회를 벗어나지 못한 이유

이처럼 신남부가 농업 사회를 벗어나지 못하게 된 중요한 이유는 재건 시대 이후에도 남부 농업의 성격이 별로 변하지 않았기 때문이다. 남북전쟁과 노예해방을 겪으며 남부 전체 농장 수는 2배로 늘어났지만 오히려 농장의 평균 규모는 절반 이하로 줄어들었다. 또 지주의 수가 늘어나지 않았는데, 이는 남부에 지주의 땅을 대신 경작한 뒤 수확물을 나누어 갖는 소작농(sharecropper)과 지대를 지불하며 농사를 짓는 임차농(tenant farmer)이 늘어났다는 것을 의미했다. 그리고 해방된 노예들도 일부를 제외하고는 대부분 소작농이 되었다. 그리하여 19세기 말에 이르러서는 남부 농민의 70퍼센트가 소작농일 정도였다. 이 소작농 제도는 농민들에게 수익성 높고 현금화하기 쉬운 작물을 재배하도록 했기 때문에 남부 농업은 남북전쟁 이전처럼 면화나 담배와 같은 단일 작물 재배에 집중하게 되었다.

여기에 남부 농민들을 더욱 어렵게 만든 것은 '수확물 선취 제도(crop lien system)'였다. 전쟁으로 인해 남부의 금융 제도가 무너졌기 때문에 농민들은 금융기관으로부터 신용 대부를 얻기가 매우 어려웠다. 따라서 농민들은 대개 지역의 지주이기도 한 '조달 상인(furnishing merchant)'으로부터 농기구, 종자, 생필품 등을 외상으로 구입하고 추수기에 상인들이 수확물을 우선적으로 가져갈 수 있는 권리인 '선취권'을 주었던 것이다. 농민들은 울며 겨자 먹기 식으로 조달 상인으로부터 높은 값에 물건을 외상으로 사고는 높은 이자율로 이를 갚아야 하는 이중의 부담을 짊어져야 했다. 따라서 남부 농민들의 처지는 갈수록 어려웠고 애초부터 자기 땅을 갖지 못한 흑인들의 경우에는 더욱더 견디기 힘들었다.

흑백 간의 차별을 법적으로 인정하는 '짐 크로 법'의 시대가 열리다

재건 시대 이후 흑인들의 처지는 경제적인 면에서뿐 아니라 사회적인 면에서도 더욱 어려워졌다. 신남부의 등장으로 다시 남부 백인들이 정치적 주도권을 잡게 되면서 남부 흑인은 백인이 생각해낸 교묘한 방법에 의해 우선 투표권을 빼앗겼다. 남부 여러 주에서는 수정헌법 15조에서 "투표권을 인종, 피부색 또는 과거의 신분을 이유로 거부하거나 제한하지 못한다."라고 한 것을 거꾸로 이용해 '피부색'이 아닌 이유로 흑인들의 투표권을 빼앗고자 했다. 즉, 투표에 참여하고자 하는 사람들에게 인두세를 매기거나 재산 자격 제한을 두고 '문자 해독' 능력이나 '이해력' 테스트를 한 것이다. 그러나 남부 여러 주에서는 가난한 백인 중에서도 글을 읽을 줄 아는 사람이 드물었기 때문에 이른바 문맹 테스트 대신 새로이 할아버지 조항(grandfather law)이라는 것을 만들어 할아버지가 남북전쟁 이전에 투표권을 가졌던 사람에게만 투표권을 주는 우스꽝스러운 일을 벌이기도 했다.

이처럼 남부에서는 흑인의 투표권을 빼앗음과 동시에 흑인에 대한 차별도 점차 합법화했다. 그리하여 흑인과 백인은 기차에서도 같은 칸에 탈 수 없고 극장, 여관, 식당, 화장실도 흑인용과 백인용으로 분리되었으며, 흑인들은 아예 해변, 공원, 소풍 장소 등에는 들어갈 수도 없었다. 더욱이 1896년 연방 대법원은 '플레시 대 퍼거슨(Plessy v. Ferguson) 판결'을 통해 이러한 흑백 차별에 대해 각종 시설을 '분리하되 평등하면(separate but equal)' 된다고 함으로써 흑인에 대한 백인의 차별을 합법적인 것으로 인정했다. 따라서 남부에서는 거의 모든 면에서 흑백 간의 차별을 법적으로 인정하는 '짐 크로 법(Jim Crow Law)'의 시대가 열리게 되었다.

역사 메모 ▶ '짐 크로'라는 용어는 백인이 흑인 분장을 하고 노래 및 연기를 하는 '순회 가극(minstrel show)'에서 유행한 〈뛰어라 짐 크로(Jump Jim Crow)〉라는 노래에서 유래했다. 이 노래는 1828년 토머스 다트머스 '대디' 라이스(Thomas Dartmouth 'Daddy' Rice)가 작곡하고 직접 불러 큰 인기를 끌었다. 이후 시골 흑인의 허름한 복장을 한 짐 크로의 모습은 순회 가극에서 표준적인 등장인물이 되었다. 1837년경에 이르러 짐 크로는 인종 분리를 일컫는 말로 널리 쓰이기 시작했다.

영화 〈글로리(Glory)〉와
미국 최초의 흑인 부대

미국 역사에 대해 잘 모르는 사람일지라도 남북전쟁을 통해 흑인 노예가 해방되었다는 것쯤은 알 것이다. 그렇다면 일반인의 상식대로 흑인 문제를 놓고 남과 북의 백인들이 싸운 전쟁에서 흑인들은 그저 손을 놓고 구경만 했을까? 이러한 궁금증을 해소해주는 영화가 바로 〈글로리〉라고 할 수 있다.

이 영화는 미국 최초로, 비록 지휘관은 백인이었을지라도 흑인 병사들만으로 구성된 매사추세츠 제54자원병 보병연대(the 54th Regiment of the Massachusetts Volunteer Infantry)가 1863년 7월 18일 사우스캐롤라이나주 찰스턴 인근의 남부군 요새 와그너(Fort Wagner)에 용맹스러운 공격을 감행한 역사적 사실을 바탕으로 하고 있다. 링컨 커스틴(Lincoln Kirstein)의 《월계관을 씌워라(Lay This Laurel)》와 피터 부차드(Peter Burchard)의 《용감한 돌격(One Gallant Rush)》이라는 소설, 지휘관이었던 로버트 굴드 쇼(Robert Gould Shaw)의 진중(陣中) 편지가 이 영화의 원작이 되었다.

남북전쟁 당시 본래 북군은 흑인을 군인으로 동원하기를 꺼려했다. 이는 그만큼 북부에서도 남부 못지않게 흑인에 대한 인종적 편견이 있었다는 것을 방증하는 것이기도 하다. 더욱이 남부는 만약 북군이 흑인 부대를 동원한다면 흑인 병사는 물론 그들의 지휘관인 백인에 대해서도 인정사정 두지 않겠다고 공언한 바 있었다. 이러한 사실은 영화에서도 백인 지휘관 굴드가 전사하자 남군에 의해 흑인 전사자들을 아무렇게나 내던진 구덩이에 함께 던져지는 것으로 묘사된다.

매사추세츠 제54연대는 자신들을 해방시키게 될 전쟁에 참전하고자 하는 흑인들의 열정과 북부 노예제 폐지론자들의 노력으로 노예해방령이 발효된 직후인 1863년 3월 창설되었다. 이 연대의 흑인 병사들은 대부분 매사추세츠주 출신의 자유 흑인이었다. 그리고 자원병 중에는 유명한 흑인 노예제 폐지론자인 프레더릭 더글러스의 두 아들도 있었다. 영화에서는 이 작품으로 아카데미 남우조연상을 수상한 덴절 워싱턴(Denzel Washington)이 연기한 트립(Trip) 일병이 도망 노예 출신의 병사로 나오는데, 실제로 이 흑인 연대 내에는 남부에서 탈출한 노예 출신 병사의 수가 매우 적었다고 한다.

흑인 부대 최초의 전투였던 와그너 전투에 참전한 약 600명의 병사 중에서 지휘관 굴드 대령을 포함한 116명이 전사했고, 156명이 부상당하거나 포로가 되었다. 제54연대는 이 전투에서 와그너 요새를 점령하는 데에는 실패했지만, 이들의 용맹스러움은 하나의 귀감이 되어 북군으로 하여금 더 많은 흑인을 군대에 동원하도록 하는 계기가 되었다.

6장

19세기 후반 산업의 발전과 해외 팽창

대륙횡단철도와 자작농지법으로
서부를 개척하다

서부 개척을 위해 대륙횡단철도의 건설이 추진되었고 자작농지법이 만들어졌다.
서부는 광산 개발, 소 방목업, 농민의 정착, 이 세 단계를 밟으며 개척되었다.

서부 개척의 첨병이 된 대륙횡단철도

남북전쟁이 일어나기 전까지 서부 개척은 내륙 중앙부의 네브래스카와 캔자스 지역, 남서부 지역의 텍사스에 머물렀고, 태평양 연안에서는 캘리포니아와 오리건 일부 지역이 개척되어 있었다. 이들 지역 중간의 대평원 지대와 로키산맥 일대의 고원지대는 전혀 개척되지 않았다. 그러나 남북전쟁 이후 인디언과 멕시코인의 땅이었던 이 대서부 지역은 차츰 미국인에게 정복되어 대략 19세기 말까지 서부 개척이 완료되기에 이르렀다. 이러한 개척을 훨씬 쉽게 한 것은 대륙횡단철도의 건설과 연방 정부의 국유지 매각 정책이었다. 또 서부 개척에 앞장선 사람들은 바로 광부, 카우보이, 농민이었다.

대륙횡단철도는 본래 남북전쟁 이전부터 서부 진출을 위해 건설의 필요성이 제기되었다. 그러나 남북전쟁이 일어나면서 건설이 지연되다 연방 정부가 전쟁 기간 중 중앙부를 지나는 철도를 건설하기로 결정했다. 이에 따라 네브래스카주의 오마하(Omaha)를 출발점으로 유니언 퍼

대륙횡단철도의 완공식 모습. 1869년 봄, 유니언 퍼시픽 철도와 센트럴 퍼시픽 철도가 유타의
프로먼터리 포인트에서 서로 연결됨으로써 대륙횡단철도가 완성되었다.

시픽(Union Pacific) 철도 회사가 서쪽으로 건설을 해나가고, 캘리포니
아주의 새크라멘토를 출발점으로 센트럴 퍼시픽(Central Pacific) 철도
회사가 동쪽으로 건설을 하기 시작했다.

　연방 정부는 이 두 회사에 철도 건설에 필요한 토지를 무료로 제공
하는 등 적극적으로 지원했다. 철도 건설이 진행되면서 노동력이 부족
해진 두 회사는 유니언 퍼시픽 회사가 아일랜드 이민을 동원하고, 센트
럴 퍼시픽 회사가 중국인 이민 노동자를 고용함으로써 해결했다. 그리
고 1869년 봄, 유타의 프로먼터리 포인트(Promontory Point)에서 두 회
사의 철로가 서로 연결됨으로써 대륙횡단철도가 완성되기에 이르렀다.
또한 뒤를 이어 북부 노선으로 노던 퍼시픽(Northern Pacific) 철도와 남
부 노선으로 샌타페이(Santa Fe) 철도가 건설됨으로써 미국은 서부 지
역을 동서남북으로 잇는 간선 철도망을 갖추게 되었다.

1869년 5월 10일 유타주 솔트레이크시 인근에 있는 프로먼터리 서밋에서 동쪽과 서쪽에서 각각 철도를 놓아온 대륙횡단철도가 만난 것을 기념해 당시의 기관차를 복원해놓은 모습.

서부 개척 농민에게 싼값에 토지를 살 수 있도록 한 자작농지법

연방 정부는 대륙횡단철도의 건설을 시작함과 거의 동시에 1862년 자작농지법(Homestead Act)을 제정해 서부로의 이주를 권장했다. 이 법은 이주민이 5년간 거주하며 농사를 지으면 싼값에 160에이커의 땅을 살 수 있도록 한 것이다.

그러나 160에이커의 토지로는 건조한 대평원 지역에서 방목이나 농업을 하기에 부족했기 때문에 1870년대에 토지와 관련한 새로운 법들을 제정해 궁극적으로 정착민이 대략 1280에이커 정도의 드넓은 땅을 값싸게 살 수 있도록 했다.

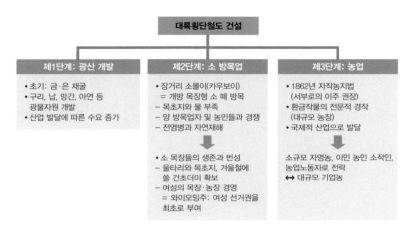

```
                          대륙횡단철도 건설
        ┌────────────────────┼────────────────────┐
  제1단계: 광산 개발        제2단계: 소 방목업          제3단계: 농업

• 초기: 금·은 채굴        • 장거리 소몰이(카우보이)      • 1862년 자작농지법
• 구리, 납, 망간, 아연 등    = 개방 목장형 소 떼 방목        (서부로의 이주 권장)
  광물자원 개발          − 목초지와 물 부족           • 환금작물의 전문적 경작
• 산업 발달에 따른 수요 증가  − 양 방목업자 및 농민들과 경쟁     (대규모 농장)
                      − 전염병과 자연재해           • 국제적 산업으로 발달

                      • 소 목장들의 생존과 번성       소규모 자영농, 이민 농민 소작인,
                      − 울타리와 목초지, 겨울철에      농업노동자로 전락
                        쓸 건초더미 확보            ↔ 대규모 기업농
                      − 여성의 목장·농장 경영
                        = 와이오밍주: 여성 선거권을
                          최초로 부여
```

▶ 서부 개척의 3단계

제1단계: 광산 개발 붐

대서부에서의 백인 정착은 크게 세 가지 독특한 단계로 이루어졌다. 첫 번째 단계는 광산 개발이었다. 앞서 캘리포니아에서의 '황금 열풍'은 10년 동안 약 5억 5000만 달러의 금을 캐낸 뒤 막을 내렸다. 그러나 곧바로 콜로라도의 파이크스피크(Pike's Peak)에서 금이 발견되자 1년 만에 10만 명의 사람이 황금을 찾아 몰려들었다. 이로 인해 하루 아침에 덴버 같은 도시가 생겨나기도 했다. 다음 해에는 네바다의 와슈(Washoe)에서 금이 발견되고 인접한 콤스톡(Comstock)에서 은광이 개발되어 광부들을 불러들였다. 이로 인해 생겨난 버지니아시티(Virginia City)는 금세 인구 2만 명이 넘는 도시로 북적거리게 되었다. 네바다에서는 20년 동안 3억 600만 달러어치의 금과 은을 캐냈다.

하지만 이러한 서부에서의 광산 붐은 매우 짧았다. 마지막으로 다코타 준주의 블랙힐즈(Black Hills)에서 금이 발견되어 짧은 '황금 열풍'

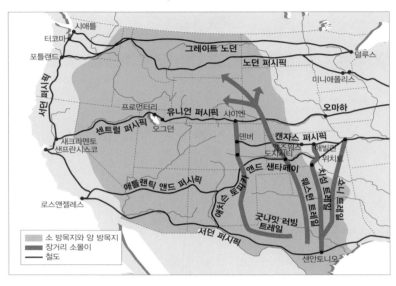

그레이트 노던
노던 퍼시픽
유니언 퍼시픽
센트럴 퍼시픽
애틀랜틱 앤드 퍼시픽
애치슨 토피카 앤드 샌타페이
서던 퍼시픽

시애틀
터코마
포틀랜드
프로먼터리
새크라멘토
샌프란시스코
로스앤젤레스
덜루스
미니애폴리스
오마하
오그던
샤이엔
덴버
닷지시티
애즈워스
위치토
애빌린
샌안토니오

굿나잇 러빙
트레일
웨스턴 트레일
치점 트레일
슈니 트레일

▢	소 방목지와 양 방목지
▬	장거리 소몰이
—	철도

▶ 서부 철도 노선과 장거리 소몰이

을 불러왔지만 일확천금을 노리는 금광과 은광의 노다지 시대는 더 이상 찾아오지 않았다. 따라서 사람들은 이제 서부 지역에서 금이나 은처럼 눈에 확 띄는 금속은 아니지만 지속적으로 개발이 가능하고 산업의 발달에 따라 수요가 늘어난 구리, 납, 망간, 아연 등의 광물 자원 개발에 나서게 되었다.

제2단계: 소 방목업과 장거리 소몰이

광산 개발이 진행되는 동안 대서부 지역에 대한 백인 정착의 두 번째 단계로 소 방목업이 발전했다. 서부에서의 소 방목업은 본래 멕시코인들이 처음 시작했다. 이들은 이전에 스페인인이 들여온 '긴뿔소'를 드넓은 평원에 놓아 기르며 낙인찍기, 몰기, 로프 걸기 등의 방목 기술을 발전시켰는데, 텍사스를 비롯한 남서부 지역에 들어온 미국인은 재빨리 이 기술을 습득했다. 특히 대평원 지역은 주인 없는 공유 목초지로 여겨졌기 때문에 카우보이들은 자유로이 소를 풀어놓아 기를 수 있었다. 남북전쟁이 끝날 무렵에는 텍사스 지역에서 약 500만 마리의 소 떼가 자랐다. 이 지역에서의 솟 값은 마리당 3달러에 불과했는데 동부 시장에서는 40달러를 받을 수 있었다. 방목업자들은 당시 기차가 지나가는 미주리주의 세달리아(Sedalia)나 캔자스주의 애빌린(Abilene), 위치토(Wichita), 엘즈워스(Ellsworth), 도지시티(Dodge City)까지 소 떼를 몰고 가면 큰 이익을 얻을 수 있으리라 생각했다. 따라서 텍사스 남부에서 철도 노선이 지나가는 중서부까지 '장거리 소몰이'가 시작되었다. '장거리 소몰이'를 위해서는 대략 2000~5000마리의 소 떼가 여러 목장에서 모였다. 카우보이들은 이동 중에 무법자와 인디언의 습격을 받았고, 농작물을 해치고 물을 부족하게 만든다는 이유로 정착 농민들과 갈등을 겪기도 했다.

개방 목장형 방목과 '장거리 소몰이'도 그리 오래가지는 못했다. 왜냐하면 이러한 사업의 수익성이 높아지자 방목업자들은 더 많은 소를 기르게 되었고, 그로 인해 소 떼를 먹이거나 장거리 이동에 필요한 목초지가 부족해졌기 때문이다. 그 밖에도 다른 지역에서 온 양 방목업자와 자신들의 토지에 울타리를 치기 시작한 농민도 소 방목업자와 경쟁하게 되었다. 더욱이 간간이 닥쳐온 소에게 치명적인 전염병과 엄청난 추위 그리고 더위 같은 자연재해는 개방 목장과 방목보다는 울타리를 친 목초지와 겨울철 건초를 확보한 목장이 더 유리하다는 것을 깨닫게 해주었다.

제3단계: 농민의 서부 정착

대서부 지역에서 광산이 개발되고 소 방목업이 발달하는 동안 백인 정착의 마지막 3단계로 농민의 서부 정착이 이루어졌다. 이들은 대륙횡단철도 건설과 더불어 대평원으로 진출해 10년 동안 이 지역을 거대한 농업지대로 바꾸어놓았다. 농민이 대평원 지역으로 이주한 데에는 몇 가지 요인이 있다. 우선 남북전쟁 이전에 이미 중서부 지역의 농경지에 대한 정착이 완료되자 자기 소유의 토지를 갈망하는 농민, 특히 스칸디나비아 출신 이민자들이 대평원 지역으로 진출하기 시작했다. 다음으로 토지 투기업자, 증기선 회사, 서부 주와 준주(準州)들은 각자의 이해관계에 따라 이주를 장려했다. 특히 철도 회사들은 회사가 소유한 토지 판매를 쉽게 하고 철도 이용률을 높이기 위해 적극적으로 정착을 후원했다. 마지막으로 연방 정부도 앞서 살펴봤던 자작농지법 같은 토지법을 제정하여 서부에 정착하는 농민에게 싼 가격에 토지를 살 수 있도록 함으로써 대평원 지역에 농민이 쉽게 정착할 수 있는 길을 마련해주었다.

역사 메모 ▶ 연방 정부가 자작농과 철도 회사에 부여한 토지의 규모는 엄청난 차이를 보였다. 1890년까지 자작농에게 매각하거나 부여한 토지는 5000만 에이커 정도였지만, 철도 회사에 부여한 토지는 1억 8000만 에이커에 달했다.

인디언과의 마지막 전쟁

> 연방 정부는 인디언 보호 구역을 정했지만 백인들은 수시로 이를 침범했다.
> 인디언은 백인들에게 저항해 반란을 일으키기도 했으나
> 오히려 학살당하는 일이 적지 않았다.

대평원 지역 인디언의 생활

19세기 후반에 수많은 미국 백인들이 대서부에 정착했지만, 그곳은 사람이 살지 않는 빈 땅이 아니었다. 남북전쟁이 일어날 무렵만 해도 미국에는 약 30만 명의 인디언이 있었고, 그중 약 20만 명이 대평원에 살고 있었다. 대평원의 중부와 북부 지역에 살았던 수우족, 블랙풋족(Black Foot), 샤이엔족(Cheyenne), 카이오와족, 아파치족, 코만치족, 크로족(Crow) 같은 인디언들은 대체로 수렵 생활을 했다. 이들의 주요 사냥 대상은 대평원 지역에서 1500만 마리 이상 살던 들소 떼였다. 이 들소 떼는 대평원 지역의 인디언에게는 없어서는 안 될 주요 식량원이었다.

이들 서부 지역의 인디언에 대해 연방 정부는 내무부 내에 인디언 사무국을 두어 관리하도록 했다. 이 인디언 사무국은 인디언들과 조약을 맺어 각 부족의 토지 경계선을 정해주고 그 안에서 사냥을 하며 자유롭게 살아가도록 했다. 이렇게 함으로써 연방 정부는 인디언 부족 간의 전쟁을 막고 백인들이 서부로 진출하는 통로를 확보할 수 있었다.

연방 정부의 '인디언 보호 구역' 정책

그러나 남북전쟁 이후 백인들이 대평원 지역으로 몰려들게 되자 연방 정부는 '인디언 보호 구역(Indian Reservation)' 정책을 쓰기 시작했다. 이 정책은 인디언들에게 정부가 마음대로 정한 일정한 구역의 땅에 들어가 살라고 강요한 것이었다. 이에 따라 인디언들은 정부가 정한 대로 대평원 북부의 다코타와 남부의 오클라호마 보호 구역에 들어가 살지 않으면 안 되었다. 그러나 이들 보호 구역은 들소 사냥을 하며 살아가기에는 너무 비좁았고, 농사를 짓기에도 좋은 땅이 아니었다. 더욱이 사냥을 하며 살아오던 평원 인디언들에게 농사를 짓도록 강요한 것은 커다란 무리가 따르는 일이었다. 게다가 이 보호 구역 정책을 실시하는 인디언 사무국은 무능하고 부패했기 때문에 백인들이 인디언과의 조약을 무시하고 보호 구역에 침범하는 것을 제대로 막지 못했다.

백인 기병대의 무자비한 인디언 학살

남북전쟁 기간 중 미네소타주에 있던 수우족은 비좁은 보호 구역에 갇혀 지내는 것에 불만을 품고 추장 리틀 크로(Little Crow)의 지휘하에 반란을 일으켰다. 이 반란으로 700명 이상의 백인이 살해되었으나 곧바로 출동한 군대에 의해 진압되었고 38명의 인디언이 교수형을 당하고 말았다. 그로부터 2년 뒤 콜로라도에서 아라파호족(Arapaho)과 샤이엔족이 백인 광부들과 갈등을 빚게 되자 콜로라도 주지사는 인디언들에게 보호를 원한다면 군대 주둔지에 집결하라고 했다. 이에 따라 블랙 케틀(Black Kettle)이 이끄는 인디언 무리가 샌드크리크(Sand Creek)에 모였는데, 존 치빙턴(John Chivington) 대령이 이끄는 민병대에 의해 200명 이상이 학살당하고 말았다.

커스터의 제7기병대를 전멸시킨 리틀빅혼 전투

남북전쟁 이후 연방 정부는 인디언을 조약의 당사자로 인정하지 않으면서 전보다 작은 거류지를 정해주고 인디언을 백인 문화에 강제로 동화시키려는 정책을 취했다. 이에 대항해 인디언의 저항은 다시 불이 붙었다. 특히 수우족에게 지정된 인디언 보호 구역인 다코타의 블랙힐스에서 금광이 발견되어 백인들이 이 지역으로 몰려오자 수우족의 지도자 '미친 말(Crazy Horse)'과 '앉아 있는 황소(Sitting Bull)'는 약 4000명의 인디언 전사를 이끌고 몬태나에서 백인 군대에 저항했다. 결국 1876년 백인과 인디언의 전투 중에서 가장 유명한 리틀빅혼(Little Big Horn) 전투가 벌어져 인디언 전사들은 조지 암스트롱 커스터(George Armstrong Custer) 대령이 이끄는 제7기병대와 맞붙게 되었다. 이 전투에서 용맹스러운 인디언 전사들은 커스터 대령을 포함한 기병대 일부 병력을 전멸시키는 성과를 거두기도 했다. 그러나 결국 수우족은 우세한 백인 군대에 밀려 다시 다코타로 쫓겨 돌아가야 했다.

몬태나주 리틀빅혼에 있는 리틀빅혼 전투 기념탑. 이 탑에는 이 전투에서 전사한 제7기병대 대원의 이름이 기록되어 있다.

그사이 아파치족도 애리조나주와 멕시코의 산간 지역에 본부를 두고 간간이 백인들을 공격하며 저항했다. 그러나 추장 제로니모(Geronimo)는 자신을 따르는 무리가 눈에 띄게 줄어들자 1886년에 항복하고 말았다. 이로써 인디언

리틀빅혼 전적지에 있는 수우족 인디언 추장 '미친 말'과 '앉아 있는 황소'에 관한 기념판석.

과 백인 간의 공식적인 전쟁은 끝을 맺게 되었다.

대학살로 끝난 운디드니의 비극

인디언 전쟁은 끝났지만 인디언들에게 비극이 완전히 끝난 것은 아니었다. 전쟁에 패하고 주요 식량원인 들소 떼마저 사라진 데다 부패한 정부 관리들이 식량 배분을 줄인 까닭에 굶주림과 절망감에 빠진 인디언은 자신들의 고유한 종교 부흥 운동을 통해 위안을 찾고자 했다. 이종교 부흥 운동은 백인들이 '유령 춤(Ghost Dance)'이라고 부르는 의식을 통해 인디언들에게 널리 전파되었다. 그러나 백인은 이것을 보고 인디언들이 다시 백인과의 전쟁을 준비하는 것이라 믿고 군대를 불렀다. 1890년 제7기병대는 사우스다코타의 운디드니(Wounded Knee)에서 식량을 찾아 나선 수우족 남녀와 어린이를 포위하고 새로 개발된 기관총을 발사했다. 그 결과 290명의 인디언이 무참하게 살해당하고 말았다.

백인과 인디언의 전투 중에서 가장 유명한 리틀빅혼 전투. 이 싸움에서 인디언 전사들은 커스터 대령의 제7기병대를 전멸시켰다.

리틀빅혼 전적지에 인디언의 후손들이 세운 기념 조형물.

인디언 문명을 백인 문명에 동화시키고자 한 도스 단독토지보유법

운디드니의 비극이 일어나기 얼마 전 연방 정부는 인디언의 문화를 파괴하기 위한 정책을 마련했다. 이전까지 정부의 인디언 정책은 보호 구역을 만들어 백인과 인디언을 격리시키는 것이었다. 그러나 이제 연방의회는 도스(Dawes) 단독토지보유법을 마련해 인디언들에게 토지를 분할해 소유하게 하고 농사를 짓도록 했다. 그러나 인디언 중에 자신들의 고유한 부족 공동체 문화를 버리고 백인의 개인주의적 생활 방식에 적응할 수 있는 사람은 거의 없었다. 따라서 20세기 전반기에 연방 정부는 이 정책의 실패를 인정하고 다시 인디언의 문화와 풍습을 보존 또는 부활시키는 정책을 펼쳤지만 이미 때는 늦었다.

> **역사 메모** 오늘날에도 미국 내무부 산하 인디언 사무국 휘하의 인디언이 관장하는 크고 작은 인디언 보호 구역이 미국 전역에 걸쳐 300개 정도 존재하고 있다. 이들 보호 구역의 총면적은 미국 전체 영토의 2.3퍼센트에 불과한 5570만 에이커 정도다. 그중 면적이 로드아일랜드주보다 넓은 보호 구역은 12개이고 델라웨어주보다 큰 것은 9개 정도다.

전화기, 자동차 등 기술 혁신을 선도한 발명품들

> 남북전쟁 후 미국의 산업은 눈부시게 발전했는데
> 여기에는 전화기, 전기, 강철, 석유, 비행기, 자동차 등의 발명 또는 개발이 한몫을 했다.

산업 발전의 원동력이 된 기술혁신

남북전쟁이 북부의 승리로 끝난 뒤인 19세기 후반 미국은 그야말로 눈부신 산업 발전을 이룩하게 된다. 물론 19세기 초부터 제조업의 기반을 마련해왔다고 할 수 있지만, 적어도 남북전쟁 이전까지는 아직 농업 국가였다고 할 수 있다. 그러나 특히 19세기의 마지막 30년 동안에 이룩한 미국의 산업 발전은 20세기 초에 미국을 이미 세계 최고의 산업국가로 탈바꿈시켰다. 그러면 무엇이 과연 미국을 그렇게 짧은 기간 동안에 최고의 산업국으로 만들었을까? 바로 풍부한 원료, 충분한 노동력, 놀라운 기술혁신, 창조적인 기업가들, 기업 성장에 적극적인 연방 정부, 거대한 시장 등의 여러 요인이 작용해 산업이 빠르게 성장할 수 있었던 것이다.

우선 산업 성장에 필수적인 요소인 미국의 기술혁신은 19세기 후반에 한층 두드러졌다. 이 시기 미국인들은 다른 나라 사람들보다 특히 생활에 편리함을 가져다주는 발명에 탁월한 재능을 보여주었는데,

1860년까지 고작 3만 6000건에 불과하던 특허 건수가 이후 30년 동안 44만 건으로 늘어난 것으로도 그 사실을 알 수 있다.

기술혁신을 선도한 새로운 발명품들

이러한 기술혁신 중 먼저 눈에 띄는 것은 통신 분야였다. 이미 1866년에 미국과 유럽을 연결하는 대서양 전신 케이블이 놓였고, 이후 10년 이내에 알렉산더 그레이엄 벨(Alexander Graham Bell)이 발명한 전화 역시 각 가정에 연결되었다. 뿐만 아니라 19세기 말에는 미국 전화전신회사(American Telephone and Telegraph Company, AT&T)가 미국 전역에 거의 50만 대의 전화를 가설했다. 그 밖에 타자기, 금전 등록기, 계산기 등 기업 활동에 유익한 도구들도 이 시기에 발명되었다.

이 시기에는 또한 전기, 강철, 석유, 비행기, 자동차 등이 개발되어 산업 발전을 이끌었다. 먼저 전기의 경우 토머스 에디슨(Thomas Edison)이 백열등과 발전기를 발명한 이후 여러 부문에 응용되어 20세기에 들어서면서 거리를 달리는 전차, 고층 건물의 엘리베이터, 공장, 사무실, 가정 등에서 흔하게 이용되었다. 또한 강철의 제조 공법 역시 19세기 중반에 발명되어 고층 건물 및 공장 건물의 뼈대, 기관차, 철로 등에 이용되었다. 이와 더불어 미국에는 펜실베이니아주 서부, 미네소타주 메사비(Mesabi) 지역, 앨라배마주 버밍엄(Birmingham) 지역 등 풍부한 철광석 생산지가 많아 철강 산업이 활발하게 발전할 수 있었다.

석유의 이용과 자동차 산업의 발전

사람들은 처음에 냇가나 샘물에서 스며 나오는 검고 미끄러운 액체인 석유가 무엇인지 몰랐다. 그러나 19세기 중반에 펜실베이니아의 실업가 조지 비셀(George Bissell)이 석유가 램프 안에서 타며 불을 밝히고 기계의 윤활유로 쓰일 수 있다는 것을 발견했고, 이후 19세기 말부터 유럽 및 미국에서 개발되기 시작한 '내연 기관', 나아가 자동차의 연료로도 이용될 수 있다는 것을 알게 된 다음부터는 그 수요가 엄청나게 늘어났다. 따라서 펜실베이니아, 오하이오, 웨스트버지니아주 등에서 시작해 미국 전역에서 유전 개발이 본격적으로 이루어졌다.

또 내연 기관에서 연소된 가스의 힘이 피스톤을 움직여 동력을 얻을 수 있다는 사실을 응용해 개발된 자동차 산업이 이 시기에 빠르게 발전했다. 1903년 찰스와 프랭크 듀리에(Charles and Frank Duryea)가 미국 최초의 휘발유 자동차를 발명했고, 이후 '자동차 왕' 헨리 포드(Henry Ford)는 '일관 작업 공정', 즉 어셈블리 라인(assembly line)을 고안해 자동차 생산에 걸리는 시간을 단축함으로써 '모델 T'를 대량으로 생산해 내게 되었다. 이로써 20세기 초 미국에서 자동차 산업은 경제의 중요한 원동력이 되었을 뿐 아니라 미국 사회 및 문화생활을 새로운 모습으로 바꾸어놓았다. 예를 들면 1895년 미국에는 고작 4대의 자동차가 있었는데, 1917년에는 거의 500만 대에 달했다.

역사 메모 이 시기 오하이오주에서 자전거 가게를 운영하던 윌버 라이트와 오빌 라이트(Wilber and Orville Wright) 형제는 내연 기관으로 추진되는 글라이더를 실험하기 시작했다. 이들은 마침내 1903년 12월 17일 노스캐롤라이나주 키티호크(Kitty Hawk)에서 인류 최초로 12초 동안 39미터의 비행에 성공했다.

과학적으로 경영하는 독점기업들

[여러 과학적 경영 원리가 발전되어 산업을 성장시켰고,
찰스 다윈의 진화론에 입각한 사회진화론은 기업의 독점을 견고하게 뒷받침해주었다.

'포디즘'과 '테일러리즘'

포드가 고안해낸 대량생산 기법, 즉 오늘날 '포디즘(Fordism)'이라고 부르는 일관 작업 공정 이외에도 미국에서는 새로운 '과학적 경영' 원리가 발전해 산업 성장을 더욱 촉진했다. 그것은 프레더릭 윈즐로 테일러(Frederick Winslow Taylor)가 고안해낸 원리로서 '테일러리즘(Taylorism)'이라고 불렸다. 테일러는 '운동의 기본동작'을 연구해 불필요한 모든 움직임을 제거함으로써 '가장 빠르고 적합한 일련의 운동'을 고안해냈다. 그는 이러한 움직임의 선을 노동자에게 적용하면서 동시에 작업을 세분하고 단순화시키면 생산성이 높아질 것이라고 주장했다.

기업 독점을 견고하게 해준 트러스트와 지주회사

이처럼 기술혁신에 따라 산업이 발전하면서 이미 1830년대부터 등장한 주식회사들은 19세기 후반, 철도, 철강, 석유 산업 분야 등에서 독점적인 거대 기업으로 발전하게 되었다. 예를 들면 철도 분야에서는 철

도 기업 연합이 나타나 코르넬리우스 밴더빌트(Cornelius Vanderbilt),
제임스 힐(James Hill), 콜리스 헌팅턴(Collis Huntington) 같은 소수의 산
업 거물이 주도했다. 철강 산업에서는 앤드루 카네기(Andrew Carnegie)
가 광산에서 시장에 이르기까지 철강의 생산 및 판매의 전 과정을 지배
했다. 한마디로 이 시기는 독점자본주의 시대였다고 할 수 있는데, 이를
가장 대표적으로 보여준 인물은 석유 산업 분야의 존 록펠러(John D.
Rockefeller)였다. 그는 스탠더드 석유 회사(Standard Oil)를 운영하면서
동일한 사업에 종사하는 일군의 회사를 단일한 주식회사로 결합시키
는 '수평적 통합'과 상이한 모든 기업을 가장 중요한 기능에 의존하는
하나의 회사로 통합하는 '수직적 통합' 방법을 이용하면서 거대한 기업
합동, 즉 '트러스트(trust)'를 창조해냈다.

  그는 나아가 더욱 정교한 기업 합동의 방법으로 '지주회사(holding
company)'를 만들었다. 지주회사란 스탠더드 석유 회사 트러스트의
다양한 구성원들의 주식을 사들여 트러스트에 속한 주식회사들에 대
한 직접적이면서도 공식적인 소유권을 확립하는 중앙 기업체였다. 그
결과 록펠러는 뉴저지주에 있는 스탠더드 석유 회사를 통해 전국적
으로 40여 개의 회사를 거느릴 수 있게 되었다. 또 다른 예는 존 모건
(John P. Morgan)이 카네기로부터 사들인 유에스 철강 회사(U. S. Steel
Company)이다. 이 회사는 철광산, 제철소, 철도 회사, 전선 공장, 철판
및 파이프 공장 등 14억 달러 이상의 자본금을 지닌 거대 기업이었다.

기업의 독점을 이론적으로 뒷받침해준 사회진화론
  기업가들은 기업 합동에 몰두하면서 경제에 대해서는 그 누구도 간
섭해서는 안 된다는 고전적인 경제 원리, 즉 '자유방임(laissez-faire)'

을 내세우며 무절제한 이윤 추구를 옹호했다. 이와 더불어 찰스 다윈(Charles Darwin)의 진화론과 자연도태 이론을 인간 사회에 적용한 사회진화론(Social Darwinism)을 받아들여, 진화의 법칙에서 오직 적합한 종(種)만이 살아남듯이 인간 사회에서도 오직 적합한 개인만이 살아남고 번성한다고 믿었다. 결국 이러한 이론에 바탕을 둔 기업가들의 무차별적이고 독점적인 부의 축적으로 인해 20세기 초 미국은 전체 인구의 1퍼센트에 해당하는 사람들이 국가 전체 부의 88퍼센트를 좌우할 정도로 빈부 격차가 커지게 되었다.

역사 메모 존 모건은 1891년 에디슨 제너럴 일렉트릭(Edison General Electric)과 톰슨-허드슨 전기 회사(Thompson-Hudson Electric Company)를 합병해 제너럴 일렉트릭(GE)을 세웠다. 그는 또한 자신이 소장한 상당량의 미술품을 뉴욕 현대미술관(MoMA)에 기증하기도 했다.

노동자들이여, 힘을 뭉치자!

일하는 시간이 많은 것에 비해 낮은 임금을 받아야 했던 노동자들은
노동기사단, 미국노동연맹 등의 노동조합을 결성했다.

저임금과 장시간 노동에 시달린 미국 노동자들

이러한 기업 합동과 독점으로 인해 가장 큰 피해를 보게 된 사람들은
산업자본주의의 성장과 더불어 그 수가 엄청나게 늘어난 노동자였다.
특히 19세기 말 이탈리아, 그리스, 폴란드, 러시아 등지에서 미국으로
이주해 온 남부 및 동부 유럽 출신 이민노동자들은 별다른 기술이 없었
기 때문에 지저분하고 위험한 공장에서 오랜 시간 동안 매우 낮은 임금
을 받으며 일해야 했다. 예를 들면 이들 공장노동자는 하루에 10시간에
서 12시간씩 일주일에 6일 동안 노동했다. 그러나 이들보다 더 어려운
상황에 있던 사람은 여성 노동자와 아동 노동자들이었다. 여성들 역시
섬유공업과 같이 기술이 별로 필요 없는 단순하고 반복적인 작업을 하
는 공장에서 남성보다 훨씬 적은 주당 6달러에서 8달러밖에 안 되는 돈
을 받고 일을 해야만 했다. 또한 최소 170만 명에 달하는 16세 이하의
어린이들이 어른이 하기에도 힘들고 위험한 작업장에서 형편없는 푼돈
을 받아가며 노동을 했다.

산업자본주의 성장으로 엄청나게 늘어난 노동자의 수
→ 열악한 환경과 저임금(여성, 어린이 포함)

공장노동자	여성	어린이
• 하루 10시간 노동 • 1주일에 6일 노동 • 철강 노동자 • 하루 12시간 노동 • 연소득 400~500달러	• 1900년경 전체 제조업 노동자의 20% • 전체 여성의 20%(약 500만 명) • 주당 6~8달러	• 공장과 농장에 고용(170만 명에 달하는 16세 이하의 어린이들) • 전체 여자아이들 중 10% • 전체 남자아이들 중 20%

노동조합의 등장

• 1869년 노동기사단 창설(모든 노동자에게 개방) – 느슨한 조직, 온건한 지도부
• 1886년 미국노동총연맹(숙련 노동자 구성) – 임금, 노동시간, 노동 조건 등 실질적인 문제에 집중
• 파업 – 정부는 군대 파견으로 대응

▶ 노동자의 시련

노동조합의 탄생

저임금과 장시간 노동에 시달리는 노동자가 자신들의 상태를 개선할 수 있는 길은 단결, 즉 노동조합을 결성하는 것이었다. 미국에는 남북전쟁 이전부터 숙련 노동자가 중심이 된 직업별 노동조합이 있었으나, 별다른 힘을 발휘하지 못했다. 본격적인 의미에서 전국적인 규모를 갖춘 노동조합은 1869년에 창설된 노동기사단(Noble Order of the Knights of Labor)이라고 할 수 있다. 노동기사단은 당시로서는 보기 드물게 가입 자격을 숙련 및 미숙련에 관계없이 여성, 흑인 등을 포함한 '땀 흘려 일하는' 모든 사람에게 개방해 한때 전체 조합원 수가 70만 명을 넘기도 했다. 그러나 조직 자체가 느슨하고 파업을 반대하는 온건한 지도부의 전략 등으로 인해 19세기 말에 이르러 사라지고 말았다.

노동기사단이 쇠퇴하기 이전에 등장해 이후 미국의 최대 노동조합으로 활약한 것은 미국노동총연맹(American Federation of Labor, AFL, 이하 미노련으로 줄임)이었다. 실용주의적이었지만 기회주의자이기도 했다

풀먼 객차 회사 파업 모습. 19세기 말에는 그 어느 때보다도 노동자들의 격렬한 파업이 잇따랐다.

는 평가를 받은 새뮤얼 곰퍼스(Samuel Gompers)가 거의 50년 가까이 이끌었던 미노련은 자치적인 직업별 노조의 연합체로서 주로 숙련 노동자들로 구성되었다. 미노련은 노동기사단과 달리 임금 인상, 노동시간 단축, 노동조건 개선 등과 같은 노동자들이 당면한 실질적인 문제에 주로 관심을 기울였다. 그 결과 곰퍼스는 노동운동의 방향을 초기의 노동운동 지도자들이 신봉하던 사회주의적 노선으로부터 돌려놓는 데 크게 기여했다. 따라서 곰퍼스는 부분적으로 미국에서 사회주의가 크게 주목을 받지 못하게 하는 데에도 기여했다.

노동자들의 저항

이처럼 노동자들이 추구하는 목표와 기업가들이 생각하는 바는 전혀 달랐다. 따라서 이 시기에는 그 어느 때보다도 격렬한 파업이 잇따랐다. 가장 대표적인 사건들만 해도 1877년 10퍼센트의 임금 삭감에 반대해 철도 노동자들이 일으킨 철도 대파업, 1892년 회사 측에 의한 노조의 협상권 거부와 임금 삭감에 대항한 카네기 소유의 홈스테드(Homestead) 철강 파업, 그리고 역시 회사가 임금을 깎아내리면서도 회사 소유 주택의 임대료 인하를 거부한 데 반발해 일어난 풀먼 객차 회사(Pullman Palace Car Company) 파업 등이 있었다. 이러한 파업 때마다 연방 정부는 군대를 파견해 노동자를 진압하는 데 앞장섬으로써 기업가들의 편을 들어주었다. 결국 19세기 말에는 노동자들이 조합을 조직해 자신들의 권익을 보호하려 했지만 실질적인 소득은 거의 거두지 못했다.

> **역사 메모** 풀먼 객차 회사 파업 당시 유진 데브스(Eugene V. Debs)가 이끄는 미국철도노조(American Railway Union)는 풀먼 회사의 객차를 취급하지 않는 것으로 파업을 지원함으로써 한동안 시카고에서 태평양 연안에 이르는 철도 수송이 마비되기도 했다. 이로 인해 데브스는 법원의 명령을 무시했다는 이유로 수감되었고, 감옥에 있는 동안 사회주의자로 변신해 나중에 미국사회당(American Socialist Party)을 창당하게 된다.

19세기 말~20세기 초: **도시의 성장과 도시 문화**

너도 나도 도시로, 도시로!

산업 발달과 함께 자연스럽게 도시화가 진행되었다.
하지만 당시 도시는 화려함과 불결함이라는 극단적 대비를 보여주었다.

급속하고 광범위하게 진행된 도시화

미국의 산업화는 여러 면에서 사회의 방향을 바꾸어놓았지만, 그중 가장 커다란 변화는 도시의 성장과 그에 따른 도시 문화의 등장이었다. 이 무렵 서구 사회에서는 산업화에 따라 시골에서 도시로의 인구 이동이 빈번했지만, 미국의 경우 도시화의 속도와 범위가 상당히 빠르고 폭넓었다. 그 결과 미국의 도시 인구는 남북전쟁 이후 반세기 만에 7배나 증가했다. 그리고 1920년에 이르러서는 미국인의 절반 이상이 도시라고 할 수 있는 곳에서 살게 되었다.

19세기 말 도시 인구가 급속하게 증가한 요인

19세기 말 도시 인구가 급속하게 증가한 요인은 크게 세 가지로 나누어볼 수 있다. 우선 동부와 중서부 지역의 농촌 인구가 새로이 번창하는 인근 지역의 도시로 이동한 것을 들 수 있다. 다음으로 남북전쟁 이후 재건 시대에 빈곤, 부채, 폭력, 억압에 시달리던 흑인들이 일자리

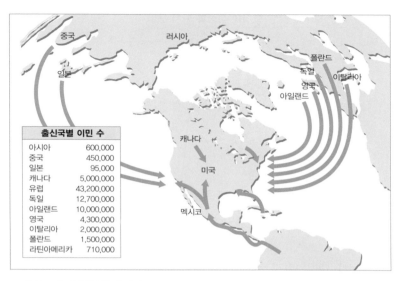

출신국별 이민 수	
아시아	600,000
중국	450,000
일본	95,000
캐나다	5,000,000
유럽	43,200,000
독일	12,700,000
아일랜드	10,000,000
영국	4,300,000
이탈리아	2,000,000
폴란드	1,500,000
라틴아메리카	710,000

▶ 1860~1910년 출신국별 이민

를 찾기 위해 남부를 떠나 북부의 산업화된 도시로 이주했다. 마지막
으로 가장 많은 수를 차지한 사람들은 외국에서 새로이 도착한 이민이
었다. 유럽에서도 비교적 산업화가 덜 된 남부 및 동부 유럽의 농촌 지
역에서 많은 사람들이 들어왔다. 이들 많은 수의 신이민은 이전의 생
활 방식과 문화를 고집하고 자신들만의 공동체를 꾸려나가려고 해 일
부 미국 태생 미국인은 이들에 대해 두려움과 적대감을 느끼기 시작했
다. 나아가 일부 사람은 이민자들이 외래적인 요소를 버리지 않는 것이
도시의 무질서와 타락의 원인이라 보고 이민을 반대했다. 그 결과 이
민을 제한하려는 토착주의(nativism) 운동이 일어나기도 했다. 심지어
1882년에는 캘리포니아주를 중심으로 아예 중국인의 이민을 막으려는
중국인이민배척법(Chinese Exclusion Act)이 제정되기도 했다.

화려함과 불결함이 공존한 도시

당시 미국의 도시는 극단적인 대비를 보여주었다. 19세기 후반에 새로운 기술이 개발되면서 전화, 전등, 전차 등이 등장해 도시 생활을 편리하게 해주었고, 늘어나는 고층 건물과 멋지게 치장한 상점들은 적어도 겉으로는 도시 생활이 화려하다는 인상을 주었다. 그러나 도시에는 노동자와 이민이 집단적으로 거주하는 더럽고 불결한 빈민굴이 있어서 각종 범죄와 전염병을 일으킨다는 인상도 주었다. 더욱이 도시의 행정을 담당한 시청의 고위 공무원들은 기업가와 손잡은 정치 보스의 지배하에 상하수도, 가스, 교통, 전기 등 공익사업의 이권을 둘러싼 각종 부정행위를 저지르기도 했다. 그중에서 가장 악명 높았던 정치 보스는 뉴욕시 태머니홀(Tammany Hall)의 윌리엄 트위드(William Tweed)였다.

> **역사 메모** ▶ 도시화 현상은 남북전쟁 이후 가속화되기 시작해, 1900년에 이르러 인구 10만 명 이상의 도시는 38개에 달했고, 인구수는 1400만 명에 이르렀다. 이 무렵 뉴욕, 시카고, 필라델피아 같은 도시는 인구 100만 명이 넘는 대도시로 성장했다.

일취월장하는 미국

> 대다수 미국인은 소득이 상승했고, 대량생산 기법과 새로운 판매 방식의 등장으로
> 대량소비가 가능해졌다. 이와 더불어 교육이 확산되고 여가 시간이 증대되었다.

중간계급의 등장

이 시기에는 매우 불균등하기는 했지만 거의 모든 사람의 소득이 상
승했다. 그것은 사회 전체적으로 새로운 중간계급이 성장하는 결과를
가져왔다. 중간계급은 공장에서 일하는 이른바 '블루칼라' 노동 계급과
달리 주로 사무직에 종사하는 '화이트칼라'에 속하는 사람들이 주류를
이루었다. 산업의 발전 및 중간계급의 등장과 더불어 미국은 이제 대량
소비 사회로 들어서게 되었다.

대량생산 기법과 새로운 판매 방식의 등장

대량소비사회를 가능하게 만든 것은 많은 소비재 상품을 대량소비
시장에 내놓을 수 있게 해준 대량생산 기법과 새로운 판매 방식이었
다. 대량생산 기법의 좋은 예는 기성복의 등장이었다. 이전까지 대부분
의 미국인은 스스로 옷을 지어 입거나 재단사에게 주문한 맞춤옷을 입
었다. 그러나 재봉틀의 발명과 생산의 표준화가 의류 제조업에 가져다

준 영향으로 대량의 기성복 생산이 이루어지게 되었다. 따라서 19세기 말경에는 대부분의 미국인이 상점에서 의복을 구입할 수 있었다. 음식 분야에서도 깡통의 개발로 장기간 보존할 수 있는 통조림 음식이 대량 생산되었으며, 냉장 철도 화물차와 아이스박스 역시 식품의 장거리 운송과 장기간 보존을 가능케 함으로써 식단을 다양하고 풍성하게 만들었다.

대량소비를 촉진한 또 다른 요인은 '연쇄점'이나 백화점 같은 새로운 판매 방식의 등장이었다. 예를 들면 시어즈 앤드 로벅(Sears and Roebuck)은 전국 각지에 매년 엄청난 상품 목록을 발송해 거대한 우편 주문 판매 시장을 확립하기도 했다. 따라서 외떨어진 농촌 지역에서도 이 상점의 상품을 구매할 수 있었다. 시카고 같은 대도시에서는 미국 최초의 거대한 백화점인 마셜 필드(Marshall Field)가 등장해 수많은 상품을 화려하게 진열함으로써 쇼핑을 더욱 유혹적인 일로 만들어 구매를 부추겼다. 뒤를 이어 뉴욕, 보스턴, 필라델피아 등의 대도시에도 백화점이 속속 들어섰다.

여가 시간의 증대와 활용

19세기 말 미국 사회의 또 다른 특징은 생산 기술의 발달과 소득 상승에 따른 여가 시간의 증대였다. 도시 중간계급 및 전문직 사람들뿐 아니라 노동계급에 이르기까지 이 시기 미국인들의 여가 시간은 빠르게 늘어났다. 따라서 사람들은 늘어난 여가 시간을 어떻게 활용할 것인가에 관심을 기울이게 되었다.

이에 발맞추어 등장한 것이 운동경기 관람이었다. 그중 미국인에게 가장 커다란 인기를 끌었던 것은 오늘날과 마찬가지로 야구 경기 관

람이었다. 미국에서 야구는 남북전쟁 이전부터 있어왔지만 프로 야구
가 등장해 대단한 인기를 끌면서 이득을 얻을 수 있는 사업이 된 것은
19세기 말에 미국인들의 여가 시간이 늘어난 것과 무관하지 않다. 그
밖에도 이 시기에 미식축구, 농구가 시작되어 역시 많은 인기를 누렸다.

초중등 및 고등 교육의 확산

산업화와 도시화는 전문적인 기술과 과학적 지식을 많이 필요로 했
다. 이를 위해서는 교육의 확대가 필수적이었다. 따라서 19세기 말 미
국에서는 각급 학교와 대학이 급속하게 늘어났다. 그중 가장 두드러진
사례는 무상 공립 초등 및 중등 교육의 확산이었다. 예를 들면 남북전
쟁 이전 미국에는 오직 100개의 공립 고등학교가 있었지만, 1914년에
이르러서는 1만 2000개가 넘었다. 특히 20세기 초의 의무교육법 제정
은 여러 주에서 교육이 확대되는 데 크게 기여했다. 이 시기 대학의 수
도 빠르게 증가했다. 여기에는 남북전쟁 시대에 제정된 모릴 토지공여
법(Morrill Land Grant Act)이 크게 작용했다. 이 법은 연방 정부가 대
학 설립을 위해 주에 국유지를 줄 수 있도록 한 것이다. 이 법에 따라
특히 남부 및 서부의 주들에서 많은 주립대학이 생겨날 수 있었다. 뿐
만 아니라 산업 거부들도 기존의 사립대학에 큰돈을 기부하거나 자
신의 이름을 딴 대학을 설립함으로써 대학 발전에 커다란 기여를 했
다. 예를 들면 밴더빌트(Vanderbilt), 존스 홉킨스(Johns Hopkins), 코넬
(Cornell), 스탠퍼드(Stanford) 등 오늘날의 많은 명문 사립대학은 이들
의 이름을 따서 지은 것이다. 이 무렵에는 여성들을 위한 고등교육 기
관, 예컨대 배서(Vassar), 웰즐리(Wellseley), 스미스(Smith), 브린모어
(Bryn Mawr) 등과 같은 여자대학도 생겨났다. 여성 고등교육 기관의 등

장은 이후 여성들이 사회에서 지도적 역할을 수행할 수 있는 토대를 마련해주었다.

역사 메모 ▶ 미국의 프로 야구는 아메리칸 리그와 내셔널 리그로 발전해 1903년 각 리그의 우승자 중 최종 우승자를 가리는 월드시리즈(World Series)가 시작되었다. 뉴욕 양키스(New York Yankees)는 월드 시리즈에서 26차례나 우승해 가장 많은 승리를 거둔 팀으로 기록되고 있다.

뒤늦게 뛰어든 식민지 사냥꾼

> 팽창주의로 영토를 확장해가던 미국은 유럽의 제국주의 열기에 휩싸여
> 제국주의 국가로 발돋움하게 되었다. 이러한 미국의 야심은 미국─스페인 전쟁으로
> 나타났고, 이 전쟁에서의 승리로 미국은 필리핀을 식민지로 만들었다.

미국이 해외로 눈을 돌리게 된 이유

사실 미국은 건국 초기부터 팽창주의 국가였다고 할 수 있다. 미국은 남북전쟁 이전 시기까지 때로는 돈을 주고 사서, 때로는 전쟁을 통해 영토를 확장해왔다. 그리하여 19세기 후반에 이르러 미국은 알래스카를 포함한 오늘날의 미 대륙 본토에 해당하는 영토를 확보할 수 있었다. 많은 미국인들은 이처럼 새로운 지역으로 영토를 확장해가는 것이 미국의 '명백한 운명'이라고 믿었다.

미국인의 이러한 믿음은 19세기 말에 와서 제국주의로 나타났다. 이제 미국인은 해외의 영토에 눈을 돌리게 되었다. 미국의 경제 규모가 점점 더 커지자 해외 시장을 안정적으로 확보할 수 있는 식민지를 간절히 원하게 된 것이다.

'눈부신 작은 전쟁'이라고 불린 미국─스페인 전쟁

미국의 제국주의적 팽창의 야심은 일찍이 라틴아메리카에서 베네수

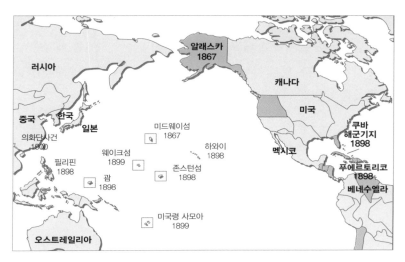

▶ 미국이 획득한 영토와 개입한 국가들

엘라 사태에 개입한 것과 태평양에서의 하와이 합병 등으로 모습을 드러내기 시작했다. 그러나 미국이 본격적인 제국주의 국가의 길로 들어선 것은 1898년 스페인과의 전쟁이라고 할 수 있다. 미국-스페인 전쟁(Spanish American War)은 쿠바 사태에서 시작되었다. 오랜 세월 스페인의 식민지로 있던 쿠바는 19세기 중반 이래 독립전쟁을 벌여왔다. 이에 대해 스페인인들이 쿠바인을 잔혹하게 탄압하자 미국 정부는 쿠바 사태에 개입하게 되었다. 그 와중에 쿠바의 아바나(Havana) 항구에 정박해 있던 미국 전함 메인(Maine)호가 원인 모를 폭발을 일으켜 260명 이상의 미국 군인이 사망하는 일이 발생하자, 미국은 이 사건을 계기로 스페인에 선전포고를 하고 전쟁에 돌입했다.

당시 국무장관 존 헤이(John Hay)가 '눈부신 작은 전쟁(splendid little war)'이라고 불렀던 미국-스페인 전쟁은 미국의 승리로 끝났다. 그 결과 스페인의 식민지였던 쿠바와 필리핀은 스페인의 지배에서 벗어나게 되었다. 하지만 그렇다고 해서 이 두 나라 사람들이 완전한 해방을 맞이한 것은 아니다. 전쟁 이후 쿠바는 독립을 인정받았지만 오랫동안 대외 문제를 비롯해 사사건건 미국의 간섭을 받아야 했다.

미국은 필리핀을 식민지로 만들었다

필리핀의 사정은 쿠바의 경우보다 더 나빴다. 미국은 미국-스페인 전쟁이 일어나기 전부터 당시 해군 차관보이자 열렬한 제국주의자였던 시어도어 루스벨트(Theodore Roosevelt)가 앞장서서 미국의 태평양 함대를 강화시켰고, 전쟁이 일어날 경우 이 함대의 사령관인 조지 듀이(George Dewey)에게 필리핀에 있는 스페인 함대를 공격하라는 명령을 내려둔 터였다. 그리고 마침내 전쟁이 일어났을 때 미국은 필리핀에서도 손쉽게 승리를 거두었다.

미국-스페인 전쟁을 끝내는 휴전 조약에서 미국은 스페인에게 필리핀을 양도해줄 것을 요구했다. 한마디로 필리핀을 식민지로 삼고자 한 것이다. 이러한 미국의 제국주의 정책에 대해 미국 내에서도 반대하는 사람들이 있었다. 이들은 반제국주의동맹(Anti-Imperialist League)을 결성해 필리핀 합병에 반대했다. 그런데도 미국의 제국주의자들은 필리핀 사람들을 미국인으로 받아들이지 않되 영토만 합병한다는 교묘한 방식을 이용해 상원에서 필리핀 합병을 인정해주는 휴전 조약의 비준을 얻어냈다.

스페인을 대신해 새로운 지배자를 맞게 된 필리핀인들의 저항은 격렬했다. 미국은 유능한 지도자인 에밀리오 아기날도(Emilio Aguinaldo)의 지휘하에 독립을 위해 싸우는 필리핀인들과 기나긴 유혈 전쟁을 치렀다. 결국 미국은 미군이 지배하던 필리핀을 민간인 총독에게 넘겨주면서 서서히 필리핀의 자치를 확대하기에 이르렀다. 그러나 필리핀의 완전한 독립은 제2차 세계대전이 끝나고 난 뒤에 이루어졌다.

제국주의 열강이 중국을 독차지 못하도록 발표한 '문호개방 각서'

미국이 필리핀인들의 독립 열망을 무시하고 식민지로 만든 이유는 아시아에 대한 제국주의적 관심 때문이었다. 미국은 특히 거대한 시장인 중국에 눈독을 들이고 있었다. 청나라 말기의 중국은 쇠약해질 대로 쇠약해져 이미 영국, 프랑스, 독일, 러시아, 일본 등 제국주의 국가들의 착취 대상이 되어 있었다.

이에 미국은 중국 내에서 "어떤 나라도 그 나라의 세력권 안에서 다른 나라의 무역권을 간섭할 수 없다."는 등의 내용을 담은 이른바 '문호개방(Open Door) 각서'를 발표했다. 훗날 '문호개방정책'이라고 알려진 이 전략을 통해 중국에서 미국을 포함한 제국주의 강대국들이 동등한 조건으로 무역을 하자고 제안했던 것이다. 문호개방정책은 처음에는 다른 제국주의 국가로부터 냉대를 받았으나, 중국의 비밀 무술 단체가 외국인들을 습격한 의화단사건(Boxer's Rebellion)을 해결하는 과정에서 미국이 발언권을 확보하자, 영국과 독일 등 일부 제국주의 국가의 지지를 얻게 되었다. 그 결과 미국은 중국이 영토를 보존할 수 있게 해주는 한편, 중국과의 무역을 통해 상당한 이득을 얻을 수 있었다.

이처럼 미국은 남북전쟁에서 제1차 세계대전에 이르는 기간 중에 팽창주의 국가에서 제국주의 국가로 발전했다. 이 시기 미국은 제국주의 국가로서 중남미 국가에 질서를 유지한다는 명목으로 해병대 파견, 현지인 민병대 교육, 선거 과정 운영, 경제 조작 등을 통해 이른바 경찰력

을 행사했다. 이들 국가에서의 질서유지는 물론 미국의 안보와 번영에
필수적인 것이었다.

> **역사 메모** 하와이에는 1820년대부터 미국의 선교사, 포경업자, 사탕수수 및 파
> 인애플 농장주 등이 진출해 있었다. 하와이 거주 미국인들은 1893년 원주민 여왕 릴
> 리우오칼라니(Liliuokalani)를 퇴위시키고 미국 정부에 합병을 요청했다. 하와이는 결
> 국 미국-스페인 전쟁 기간 중인 1898년 7월 미국에 합병되었다.

프레더릭 잭슨 터너의 프런티어 가설

오늘날 찰스 A. 베어드와 더불어 미국에서 가장 영향력 있는 역사가 중 한 사람으로 평가받는 프레더릭 잭슨 터너(Frederick Jackson Turner)는 1893년 시카고에서 열린 미국역사학회에서 〈미국 역사에서의 프런티어의 중요성(The Significance of the Frontier in American History)〉이라는 논문을 발표해 주목을 끌었다.

그는 이 논문에서 미국인과 미국 정부가 유럽과 다른 이유를 설명하면서 '미국적 예외주의(American exceptionalism)'와 활력의 원천이 프런티어에 있다고 주장했다. 프런티어란 도시화되고 문명화된 사회와 사람이 살지 않는 미개지 사이의 지역으로서, 엄밀하게는 1평방마일당 인구 밀도가 두어 명 남짓 되는 지역을 말한다. 터너는 이 프런티어에서 미국인들이 '관습의 속박에서 벗어나 새로운 경험을 하면서, 새로운 제도와 활동을 요구하는' 자유를 창조했다고 주장했다. 즉 미국인들은 프런티어의 경험에서 미국적인 것이라고 말할 수 있는 특징들, 즉 민주주의, 개인주의, 평등주의, 실용주의, 물질주의 등을 창출했다는 것이다.

터너에 따르면 이 과정은 다분히 진화적인 과정으로서 부패하고 타락한 유럽과 멀어질수록, 그리고 처음에는 대서양 연안에서 프런티어 라인을 따라 서부로 계속 나아가는 과정에서 형성되었다. 즉 구세계와 달리 신세계의 가장 뚜렷한 환경적 특징은 '비어 있는 토지와 그 토지의 끊임없는 점유 그리고 서쪽을 향한 미국인 정착의 진척'이었다. 다시 말해 17세기 들어 대서양 연안에 처음 도착한 초기 정착민은 자신들을 유럽인처럼 생각하고 행동했지만, 서쪽으로 프런티어를 따라 나아가면서 자신들이 이전에 알던 것과는 매우 다른 새로운 환경의 도전에 직면했으며, 세월이 흐르면서 자신들을 미국인으로 만들어준 방식으로 그 새로운 환경에 적응했다는 것이다. 그 결과 이들의 후손은 프런티어에서는 더 이상 유용하지 않은 유럽의 제도와 관습, 예를 들면 국교, 귀족 정치, 정부의 간섭 등을 버리고 서부로 나아가면 갈수록 더욱더 미국적인 것을 형성하며 한층 민주적으로 변했다.

이른바 '프런티어 가설' 또는 '터너의 가설'로 불리는 터너의 논문은 당대 지식인들 사이에서 상당한 인기를 끌었다. 그러나 터너의 논문은 미국 재무장관이 1890년의 국세조사보고서(census)를 토대로 미국에는 더 이상 프런티어가 존재하지 않는다고 발표한 직후에 나옴으로써, 일부 미국인에게는 미국의 장래에 경각심을 일깨워주는 소리처럼 들렸다. 따라서 시어도어 루스벨트를 비롯한 많은 사람들은 프런티어의 종식을 이제는 미국이 본토뿐 아니라 해외로 팽창해야 하는 새로운 단계에 접어들었음을 알리는 신호로 보기도 했다.

혁신주의 시대와
제1차 세계대전

혁신주의자의 등장과 혁신주의적 정치 개혁

사회적 혼돈을 바로잡아야 한다는 혁신주의자가 등장함에 따라
사회복지관이 설립되는 등 사회를 개선하기 위한 노력이 시작되었다.

'혁신주의자'란 어떤 사람들인가

19세기 말 미국에서는 미국 사회가 이대로 가다가는 커다란 위기와 혼란에 처하고 말 것이라고 염려하는 사람들이 나타나기 시작했다. 이들은 산업화와 도시화로 인해 증대되고 있는 사회적 혼돈에 질서를 부여하고 불의를 바로잡아야 한다고 믿는 개혁가로서 '혁신주의자(Progressives)'라고 불렸던 사람들이다.

혁신주의자들은 대개 19세기 말에 등장한 신중간계급(new middle class)이 주류를 이루었다. 이들은 전문직에 종사하는 교육받은 젊은 남녀들로서 기업가, 정부, 인간관계 등의 비능률성과 비도덕성에 혐오감을 느끼고, 과학적·합리적 기술을 적용해 사회의 여러 가지 문제를 개혁할 수 있다고 보았다.

혁신주의 운동에서 선구적 역할을 한 '폭로 작가들'

혁신주의 운동에서 선구적 역할을 한 것은 이른바 '폭로 작가

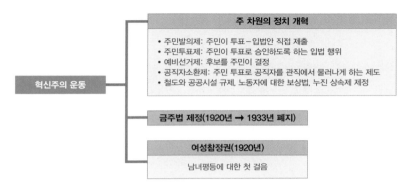

혁신주의 운동	주 차원의 정치 개혁
	• 주민발의제: 주민이 투표 – 입법안 직접 제출 • 주민투표제: 주민이 투표로 승인하도록 하는 입법 행위 • 예비선거제: 후보를 주민이 결정 • 공직자소환제: 주민 투표로 공직자를 관직에서 물러나게 하는 제도 • 철도와 공공시설 규제, 노동자에 대한 보상법, 누진 상속제 제정
	금주법 제정(1920년 → 1933년 폐지)
	여성참정권(1920년) 남녀평등에 대한 첫 걸음

▶ 혁신주의적 개혁

(muckraker)'로 알려진 사람들이었다. 추문 폭로 운동은 1902년 10월 〈맥클루어스 매거진(McClure's Magazine)〉에 링컨 스티픈스(Lincoln Steffens)와 클로드 웨트모어(Claude H. Wetmore)가 '세인트루이스에서의 트위드 시절'이라는 기사로 정치 보스인 트위드의 추문을 폭로함으로써 촉발되었다. 다음 달에는 아이다 타벨(Ida Tarbell)의 '스탠더드 석유 회사의 역사(History of the Standard Oil)'를 게재해 스탠더드 석유 회사의 비리를 파헤치자, 다른 많은 잡지들도 미국 사회의 여러 부문에서 부정부패를 폭로하기 시작했다. 소설가들도 이에 동참했다. 예컨대 업턴 싱클레어(Upton Sinclair)는 소설 《정글(Jungle)》을 통해 통조림 회사의 비위생적인 식품 처리를 고발하고 이민노동자의 참상을 적나라하게 묘사했다.

빈민 구제를 위한 사회복지관의 설립

산업화는 수많은 백만장자를 탄생시키기도 했지만 동시에 수많은 빈민을 낳기도 했다. 사회진화론자들은 빈민이 사회에 적응을 잘 못한 탓

이라고 보았지만, 혁신주의자들은 오히려 해로운 사회적 환경이 빈민층을 만든다고 보았다. 따라서 이들은 빈민의 상태를 향상시키기 위해서는 빈민의 생활환경을 개선하기 위한 기관이 필요하다고 생각했다. 이를 위해 미국에서도 제인 애덤스(Jane Addams)의 노력으로 시카고에서 최초의 사회복지관인 헐 하우스(Hull House)가 탄생했다. 이는 이후 미국 전역에서 400개 이상의 유사한 기관이 설립되는 모델이 되기도 했다.

혁신주의적 정치 개혁

혁신주의자들은 정치 분야에서도 개혁을 요구했다. 이들은 비민주적이고 반동적인 정당들이 정부 및 정치를 지배하고 있으므로 이를 개혁해야 한다고 주장했다. 그래서 처음에는 도시 차원에서 시정(市政) 보스(Boss)의 지배 및 부패를 막기 위한 개혁에 힘을 기울여 각종 개혁 위원회가 조직될 수 있도록 노력했다. 그러나 개혁가들은 자신이 추구하는 정치·경제적 개혁을 위해서는 도시 차원은 규모가 작다는 것을 깨닫고 주와 연방 차원의 개혁을 추진했다.

혁신주의자들의 노력으로 이룩된 주 차원의 개혁은 주민발의제(initiative)와 주민투표제(referendum)였다. 이와 더불어 혁신주의자들은 정당의 권력을 제한하고 선출된 관리의 자질을 향상시키기 위해 여러 주에서 예비선거제와 공직자소환제(recall)를 도입할 것을 주장했다. 주 차원의 개혁에서 가장 눈에 띄는 인물은 위스콘신주의 로버트 라폴레트(Robert La Follette) 주지사였다. 라폴레트를 비롯한 위스콘신주의 혁신주의자들은 예비선거제, 주민발의제, 주민투표제를 도입하는 데 성공했다. 그리고 그들은 철도에 대한 규제, 산업재해를 당한 노동자에 대한 보상법, 누진 상속세 등을 실시하는 데에도 크게 기여했다.

수정헌법 제18조를 통해 술을 제조, 운송, 판매하는 것을 금지하다

혁신주의자들은 정치적인 문제뿐 아니라 사회의 도덕적인 문제에도 개혁이 필요하다고 생각했다. 이러한 문제 중에서 혁신주의자들이 주목한 것은 음주 문제였다. 술은 특히 당시 가뜩이나 가난한 노동계급의 가정에 끔찍한 결과를 가져다주었다. 따라서 여성들은 이미 19세기 전반기부터 금주운동을 벌여왔고, 19세기 후반에는 크리스천 여성금주연합(Women's Christian Temperance Union)을 결성해 조직적 운동을 펼치기도 했다.

여기에 혁신주의적 열기가 더해져 결국 1920년 수정헌법 제18조로 금주법을 제정해 미국에서는 술을 제조, 운송, 판매하는 것이 완전히 금지되었다. 하지만 금주법은 사람들로 하여금 술을 못 마시게 하는 데 따른 긍정적인 효과보다 비밀리에 술을 제조·판매해 이득을 챙기는 폭력 조직이 생겨나는 등의 부작용이 너무 커서 결국 1933년 수정헌법 제21조로 다시 폐지되었다.

여성참정권 운동

혁신주의 시대에 있었던 가장 큰 운동은 여성참정권 운동(Suffrage Movement)이었다. 참정권이 없던 시절의 여성에게는 투표권 확보야말로 여성이 남성과 평등해질 수 있는 첫걸음이었다. 여성은 시민으로서 자신들의 권리를 확보하기 위해 전국여성참정권협회(National Woman Suffrage Association) 같은 조직을 만들어 남성 중심의 사회에서 평등을 향한 걸음을 힘차게 내딛었다. 이러한 노력에 힘입어 결국 1920년 미국

여성들은 여성의 참정권을 보장하는 수정헌법 제19조의 제정을 이끌어
냈다.

역사 메모 금주법의 제정이 과연 순수하게 혁신주의적인 도덕적 개혁의 성과였
을까? 최근의 연구에 따르면 금주법 제정의 배후에는 음주로 인한 노동자들의 생산
성 저하를 우려한 기업가들의 은밀한 지원이 있었다고 한다.

혁신주의의 히어로, 루스벨트 대통령!

루스벨트 대통령은 트러스트 금지법을 실행하고 자연보호 운동에 힘을 기울여
혁신주의자들의 우상이 되었다. 루스벨트를 이은 태프트 대통령은 노동 개혁을 지지했다.

혁신주의 개혁가 세대에게 우상이었던 시어도어 루스벨트

정치, 제도, 사회 문제 등에 대한 혁신주의 시대의 도전은 연방 정부
가 개혁의 주체가 되기를 바라는 쪽으로 나아갔다. 그러나 20세기가 시
작될 무렵까지도 연방 정부는 그러한 책임을 떠맡을 능력이 없는 것처
럼 보였다. 하지만 1901년 9월부터 정부의 분위기가 갑자기 바뀌었는
데, 그것은 당시 대통령 윌리엄 매킨리가 암살당하고 부통령이던 시어
도어 루스벨트가 대통령직을 승계하면서부터였다. 대통령으로서 루스
벨트는 이후 혁신주의자의 영웅이 된다. 그러나 그는 본질적으로 보수
주의자이며 개인주의자이지 개혁가는 아니었다는 평가를 받는다. 그럼
에도 불구하고 루스벨트는 혁신주의자들이 주장하던 것과 유사한 정책
을 펼쳤다. 그는 연방 정부를 어떤 특정 이해 집단의 대리인이 아니라
대통령을 중심으로 한 공익적 중재자로 생각했다. 루스벨트는 이러한
생각 아래 경제에 대한 개혁을 실시했다. 그는 우선 거대한 트러스트
로 상징되는 대기업에 주목했다. 이때부터 루스벨트는 '트러스트 파괴

사우스다코타주 키스턴 인근에 있는 러시모어산에 조각된 네 명의 역대 미국 대통령 얼굴. 왼쪽부터 조지 워싱턴, 토머스 제퍼슨, 시어도어 루스벨트, 에이브러햄 링컨.

자(trust buster)'라는 별명을 얻게 된다. 루스벨트는 대중을 착취하는 철도, 통조림 공장, 석유 트러스트 등을 기소하기 위해 트러스트 금지법을 발동하라고 법무부에 지시했다. 1904년 대법원이 모건이 창설한 거대 철도 기업 연합인 북부 증권 회사(Northern Securities Company)의 해체를 명령한 것도 바로 이러한 루스벨트의 트러스트에 대한 정책의 승리로 여겨진다.

루스벨트의 '공정한 거래' 정책

1902년 연합 광산 노조(United Mine Workers)가 8시간 노동과 임금 인상을 요구하며 파업을 일으켰을 때, 루스벨트는 정부가 파견한

시어도어 루스벨트(신국민주의)	윌리엄 하워드 태프트	우드로 윌슨(신자유)

• 경제 개혁 실시
– 트러스트 금지법
  철도, 통조림, 석유
– 북부 증권 회사(철도기업연합)의
  해체(1904년)
• '공정한 거래' 정책
– 헵번 철도규제법 제정(1906년)
  ➡ 주간통상위원회의 권한 확대
– 육류 검사법 통과
– 식품 및 의약품 규제법 제정
• 자연보호 운동 적극 참여
 	
⬇
공화당 내 보수주의자들과
관계 악화
	• 루즈벨트 개혁에 동조
	– 더 많은 트러스트 해체
	– 국유림 보존지역 계속 확대
	– 주간통상위원회의 규제권
	  더욱 강화
	• 누진소득세법 및 연방상원의원의
	  직선제법 통과
	
	⬇
	공화당의 분열 가속화
	➡ 루스벨트는 혁신당 출범시켜
	독자적으로 대선 출마
		• 관세 개혁, 누진소득제 도입
		– 연소득 4000달러 이하는 세금
		  면제
		– 4,000달러 이상의 개인과
		  기업은 1%의 세금 부과
		– 소득비율에 따라 5만 달러
		  이상은 6% 부과
		• 중앙은행체제 재정비
		– 연방준비제도은행 설립
		  (총 통화량의 증감 조절)
		• 평화·번영·혁신주의 강조

▶ 혁신주의 대통령(1901~1917년)

특별위원회의 조사와 중재라는 전술을 사용하여 모든 사람에게 '공정한 거래(Square Deal)'를 취했다고 술회했다. 1904년의 대통령 선거에서 자력으로 정식 당선된 루스벨트는 두 번째 임기 동안 이 공정한 거래를 더욱 확대하고자 했다. 우선 그는 막강한 철도 산업을 규제하기 위해 1887년에 제정된 주간통상법(Interstate Commerce Act)이 법원의 판결로 제약을 받게 되자, 1906년 헵번 철도규제법(Hepburn Railroad Regulation Act)을 제정해 주간통상위원회(Interstate Commerce Commission, ICC)의 권한을 확대함으로써 철도에 대한 한층 엄격한 통제가 이루어지도록 했다.

다음으로 루스벨트는 1906년 싱클레어의 소설 《정글》로 통조림 회사의 불결한 식품 처리가 폭로된 이후 조사를 명해 사실임이 밝혀지자 육류검사법을 통과시키도록 했다. 그는 또한 식품 및 의약품 규제법을 제정해 위험하거나 효능이 없는 의약품의 판매를 금지하거나 제한하도록 했다.

애리조나주 그랜드캐니언 국립공원 협곡의 웅장한 모습. 20억 년 이상의 세월에 걸쳐 콜라라도 강이 깎아낸 이 협곡은 길이가 446킬로미터, 폭이 29킬로미터, 깊이가 1.83킬로미터에 달하는 설명이 필요 없는 대자연의 조화를 보여준다.

　루스벨트는 미국의 자연보호 운동에 적극적으로 관심을 기울인 최초의 대통령이기도 했다. 그는 대통령의 권한을 사용해 대부분 서부에 있던 거의 1억 5000만 에이커에 달하는 미개발 정부 소유 토지를 국유림에 포함시켜 그 땅에 대한 사적인 개발을 제한했다. 1907년 의회가 공유지에 대한 대통령의 권한을 제한하는 법을 제정하려 하자 루스벨트는 산림청장 기포드 핀쇼(Gifford Pinchot)와 함께 아직 공유지로 남아 있는 모든 산림과 방대한 양의 용수, 석탄을 보존하고자 했다. 루스벨트는 재임 말년 대기업과 공화당 간의 전통적인 유착 관계에서 벗어나 부자들의 무책임한 행동에 철퇴를 가하고 기업에 대한 한층 강력한 규제와 부자에 대한 중과세를 지지했다. 하지만 이러한 루스벨트의 개혁 노력은 공화당 내 보수주의자들과의 관계를 악화시켰다. 더욱이 루스벨

유타주 남서부에 위치한 브라이스캐니언 국립공원의 아름다운 돌기둥의 모습. 브라이스캐니언은 엄밀하게 말하면 협곡이라기보다는 오랜 세월에 걸친 비, 바람, 얼음 등으로 침식된 거대한 자연이 만든 원형극장의 형태라고 할 수 있다. 1923년에 미국의 국립공원으로 지정되었다.

유타주 동부에 위치한 아치스 국립공원. 사암이 침식 및 풍화 작용으로 만들어낸 2000개 이상의 기기묘묘한 아치 형태 바위가 있는 국립공원이다. 세계적으로 유명한 것은 델리킷아치이고, 사진에 보이는 아치는 랜드스케이프아치와 오르간이라고 부르는 바위다.

트는 1904년의 선거전에서 다음번 선거에는 출마하지 않겠다고 공약했기 때문에 1908년의 대통령 선거에서는 자신의 친구이자 휘하의 전쟁부 장관이던 윌리엄 하워드 태프트(William Howard Taft)를 공화당 후보로 지지했다. 이 선거에서 민주당은 윌리엄 제닝스 브라이언을 세 번째로 대선에 내보냈지만 공화당의 태프트가 가볍게 승리했다.

태프트와 혁신주의자들

태프트 대통령은 전임자인 루스벨트가 미뤄놓은 정치적 문제에 직면했다. 그중 대표적인 것은 관세율 문제였다. 태프트는 혁신주의자들이 요구한 저율의 보호관세를 정책으로 입안하겠다는 암시를 했다. 하원은 이를 믿고 관세를 인하하는 법을 통과시켰으나, 오히려 상원의 보호무역주의자들은 관세를 인상하는 쪽으로 법안을 수정해 페인-올드리치 관세법(Payne-Aldrich Tariff)을 제정했다. 이로 인해 공화당 내의 혁신주의자와 보수주의자의 관계는 소원해지기 시작했다. 더욱이 태프트는 자신이 기용한 내무장관 리처드 볼린저(Richard Ballinger)가 자원보호 목록에서 100만 에이커의 산림과 광물 매장지를 제외하고 알래스카에 있는 공유지의 석탄 매장지를 매각한 것에 의혹을 제기하며 저항한 산림국장 핀쇼를 해임함으로써 자연보호론자들의 분노를 사게 되었다. 이는 나아가 공화당의 분열을 가속시키는 데 기여했다.

사실 태프트는 루스벨트처럼 개혁에 동조적이었다. 예컨대 태프트는 루스벨트보다 더 많은 트러스트를 해체했으며, 국유림 보존 지역을 계속 확대했고, 1910년에는 만-엘킨스 법(Mann-Elkins Act)으로 주간통상위원회의 규제권을 강화했으며, 8시간 노동법과 광산안전법 등으로 노동 개혁을 지지했다. 또한 그의 재임 기간 중 혁신주의자들이 줄기차게 주장했던 누진 소득세를 시행하는 수정헌법 제16조와 연방 상원의원의 직선제를 보장하는 수정헌법 제17조가 통과되기도 했다.

공화당의 분열과 1912년의 대통령 선거

1910년경부터 분열의 조짐을 보여온 공화당은 1912년의 대통령 선거전을 맞이해 갈등이 표면화되었다. 공화당의 대통령 후보 지명을 위한 전당대회는 공화당 구파의 주도로 전임 대통령 루스벨트를 후보 지명에서 배제하려는 움직임을 보였다. 이에 루스벨트는 지지자들을 이끌고 나가 새로이 혁신당(Progressive Party)을 출범시켜 독자적으로 대선에 출마했다. 선거 결과 루스벨트는 일반투표에서 27퍼센트를 얻어 현직 대통령 태프트의 23퍼센트보다 많은 표를 얻었지만, 민주당의 우드로 윌슨(Woodrow Wilson)이 42퍼센트를 얻어 대통령에 당선되었다. 미국 역사상 가장 예외적인 선거 중 하나로 평가받는 이 선거에서 윌슨은 선거인단 표로서는 531표 중 435표라는 압도적 표차를 기록했지만, 일반투표에서는 과반수를 얻지 못하는 한계를 보이기도 했다. 한편 이 선거에서 미국 사회당(Socialist Party)의 후보였던 유진 데브스가 일반투표에서 6퍼센트에 달하는 100만 표 가까이를 받았다는 사실도 중요하다. 결과적으로 이 선거에서 유권자의 4분의 3정도가 전임 태프트 대통령의 정책에 대한 대안을 요구했다고 볼 수 있다. 이는 윌슨으로 하여금 선거 결과를 놓고 유권자가 사회 개혁에 대한 연방 정부의 관여 확대 및 트러스트의 분쇄를 요구하는 것이라고 해석하게 만들었다.

역사 메모 ▶ 혁신주의 운동은 과연 순수하게 개혁 지향적 운동이었는가? 이에 대해 가브리엘 콜코(Gabriel Kolko) 같은 신좌파 역사가들은 이른바 '코퍼러트 리버럴리즘(corporate liberalism)' 이론을 통해 기업가들이 노동·자본·정부 3자 간의 담합 구조를 형성해 정부로부터 개혁으로 포장된 경미한 규제를 받아들이되 강도 높은 규제를 피하고자 한 시도라는 해석을 내리고 있다.

경쟁을 부활시키되
또한 규제할 것을 주장한 '신자유'

윌슨 대통령은 보호관세율을 낮추고, 누진 소득세를 도입하고,
은행 체제를 재정비하는 등 '신자유'를 내세웠다.

루스벨트의 '신국민주의'와 윌슨의 '신자유'

윌슨을 당선시킨 1912년의 대통령 선거전은 혁신주의적 정부는 어떤 방향으로 나아가야 하는지에 대한 논쟁을 낳았다. 먼저 혁신당 후보인 시어도어 루스벨트는 '신국민주의(New Nationalism)'를 내세우며 국민적 단결의 새시대는 정부가 경제활동의 균형을 잡고 협동하게 될 것이라고 예견했다. 또한 그는 시민의 이익을 보호하고 집중화된 경제력을 현명하게 이용하기 위한 규제 위원회의 설립을 주장했다. 따라서 루스벨트는 트러스트를 파괴하는 일보다는 복지를 위해 기업 활동을 감시하는 데 더 큰 관심을 기울였다. 예컨대 그의 주장은 대기업의 장점은 유지하되 악덕 기업의 활동은 규제하자는 것이었다.

반면에 윌슨의 '신자유(New Freedom)'는 한결 이상주의적인 것이었다. 그에 따르면 경제력의 집중은 개인의 자유를 위협하기 때문에 시장이 다시 개방될 수 있도록 독점을 해체해야 한다는 것이었다. 하지만 윌슨은 자유방임적 경제 원리의 부활을 꾀한 것은 아니었다. 그는 독점

을 해체해 진정한 경쟁을 부활시키되 독점을 육성한 부정한 경쟁을 정부가 적극적으로 억제하자는 것이었다. 한마디로 루스벨트가 독점을 규제할 것을 주장했다면, 윌슨은 경쟁을 부활시키되 이를 규제할 것을 주장한 것이다. 사실 이 두 주장은 상당히 유사하다는 평가를 받는다. 두 사람 모두 기회의 평등, 자연 자원의 보존, 노동자에게 공정한 임금 지불, 모든 계층의 사회적 향상 등을 강력히 지지했으며, 두 사람 모두 강한 개인적 지도력과 관료적 개혁을 통해 정부의 역할을 확대했던 것이다.

관세 개혁과 누진 소득세의 도입

대통령이 된 윌슨은 민주당과 혁신주의자들이 오랫동안 바라왔던 일, 즉 보호관세율을 낮추는 일에 착수했다. 그 결과 1913년에 언더우드-시먼스 관세법(Underwood-Simmons Tariff)이 통과되었다. 이 법은 미국 시장에 진정한 경쟁을 도입해 트러스트 세력을 몰아내는 데 도움이 될 정도로 관세율을 크게 인하한 것이었다. 관세율 인하에 따른 세수 결손을 막기 위해 의회는 누진 소득세를 도입했다. 수정헌법 제16조에 의거해 적용된 누진 소득세는 대부분의 노동자와 농민이 해당되었던 연소득 4000달러 이하의 경우에는 면제하고, 그 이상부터 5만 달러가 넘는 경우까지 1퍼센트에서 최고 6퍼센트까지 비율을 조정하도록 했다.

대기업에 대한 규제의 확대

대통령으로서 윌슨은 자신의 '신자유' 이상과 루스벨트의 '신국민주의' 교훈을 혼합해야 한다는 사실을 깨닫고 이를 연방 경제정책에 반영

했다. 윌슨은 특히 기업 합동 움직임이 너무나 진행되어 자유경쟁의 회복이 불가능한 지경에 이르렀다고 판단했다. 따라서 경제적 집중을 인정하되 정부의 규제력을 확대해 이를 막으려고 했다. 이러한 노력은 1914년 클레이튼 트러스트 금지법(Clayton Antitrust Act)과 연방통상위원회법(Federal Trade Commission Act)의 제정으로 나타났다. 우선 클레이튼 트러스트 금지법은 1890년의 셔먼 트러스트 금지법을 확대한 것으로서 경쟁을 파괴하기 위한 가격 경쟁과 이사직 겸직(interlocking directories) 같은 준독점적 관행을 불법화시켰다. 연방통상위원회법에 의거해 생겨난 연방통상위원회는 기업의 행위를 조사할 권한과 불공정 거래 관행을 고발할 수 있는 권한을 지니게 되었다. 하지만 고발된 회사는 연방통상위원회의 명령에 대해 법원에 제소할 수 있는 권리도 지녔다. 또한 윌슨은 클레이튼 트러스트 금지법에 대해서도 커다란 관심을 보이지 않았다. 따라서 어떤 의미에서 윌슨이 선거전에서 약속한 독점에 대한 강력한 법적 조치는 한갓 공약(空約)에 불과했다는 평을 받기도 했다.

중앙은행의 역할을 하게 될 연방준비제도법의 제정

윌슨의 '신자유' 계획의 중요한 성과 중 하나는 바로 중앙은행 체제를 재정비하는 것이었다. 당시 거의 모든 사람들은 기존의 은행 체제에 불만을 갖고 있었다. 하지만 은행 제도를 개혁하는 방법에 대해서는 의견이 달랐다. 이에 1913년 윌슨은 연방준비제도법(Federal Reserve Act)을 제정함으로써 1836년 앤드루 잭슨 대통령에 의해 제2미국은행이 사라진 이래 다시금 미국에 중앙은행 제도를 마련했다.

이 법에 따라 12개의 지역 연방준비제도은행(Federal Reserve Bank)

이 설립되어, 수도인 워싱턴에 있는 연방준비제도이사회(Federal Reserve Board)의 감독 및 규제를 받도록 했다. 또한 전국의 모든 은행을 각 지역 연방준비제도은행에 가입시켜 낮은 이자율로 대출을 해주고 이 이자율의 조정으로 연방준비제도은행이 총통화량의 증감을 조절할 수 있게 했다.

그 밖의 개혁 입법과 윌슨의 재선

유럽에서 일어난 제1차 세계대전과 다가올 선거를 위해 윌슨은 더욱 강력하게 개혁을 추진했다. 윌슨은 농민이 생산을 계속하기 위해 돈을 빌릴 수 없다면 결과적으로 식량 부족에 직면할 것이라는 우려 아래 1916년 연방농민대부법(Federal Farm Loan Act)을 지지했다. 이는 12개의 연방준비제도은행으로 하여금 농민에게 낮은 이자로 대출을 해주도록 한 것이었다. 또한 애덤슨 법(Adamson Act)을 통해 국가 비상시에 수송을 방해할지도 모를 철도 파업을 미연에 방지하기 위해 철도 노동자들의 8시간 노동과 초과 노동 시간에 대해 시간당 1.5배의 임금을 더 주는 방안을 마련했다. 아울러 윌슨은 아동노동을 금지하는 키팅-오언 법(Keating-Owen Act)을 지지했고, 상해나 질병을 당한 연방 피고용인에 대한 보상제도 마련했다. 뿐만 아니라 윌슨은 반독점주의자이자 혁신주의 운동의 상징적 존재였던 유대계 루이스 브랜다이스(Louis D. Brandeis)를 대법원 판사로 임명함으로써 자신의 개혁성을 부각시키고자 했다. 이러한 일련의 조치와 함께 평화, 번영, 혁신주의를 강조한 윌슨은 1916년의 선거에서 전 뉴욕주 주지사 출신의 공화당 후보 찰스 에번스 휴스(Charles Evans Hughes)에게 근소한 차이로 승리를 거둬 재선에 성공했다.

미국이 일제의 한국 침략을 도왔다고?

미국은 일본과의 밀약으로 일본의 한국 주도권을 인정하는 대신
미국의 필리핀 지배권을 침해하지 말라고 했다. 그 외에도 라틴아메리카를 사실상 지배했다.

한국에 대한 일본의 지배권을 인정한 태프트-가쓰라 밀약

미국-스페인 전쟁의 결과 미국이 필리핀을 소유하게 된 것은 결국 미국이 아시아의 정치에 참여하게 되었다는 것을 의미했다. 특히 당시 아시아에서 미국의 주요 경쟁자는 일본이었다. 1905년 러일전쟁에서 일본이 승리하자 루스벨트는 뉴햄프셔주 포츠머스(Portsmouth)에서 일본과 러시아의 평화 회담을 주선함으로써 아시아에서의 세력 균형 유지를 시도했다. 미국은 러일전쟁을 통해 러시아의 팽창이 저지되었다는 점에 안도했지만, 한편 일본의 세력이 팽창되는 것 역시 경계해야 했다.

따라서 루스벨트는 포츠머스 평화 회담에 앞서 육군 장관 윌리엄 하워드 태프트를 보내 일본과 비밀리에 태프트-가쓰라 밀약(Taft-Katsura Agreement)을 맺도록 했다. 이 비밀 협정은 1924년 미국의 역사가 타일러 데넷(Tyler Dennett)에 의해 밝혀졌는데, 그 내용은 미국이 당시 대한제국에 대한 일본의 주도권을 인정하되 일본은 필리핀에 대한 미

국의 지배권을 침해하지 않는다는 것이었다. 이로써 일본은 한국의 국권 침탈을 위한 길을 마련했던 것이다.

라틴아메리카 국가들에 대한 미국의 간섭

라틴아메리카에서 미국의 영향력 행사는 아무런 구속을 받지 않았다. 오히려 라틴아메리카 국가들에 대한 미국의 간섭은 공공연한 것이 되었다. 예컨대 미국은 미국 의회가 쿠바 합병은 금지했지만, 통제력 행사를 금지한 것은 아니라 보고 1902년부터 1922년까지 쿠바의 정세가 불안정할 때마다 수시로 미군을 쿠바에 주둔시키곤 했다. 특히 미국은 쿠바의 헌법에 이른바 플래트 수정 조항(Platt Amendment)을 삽입하게 함으로써 쿠바에 대한 미국의 주도권을 노골적으로 드러냈다. 이 수정 헌법은 쿠바로 하여금 쿠바의 독립을 해칠지 모르는 어떤 나라와도 조약을 체결하는 것을 금지했다. 즉, 쿠바가 다른 나라와 맺는 모든 조약은 미국의 승인을 받아야 한다는 것이었다.

대서양과 태평양을 연결하는 파나마운하의 건설

카리브해 지역에서의 영향력 확대와 태평양에서의 새로운 영토와 식민지 확보는 미국에 새로운 문제를 안겨주었다. 즉, 미국은 대서양과 태평양 사이의 거리를 크게 단축시켜줄 운하가 절실하게 되었던 것이다. 특히 미국의 기업가들은 아시아와 라틴아메리카의 시장에 한결 용이하게 접근하기 위해서는 운하 건설이 필수적이라고 로비 활동을 벌였다. 하지만 당시 미국의 운하 건설에는 약간의 장애물이 있었다. 우선 미국은 1850년 영국과 맺은 클레이턴-불워(Clayton-Bulwer) 조약으로 중앙아메리카를 지나는 운하를 건설할 경우 공동 관리를 하기로 약정했기 때문에, 운하 건설의 필요성이 대두된 20세기 초에 이르러서는 오히려 이 조약이 장애물로 작용했다. 그러나 미국은 마침내 영국의 양보를 얻어내 1901년 헤이-폰스포트(Hay-Pauncefote) 조약으로 독자적인 운하 건설이 가능해졌다.

다음 장애물은 미국이 운하를 건설하기로 예정한 파나마 지역을 둘러싼 문제였다. 당시 파나마는 콜롬비아의 영토였기 때문에 미국은 콜롬비아 정부에 파나마 지역을 이용하는 대가로 1000만 달러의 일시불과 연간 25만 달러의 이용료를 주는 조건으로 조약을 맺고자 했다. 그러나 콜롬비아 정부가 더 많은 대가를 요구하자 루스벨트는 때마침 파나마 주민들이 콜롬비아 정부에 대항해 반란을 일으킨 상황을 이용해 전함을 보내 파나마의 독립을 지원해주었다. 결국 미국은 1903년 콜롬비아로부터 독립한 신생 파나마 정부와 조약을 맺어 운하 지대를 장기간 이용할 권리를 획득했다. 이후 운하의 건설은 많은 기술적 난관을 헤치고 1914년 완공을 보게 되었다.

라틴아메리카가 미국의 영향력 아래 있음을 공언한 '루스벨트 추론'

이제 카리브해 인근 지역은 마치 미국의 호수나 다름없게 되었다. 루스벨트는 "아시아와 라틴아메리카에서 문제가 발생할 경우 전자에 대해서는 무력시위 등으로 부드럽게 말하고 라틴아메리카에 대해서는 무력행사 등으로 커다란 몽둥이를 휘두른다(Speak softly and carry a big stick)."라는 식으로 자신의 입장을 밝혔다. 특히 라틴아메리카에 대해서는 이를 하나의 정책으로 확립하기 위해 1904년 기왕의 먼로 선언을 확대 해석한 이른바 '루스벨트 추론(Roosevelt Corollary)'을 발표했다. 그 내용은 라틴아메리카에 대해 유럽 열강이 간섭하는 것을 막기 위해서는 우선 라틴아메리카 국가들의 정치와 재정을 안정시켜야 할 것이라고 경고하면서 "서반구에서 먼로주의를 견지하고 있는 미국으로서는 만성적인 비행과 무기력 상태가 격심할 경우 결코 내키는 바는 아니지만 국제 경찰력(international police power)을 행사하지 않을 수 없을 것이다."라는 것이었다.

루스벨트, 태프트, 윌슨의 라틴아메리카에 대한 대외 정책

라틴아메리카 문제에 관한 한 루스벨트와 후임 대통령들은 결코 허세를 부리지 않았다. 실제로 1900년에서 1917년 사이에 미군은 쿠바, 파나마, 니카라과, 도미니카공화국, 멕시코, 아이티 등의 라틴아메리카 국가에 수시로 간섭했다. 미국은 또 라틴아메리카에서 질서유지라는 명목으로 경찰력을 행사했다. 그러한 질서가 미국 역사상 해병대의 상륙, 군대의 훈련, 선거 과정 운영, 경제 조작 등으로 이루어졌건 아니건 간에 라틴아메리카에서의 질서 유지는 미국의 안보와 번영에 필수적이었던 것이다.

결론적으로 루스벨트뿐만 아니라 이후의 태프트와 윌슨 대통령 모두 이러한 질서유지를 다양한 방법으로 표현했는데, 예컨대 루스벨트가 '몽둥이 외교'를 표방했다면 태프트는 총탄 대신 달러가 라틴아메리카에 안정을 가져다주고 미국의 이익을 보장해줄 것이라는 의미에서 '달러 외교'를 펼쳤으며, 윌슨은 이들 국가에 자유주의적 자본주의와 입헌 정부를 전파할 목적으로 이른바 '도덕 외교' 또는 '선교사적 외교(missionary diplomacy)'를 추구했다. 그러나 이들 모두는 이 세 가지 대외 정책을 사안에 따라 모두 사용했다고 볼 수 있다. 따라서 중남미에 대한 미국의 대외 정책은 제국주의적인 것이었다고 할 수 있다. 앞으로 미국의 대외 정책은 미국의 온정주의(paternalism)에 희생당해온 각 국의 민족주의자로부터 미국의 주도권에 대한 강력한 도전으로 점철될 터였다.

역사 메모 ▶ 파나마운하 건설 이전에는 뉴욕에서 샌프란시스코까지 남아메리카 남단을 돌아서 갈 경우 2만 2500킬로미터에 달했으나, 건설 이후 9500킬로미터로 단축되었다. 파나마운하의 운영권은 미국과 파나마 사이의 조약에 따라 1999년 12월 31일 정오를 기해 파나마 정부로 넘어갔다.

1914년~1917년: 제1차 세계대전 발발과 미국

미국, '우린 중립이오!'

> 제1차 세계대전이 일어나자 미국은 미국 내에서 충돌이 발생할 것을 우려해
> 중립을 선언했다.

제1차 세계대전의 발발과 미국

1914년 유럽에서 오스트리아-헝가리 제국의 페르디난트 대공(Archduke Ferdinand)이 사라예보에서 암살당한 것을 계기로 독일, 오스트리아-헝가리 제국 그리고 나중에 터키와 불가리아가 가세한 동맹국 측과 영국, 프랑스, 러시아 그리고 나중에 일본, 이탈리아가 포함된 연합국 측 사이에 제1차 세계대전이 발발했다. 미국인들은 이러한 세계적인 전쟁이 일어난 데 크게 놀랐다. 물론 미국도 19세기 말부터 국제적인 식민지 쟁탈전, 해외 시장의 확대, 간헐적인 군사적 행동, 신무기의 제조 등에 참여했지만 전면전은 과거의 일쯤으로 여기고 있었기 때문이다.

당시 미국은 유럽에서의 전쟁의 영향이 아니라도 이미 혁신주의 기풍이 쇠퇴해가고 있었다. 개혁의 한 시대가 휘몰아친 뒤에도 미국인들은 아직 분열된 채로 있었고, 사회·경제적 불평등은 미국 사회를 아직도 위협하고 있었다. 더욱이 1914년 들어 미국은 또다시 경기 침체 국면에 접어들면서 여러 가지 문제가 발생했다. 예를 들면 노사 관계도

긴장 상태가 계속되었고, 수도 워싱턴 내 연방 정부 건물에서 흑백 분리를 인정한 윌슨 대통령의 결정과 남부에서 흑인에 대한 수많은 린치 사건 등으로 인종 관계도 악화되었다. 뿐만 아니라 백인 토착주의자들은 쏟아져 들어오는 이민의 물결에 저항하고 있었다.

유럽의 전쟁에 대한 미국의 중립 유지 노력

윌슨 대통령은 미국이 전쟁에 말려들지 않도록 애쓰면서, 중립적 무역으로 미국의 이해관계를 지키고자 하는 한편 군사적으로는 군비를 강화했지만, 그의 정치적 입지는 이미 좁아지고 있었다. 제1차 세계대전이 발발했을 때, 윌슨은 중립을 선언했다. 그는 특히 미국이 혼합된 인종 구성으로 인해 유럽의 전쟁에 말려들 경우 미국인들끼리 서로 싸우게 될 것을 우려해 미국이 중립을 지켜야 할 필요성이 있음을 역설했다. 그러나 미국은 유럽의 전쟁에 초연해 중립을 지키기 힘든 여러 가지 이유가 있었다.

우선 미국 내 다양한 소수 인종 집단은 자연스레 어느 쪽이든 편을 들게 되는 상황이었다. 예컨대 독일계 미국인은 물론이고 당시 영국으로부터 독립하기 위해 투쟁 중이던 아일랜드 출신 이민자들은 반영 감정으로 인해 동맹국 편에 설 것이었다. 러시아에 대해 오랜 적개심을 갖고 있던 스웨덴계 미국인도 마찬가지였다. 반면에 잉글랜드계 및 프랑스계 미국인은 당연히 연합국을 지지했다.

다음으로 미국과 유럽의 교전 상대국 간의 경제적 관계도 미국의 중립 유지에 장애가 되었다. 예컨대 전쟁 발발 이후 미국의 영국 및 프랑스에 대한 수출액은 3배나 증가한 데 비해, 독일에 대한 수출액은 오히려 10분의 1 이하로 감소한 데에서 볼 수 있듯이 교전 상대국에 대한

▶ 제1차 세계대전 시기의 유럽

중립국 미국의 경제적 이해관계는 중립적이라고 볼 수 없었다. 따라서
독일의 입장에서 보면 미국과 연합국 사이의 긴밀한 경제적 관계는 바
람직한 것이 아니었고 오히려 위험한 일이었다. 독일에게 미국은 매우
비중립적이었고, 연합국의 병기창과 은행으로 비쳐졌던 것이다.

　마지막으로 윌슨 행정부 내 관료들의 친연합국 성향도 중립 유지에
저해 요인으로 작용했다. 윌슨조차도 만약 독일이 승리한다면 서구 문
명에 심대한 타격을 초래할지 모른다고 우려했다. 또한 윌슨의 주요 조
언자였던 에드워드 하우스 대령(Colonel Edward House), 국무장관 로
버트 랜싱(Robert Lansing), 주영 미국 대사 월터 페이지(Walter H. Page)
등도 일관되게 친연합국 입장을 보였다.

민족자결주의를 천명한 윌슨주의

윌슨 대통령 행정부는 이 전쟁에서 영국이 승리한다면 윌슨적 원리들이 국제적으로 더 잘 수용될 것이라고 생각했다. 학자들은 이 원리를 윌슨주의(Wilsonianism)라고 부르는데, 그 내용은 우선 통상에 지장이 없을 것, 민주적 정치 실시에 장애가 없을 것, 비밀 외교를 금지할 것과 같은 미국의 전통적 외교 원리로 구성되었다. 나아가 유럽 제국(帝國)들은 자결의 원리에 따라 개방되어야 한다는 것이었다. 즉, 윌슨은 더 나은 사회와 세계 평화를 보장하기 위해 모든 나라가 자유시장, 착취적이지 않은 자본주의, 정치적 입헌주의를 취할 것을 구상했다. 미국이 결코 중립을 지킬 가능성이 없어서 윌슨이 참전을 추구한 것은 아니었다. 윌슨 대통령은 미국이 군사적 충돌에 말려들지 않기를 간절히 원했고, 실제로 미국은 앞서 언급한 국내적 문제가 있었음에도 제1차 세계대전이 일어나고 2년 반이 지나도록 중립을 유지할 수 있었다. 그러나 1917년 봄에 이르자 미국도 국익을 위해서 참전하지 않을 수 없는 상황이 되었다.

역사 메모 ▶ 미국은 제1차 세계대전이 발발할 당시 9200만 명의 인구 중 3분의 1에 달하는 국민이 외국, 특히 유럽 태생이거나 그 2세였기 때문에 당장에는 국내의 동요를 막기 위해서라도 중립을 표방하지 않을 수 없는 입장이었다.

미국의 참전과 연합국의 승리

⌈ 중립권을 위협받던 미국은 독일의 잠수함 작전과 치머만 각서 등을 계기로 결국
⌊ 참전함으로써 연합국 측에 인적·물적으로 크게 도움을 주어 연합국의 승리에 기여했다.

교전 양측으로부터 위협을 받은 미국의 중립권

유럽에서 전쟁이 활발하게 치러지는 동안 미국의 중립적 위치는 연합국과 동맹국 양측으로부터 위협을 받게 되었다. 영국은 유럽 대륙에 대한 해상봉쇄를 단행해 독일로 향하지 않는 중립국 선박마저도 불법으로 수색하고, 종종 화물을 몰수해 미국을 비롯한 중립국을 곤경에 빠뜨렸다. 윌슨은 영국의 중립권 침해에 항의했지만 영국은 몰수된 화물에 배상을 해주는 정도로 무마하곤 했다.

한편 독일은 영국의 해상봉쇄를 무력화하고 미국과 연합국 사이의 무역을 종식시키기 위해 잠수함 작전을 감행하기로 결정했다. 이에 독일은 1915년 영국 해안 주변을 전쟁 지역으로 설정하고 이 지역을 지나는 모든 적성국 선박을 침몰시킬 것이며, 중립국 선박도 이 지역을 지나지 말 것이며, 중립국 여행자는 적국의 선박을 이용하지 말 것을 선언했다.

미국에 참전의 계기를 마련한 독일의 잠수함 작전

이후 몇 개월 동안 독일의 U-보트는 여러 척의 선박을 격침시켰다. 그 와중에 일어난 영국 선적의 여객선 루시타니아(Lusitania)호 격침 사건은 미국인들로 하여금 독일의 잠수함 작전에 대한 분노를 불러일으켰다. 1915년 5월 1일 1200명 이상의 승객과 다량의 탄약과 식량을 싣고 뉴욕항을 떠나 영국으로 향하던 루시타니아호는 며칠 뒤 아일랜드 해안에서 독일의 잠수함 공격을 받고 격침되었다. 이 사건으로 사망한 1198명의 승객 가운데 미국인도 128명이 포함되어 있었다. 이때까지도 윌슨 대통령과 미국인들은 독일에 대한 군사적 공격을 자제했다. 독일은 이 사건 이후 얼마간 미국과의 전쟁을 피하기 위해 U-보트 지휘관에게 여객선에 대한 공격을 중지할 것을 명령하기도 했다. 그러나 1917년 2월 초 독일은 갑자기 무제한 잠수함 작전을 개시했다. 즉, 교전국이든 중립국이든, 전함이건 상선이건 전쟁 선포 지역을 지나는 모든 선박은 공격을 당할 것이라고 선언한 것이다. 이에 윌슨은 독일과의 외교관계를 단절하는 것으로 대응했지만, 모든 사람은 이제 독일과의 충돌을 거의 기정사실화하고 있었다.

미국에 참전의 빌미를 제공한 치머만 각서

이처럼 미국의 중립권과 경제적 이해관계에 대한 독일의 도전과 더불어 미국의 안보에 심대한 위협을 가져다주는 사건이 발생했다. 1917년 2월 말 영국은 독일 외무장관 아르투르 치머만(Arthur Zimmerman)이 멕시코 주재 독일 공사에게 보내는 전문을 가로채 암호를 해독한 다음 미국 정부에 이를 전달했다. 그 내용은 멕시코 정부가 미국에 대항해 독일과 군사동맹을 맺는다면 독일은 1848년에 멕시코가 미국에 빼앗긴 영

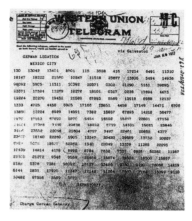

중립을 지키던 미국에게 참전의 빌미를 제공한 치머만 각서.

토를 회복시키는 데 도움을 줄 것이라는 내용을 멕시코 정부에 전하라는 훈령이었다. 이에 독일에 전쟁을 선포하라는 여론이 전국을 휩쓸었고, 윌슨 대통령도 4월 2일 의회 연설을 통해 독일에 대한 미국인의 분노를 열거하면서 "세계는 민주주의를 지켜야 한다."는 명분으로 전쟁 선포를 촉구했다. 이에 미국 의회는 재빨리 압도적인 지지로 독일에 선전포고를 했다.

전쟁을 위한 인적 자원의 동원

선전포고 이후 의회는 징병을 위해 징병법(Selective Service Act)을 통과시켰다. 이 법으로 20세에서 30세까지, 나중에는 18세에서 45세에 이르는 모든 남성이 지방 징병위원회에 등록해야 했다. 그리하여 1917년 6월에는 950만 명, 전쟁이 끝날 무렵에는 무려 2400만 명이 등록을 했으며, 그중 480만 명 이상이 군복무를 해야 했고, 그중 약 200만 명이 프랑스 전선에서 싸웠다.

군대 내에서도 인종차별은 여전히 존재했다. 남부의 여러 정치가들은 흑인들이 군인이 되는 것을 우려해 흑인의 징병을 반대했지만, 군대로서는 백인이든 흑인이든 인종에 관계없이 많은 인력이 필요했다. 듀보이스(W. E. B. DuBois) 같은 흑인 지도자와 흑인지위향상협회(NAACP) 같은 단체 역시 흑인에게 '세계의 자유'를 위한 전쟁에 참여할

1914년 제1차 세계대전 발발			
	미국	**영국(연합국)**	**독일(동맹국)**
1914	중립적 대응. 영국과의 통상 유지. '윌슨주의'(전통적 외교 원리)		
1915	연합국에 물자 공급	유럽 대륙에 대한 해상봉쇄	영국의 해상봉쇄—무력화
1916	군사적 준비 추진(국방법 통과)		
1917	독일과 외교 단절. 독일에 전쟁 선포	미국에 '치머만 각서' 전달	무제한 잠수함 작전 개시(U보트)
1918	아낌없이 무제한으로 전쟁 수행 징집법(흑인 차별 대우) 윌슨의 14개 조항 ➔ 독일이 항복하는 데 크게 기여		독일 항복
1918. 11. 11 제1차 세계대전 종말			

▶ 제1차 세계대전과 미국

것을 촉구했다. 그러나 군대는 흑·백인용 시설을 분리하고, 흑인이 장교가 되는 길을 막았으며, 흑인 병사들에게는 주로 천한 일만 시킴으로써 흑인들을 실망시켰다.

주로 프랑스 전선에 배치되었던 미군 병사는 이 전쟁이 자신들이 국내에서 듣던 것과는 전혀 다르다는 것을 깨달았다. 이들은 더럽고 악취나는 참호 속에서 독가스와 철조망의 공포에 직면해야 했다. 이 전쟁에서 미군은 5만 1000명이 전사했고, 23만 명이 부상당했다. 하지만 전쟁보다 더 심각한 인명 피해를 가져다준 것은 1918년에 전 세계적으로 창궐한 인플루엔자였다. 당시 인플루엔자로 사망한 미국인의 숫자는 55만 명에 달했는데, 그중 미군 사망자는 6만 2000명이었다. 그럼에도 불구하고 제1차 세계대전의 승패를 결정지은 것은 미국의 군대와 물자였다. 미국의 참전은 연합국 측에 인적·물적 자원에서 새로운 활력을 가져다줌으로써 연합국이 승리하는 데 크게 기여했다.

윌슨의 14개 조항

윌슨은 1918년 1월에 이미 천명한 바 있던 14개 조항을 교전 양측에 평화 협정으로 받아들일 것을 촉구했다. 윌슨주의를 집대성한 14개 조항은 처음 5개 조항에서 비밀외교 폐지, 해상에서의 자유, 자유무역, 군비 축소, 제국의 식민지 해체를 담고 있으며, 6조에서 13조는 민족 자결주의 원칙에 입각한 유럽 여러 나라의 영토 수정을 촉구하고, 마지막 14조에서는 '나라들의 전체적인 연합' 또는 '국제연맹(League of Nations)'의 창설을 주장했다. 이 14개 조항은 독일에 대한 연합국의 공세와 더불어 1918년 11월 11일 독일이 항복하는 데 크게 기여했다.

역사 메모 러시아혁명을 통해 집권한 레닌은 1918년 3월 독일과 브레스트리토프스크(Brest Litovsk)조약을 맺어 제1차 세계대전에서 벗어났다. 이로써 독일은 러시아를 상대하던 동부전선의 병력을 서부전선으로 돌릴 수 있게 됨으로써 영국과 프랑스에 압력을 가중시켰다.

백인 남성의 빈자리를 채운 여성과 흑인

> 전시산업국을 설립하면서 국민총생산은 급격히 증가했다. 하지만 군 입대로 인해
> 노동력이 부족해지자 이 빈자리를 여성과 흑인이 채우기 시작했다.

전시 정부와 기업의 협력 관계

미국이 제1차 세계대전에 참전한 기간은 단지 19개월에 불과했지만
이 전쟁이 미국에 끼친 영향은 상당했다. 특히 그 어느 때보다도 이 기
간 중에는 정부가 미국인의 생활에 깊숙이 간여했다. 특히 두드러진 현
상은 연방 정부와 사기업이 전시에 동반자적 관계가 되었다는 점이다.
참전 초기 연방 정부는 전쟁 물자의 구매와 가격에 대한 조언을 구하기
위해 몇몇 산업위원회에 의존했다. 그러나 이들 위원회가 자신들의 잇
속만 챙긴다는 비판이 일자 이 위원회를 해체하고 1917년 7월 전시산
업국(War Industrial Board)을 설립했다. 전시에 설립된 정부 기관 중 가
장 막강한 권한을 행사한 전시산업국은 백만장자 은행가였던 버나드
바루크(Bernard Baruch)가 지휘를 하면서 국내뿐 아니라 연합국에 필
요한 물자의 조달이라는 막중한 업무를 담당했다.

그 밖에 전쟁을 효율적으로 치르기 위해 수많은 정부 기관이 새로이
생겨났는데, 이 기관의 책임자로는 주로 기업가들이 충원되었다. 예를

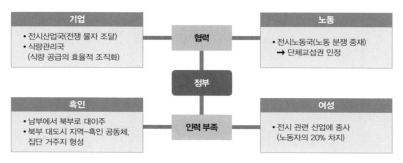

기업		노동
• 전시산업국(전쟁 물자 조달) • 식량관리국 (식량 공급의 효율적 조직화)	**협력**	• 전시노동국(노동 분쟁 중재) → 단체교섭권 인정
	정부	
흑인		여성
• 남부에서 북부로 대이주 • 북부 대도시 지역-흑인 공동체, 집단 거주지 형성	**인력 부족**	• 전시 관련 산업에 종사 (노동자의 20% 차지)

▶ 전시의 국내 상황

들면 식량관리국(Food Administration)은 허버트 후버(Herbert Hoover)가 이끌며 식량의 자발적인 증산과 보관을 독려하고 곡물의 가격을 결정하며 분배를 규제하기 위한 계획을 수립했다.

이러한 전시 동원 체제를 통해 미국은 충분한 인원과 물자를 프랑스로 보내 전쟁을 승리로 이끌 수 있었다. 당시 미국 전체 생산량의 4분의 1이 전쟁에 소비되었으며, 농민들도 호황기를 맞아 농경지를 확대함으로써 생산량을 증대시켰을 뿐 아니라 가격도 상승했다. 이와 같은 상황은 산업부문에서도 마찬가지였고 이에 따라 국민총생산은 급격히 증가했다.

전시의 노동관계

노조 역시 정부와 동반자적 관계를 모색했다. 미국노동총연맹(AFL)의 의장인 새뮤얼 곰퍼스는 윌슨 행정부에 충성을 바치며 각종 파업을 진정시키겠다고 약속했다. 그러나 급진적인 세계산업노동조합(Industrial Workers of the World, IWW)이 주도하는 파업과 AFL의 지방 지부들이 일으키는 파업까지 막을 수는 없었다. 그 결과 참전 기간 중에도 미국에서는 6000여 건의 파업이 발생했다. 연방 정부는 노동 분쟁을 중재하기 위해 전시노동국(War Labor Board)을 설치해 파업이나 직장 폐쇄를 금지시켰다. 하지만 단체교섭권은 인정함으로써 노동자들의 노조 가입률은 빠른 속도로 증가했다. 전쟁 기간 중 노동자들은 주당 48시간의 노동을 획득했다. 노동자들의 실질 수입도 증가했는데, 전시 인플레이션으로 인해 그 효과는 반감되었다.

전시의 여성 노동

전쟁으로 인한 군 입대와 이민 감소로 말미암아 노동력의 공급이 부족해지자, 그 빈자리를 여성, 흑인, 멕시코계 미국인들이 채우기 시작했다. 당시 미국의 여성 노동자는 800만 명으로 적은 수는 아니었지만, 문제는 이들이 이전까지 남성이 하던 노동의 영역을 대신하기 시작했다는 것이다.

예를 들면 백화점의 점원이었던 여성이 이제는 속기사나 타이피스트가 되었고, 섬유공장에서 일하던 여성이 군수공장에서 일하게 되었다. 여성들은 전쟁 수행을 위한 전기 기계, 비행기, 식료품 생산 공장노동자의 20퍼센트를 차지했다. 이러한 변화에 대해 남성 노동자들은 여성 노동자들이 저임금으로 일함으로써 기존의 임금 체계를 위협한다고 불만을 터트렸다.

그러나 전체적으로 보았을 때 전시의 노동 상황은 여성노동사에서 분수령이 되지 못했다. 아직도 여성의 주영역이 가정이라는 사실은 변하지 않았고, 따라서 전쟁이 끝났을 때 일시적으로 남성의 노동 영역을 침범했던 여성의 위치는 원상태로 환원되었다.

전시 북부의 노동력 부족으로 인한 남부 흑인들의 북부로의 대이주

전시의 사회적 이동성은 남부 흑인 공동체에 커다란 변화를 초래했다. 사실 남북전쟁 이후 흑인들은 노예 상태에서 해방되기는 했어도 대다수가 백인 농장주의 소작농이나 농업 노동자로 남부에 머물러 있었다. 그러나 전쟁 기간 중 북부의 노동력 부족은 흑인들에게 남부의 사회적, 정치적, 경제적 억압으로부터 탈출할 기회를 마련해주었다.

남부 흑인들은 북부의 철도 회사, 통조림 공장, 철강 회사, 조선소, 탄광 등에서 일하기 위해 북부의 도시로 대이주를 단행했다. 예컨대 1910년에서 1920년 사이에 약 50만 명의 흑인이 북부로 이주했던 것이다. 오늘날 북부 대도시 지역에 흑인 공동체나 집단 거주지가 형성된 것은 바로 이 시기의 대이주에서 비롯되었다고 할 수 있다.

하지만 흑인들은 새로운 직업과 기회를 찾아 북부로 왔지만 백인이 주류인 사회에서 계속 소수일 수밖에 없다는 사실을 지울 수 없었다. 북부 백인들은 이른바 '검둥이의 침입(Negro invasion)'에 분개해 폭동을 일으키기도 했다. 1917년 세인트루이스에서는 흑인이 군수공장에 취업하는 것에 분개한 백인들이 폭동을 일으켜 40명의 흑인과 9명의 백인이 사망하기도 했다. 1919년 이른바 유혈의 '붉은 여름(Red Summer)'에는 24개의 도시와 마을에서 인종 폭동이 일어났다.

> **역사 메모** ▶ 미국 정부는 전쟁 수행 반대자들을 억압하기 위해 1917년에 방첩법(Espionage Act), 1918년에는 태업법(Sabotage Act)과 보안법(Sedition Act)을 각각 제정했다. 이 법들은 전쟁에 반대하는 의견 표명을 위법으로 규정했으며, 1918년에만 1만 1500명 이상의 사람들이 정부나 전쟁을 비판했다는 이유로 체포되었다. 보안법은 1921년에 폐지되었다.

국제연맹의 창설과 경제 대국이 된 미국

> 미국은 파리평화회담에 참석해 국제연맹 창설에 힘을 기울였다.
> 또한 전쟁을 통해 채권국이 됨으로써 경제 대국으로 부상하게 되었다.

파리평화회담에 임하는 윌슨이 직면한 장애물

전쟁이 연합국 측의 승리로 끝난 후, 윌슨은 파리평화회담에 참석해 자신의 이상주의를 실현하기로 마음먹고 역대 미국 대통령으로서는 최초로 1918년 12월 대서양을 건너가 프랑스인으로부터 열렬한 환영을 받았다. 그러나 윌슨은 이 회담에 참석하러 갈 때부터 자신의 뜻을 펼치는 데 장애가 될 몇 가지 요인을 안고 있었다. 그가 직면한 첫 번째 어려움은 1918년 의회 선거로 공화당이 상원과 하원을 모두를 지배하게 되었다는 점이다. 이는 어떠한 평화조약도 윌슨에게 적대적인 상원의 승인을 받아야 한다는 것을 의미했다. 또 다른 문제는 윌슨을 제외한 연합국 대표들은 평화회담에 참석하는 것조차 허용되지 않은 독일에 가혹한 보복 조치를 가하기로 결정했다는 점이다. 더욱이 프랑스의 조르주 클레망소(Georges Clemenceau), 영국의 데이비드 로이드 조지(David Lloyd George), 이탈리아의 비토리오 오를란도(Vittorio Orlando) 수상은 윌슨과 사이가 좋지 않았다. 이들은 전시에 비밀조약을 맺어 독일을 희생시킴으로써 자신들의 제국을 확대할 것을 구상했다. 결국 미국을 제외한 전승국들은 독일에 막대한 액수의 배상금을 요구했다.

식민지의 독립과 민족자결 원칙 그리고 국제연맹 창설

윌슨은 파리평화회담에서 식민지의 독립과 민족자결의 원칙 면에서는 부분적인 승리를 거두었다. 평화회담 참가자들은 독일과 터키의 식민지를 제국주의 국가의 직접 지배와 독립 사이의 중간 단계로서 다른 제국주의 국가들의 위임 통치하에 두도록 했다. 그러나 윌슨은 일본에는 중국의 산둥반도에 대한 영향력 행사를 허용하고, 프랑스에는 독일의 라인란트에 대한 점령을 용인함으로써, 윌슨 스스로 자신이 내세운 원리를 지키지 못했다는 비판을 받기도 했다. 유럽의 다른 지역에서는 윌슨의 민족자결주의가 받아들여져 오스트리아-헝가리 제국은 오스트리아, 헝가리, 유고슬라비아, 체코슬로바키아로 각각 나뉘었고, 폴란드는 러시아로부터 독립했다. 또한 핀란드, 에스토니아, 라트비아, 리투아니아 역시 러시아의 볼셰비즘을 차단하기 위한 완충지대로서 독립을 허용했다.

윌슨이 파리평화회담에서 거둔 가장 큰 성과는 국제연맹의 창설이다. 국제연맹이 당시 가혹하다고 여겨졌던 연합국 측의 평화 조약과 제국주의적 성향을 완화시켜줄 것이라고 믿었던 윌슨은 파리평화회담 참석 대표들을 설득해 국제연맹 규약을 베르사유조약에 삽입시키는 데 성공했다. 국제연맹 헌장에서 가장 중요한 것은 제10조로서 "가맹국은 가맹 각국의 영토 보존 및 정치적 독립을 존중하고 또 외국의 침략에 대해서는 이것을 수호할 의무를 지닌다."라고 명시해 집단 안전 보장을 확보했다는 점이다.

미국의 국제연맹 가입을 둘러싼 논쟁

미국의 대통령 윌슨이 국제연맹의 주창자였음에도 불구하고 미국 내에서는 베르사유조약에 삽입된 국제연맹 헌장을 놓고 찬반양론이 벌어졌다. 공화당은 국제연맹이 가맹국의 내정에 간섭할 우려가 있고, 미국의 전통적인 외교 원리인 먼로주의를 침해할 우려가 있다고 주장했다. 특히 윌슨을 개인적으로 싫어했던 공화당 상원의원 헨리 캐벗 로지(Henry Cabot Lodge)는 국제연맹이 미국의 이해관계를 적절히 수호할 수 없다는 이유를 들어 반대했다. 그런데도 윌슨은 여론의 지지를 등에 업고 1919년 7월 10일 조약안을 상원에 제출했다. 윌슨은 조약의 정당성을 국민에게 직접 호소하기 위해 9월에 전국 순회 연설 여행에 올랐으나 콜로라도주에서 뇌일혈로 쓰러져 결국 좌반신이 마비되고 말았다. 그해 말 상원에 상정된 조약안은 수정안을 포함해 이듬해까지 이어진 몇 차례의 표결에도 불구하고 부결되고 말았다. 민주당 의원들은 윌슨에게 유보 조건이 담긴 조약안을 인정하고 타협할 것을 종용했지만, 윌슨은 이상주의에 사로잡혀 타협하기를 거부했다. 국제적 전쟁의 참화를 겪으며 세계 평화를 모색하기 위해 창안해낸 윌슨의 국제연맹은 아이러니하게도 주창자의 나라에서 비준이 거부되고 말았던 것이다. 결국 독일과의 공식적인 전쟁 종결은 1921년 하딩 대통령 시절 상하 양원 합동 회의에서 전쟁 종결 결의를 통과시킴으로써 이루어졌다.

제1차 세계대전의 경험이 미국인에게 가져다준 변화

미국인은 전쟁을 겪으면서 자신들의 나라가 낡은 것과 새로운 것이 미묘하게 혼합된 국가라는 것을 발견했다. 전쟁은 무엇보다도 미국인의 이질성과 미국인들 사이의 뿌리 깊은 분열을 노출시켰다. 예컨대 미국 사회는 이 시기에 백인 대 흑인, 토착주의자 대 이민자, 자본가 대 노동자, 남성 대 여성, 급진주의 대 보수주의, 평화주의자 대 개입주의자(interventionist), 국가주의자 대 국제주의자 사이의 분열과 대립이 상존한다는 것을 인식하게 되었던 것이다. 또한 전쟁은 경제에 대한 정부의 강력한 개입을 초래하는 계기가 되었다. 1916년에서 1919년에 이르는 기간에 연방 정부의 연간 지출은 25배나 증가했다. 윌슨의 전시 정책은 대기업과 재벌의 성장을 촉진했다. 한편 전시 효율적 생산을 위한 생산품의 표준화는 대량 소비 사회의 발전에 기여하기도 했다.

제1차 세계대전으로 인한 국제 질서의 변화

전쟁 기간 중에 태동한 국제 질서는 분열적이면서도 불안정한 것이었다. 이 시기에는 탈식민화 과정이 전개되기 시작해 인도차이나에서는 호치민(Ho Chi Minh), 인도에서는 마하트마 간디(Mahatma Gandhi) 같은 민족주의자들이 윌슨의 민족자결 원칙을 수용해 독립운동을 일으켰다. 1917년 러시아혁명으로 태동한 공산주의 역시 이 무렵 세계 질서에서 새로운 세력으로 등장했다. 전후 독일은 승전국의 가혹한 요구에 분개하고 있었다. 승전국이든 패전국이든 전쟁 채무와 배상금 문제로 말미암아 이후 수년 동안 고통을 겪어야 했다. 그러나 미국은 전쟁을 통해 이전의 채무국에서 채권국으로 바뀌며 세계의 주도적인 경제 대국으로 부상하게 되었다.

역사 메모 ▶ 국민에게 베르사유조약의 비준을 호소하기 위한 윌슨의 전국 순회 연설 여행은 22일 동안 이루어졌는데, 주로 중서부와 태평양 연안 지역 약 1만 3000킬로미터를 기차로 여행하면서 때론 하루에 네 차례의 연설을 하기도 했다.

동화《오즈의 마법사》에 대한 정치적 해석

.

앙증맞은 소녀 도로시의 흥미진진한 모험담을 토대로 한 동화 《오즈의 마법사》를 모르는 사람은 거의 없을 것이다. 그런데 이 동화가 단순히 도로시라는 소녀가 거대한 회오리바람에 휩싸여 도착한 환상의 세계에서 오즈의 마법사를 찾아 나서면서 크고 작은 모험을 겪으며 우여곡절 끝에 집으로 돌아오는 과정을 묘사하는 것에 그치는 책이 아니라, 1890년대 미국의 정치·경제·사회적 상황, 특히 중서부 농민의 상황에 대한 은유를 담고 있다는 사실을 아는 사람은 많지 않을 것이다. 이 은유를 알기 위해서 잠시 당대의 미국 사회를 살펴보자.

19세기 후반 미국 중서부와 남부의 농민들은 독점적인 철도 회사의 횡포, 상인·투기업자·은행에 의한 착취 등으로 고통받고 있었다. 따라서 농민들은 남북전쟁 이후 농민공제조합(Grange) 운동, 달러 지폐를 법정 통화로 만들자는 그린백(Greenback) 운동 등으로 자신들이 처한 열악한 상태를 개선하고자 했다. 그러나 이들 운동이 큰 실효를 거두지 못하자 농민들은 1880년대 농민동맹(Farmers' Alliance)을 조직해 은화의 자유주조, 누진 소득세 시행, 상원의원 직접 선출, 교통 및 통신 수단의 정부 통제 등을 주장했다. 이와 더불어 농민동맹은 정치 활동을 통해 자신들의 주장을 관철시키고자 인민당(People's Party)을 결성했다. 1891년 전국적인 규모의 제3당으로 창당한 인민당은 1892년의 대통령 선거에서 제임스 위버(James Weaver)를 후보로 내세워 6개 주에서 22명의 선거인단 표를 확보해 눈길을 끌었다. 그 결과 1896년의 대선에서는 인민당의 주장이 민주당의 정강에 반영되면서 당 자체가 민주당에 흡수되었고, 농민들의 가장 큰 바람이었던 은화의 자유주조를 들고 나온 윌리엄 제닝스 브라이언이 민주당 대선 후보로 지명되었다.

이러한 역사적 사실을 배경으로 역사가인 휴 락오프(Hugh Rockoff)는 《오즈의 마법사》에 나오는 등장인물을 다음과 같이 해석했는데, 언뜻 보기에도 상당한 설득력을 지닌다.

도로시	미국의 전통적 가치
강아지 토토	금주당(당시에는 금주론자를 'Teetotaler'라고 불렀다)
허수아비	서부 농민
양철 나무꾼	산업 노동자
용기 없는 사자	윌리엄 제닝스 브라이언
먼치킨 사람들	동부 시민
막대사탕 조합	아동 노동
사악한 동부 마녀	동부의 기업가 및 금융가 또는 그러버 클리블랜드
사악한 서부 마녀	윌리엄 매킨리
마법사	마크 해너(공화당 의장)
오즈	질량을 나타내는 온스(ounce)의 약자
노란 벽돌길	금본위제
회오리바람	은화 자유주조 운동
에메랄드 도시	워싱턴 D.C.
은으로 된 슬리퍼	은화 자유주조

1939년 영화 〈오즈의 마법사〉의 포스터.

8장

번영의 1920년대
그리고 대공황

대량소비사회를 이끈 번영의 1920년대

1920년대부터 미국인의 생활수준은 급속히 향상되었다.
이 당시 자동차의 대중화, 광고와 대중매체의 등장으로 대량소비사회가 등장했다.

하딩 대통령과 쿨리지 대통령

전쟁에 환멸을 느낀 미국인들은 윌슨 행정부의 이상주의적인 국제주의에 대해서도 비슷한 감정을 가졌다. 국내 문제에서도 대부분의 혁신주의적 개혁은 이미 이룩되었고, 상당한 번영을 구가하면서 더 이상의 개혁에 대한 열정도 식어버렸다. 미국은 이제 거의 전쟁 이전의 '정상상태(normalcy)'로 돌아가고 있었다.

공화당의 하딩이 압도적인 지지로 승리한 1920년의 대통령 선거는 윌슨의 이상주의에 대한 반대가 얼마나 컸는가를 보여주었다. 그런데 하딩은 1923년 서부 지역을 여행하던 중 병석에 눕게 되었고 8월 2일 샌프란시스코에서 서거했다. 하딩을 계승해 대통령이 된 쿨리지는 하딩보다 더 근엄하고 적극적이지 못했다. 기업가들은 쿨리지의 '아무것도 하지 않는 정책(do-nothing policies)'을 좋아했고, 국민들도 쿨리지에게 역동적 지도력을 기대하지 않았다. 대기업에 우호적인 정책으로 인해 나타난 이른바 '쿨리지의 번영(Coolidge prosperity)'은 1924년의 대통령 선거에서 결정적 이슈로 작용해, 이 선거에서 현직 대통령 쿨리지는 일반투표의 54퍼센트와 531표의 선거인단 중 382표를 획득하며 당선되었다.

쿨리지는 하딩 대통령 이래 계속 재무장관을 역임한 앤드루 멜론(Andrew Mellon)과 다른 각료들의 도움으로 예산의 균형을 맞추었고, 국채를 감소

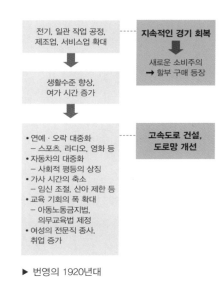

전기, 일관 작업 공정, 제조업, 서비스업 확대

생활수준 향상, 여가 시간 증가

지속적인 경기 회복

새로운 소비주의
→ 할부 구매 등장

• 연예 · 오락 대중화
  − 스포츠, 라디오, 영화 등
• 자동차의 대중화
  − 사회적 평등의 상징
• 가사 시간의 축소
  − 임신 조절, 산아 제한 등
• 교육 기회의 폭 확대
  − 아동노동금지법, 의무교육법 제정
• 여성의 전문직 종사, 취업 증가

고속도로 건설, 도로망 개선

▶ 번영의 1920년대

시켰으며, 특히 부자들을 위해서는 소득세를 낮추었다. 뿐만 아니라 쿨리지 행정부 시절부터 미국에는 전국적인 고속도로망이 건설되기 시작했다.

전후 경제 회복

1921년 평화 시의 경제로 전환하는 과정에서 단기간의 전후 경제 불황이 있었지만 1922년부터 회복세를 보이기 시작한 경제는 1924년경에 이르러 대부분의 경제 분야에서 '번영의 20년대'를 구가하기 시작했다. 1920년대 미국인의 생활수준은 그 어느 때보다도 급속하게 향상되었다. 전체적으로 보아 소수의 실업자가 존재하고, 섬유업과 광산업 같은 일부 산업은 주기적 불황을 겪었지만, 대부분의 도시 거주자와 많은 농민은 이전보다 훨씬 더 잘살게 되었다. 실제로 1919년에서 1929년 사이에 미국의 국민총생산은 40퍼센트나 증가했다.

이 기간 동안 미국의 산업 생산은 거의 2배로 증가했다. 이러한 증가에는 전기모터가 크게 기여했다. 단적으로 1929년경 미국 산업의 70퍼센트가 전기를 동력으로 이용하고 있었다. 전기 동력과 일관 작업 공정에 힘입어 공장에서는 생산을 다양하게 증대시켰다. 제조업과 서비스업의 확대는 더 많은 이윤과 더 높은 임금을 보장해주었다. 더 많은 임금을 받게 된 노동자는 기업들이 새로이 도입한 외상 할부 판매 계획에 매료되면서 새로운 소비주의(consumerism) 속으로 빠져들게 되었다. 한편 번영의 이면에서는 경제 혁명이 다가오고 있었다. 19세기 후반 트러스트와 지주회사를 낳았던 기업 통합 운동은 새로운 단계에 돌입했다. 혁신주의 시대의 트러스트 파괴 작업은 소수 독점을 막지 못했고, 도리어 1920년대 무렵 이들 회사 중 다수는 생산, 판매, 배송 심지어 금융까지 지배했다. 따라서 자동차, 강철, 육가공, 철도 등과 같은 산업에서 소수의 통합된 문어발식 기업이 지배했다.

자동차의 대중화가 미국 사회에 끼친 영향

자동차는 75년 전 철도가 끼친 영향만큼이나 미국의 경제생활 전 영역에 걸쳐 커다란 영향을 끼쳤다. 1920년대 자동차 등록 대수는 800만 대에서 2300만 대로 증가했다. 대량생산과 자동차 회사 간의 경쟁은 자동차 가격의 하락을 가져왔으며, 이제 노동 계층의 가정에서도 자동차를 소유할 수 있게 되었다. 1926년경 공장노동자의 연봉이 1200달러이고, 사무직 노동자가 2300달러 정도였을 때, 포드 자동차의 '모델 T'는 300달러 이하였고 쉐보레(Chevrolet)는 700달러였다. 무엇보다 중요한 것은 자동차가 사회적 평준화를 가져다주었다는 점이다. 즉, 자동차는 궁극적으로 사회적 평등의 상징이었던 것이다.

자동차의 대중화와 더불어 연관 산업도 발전하기 시작했다. 고속도로의 건설과 도로망의 개선은 필수적인 것이 되었다. 자동차 연료로 휘발유가 주종을 이루면서 석유 산업 역시 크게 발전했다. 또 도로를 따라 타운이 들어서는 양상을 보이기 시작했다. 주유소와 차고 역시 미국 전역 어디서나 볼 수 있는 친숙한 것이 되었다. 고무와 강철 산업 또한 자동차의 확산으로부터 엄청난 혜택을 보았다. 또 대략 7명 중 1명이 생계를 위해 자동차에 직접 의존하게 되었다. 자동차 여행은 인기 있는 여가 문화 메뉴가 되었고 농민들도 자동차로 인해 도시 생활로부터의 소외감을 한결 덜 느끼게 되었다.

광고와 대중매체의 등장

자동차와 그 밖의 상품 및 서비스에 대한 미국인의 기호는 광고로 인해 이전보다 더 큰 자극을 받게 되었다. 미국 최초의 광고 업체라고 할 수 있는 에이어와 월터 톰슨(N. W. Ayer and J. Walter Thompson)사는 사실 제1차 세계대전 이전에 설립되었다. 그러나 전쟁 기간 중 전시 동원을 위한 선전에 광고 기법이 처음 이용되면서 1920년대에 비로소 제대로 활약하기 시작했다. 광고의 시대가 열린 것이다. 1929년경에 이르러서는 광고로 지출되는 비용이 17억 8000만 달러에 달했으며, 이는 당시 모든 형태의 공식 교육비에 버금가는 것이었다. 많은 사람에게 이제 광고는 새로운 복음으로 다가왔다. 광고업자들은 상품이나 서비스에 대해 단순히 정보만을 제공하는 것이 아니라 상품을 특정 생활양식과 동일시하게 만들었다.

1920년대에 일간 신문의 구독률은 약간 떨어졌지만, 신문들은 전국적인 보급망을 가진 체인으로 흡수되고 있었다. 또한 〈콜리어스

태평양에서 샌프란시스코만으로 진입하는 관문이라고 할 수 있는 금문교. 이 다리는 1937년 건설되었을 때, 세계에서 가장 긴 현수교라는 명성을 얻었으며, 이후 샌프란시스코의 상징이 되어왔다.

⟨Collier's⟩⟩, ⟨레이디스 홈 저널(Ladies' Home Journal)⟩⟩ 같은 대량 유통되는 잡지들이 미국 전역의 독자들을 매혹시키고 있었다. 이러한 전통적 매체와 더불어 1920년대에 새로이 등장해 통신과 대중매체의 총아가 된 것은 라디오였다. 1920년 송출을 시작한 피츠버그의 KDKA 방송국은 상업적 라디오 방송의 선구자가 되었다. 1922년경에는 전국적으로 508개의 상업적 방송국이 있었으며, 1927년에 기존 라디오 방송국의 네트워크를 한데 모아 설립한 NBC(National Broadcasting Company)는

1929년 한 시간짜리 쇼프로그램에 1만 달러를 광고료를 책정하기도 했다. 1920년대 말에는 1000만 가구 이상의 가정이 라디오를 소유했다.

역사 메모 미국 최초의 극장 상연용 유성영화는 1927년 10월에 출시된 〈재즈 싱어(The Jazz Singer)〉였다. 1930년대 초 유성영화는 전 세계적 현상이 되었고, 할리우드를 세계에서 가장 막강한 문화적·상업적 영화의 중심지로 만드는 데 크게 기여했다.

여가 시간의 증대와 교육 그리고 여성

> 가정과 일터에서 보내는 시간이 줄어들고 여가 시간이 증가함에 따라
> 여러 새로운 가치관이 등장했고 교육과 여성의 지위에도 변화가 있었다.

일상 및 가정생활에서의 변화

1920년대에 정치·경제적으로 미국 사회가 상대적으로 평온했다면, 보통 사람들의 일상생활에서는 잔잔한 파문이라고 할 정도의 변화가 계속 일어났다. 미국인의 생활은 점차 일터, 가정, 여가 시간이라는 세 가지 뚜렷한 영역으로 나누어졌는데, 그중에서 일터와 가정에서 보내는 시간이 점점 줄어들고 있었던 것이다. 예컨대 산업 노동자들 사이에서는 주당 5일과 반나절의 노동이 일상적인 것이 되었으며, 대다수의 사무직 노동자에게는 주당 40시간의 노동과 이틀간의 휴일, 연례 휴가가 주어졌다. 이 시기에는 가정생활에서도 커다란 변화가 있었음을 다음과 같은 통계를 통해 알 수 있다. 우선 이전까지 금기시되었던 산아 제한이 한층 광범위하게 받아들여짐에 따라 1920년대에는 출산율이 상당히 떨어졌으며, 5명 또는 그 이상의 자녀를 둔 가정의 비율도 감소했다. 이 시기 결혼한 여성에게는 4명 또는 그 이하의 자녀를 두는 것이 표준이었다. 반면에 이혼율은 증가 추세를 보였다. 1920년에 7.5쌍 중

한 쌍이 이혼했다면 1929년에는 6쌍 중 한 쌍의 비율을 보였던 것이다. 더욱이 이 시기에는 한결 나아진 영양과 의학의 발전으로 평균 수명도 54세에서 60세로 늘어났다. 하지만 아직도 비(非)백인에게는 향상된 의료 혜택이 골고루 돌아가지 못했다. 낮은 출산율, 이혼의 증가와 더불어 평균 수명의 연장은 집안일에서나 또는 부모로서 가정에 쏟아야 할 시간을 줄어들게 만들었다.

가사 노동 시간의 축소에 따른 명암

이 시기에 보편화된 기성복, 통조림 같은 장기 저장 식품, 대량생산된 가구 등은 이제 가족 구성원들로 하여금 가정 필수품을 만드는 데 들어가는 시간을 줄여주었다. 가정주부들은 아직도 하루의 대부분을 청소, 요리, 수선 등에 투자했으나, 새로운 가정용 기계는 이들의 일을 어느 정도 덜어주었다. 그러나 주부들은 세탁기, 더운물, 대량생산된 비누 등을 손쉽게 이용함으로써 편리함을 누리게 된 반면에 집 안의 모든 것을 청결하게 유지해야 한다는 압력도 받았다. 실제로 각종 광고는 여성에게 집 안을 청결히 하고, 가족을 먹이며, 자녀를 돌보고, 개인위생을 보살피는 것 등을 소홀히 하는 것은 죄라는 의식을 심어줌으로써 이에 필요한 상품을 구입하도록 부추겼다.

새로운 가치관의 등장

더 많은 사람들이 일터와 가정에서 벗어나 여유 시간을 보낼 수 있게 되면서 자연스레 새로운 가치관이 형성되었다. 특히 중간계급뿐 아니라 노동계급 사이에서도 의복은 개인적 취향과 자유를 표현하는 수단이 되었다. 나아가 흡연, 욕설, 성(性)에 대한 솔직함 같은 이전에는

마거릿 생어. 마거릿 생어가 옹호한 산아 제한은 중간계급 여성들로부터 상당한 호응을 받았다.

부적절하게 여기던 행동도 일상적인 일로 받아들여졌다. 오스트리아의 정신분석학자 지그문트 프로이트(Sigmund Freud)의 이론에 관한 책을 읽지 않은 수많은 사람들도 프로이트가 정신 건강을 위한 열쇠로서 억제되지 않은 성생활을 제시했다고 믿고 이를 따랐다. 신문, 잡지, 영화, 대중가요 등도 미국인들이 성적 욕구를 억제하고자 하는 사람들이 아니라는 것을 보여주었다. 이와 더불어 마거릿 생어(Margaret Sanger)가 옹호한 산아 제한도 중간계급의 여성들로부터 상당한 호응을 얻었다.

이 밖에도 다른 경향들이 나타나 전통적 가치를 무너뜨리는 데 기여했다. 화이트칼라와 전문 직종이 증가하자 사람들은 자신의 출신 배경보다는 자신이 하는 일에서 더 많이 사회적 지위를 이끌어내고자 했다. 아동노동금지법과 의무교육법이 제정되어 어린이를 이전 세대보다 더 오랫동안 학교에 머무를 수 있게 했기 때문에, 학교는 이제 어린이가 성인이 되는 것을 준비하는 과정에서 더 큰 역할을 떠맡게 되었다. 이와 더불어 고등교육을 받는 학생들의 수도 증가일로에 있었다. 예컨대 1910년에서 1929년 사이에 고등학교 재학생 수는 4배로 증가했으며, 이 학생들의 3분의 1이 대학에 진학했다. 한편 부모들은 자녀 양육을 위해 가내에서 전수된 전통적 방법보다는 육아책에 더욱 의존하는 경향을 보였다.

여성의 사회 진출을 위한 기회의 확대

가정은 비록 주부와 어머니의 영역으로 남아 있었지만, 1920년대에도 여성들은 계속해서 노동 현장에 유입되었다. 1930년경에 이르러 여성 노동자의 수는 약 1080만 명에 달했고, 이는 제1차 세계대전 이후 약 200만 명이 증가한 숫자였다. 그중 약 100만 명 이상이 전문직에 종사했으며, 이들의 직종은 주로 교사와 간호사였다. 그 밖에 약 220만 명이 타이피스트, 경리 사원, 사무직원 등으로 일했고, 약 74만 명 정도가 상점 판매원이었다. 아직도 거의 200만 명에 달하는 여성이 공장에서 일했지만, 그 수가 전후에 크게 늘어난 것은 아니었다. 이 시기 여성들은 과거처럼 남성이 지배하는 사회에서 자신의 지위를 향상시키기 위해 투쟁했다. 하지만 대부분의 취업 여성은 직장에서 승진의 기회를 차단당한 채 남성 상사로부터 감독을 받고 시달림을 당하면서 적은 임금으로 일하는 젊은 미혼 여성들이었다. 그러나 여성에게 동등한 급료와 동등한 기회를 주장한 앨리스 폴(Alice Paul)의 전국여성당(National Womens party)이 1922년에 제기한 동등권 수정헌법(Equal Right Amendment)이 의회를 통과하지 못했어도, 여권운동가를 제외하고 여기에 주의를 기울인 여성은 별로 없었다.

역사 메모 ▶ 1920년대에 새로이 등장한 신여성을 미국에서는 플래퍼(flapper)라고 불렀다. 플래퍼는 대개 짧은 치마를 입고, 단발머리를 했으며, 재즈를 즐겨 듣는 여성들이었다. 이들은 진한 화장과 음주 및 흡연 등으로 기존 사회의 점잖은 행동에 경멸을 표시했다.

함께 즐기자, 미국의 문화를!

> 1920년대 미국에서는 영화와 스포츠에 대한 관심이 높아짐에 따라
> 많은 스타들이 탄생했다.

영화에 대한 관심의 증대

1920년대 동안 미국인들은 레크리에이션에 탐욕스럽다고 할 정도로 갈증을 느꼈으며, 사업가들은 이에 대해 발 빠른 반응을 보였다. 미국인들은 레저 활동에 적극적으로 참여함과 동시에 열광적인 영화 관객이 되었다. 예컨대 1922년 일주일에 전체 영화 관람객 수가 약 4000만 명이었다면, 1930년경에 이르러서는 약 1억 명에 달했다. 이는 당시 미국 인구가 약 1억 2000만 명을 약간 상회하는 정도였음을 고려할 때 놀라운 숫자가 아닐 수 없다. 1927년 최초의 유성영화인 〈재즈 싱어〉가 상영되고, 뒤이어 총천연색 영화가 잇따라 출시되면서 영화는 더 많은 관객을 끌어들이게 되었다.

당시 가장 인기를 끈 영화는 세실 드밀(Cecil B. Demille) 감독의 〈십계(Ten Commandments)〉와 〈왕중왕(The King of Kings)〉 같은 스펙터클한 대작뿐 아니라 〈비단 옷의 죄인들(Sinners in Silk)〉이나 〈메이블의 방에 올라가기(Up in Mabel's Room)〉 같은 야한 영화들이었다. 그 밖에

할리우드의 명물 중 하나인 그로먼즈 차이니즈 극장. 1927년에 문을 열면서 세실 B. 드밀 감독의
영화 〈왕중왕〉이 초연되기도 했다.

슬랩스틱 코미디(slapstick comedy) 영화도 인기를 끌었는데, 아이러니
하게도 코미디 영화는 인생에 대한 날카로운 풍자와 더불어 가장 시사
하는 바가 많은 메시지를 관객들에게 전달했다.

스포츠에 대한 열광과 스포츠 영웅의 탄생

미국인들은 이 무렵 운동경기의 관전에도 열광하기 시작했다. 매년
수천만 명이 운동경기를 보기 위해 각종 경기장에 몰려들었다. 예를 들
면 1920년대 말 대학 미식축구 경기를 보기 위해 미국인들은 2100만
달러 이상을 입장료로 지불했다. 신문과 라디오는 운동경기의 극적 요
소를 놓치지 않고, 열정적인 대중에게 약간의 과장을 섞어가며 뉴스거
리를 제공해주었다.

여러 운동경기 중에서 야구가 가장 많은 관중을 불러 모았다. 이미 아메리칸리그(American League)와 내셔널리그(National League)로 나뉘어 경기를 펼치던 메이저리그에서는 홈런이 관중들에게 흥분을 불러일으킨다는 사실을 발견하고 더 많은 홈런이 날 수 있도록 야구공을 새로 디자인하기도 했다. 이후 메이저리그의 관중은 폭발적으로 증가했다. 예컨대 1921년 뉴욕 양키스와 뉴욕 자이언츠(Giants) 사이에 벌어진 월드시리즈 여섯 경기의 전체 관중 수는 30만 명이었다.

또 운동경기가 지닌 극적인 요소는 스포츠 분야에서 영웅의 탄생을 가능하게 해주었다. 프로 복싱에서는 잭 뎀프시(Jack Dempsey), 미식축구에서는 일리노이 주립대학 팀의 러닝 백이었던 해럴드 그랜지(Harold 'Red' Grange) 등이 수많은 관중의 손에 땀을 쥐게 만들면서 대중의 우상이 되었다. 하지만 뉴욕 양키스의 외야수였던 베이브 루스(George Herman 'Babe' Ruth)만큼 미국인들로부터 사랑을 받은 운동선수도 드물 것이다. 루스는 매 시즌마다 수많은 홈런을 쳐냄으로써 인기를 끌기도 했지만, 경기장에서의 과장된 몸짓과 도전적인 생활방식 그리고 소년처럼 싱긋 웃는 미소로 수많은 사람의 애정을 한 몸에 받았다. 그는 오늘날까지도 미국 스포츠계의 전설로 남아 있다.

은막의 스타와 대중의 우상들

미국인이 스포츠 스타의 육체적 위업을 자신들과 동일시했다면, 로맨스와 모험에 대한 그들의 갈망은 은막의 스타에 대한 열광으로 대체되었다. 더글러스 페어뱅크스(Douglas Fairbanks), 글로리아 스완슨(Gloria Swanson), 찰리 채플린(Charlie Chaplin) 등 수많은 스타들의 영화와 사생활은 전국의 응접실과 수영장 휴게실 등에서 인구에 회자되

미국 프로야구 메이저리그 샌프란시스코 자이언츠 팀의 홈구장인 AT&T 야구장 외부 모습.

프로야구 메이저리그 샌프란시스코 자이언츠 팀의 홈경기가 한창 진행 중인 모습. 입추의 여지가 없는 관중석이 미국에서 프로야구의 열기가 얼마나 높은지 잘 보여주고 있다.

1920년대 무성영화 시대에 엄청난 인기를 누린 영화 스타 루돌프 발렌티노.

었다. 아마도 1920년대 미국에서 가장 많이 사람들 입에 오르내린 인물은 루돌프 발렌티노(Rudolph Valentino)였을 것이다. 그의 라틴 적 마초 이미지는 수많은 여성의 가슴을 설레게 했으며, 남성들로 하여금 발렌티노의 포마드를 바른 헤어스타일과 매력 있는 짧은 구레나룻을 흉내 내게 만들었다. 새로운 기록에 도전해 성공한 사람들도 대중의 우상이 되었다. 그 중 가장 두드러진 인물은 대서양을 단독 비행으로 횡단하는 데 성공한 찰스 린드버그(Charles Lindbergh)였다.

역사 메모 린드버그의 무착륙 대서양 횡단 단독 비행은 1919년 뉴욕의 한 호텔 소유주인 레이먼드 오티그(Raymond Orteig)가 내건 2만 5000달러의 상금에서 비롯되었다. 이 상금을 타기 위해 린드버그 이전에도 몇 차례의 비행 시도가 있었으나 모두 실패했던 반면, 린드버그는 1927년 5월 20일 '세인트루이스의 정신'이라는 단발 엔진 비행기를 타고 뉴욕을 출발해 33시간 30분에 걸쳐 대서양을 건너 파리에 도착하는 데 성공했다.

KKK단의 부활과 원숭이 재판

> 1920년대에는 적색공포, KKK단의 부활,
> 원숭이 재판 등 굵직한 사건이 미국 전역을 휩쓸었다.

1920년대에 불어닥친 '적색공포'

1917년 러시아에서 볼셰비키 혁명이 성공하자 많은 미국인은 '빨갱이들(Reds)'이 미국에 커다란 위협이 되리라고 믿었다. 특히 1919년 법무장관 미첼 파머(Mitchell Palmer) 집에서 벌어진 폭탄 폭발 사건과 1920년 월스트리트(Wall Street)에서 폭탄이 터져 38명이 사망한 사건은 엄청난 '적색공포(Red Scare)'를 일으키기에 충분했다. 이에 따라 대대적인 적색분자 색출 작업이 벌어졌으며, 1919년 12월에는 외국인 급진주의자들이 특별히 마련된 배편으로 러시아로 추방되기도 했다. 보수주의자들은 적색공포의 분위기에 편승해 사회주의자와 노조 지도자들을 비난했다.

반동적인 사회 분위기 속에서 다시 부활한 KKK단

1915년 남부 문화를 정화하고 싶어 했던 조지아주 애틀랜타 출신의 복음주의자이자 보험 외판원이었던 윌리엄 시먼스(William J. Simmons)

는 남북전쟁 직후 남부에서 활동했던 백인우월주의 단체 KKK를 재창건해 '신의 제국(Invisible Empire)'이라고 명명했다. 새로 탄생한 KKK단은 이전의 선구자들이 사용했던 두건, 위협 전술, 신비적 용어 등을 부활시켰다. 그러나 이 새로운 KKK단은 회원 수에서나 목적 면에서 이전의 KKK단보다 더 광범위했다. KKK단의 지부는 하(下)남부(Deep South)를 중심으로 부챗살처럼 뻗어 나가 중서부뿐 아니라 북부 뉴잉글랜드까지 위협적인 세력으로 성장했다. 1923년경 이들은 자신들이 500만 명의 회원을 확보했다고 주장하기도 했다. 주로 해방된 흑인에게 테러를 일삼던 이전의 KKK단과 달리 새 KKK단은 백인 토착민이면서 프로테스탄트교도의 범주에 벗어나는 다양한 집단에 위협을 가했다. 예컨대 KKK단은 스스로 도덕의 수호자임을 자처하며 주류밀조업자, 부인을 폭행하는 자, 간통한 사람 등에 대해 집단 폭행 같은 임의의 사법권을 행사했다. 또한 학교에서 성경 읽기를 강요하고 진화론 교육을 중단할 것을 주장했다. 나아가 가톨릭교와 유대인 출신 후보의 당선을 저지하는 선거운동을 전개하기도 했다. 그러나 1925년경 사람들이 KKK단의 활동이 과도하다는 것을 깨닫기 시작하고 최고 지도자들의 공금 유용과 성적 스캔들 등이 폭로되자 이들의 세력도 쇠퇴했다.

급진주의에 대한 두려움의 희생양이 된 사코와 반제티

적색공포와 KKK단에서 표출된 급진주의에 대한 백인 토착주의자들의 두려움은 결국 억울한 희생양을 낳고 말았다. 바로 1921년의 이른바 '사코와 반제티 사건'이다. 이탈리아 이민 출신의 아나키스트였던 니콜라 사코(Nicola Sacco)와 바르톨로메오 반제티(Bartolomeo Vanzetti)는 매사추세츠주 사우스브레인트리(South Braintree)에서 도둑질을 하던 중 경비원과 회계 주임을 살해했다는 혐의로 기소되었다. 이들이 이 범죄에 가담했다는 명백한 증거가 없었음에도 불구하고, 담당 판사인 웹스터 테이어(Webster Thayer)는 이들을 사적인 자리에서 아나키스트 악당들이라고 부르며 노골적인 편견을 드러내기도 했다. 사코와 반제티의 재심을 요구하는 국제적인 여론이 들끓는 가운데 이들은 결국 1927년 8월 전기의자에서 사형에 처해졌다.

이민을 제한하기 위한 일련의 이민법 제정

점차 고조되는 토착주의자들의 압력에 직면해 연방의회는 1921년부터 세 차례에 걸쳐 출신 국가별 연간 이민의 수를 할당하는 법을 통과시켰다. 이 법은 남부 및 동유럽 출신 이민을 제한하고자 한 것이었다. 긴급 할당제(Emergency Quota) 또는 존슨 할당제라고 부르는 이 법은 어느 나라든지 연간 이민의 수가 1910년 미국에 거주하던 각국별 이민 수의 3퍼센트를 초과할 수 없다고 못 박았다. 그러나 이 법은 한시적이었기 때문에 이민 제한론자의 목적을 채워주지 못했다. 따라서 의회는 1924년 출신국법(National Origins Act)으로 대체해 1894년 당시 미국에 거주하던 각국별 이민 수의 2퍼센트로 이민을 제한했다. 이 법은 1927년에 다시 개정되어 연간 이민의 총수를 15만 명으로 제한하고, 이 범위 내에서 영국으로부터는 연간 6만 5721명, 독일로부터는 2만 5957명, 이탈리아로부터는 5802명, 러시아로부터는 2712명만 받아들인다고 아예 구체적 인원수까지 명시했다. 이로 말미암아 동양에서의 이민은 거의 배제되었다. 그러나 서반구로부터의 이민에 대해서는 문호를 개방함으로써 이후 멕시코와 푸에르토리코로부터의 이민이 대거 미국으로 몰려들게 되었다.

진화론 교육을 둘러싼 유명한 '원숭이 재판'

인종적, 도덕적 순수성을 지키려는 백인 토착주의자들의 행동은 크리스트교 근본주의자들(Fundamentalists)을 고무시켰다. 종교적 근본주의와 진화론 같은 새로운 과학 이론과의 충돌은 1925년 테네시주 데이턴에서 있었던 이른바 '원숭이 재판(Monkey Trial)'에서 절정에 달했다. 그해 초 테네시주 입법부는 공립학교 교사들이 진화론을 가르치는 것을 금지하는 법을 통과시켰다. 그런데도 그해 여름 젊은 고등학교 과학 교사인 존 스코프스(John T. Scopes)는 학생들에게 진화론을 가르쳤고, 진화론 교육 금지법을 위반했다는 이유로 재판에 회부되었다. 스코프스 재판은 검찰 측에서 전직 국무장관이자 민주당 대통령 후보로 세 번이나 출마한 경력이 있는 윌리엄 제닝스 브라이언과 변호인 측에서 저명한 변호사였던 클래런스 대로(Clarence Darrow)가 이끄는 인권 변호사들이 참여함으로써 전국적인 관심을 끌었다. 결국 스코프스는 명백히 법을 위반했기 때문에 유죄 판결을 받고 벌금을 물게 되었지만, 궁극적으로는 그를 재판에 회부한 근본주의자들이 패배했다고 할 수 있다. 왜냐하면 재판 과정에서 근본주의자들은 스코프스의 변호인 측과 여론으로부터 시대착오적이라는 비판을 받았으며, 이후로 한동안 현대 과학 이론에 도전할 엄두를 내지 못했기 때문이다.

역사 메모 법무장관 파머와 나중에 FBI 국장이 된 에드거 후버가 주도한 적색분자 색출 작업은 '파머의 습격(Palmer Raid)'이라고 부른다. 이 사건으로 체포된 사람 대다수는 세계산업노동자조합(IWW)의 조합원이었다. 체포된 외국 태생은 모두 국외로 추방되었으며, 1920년 1월 말까지 체포된 사람들의 숫자는 1만 명에 달했다.

후버 대통령과 최악의 대공황

후버 대통령이 취임한 해 가을, 월스트리트에서 '암흑의 목요일'과
'암흑의 화요일' 사건이 발생하면서 주식은 휴지 조각으로 바뀌었다.
이후 미국은 최악의 대공황 상태에 빠지게 되었다.

친기업가적인 후버가 당선된 1928년의 대통령 선거

1928년의 대선을 맞이해 현직 대통령 쿨리지는 3선에 도전할 수도 있었으나 후보 지명을 일축했다. 대신 공화당에서는 쿨리지 행정부에서 상무장관을 역임한 허버트 후버를 대통령 후보로 지명했다. 민주당에서는 뉴욕 주지사로서 대중적 인기가 있던 앨 스미스(Al Smith)를 후보로 내세웠다. 후버와 스미스는 여러모로 대조적인 인물이었다. 후버는 전형적인 농촌 출신의 프로테스탄트교도이자 기업가로서의 경력을 지녔지만 선출직에 출마해본 경험이 없었던 데 반해, 스미스는 이민 가정 출신에 도시에서 성장한 사교성 많은 정치인이었다. 또한 스미스는 최초로 대선에 출마한 가톨릭교도이기도 했다.

스미스는 금주법과 공화당의 친(親)기업가적 정책을 비난하며 열정적인 선거운동을 펼쳤으나, 이번에도 공화당의 후버가 일반투표에서 2100만 표 대 1500만 표, 선거인단 표에서는 444표 대 87표라는 압도적인 차이로 승리했다. 공화당의 승리 요인은 미국이 농민을 제외하고

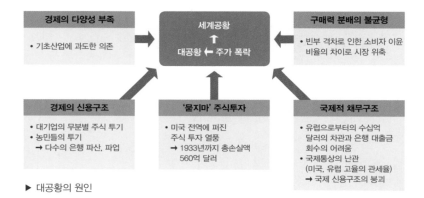

▶ 대공황의 원인

는 여전히 번영을 구가하고 있었고 경제적 번영이 계속될 것이라는 공화당의 주장을 곧이곧대로 받아들인 데 있었다. 또한 후버가 엔지니어로서 보여준 능력, 성공적인 경력, 중서부 출신이라는 배경 등이 유권자들에게 호감을 주었던 반면, 스미스는 가톨릭교도이자 금주법 반대론자이고 동부 대도시 출신이라는 점 등이 특히 중서부 지역의 불만에 찬 농민들로부터 지지를 받지 못하게 만들었다. 특히 이번 선거전에서 최초로 널리 이용된 라디오는 스미스의 지극히 도회적인 뉴욕시 길거리 어투를 그대로 방송함으로써 유권자들에게 거부감을 불러일으켰다.

대공황의 전조

사실 20년대의 번영은 경제적 기초라는 실질적인 내용 면에서 그다지 건실하지 못했고 겉만 번드레한 면이 없지 않았다. 농업과 섬유 및 탄광업 같은 일부 산업 분야는 주기적인 경기 침체를 겪어왔다. 기업의 성장과 주식 가격 상승으로 나타난 번영은 실질적으로 전체 인구에 비추어보면 일부 계층만이 누리고 있었다. 그런데도 번영이 지속될 것이라는 낙관적인 믿음은 플로리다 등지의 도시에서 광적인 부동산 투기를 불러왔으며, 주식은 실제 가치보다 지나치게 높게 평가된 채 주식시장에서 거래되었다. 1929년 초 후버가 대통령에 취임했을 때, 그는 미국 경제가 건전한 토대에 서 있다고 선언했다. 당시 그해 가을에 불어닥칠 대공황을 예견한 사람은 거의 없었다.

대공황의 신호탄이 된 '암흑의 목요일'

1929년 여름에 이르러 극소수의 사람들만이 미국 경제의 건전성을 의심하기 시작했다. 이들은 너무나 많은 돈이 주식 투기에 몰려들고, 건축 붐은 쇠퇴하고 있으며, 농업 분야에서와 마찬가지로 산업에서도 생산 과잉이 이루어지고 있음을 지적했다. 돈을 빌려서 투기하는 것을 막기 위해 연방준비제도이사회는 그해 여름 이자율을 높였다. 수많은 사람이 주식 투기를 목적으로 은행에서 돈을 빌리는 일이 횡행했기 때문이다.

당시 미국에서는 약 900만 명이 주식 투자를 하고 있었다. 10월에는 영국도 미국의 주식시장에 투자된 자본을 끌어들이기 위해 이자율을 높였다. 이러한 조치는 뉴욕 증권거래소에서 주식의 투매를 불러일으켰다. 1929년 10월 24일 이른바 '암흑의 목요일(Black Thursday)'이 다가왔다. 갑자기 주가는 하락했으며, 주식을 사려는 사람은 거의 없었다. 이러한 사태를 타개하기 위해 그날 정오 일군의 금융가들이 모건 회사(J. P. Morgan and Company)에 모여 긴급히 2000만 달러를 투입해 유에스 스틸의 주식을 사들이기로 결정했다. 이에 따라 투매 분위기는 가라앉는 듯했다.

월스트리트를 붕괴시킨 '암흑의 화요일'

금융가들의 주식시장 안정을 위한 일련의 조치에도 불구하고 '암흑의 목요일' 소식이 전국을 강타하자 10월 29일 엄청난 주식 투매 사태를 불러온 이른바 '암흑의 화요일(Black Tuesday)'이 발생했다. 한 달 만에 주가는 37퍼센트나 하락했다. 그런데도 후버 대통령은 미국의 경제가 건실하기 때문에 주가 하락은 일시적인 현상에 그칠 것이라고 낙관했다. 그러나 이후 3년 동안 일시적인 반등이 있기는 했지만 주가 하락은 멈출 줄 몰랐다. 곧이어 모든 상품과 부동산 시장도 공황의 직격탄을 맞았다. 이제 공황은 미국을 넘어 세계적인 현상이 되었다. 1930년 가을에 이르러 미국에서는 수백만 명의 실업자가 발생했다. 1933년에 대공황은 최악의 상태에 이르렀고 이후 회복 기미를 보이기는 했지만, 대공황으로부터의 진정한 탈출은 제2차 세계대전이 일어나고서야 가능했다.

역사 메모 1929년 주식시장 붕괴의 직접적인 원인 중 하나는 주식 투기 열풍이었다. 더욱이 투자자들에 대한 증권회사의 손쉬운 신용 대부는 주식 투기를 한층 부추겼다. 1929년 8월 증권 회사는 투자가들이 보유한 주식 액면가의 3분의 2까지 대부를 해주었고, 그 총액은 당시 미국의 총통화량을 넘는 85억 달러 이상이었다.

미국인들, '더 이상은 힘들어!'

> 기업과 은행이 도산함에 따라 실업자가 늘어나고 농산물 생산의 과잉으로
> 농민 또한 빈곤에 시달리자 대공황에 저항하는 사람들이 생겨났다.
> 후버 대통령은 대공황에 직면해 소극적 정책을 펼치며 재건금융공사를 설립했다.

대공황의 여파로 인한 기업과 은행의 도산

월스트리트의 주가 폭락에서 비롯된 대공황은 1930년대 미국의 경제를 최악의 상황으로 몰고 갔다. 1929년에서 1933년 사이에 수많은 회사가 문을 닫았으며, 기업의 이윤은 100억 달러에서 10억 달러로 격감했다. 이 기간 중 미국의 국민총생산은 절반으로 줄어들었다. 주식시장이나 해외 투자와 밀접한 관련이 있던 은행은 물론이고 그 밖의 중소 규모 은행들도 줄줄이 도산했다. 일례로 1929년에는 659개의 은행이 문을 닫았으며, 그다음 해에는 1350개, 그다음 해에는 2293개로 해마다 파산하는 은행이 줄을 이었다. 은행의 도산은 은행에 예금했던 사람들의 저축이 사라지는 것을 의미했다.

실업의 증가와 농민의 고통

기업의 도산과 더불어 실업도 증가했다. 대공황 초기인 1930년 초에 약 400만 명 정도였던 실직자 수는 1933년 초에 전체 노동력의 4분의

1 수준인 1300만 명에 달했다. 그리고 수백만 명의 사람들은 아예 일자리를 갖지 못했다. 공황으로 인해 가장 먼저 일자리를 잃게 된 사람은 흑인과 미숙련 노동자였다. 수많은 실직자들은 끼니를 잇고자 적십자사나 구세군 같은 구호단체가 지급하는 한 조각의 빵과 수프를 얻기 위해 무료 급식소 앞에 길게 줄지어 서야 했다. 또한 집세를 내지 못한 사람들은 길거리에 나앉거나 도시 외곽에 이른바 '후버빌(Hooverville)'이라고 부르는 판잣집을 짓고 살았다.

대공황으로 인해 고통을 겪기는 농민도 마찬가지였다. 아이러니하게도 농민은 농산물 생산의 과잉이라는 풍요 속의 빈곤을 겪어야 했다. 1929년에서 1933년 사이에 농민의 수입은 절반으로 줄어들었다. 농산물 가격은 60퍼센트나 하락했음에도 불구하고, 생산량은 단지 6퍼센트밖에 줄지 않았다. 농산물 가격의 하락을 벌충하기 위해 농민은 더 많이 생산하려 했고, 결과적으로 잉여 농산물만 늘었다.

곤경에 처한 농민은 나름대로 저항의 방법을 모색하기 시작했다. 일부 농민은 농민휴업협회(Farmers Holiday Association)를 조직해 농산물 가격이 오를 때까지 출하를 중지하기도 했다. 그러나 이러한 노력도 농민의 심각한 경제적 어려움을 해결해주기에는 역부족이었다.

재향 군인들이 들고 일어난 보너스 원정대

대공황에 직면한 민중이 일으킨 상징적인 저항 중 하나는 이른바 '보너스 원정대(Bonus Expeditionary Force)'였다. 1932년 연방의회는 제1차 세계대전에 참전했던 재향 군인에게 일인당 1000달러, 총액 24억 달러에 달하는 보너스를 지급하되, 1945년부터 지불한다는 내용의 법을 통과시켰다. 그러나 당장의 생계가 막막한 1만 5000명에 달하는 실직 재향 군인과 그 가족들은 보너스의 즉각적인 지급을 요구하며 수도 워싱턴의 비어 있는 정부 건물과 공터 등에 조악한 판잣집을 짓고 농성에 들어갔다. 수도에서 일어난 저항 사태에 불쾌감을 느낀 후버 대통령은 이들을 해산하기 위해 군대를 동원해 보너스 원정대를 진압할 것을 명령했다. 기병대에 쫓겨 혼비백산하는 성인 남녀와 최루탄에 울부짖는 어린이 그리고 불타는 판잣집의 모습은 전 국민을 경악하게 만들었다.

대공황에 직면해 낙관으로 일관한 후버 대통령

대공황에 직면한 후버 대통령은 낙관적인 전망을 갖고 비교적 소극적인 정책으로 난관을 헤쳐 나가고자 했다. 후버는 곤경에 처한 국민에게 직접적인 구호를 해주는 것은 불필요하다고 생각했다. 후버가 보기에 그것은 전통적인 미국인의 가치인 개인주의를 훼손하게 될 것이기 때문이었다. 후버는 기업과 노동계의 자발적인 노력과 주 및 지방 정부의 조처가 경제 회복과 구제를 감당할 것이라는 믿음을 갖고 있었다. 그는 공황은 단기간에 끝날 것이며, "번영이 임박했다."는 소신으로 일관하면서, 연방 정부가 나서야 할 일은 거의 없다고 보았다.

그러나 점차 공황이 심화되자 후버도 연방 정부가 어떻게든 조치를 취해야 한다는 것을 깨달았다. 1930년 후버는 의회에 공공사업 계획을 위한 예산뿐 아니라 일자리를 창출하기 위해 주와 지방 정부에 돈을 빌려주고, 은행, 철도 회사 및 그 밖의 대기업 등이 파산하지 않도록 하기 위한 재건금융공사(Reconstruction Finance Corporation)의 설립을 마지못해 요청했다. 나아가 1932년에는 주택대부은행법(Home Loan Bank Act)을 통해 주택대부은행을 설립해 담보로 잡힌 집을 날릴 위기에 놓인 사람들에게 다시 대출을 해주도록 했다.

민주당 루스벨트의 당선으로 정권 교체를 이룩한 1932년의 대통령 선거

1930년에 치러진 중간선거는 민주당이 의회를 장악하게 만들었다. 이는 대공황이 장기화되면서 이미 예견된 일이기도 했다. 공화당은 공황에 대한 책임을 피할 수 없었고, 민주당은 다가올 대선에서도 승리를 예견했다. 민주당 전당대회에서 앨 스미스는 이번에도 프랭클린 루스벨트(Franklin Delano Roosevelt)가 자신을 대통령 후보로 밀어주리라 기대했다. 그러나 루스벨트는 자신이 직접 민주당 대선 후보로 나섰다. 공화당에서는 현직 대통령인 후버를 지명했으나, 선거 결과는 루스벨트의 압승으로 끝났다. 이 선거에서 루스벨트는 일반투표에서 2280만 표를 얻은 반면, 후버는 1580만 표를 얻는 데 그쳤다.

역사 메모 ▶ '후버빌'과 관련해 대공황 시대의 궁핍을 묘사하는 많은 신조어가 탄생했다. 예컨대 노숙자들이 이불 대신 사용한 신문지는 '후버 담요(Hoover blanket)', 돈이 없다는 것을 보여주기 위해 호주머니 속이 밖으로 나온 것은 '후버 깃발(Hoover flag)', 닳아 헤진 구두의 안을 대기 위해 사용한 골판지는 '후버 가죽(Hoover leather)', 휘발유가 없어 말이 끌고 다니는 자동차를 '후버 마차(Hoover wagon)'라고 부르는 식이었다.

1933년~1937년: **루스벨트 행정부**

구제의 희망, 루스벨트 대통령

> 루스벨트 대통령은 구제, 부흥, 개혁의 세 가지 목적으로 정책을 펼치며
> 공황 상태에 있는 미국인에게 희망을 심어주려 노력했다.

성인이 되어 소아마비를 앓고도 불굴의 의지로 재기한 루스벨트

루스벨트는 자신의 먼 친척이자 전직 대통령이었던 시어도어 루스벨트처럼 부유한 상류층 가정에서 외아들로 출생했다. 그는 1903년에 하버드 대학을 졸업하고 컬럼비아 법대를 다니던 중 시어도어 루스벨트의 조카이자 자신의 사촌인 엘리너 루스벨트(Anna Eleanor Roosevelt)를 만나 결혼했다. 1910년 뉴욕주 상원의원으로 당선되면서 정계에 입문한 루스벨트는 윌슨 대통령 휘하에서 해군차관을 역임했다. 1920년의 대통령 선거에서 민주당 대선 후보인 제임스 콕스(James M. Cox)와 함께 부통령 후보로 나섰으나 패하고 말았다. 1921년 뜻하지 않게 소아마비에 걸려 반신불수가 되었으나, 부인 엘리너의 헌신적인 내조와 불굴의 의지로 재활에 성공했다. 이 과정에서 그는 강인한 인내심을 키웠고, 고통받는 사람들의 심정을 더 잘 이해할 수 있게 되었다.

1928년 뉴욕 주지사에 당선됨으로써 정계에 다시 복귀한 루스벨트는 적극적인 구제 프로그램을 수립하고 실업대책위원회를 설치하면서,

공황에 직면한 미국인들에게 낙관적인 희망을 심어주려고 노력했다. 그는 또한 노령 연금과 노동조합을 보호하기 위한 입법에도 열정을 보였다. 이러한 루스벨트의 활동과 대중적 인기는 1932년 민주당으로 하여금 그를 대통령 후보로 지명하게 하는 데 크게 기여했다. 루스벨트는 후보 지명 수락 연설에서 "미국인들을 위해 새 판(New Deal)을 짤 것"이라 약속했고, 대통령이 된 그는 이 약속을 지켰다.

대학교수와 법률가로 구성된 루스벨트의 '브레인트러스트'

루스벨트는 대선에 나서면서 자신의 정책 입안에 도움을 받고자 법률가와 대학교수로 구성된 이른바 '브레인트러스트(brain trust)'를 조직했다. 이들은 루스벨트에게 현 상황의 미국 경제에서 거대함(bigness)은 불가피하며, 경제적 난국을 헤쳐 나가기 위해서는 기업의 트러스트를 파괴하는 것만이 능사가 아니라, 거대 기업, 독점, 과점(寡占) 등을 정부의 효과적인 규제하에 두어야 한다고 조언했다. 루스벨트와 브레인트러스트는 우선 농민, 노동자, 중간계급의 구매력을 회복하는 것이 필수적이라 보았고, 그러기 위해서는 생산을 감축하는 것이 필요하다고 생각했다. 수요는 계속되는데 공급이 줄어든다면 당연히 가격이 오를 것이었다. 이들은 가격이 오르면 생산자들은 더 많은 수익을 올릴 것이고, 그에 따라 노동자들도 더 많은 임금을 받을 수 있을 것으로 보았다.

뉴딜에 담겨 있는 철학

이전의 대통령들과 달리 루스벨트가 행한 정책적 혁신은 정부가 나서서 미국 경제를 계획하고 규제하기 위한 일련의 조치를 취했다는 것이다. 루스벨트의 프로그램은 구제(relief), 부흥(recovery), 개혁(reform)

대통령에 취임한 해인 1933년의 프랭클린 루스벨트.

이라는 세 가지 목적을 갖고 있었다. 후버와 달리 루스벨트는 실업자들에 대한 즉각적이고도 직접적인 구제를 지지했다. 그는 또한 부흥을 위해 연방 정부가 중앙 집중적인 경제계획을 수립하고 이를 실행에 옮길 수 있어야 한다고 믿었다. 뉴딜의 철학은 경제체제 밑바닥에 있는 '잊혀진 사람들(forgotten men)'의 수중에 돈을 쥐어주는 것이었다. 루스벨트와 그의 참모들은 공화당이 경제체제의 최상층부에 돈을 쏟아부었기 때문에 그 돈이 밑으로 원활하게 흐르지 못했고, 그 결과 대중의 구매력을 창출하는 데 실패했다고 비난했다.

역사 메모 루스벨트의 '브레인트러스트'는 결코 한자리에 모인 적은 없지만 비공식 조언자 역할을 했다. 이들 중 레이먼드 몰리(Raymond Moley), 렉스포드 터그웰(Rexford Tugwell), 아돌프 벌(Adolf Berle)은 모두 컬럼비아 대학 교수였고, 나중에 합류한 펠릭스 프랭크퍼터(Felix Frankfurter)는 하버드 법대 교수였다. 그러나 몰리는 훗날 루스벨트와 결별해 뉴딜에 대한 우파 비판자가 되었다.

은행, 농업, 산업, 모두 다시 일으키자!

루스벨트는 뉴딜 정책을 추진하면서 은행과 농업
그리고 산업의 부흥을 위해 노력했으며 실업자들을 구제했다.

은행 휴업의 선포

루스벨트는 취임식에서 "우리가 두려워해야 할 것은 두려움 자체"라고 하면서 공황에 직면한 미국인에게 희망과 용기를 불어넣었다. 그는 특히 은행에 대한 신뢰가 땅에 떨어진 것을 우려하면서, 이를 전쟁 상황에 빗대어 모든 행정력을 동원해 비상사태에 대한 전쟁을 치르겠다고 선포했다. 이러한 결의를 뒷받침하듯 루스벨트는 취임식 다음 날인 3월 5일 나흘간에 걸쳐 전국 은행의 휴업(bank holiday)을 선언하고 의회에 긴급 회기 소집을 요청했다. 의회도 이에 부응해 곧바로 특별 회기를 열어 우선적으로 긴급은행법(Emergency Banking Act)을 통과시켰다. 이 법에 따라 모든 은행은 조사를 받은 이후에 건실한 은행만이 재무부의 허가를 받아 다시 문을 열 수 있게 되었다. 이에 연방준비제도은행에 속해 있던 은행 중 4분의 3 정도가 사흘 내로 영업을 재개했고, 약 10억 달러에 이르는 시중의 돈이 은행으로 다시 흘러들었다.

1933년 3월 12일 일요일 저녁 루스벨트 대통령은 라디오 방송을 통

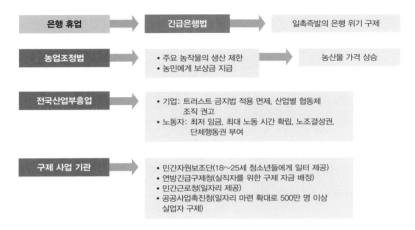

| 은행 휴업 | → | 긴급은행법 | → | 일촉즉발의 은행 위기 구제 |

| 농업조정법 | → | • 주요 농작물의 생산 제한
• 농민에게 보상금 지급 | → | 농산물 가격 상승 |

| 전국산업부흥업 | → | • 기업: 트러스트 금지법 적용 면제, 산업별 협동체
　　조직 권고
• 노동자: 최저 임금, 최대 노동 시간 확립, 노조결성권,
　　단체행동권 부여 |

| 구제 사업 기관 | → | • 민간자원보조단(18~25세 청소년들에게 일터 제공)
• 연방긴급구제청(실직자를 위한 구제 자금 배정)
• 민간근로청(일자리 제공)
• 공공사업촉진청(일자리 마련 확대로 500만 명 이상
　실업자 구제) |

▶ 뉴딜(1932~1935년)

한 최초의 '노변정담(fireside chats)'을 시작했다. 그가 국민에게 전한 첫 메시지는 은행이 다시금 예금자들을 위한 안전한 장소가 될 것이라는 것이었다. 월요일 아침 은행 문이 열리자 사람들은 예금을 하기 위해 장사진을 쳤다. 일촉즉발의 은행 위기는 지나갔고, 국민들은 대통령의 지도력과 은행에 대한 신뢰를 회복했으며, 나아가 자국의 경제체제에 대한 확고한 믿음을 재확인했다.

농업 부흥을 위한 농업조정법

루스벨트는 만성적인 농업 불황의 원인이 생산 과잉에 있다는 판단 하에 후버 행정부가 취했던 것처럼 주요 농산물에 대한 생산을 제한하는 것이 하나의 해결책이라고 보았다. 그는 농업 부흥을 위해 농업조정법(Agricultural Adjustment Act, AAA)의 제정을 의회에 요청했고, 이 법에 따라 농업조정청을 설치했다. 이 기관은 주요 농작물의 생산을 제한하는 농민에게 보상금을 지급하고 소·돼지 등 사육하는 가축 수를 줄이는 농민에게는 보조금을 지불했다. 이에 필요한 재원은 제분업자와 농산물 가공업자에 대한 세금으로 충당했다. 이에 따라 수천만 에이커에 달하는 농경지가 휴경에 들어갔고, 수백만 마리의 돼지가 도살되어 식품 이외의 용도로 사용되기도 했지만 농산물 가격은 차츰 상승하기 시작했다. 그러나 1936년 대법원은 보상금의 재원을 농산물 가공업자로부터 충당하는 것이 부당하다는 이유를 들어 농업조정법이 위헌이라고 판결했다. 이에 루스벨트는 1936년에 토양보전 및 국내할당법(Soil Conservation and Domestic Allotment Act)과 1938년 제2차 농업조정법을 제정해 대법원의 판결에 저항하면서 본래의 농업조정법이 의도한 목표를 차질 없이 달성하고자 했다.

산업 부흥을 위한 전국산업부흥법

산업 분야에서 뉴딜 정책의 초석은 전국산업부흥법(National Industrial Recovery Act, NIRA)이었다. 이 법은 개인주의적이고 경쟁적인 자유방임 경제에 반대하는 뉴딜주의자들(New Dealers)의 국가 경제계획의 결정판이었다. 이들은 기업의 살인적인 경쟁을 종식시키고 생산을 감축함으로써 상품의 가격을 올리는 것이 급선무라고 보았다. 전국산업부흥법은 전국부흥청(National Recovery Administration)을 통해 기업들에게 트러스트 금지법의 적용을 면하게 해주면서 산업별로 협동체를 조직하도록 권고했다. 각 산업체는 자발적으로 모여 최저 판매 가격과 생산량을 결정하고, 부정 광고와 차별 가격을 금지하는 것을 주요 내용으로 하는 공정 경쟁 규약을 작성해 정부의 산업 부흥 정책에 부응했다. 루스벨트 행정부는 이 정책에 상응하는 조치를 노동자들에게도 취했다.

예컨대 연방의회는 전국산업부흥법 제7조 a항을 통해 최저임금과 최대 노동시간을 확립하면서 노동자들에게 노조결성권과 단체행동권을 부여했던 것이다. 대법원은 전국산업부흥법에 대해서도 1935년 이 법이 입법권을 부당하게 행정부에 이양시킨다는 이유를 들어 위헌 판결을 내렸다. 그런데도 루스벨트 행정부는 이 법을 사안별로 세분해 다시 입법함으로써 본래의 목적을 달성하고자 했다.

뉴딜의 구제 조치들

루스벨트는 실업자에게 생존을 위한 최소한의 음식과 거처를 제공해줄 방법으로 공공 근로를 통한 구제를 선호했다. 이러한 구제 조치를 위해 다음과 같은 몇 가지 기관이 설립되었다. 우선 민간자원보존단 (Civilian Conservation Corps, CCC)이 조직되어 18세에서 25세에 이르는 청소년을 모집해 식목, 야영장과 해수욕장 청소뿐 아니라 교량, 댐, 저수지, 낚시터, 산림 감시초소 등의 건설에 투입했다. 약 160만 명의 청소년이 준군사적인 규율하에 캠프 생활을 하면서, 매달 수당으로 받는 30달러 중 25달러는 가족의 생계를 위해 송금했다. 다음으로 연방 긴급구제청(Federal Emergency Relief Administration, FERA)을 설치해 약 5억 달러의 구제 자금을 주와 지방 정부에 배정했다. 이 자금은 실업자에게 직업이나 근로 구제를 얻을 때까지 식품, 의복, 숙소 등을 마련해주는 데 쓰였다. 또한 민간근로청(Civil Work Administration)은 약 400만 명의 사람들에게 근로 구제를 제공해주었다. 나아가 1935년에는 기존의 구제 사업 기관을 통합해 공공사업촉진청(Works Progress Administration, WPA)을 설치함으로써 실업자에게 단순히 실업수당을 주는 대신 일자리를 마련해주는 근로 구제의 방법을 확대했다. 이 기관

(명패 내용: CIVILIAN CONSERVATION CORPS CAMP. Camp Belknap, located at this site, was built by Company 927 of the Civilian Conservation Corps (CCC) in 1934-35. Company 927 was first based in Camp Steamboat, on the Umpqua National Forest (early 1933), moved to Reedsport (late 1933-early 1934) and by spring of 1934 were hard at work constructing Camp Belknap where they remained until 1938. Most members of Company 927 were from Oregon.

From 1933 to 1942, the CCC, a national relief program, gave jobless young men work. Fifty 200 man camps were built in Oregon. The U.S. Army provided housing, food, medical care, pay and education programs while the USDA Forest Service provided work supervision and training in tending and improving forest lands.

The CCC members built many forest recreational camps, including the ones at Clear Lake, Fish Lake, Paradise, and McKenzie; they also constructed the old McKenzie Ranger Station outbuildings, White Branch Winter Sports Area, the magnificent Dee Wright Observatory, and many forest roads, including the first passable truck trail from Belknap Springs to Clear Lake. In addition, they constructed Box Canyon and Blue River guard stations, and most of the trail shelters in what is now the Three Sisters Wilderness area, as well as several fire lookouts (several of which are still standing). In addition to those accomplishments, they fought forest fires and replanted burned over areas.

Erected in 2002 by the National Association of CCC Alumni, Chapter 4, and the Willamette National Forest)

오리건주 출신의 한 민간자원보존단의 활동을 소개한 사적지 명패.

은 48억 8000만 달러를 지출해 공공 토목 사업뿐 아니라 도서관 설치, 음악, 미술, 연극 등의 예술 활동과 사적지 보존 등의 공공사업을 지원해 500만 명 이상의 실업자를 흡수했다.

> **역사 메모** 공공사업촉진청(WPA)은 약 100만 킬로미터의 도로, 7만 8000개의 다리, 12만 5000동의 건물, 1200킬로미터의 공항 활주로를 건설하는 데 자금을 투입했다. WPA 예산의 7퍼센트는 1억 5000만 명 이상의 관객을 대상으로 한 22만 5000건의 콘서트 개최와 47만 5000점의 미술품 창작 활동에 지원되었다.

보수와 진보 양측으로부터 공격받은 뉴딜

> 뉴딜 정책은 여러 보수주의자와 선동가들에 의해 공격을 당하고
> 대법원마저 도전을 하는 등 순조롭지만은 않았다.

뉴딜에 대한 보수와 진보 양측의 공격

루스벨트 대통령의 뉴딜 정책은 순조롭게 진행되지만은 않았다. 뉴딜은 진행 과정에서 보수와 진보, 즉 우파와 좌파 양측으로부터 공격을 받았다. 우선 경제적 자유주의를 신봉하는 보수주의자들은 뉴딜 정책이 가져온 지나친 세금과 정부 규제, 구제와 공공사업을 위한 적자재정 등을 비난했다. 이들은 또한 뉴딜의 복지 정책이 개인의 창의성과 자립심을 저해한다고 주장했다. 예컨대 농민, 노동조합, 자영업자 등은 전국산업부흥법이 물가를 너무 높게 만들고 중소기업보다는 대기업에 우호적이라는 이유로 불만을 토로했다. 한편 농업조정법의 경우 수많은 국민이 제대로 먹지도 못하고 입지도 못하는데 농산물의 생산 감축을 위해 1933년에만 약 1000만 에이커에 달하는 면화 밭을 갈아엎고, 약 600만 마리의 돼지를 식용이 아닌 용도로 사용한 것에 커다란 비판을 받았다. 한편 스스로 사회주의자임을 자처했던 미네소타 주지사 플로이드 올슨(Floyd Olson)과 위스콘신의 혁신주의자 라폴레트

형제(Robert and Philip La Follette, Jr)는 집산주의 운동을 일으키면서 뉴딜에 반대했고, 미국공산당(Communist Party of the United States of America)도 자신들이야말로 뉴딜에 대한 대안이라고 주장했다.

일부 선동가들의 뉴딜에 대한 공격

그런데 이들보다 뉴딜에 대해 더 위협적이었던 것은 극단적인 주장을 하는 일부 선동가들이었다. 대표적 인물은 매주 라디오 설교를 통해 대중에게 반공주의, 반자본주의, 반유대주의를 설파한 디트로이트의 가톨릭 신부 찰스 코글린(Charles Coughlin)이었다. 그는 농업조정법으로 인한 농경지의 휴경과 돼지의 살(殺)처분에 비판의 강도를 높였다. 또 캘리포니아주의 의사 찰스 타운센드(Charles Townsend)는 노령순환연금(Old Age Revolving Pension) 계획을 내세우면서 60세 이상의 모든 시민에게 그 달에 수령한 돈은 그 달에 쓰는 것을 조건으로 매월 200달러의 연금을 지급할 것을 주장했다. 타운센드는 이 방법이 노인에게 도움을 줄 뿐 아니라 구매력을 엄청나게 증대시키기 때문에 공황 타개에 적합하다고 주장했다. 비록 이 계획은 재정적으로 불가능한 것이기는 했지만, 대공황으로 인해 곤경에 처해 있던 노인들에게 커다란 반응을 불러일으키기도 했다. 그런데 아마도 미국 역사에서 가장 성공적인 선동가 중 한 사람을 꼽으라면 휴이 롱(Huey Long)이 빠질 수 없을 것이다. 1928년 "모든 사람은 무관(無冠)의 제왕이다."라는 슬로건으로 루이지애나 주지사에 당선된 롱은 처음에는 뉴딜 정책을 지지했으나, 1934년에 재산분배협회(Share Our Wealth Society)를 조직해 자신만의 선동적 해결책을 제시했다. 그에 따르면 정부가 100만 달러 이상의 수입과 500만 달러 이상의 상속 재산에 대해 과세한다면 누구든지 연소득 2000달러를 올릴 수 있다는 것이었다. 롱의 주장은 상당한 호응을 얻어 1935년 중반에는 협회의 회원 수가 700만 명에 달할 정도였고, 롱이 민주당 대선 후보로 나서도 될 것처럼 보였다. 그러나 그해 9월 롱이 사적인 원한을 가진 사람에게 암살당함으로써 그의 야망도 꺾이고 말았다.

뉴딜에 역행하는 대법원의 판결

뉴딜은 앞에서 보았듯이 대법원으로부터도 도전을 받았다. 대법원은 1935년 일련의 판결을 통해 뉴딜의 주요 정책을 무력화시켰다. 대법원은 '쉐크터 대 미국(Schechter v. U. S.)' 판결에서 대법원 판사 전원 합의로 전국산업부흥법이 행정부에 지나친 입법권을 부여하고 있으며, 헌법상의 통상에 관한 구절은 연방 정부에게 주 안에서만 활동하는 기업에 대해 규제할 권한을 주지 않았다는 이유로 위헌 판결을 내렸다. 1936년에는 농업조정법 역시 '미국 대 버틀러(U. S. v. Butler)' 판결을 통해 농업은 연방의 소관이 아니라 지방의 문제라는 이유로 위헌 판결을 냈다. 사태가 이렇게 되자 루스벨트는 자신의 지도력과 통치력에 위기를 느끼고 다시 한 번 정국의 주도권을 잡기 위해 일부 역사가들이 '제2차 뉴딜'이라고 부르는 새로운 정책을 펼치게 된다.

> **역사 메모** ▶ 휴이 롱은 미국 역사상 가장 급진적인 대중인기영합주의(populist) 정치인 중 한 명이라고 할 수 있다. 롱을 암살한 사람은 일반적으로 그에게 사적인 감정을 지녔던 루이지애나주 배턴루즈 지역 의사인 칼 오스틴 웨이스(Carl Austin Weiss)로 알려져 있다. 그러나 롱의 암살과 관련해서는 롱이 웨이스의 총이 아니라 경호원의 총에 맞아 죽었다는 식의 이른바 '음모론'이 제기되기도 한다.

뉴딜의 두 번째 도전

> 연방의회는 '제2차 뉴딜' 정책을 통해
> 노동문제와 실업문제를 풀어갔다.

노동문제의 개혁

전국산업부흥법이 대법원에 의해 위헌 판결이 난 후 루스벨트는 연방의회를 통해 1935년 뉴욕주 출신 상원의원 로버트 와그너(Robert F. Wagner)의 발의로 전국노동관계법(National Labor Relations Act)을 통과시켰다. 일명 '와그너법'으로 불리는 이 법으로 탄생한 전국노동국 (National Labor Relations Board)은 노동자들이 노조를 결성하고, 단체교섭권을 행사하며, 파업할 권리를 보장해주는 데 주력했다. 전국노동국은 특히 노사 간의 단체교섭 시에 공정한 관행이 이루어지도록 중재했다.

테네시 계곡 개발 공사

제1차 세계대전 이래로 네브래스카주 출신 상원의원 조지 노리스 (George Norris)는 테네시강 수력의 공공 이용을 주장해왔고, 1932년의 민주당 강령도 이 강을 이용한 공공 소유의 전력 개발을 약속한 바 있

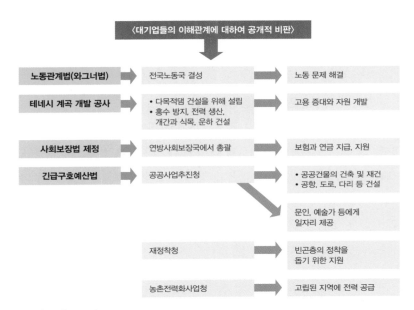

〈대기업들의 이해관계에 대하여 공개적 비판〉

노동관계법(와그너법)	전국노동국 결성	노동 문제 해결
테네시 계곡 개발 공사	• 다목적댐 건설을 위해 설립 • 홍수 방지, 전력 생산, 개간과 식목, 운하 건설	고용 증대와 자원 개발
사회보장법 제정	연방사회보장국에서 총괄	보험과 연금 지급, 지원
긴급구호예산법	공공사업추진청	• 공공건물의 건축 및 재건 • 공항, 도로, 다리 등 건설
		문인, 예술가 등에게 일자리 제공
	재정착청	빈곤층의 정착을 돕기 위한 지원
	농촌전력화사업청	고립된 지역에 전력 공급

▶ 2차 뉴딜(1935년)

었다. 결국 뉴딜 시기에 정부가 직접 나서서 사업을 추진하는 방식으로 전개되었는데, 테네시 계곡 개발 공사(Tennessee Valley Authority, TVA)는 테네시강과 그 지류가 통과하는 7개 주에 걸쳐 종합적 개발을 목적으로 댐을 건설하기 위해 정부가 설립한 사업체였다. 당시 미국 내에서 미개발지였던 지역에 댐을 건설함으로써 홍수 방지의 기능뿐 아니라 전력 생산, 개간과 식목, 운하 건설 등의 효과를 기대할 수 있었다. 이러한 사업을 통해 TVA는 이 지역의 고용 증대와 자원 개발이라는 성과를 거둘 수 있었다. 또한 TVA는 종래 사기업만이 진출하던 분야에 정부가 적극적으로 진출해 커다란 실적을 거둘 수 있다는 것을 보여줌으로써 정부기업에 대한 새로운 인식을 국민에게 심어주기도 했다. 나아가 TVA는 컬럼비아강과 미주리강 계곡 등에서도 유사한 방식의 개발이 이루어지게 한 모델이 되었다.

유럽에 비해 뒤늦은 사회보장법의 제정

1880년대부터 사회보장제를 도입하기 시작한 유럽과 달리 미국의 경우 실업과 노령에 대한 사회적 대비책 마련이 비교적 늦은 편이었다. 그러나 대공황으로 인해 수많은 실업자와 고령자들이 고통을 겪게 되자, 이 기회를 이용해 일부 정치가와 사회 개혁가들은 현실성 없는 사회보장 계획을 요구하기 시작했다. 앞에서도 살펴보았듯이 찰스 타운센드가 주창한 이른바 타운센드 계획은 노령자에게 매달 200달러의 연금을 지급할 것을 요구했고, 휴이 롱과 가톨릭 신부 찰스 코글린 등은 루스벨트의 뉴딜을 비판하면서 대중에게 급진적 해결책을 약속하기도 했다. 이러한 선동에 대처해 연방 정부는 1935년 사회보장법(Social Security Act)을 제정해 65세 이상의 은퇴자에 대한 노령 보험, 재직 중 사망한 노동자의 가족에 대한 연금, 실직자에 대한 수당 지급 등의 프로그램을 마련했다. 또한 노인 연금, 모자(母子) 보건, 장애인 등에 대한 지원 계획도 포함시키면서 연방사회보장국(Federal Social Security Board)이 모든 프로그램을 총괄하도록 했다.

대규모 공공사업 계획을 추진한 사업추진청의 발족

'제2차 뉴딜' 추진을 위해 루스벨트는 의회에 요청해 긴급구호예산법(Emergency Relief Appropriation Act)을 통과시켰다. 이 법은 실업자 구제를 위해 WPA을 포함한 광범위한 공공사업 계획을 추진할 수 있도록 대통령에게 행정명령을 발동할 권한을 부여해주는 것이었다. 나중에 공공사업추진청(Works Projects Administration)으로 명칭을 바꾼 WPA는 궁극적으로 850만 명 이상을 고용했다. 이 사업으로 100만 킬로미터 이상의 도로, 12만 5000동의 공공건물, 8000여 개의 공원과 그 밖의 수많은 교량, 공항 등이 건설되었다. WPA는 유형적인 건설 사업뿐 아니라, 경제적으로 곤경에 처한 문인, 예술가 등을 지원하기 위한 사업도 벌였다. 예를 들면 미술가들로 하여금 우체국이나 공공건물에 벽화를 그리도록 함으로써 이들에게 일자리를 제공해주었고, 연방 작가 프로젝트를 통해 작가를 고용해 이들에게 지역 안내서나 향토사 등을 집필하는 일거리를 주었다. 긴급구호예산법은 WPA 이외에도 구호 사업과 공공사업에 예산을 할당했다. 예컨대 재정착청(Resettlement Administration)은 빈곤한 가정의 재정착을 돕고 농촌공동체를 부활시키며 저임금 노동자를 위한 교외의 그린벨트 마을을 조성하기도 했다. 또한 농촌전력화사업청(Rural Electrification Administration)은 고립된 농촌 지역에 전력을 공급하는 일을 맡았다.

역사 메모 뉴딜의 친(親)노동정책으로 말미암아 1938년에 미국연합광산노조의 지도자 존 루이스(John L. Lewis) 주도로 기존의 직종별 노동조합 연합체인 미국노동총연맹(AFL)과 구별되는 미숙련 노동자 중심의 산업별노동조합회의(Congress of Industrial Organizations)가 조직되었다. 이후 미국의 양대 노조로 존재하던 두 조직은 1955년 합병해 미국 최대 노조인 AFL-CIO를 결성했다.

혼합경제를 건설했던 뉴딜의 끝은?

> 루스벨트는 긴급구호예산법을 통과시키고 대법원을 뉴딜 편으로 만드는 등
> 뉴딜 정책을 밀고 나갔다. 하지만 끝내 경기 침체에 직면한 가운데
> 제2차 세계대전의 발발과 더불어 뉴딜은 종말을 고했다.

압도적 승리로 루스벨트의 재선을 가능케 한 1936년의 대통령 선거

미국 사회에 커다란 변화를 초래한 뉴딜 정책에 대해 일각에서는 반대의 목소리도 적지 않았다. 뉴딜 반대자들은 이 정책이 나라 빚을 크게 늘릴 뿐만 아니라 사회주의적 색채가 강한 데다 노동계로 하여금 과도한 요구를 하도록 만든다고 비난했다. 또한 이들은 뉴딜이 여러 가지 면에서 헌법에 위배되는 정책을 펼치고 있으며, 루스벨트 대통령 역시 정권을 유지하기 위한 정치조직 창출에 연방 기금을 유용하고 있다고 비판하면서, 이러한 문제들을 1936년의 대통령 선거 이슈로 만들고자 했다.

그러나 선거 결과는 공화당이 내세운 알프레드 랜던(Alfred M. Landon)에 대한 루스벨트의 압승으로 끝났다. 이 선거에서 루스벨트는 선거인단 표에서 523표를 얻은 반면 랜던은 고작 8표에 그쳤던 것이다. 뿐만 아니라 연방의회의 상원과 하원에서도 민주당이 압도적 다수를 점하게 되었다. 따라서 루스벨트는 더욱 강한 추진력으로 뉴딜 정책을 밀고 나

갈 힘을 얻었지만, 이후에 벌어진 일련의 사태는 오히려 뉴딜의 장래를 어둡게 만들고 말았다.

실패로 끝난 루스벨트의 대법원 개편 시도

루스벨트는 대선에서의 압도적인 승리를 뉴딜에 대한 국민적 지지로 받아들이고, 더 많은 정책을 추진하는 데 커다란 장애물로 작용한 대법원을 개혁하기로 결심했다. 따라서 그는 노쇠한 대법원 판사의 능률을 증진시킨다는 명분을 내세워 1937년 대법원 판사의 정원을 9명에서 15명으로 늘리는 내용의 이른바 '법원 개편안(Court Packing Bill)'을 의회에 제출했다. 그럼으로써 루스벨트는 뉴딜을 지지하는 판사들을 충원해 대법원이 뉴딜에 유리한 판결을 내리기를 기대했다. 그러나 이 법안은 사법부의 독립성을 해칠 우려가 있다는 여론과 더불어 공화당은 물론이고 민주당 내부에서조차 반대에 직면했다. 따라서 루스벨트는 이 법안을 포기하지 않으면 안 되었다.

하지만 루스벨트의 대법원 개편 시도는 소기의 성과를 거둘 수 있었다. 뉴딜에 대한 종래의 태도를 바꾸어 이전에는 위헌으로 판결 났을지도 모를 뉴딜 법안에 대해 합헌성을 인정하는 판결을 내렸기 때문이다. 그에 따라 1937년 3월 이후에는 주당 노동시간과 최저임금을 규정한 공정노동기준법, 전국노동관계법, 사회보장법 등과 같은 뉴딜 법안이 합헌 판결을 받게 되었다. 더욱이 1937년부터 시작해 대법원 판사의 퇴직과 사망으로 일곱 자리가 비게 되었고, 그때마다 루스벨트는 뉴딜을 지지하는 판사들로 빈자리를 채울 수 있었다.

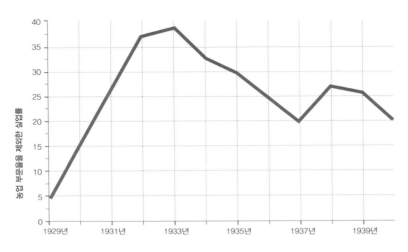

▶1929~1940년 실업률의 변화

1937년과 1938년 사이의 경기후퇴와 뉴딜의 종말

뉴딜 자체는 미국의 경기를 상당히 회복시켰지만, 완전히 호전된 것은 아니었다. 그런데도 루스벨트는 1937년에 이르러 대공황 발생 당시의 위기에서 어느 정도 벗어났다고 생각해 정부 지출의 급격한 삭감을 지시했다. 대공황에 직면해 할 수 없이 적자예산을 편성해왔지만, 경기회복 기미가 보이자 예산의 균형을 맞추어야 한다는 자신의 소신을 포기하지 않았던 것이다. 그와 동시에 연방준비제도이사회도 인플레이션을 완화하기 위해 은행의 돈줄을 죄기 시작했다. 이 두 가지 조치는 갑작스레 경기를 곤두박질치게 만들었다. 공황의 와중에 또 다른 공황이었다. 실업률이 1937년 20퍼센트에서 다음 해 27퍼센트로 증가하기 시작했다. 새로운 공황에 직면해 루스벨트는 1938년 의회에 실업 구제 자금의 지출을 늘려줄 것을 요청함으로써 다시 적자예산으로 돌아갈 수밖에 없었다. 더욱이 1938년 봄에 이르러 유럽에서 감돌기 시작한 전운으로 말미암아 루스벨트는 국내에서 국외로 관심을 돌리지 않으면 안 되었다. 미국에 닥쳐올지도 모르고 급기야 닥쳐오고야 만 전쟁을 준비하는 과정에서 뉴딜은 종말을 고하고 말았다.

뉴딜에 대한 평가

뉴딜은 사실 어떤 체계화된 이론을 바탕으로 일관성 있게 추진된 것은 아니었다. 그때그때의 상황에 따라 급조되기도 했기 때문에 때로는 서로 모순되고 실패로 끝난 정책도 있었다. 이는 하나의 방법이 실패하면 다른 방법으로 옮겨 가는 실험주의의 산물이라고 할 수 있다. 루스벨트와 뉴딜 정책 입안자들은 논리적 이론에 매달리기보다는 유익한 결과를 산출하려고 노력한 실용주의자였다고 할 수 있다. 예컨대 민간 기업의 지출이 줄어 불경기가 다가왔을 때 정부 예산의 적자를 의도적으로 발생시키면서 공공 지출을 늘리면 자본 형성과 구매력이 늘어난다는 연방준비제도이사회 매리너 에클리스(Marriner S. Eccles)의 주장은 당시 상당히 낯선 것이었지만, 루스벨트는 이를 과감하게 실천에 옮겼던 것이다. 이 이론은 1936년 영국의 경제학자 존 메이너드 케인스(John Maynard Keynes)가 제시한 것이기도 했고, 제2차 뉴딜의 방향은 공교롭게도 케인스의 이론과 일치했다.

다음으로 뉴딜의 세부 내용 중 일부는 전혀 새로운 것이 아니라는 사실이다. 노동자의 권익 옹호, 독점 배격, 사회보장제 등은 이미 19세기 말부터 혁신주의자들이 주장해온 것이었다. 따라서 뉴딜은 미국적 전통에 입각한 혁신 정책이라고 할 수 있다. 이처럼 뉴딜에 담긴 실험주의와 실용주의적 정신으로 인해 미국인들은 국가 비상시에 유럽의 파시즘이나 볼셰비즘 같은 극단주의의 길을 가지 않았다. 뉴딜은 한마디로 자본주의에 사회주의적 요소를 가미한 혼합경제(mixed economy)를 건설하는 방향으로 진행되었던 것이다. 따라서 향후 냉전의 도래와 더불어 루스벨트와 뉴딜 정책 입안자들은 공화당의 보수주의자들로부터 사회주의자라는 비판을 받기도 했다.

역사 메모 역사가들은 1936년에 출간된 《고용, 이자, 화폐에 관한 일반 이론(General Theory of Employment, Interest, and Money)》에 나타난 케인스의 이론이 뉴딜에 영향을 끼쳤다는 점에는 동의하지만, 얼마나 많은 영향을 끼쳤는가에 대해서는 의견의 일치를 보지 못하고 있다. 1938년에 시작된 적자예산 편성을 통한 재정 지출은 케인스 이전에 이미 '유수(誘水) 이론(pump priming theory)'으로 불려왔고, 후버 대통령 시절에도 시도된 바 있었다.

COLUMN 08

대공황은 왜 일어나게 되었을까?

역사상 유례가 없는 대공황이 발생한 데 대해 경제학자들은 대체로 다음과 같은 요인을 제시한다. 우선 1920년대에 미국 경제의 체질이 점차 약화되었다는 점이다. 농업 분야는 농산물의 과잉 생산, 가격 하락, 과도한 부채, 파산, 소규모 은행의 도산 등으로 어려움을 겪고 있었다. 뿐만 아니라 석탄, 철도, 섬유 같은 산업 분야는 1929년 훨씬 이전부터 침체기에 접어들었으며, 경제성장을 이끌던 자동차와 건축 경기도 점차 쇠퇴하고 있었다.

둘째, 소비자의 대부분을 차지하는 농민과 노동자들이 앞서 언급한 요인들로 인해 구매력을 상실했다는 점이다. 반면에 일부 부유한 계층에 부가 집중되었고, 이들은 자신의 소득을 소비재 구입에 쓰기보다는 사치품 구입, 저축, 주식 투기, 투자 등에 사용했기 때문에 전반적으로 소비는 위축될 수밖에 없었다.

셋째, 소수의 대기업이 독점을 형성하고 있던 미국의 기업 체제도 공황에 취약함을 보였다. 이들 기업 중 상당수는 주식시장에 위험스러운 투기를 감행하고 있었을 뿐 아니라 지주회사의 형태로 비밀리에 자산 조작에 입각한 피라미드 형태의 기업 조직을 갖추고 있었다. 따라서 조직의 한 부분이 무너지면 전체 조직이 붕괴될 수밖에 없었다.

넷째, 주식시장에서 규제받지 않는 이른바 '묻지 마' 투기 열풍 또한 대공황의 요인이었다. 주식 중개인은 투자자들에게 주식의 일부만 현금으로 구매한 다음 구입한 주식을 담보로 새로운 주식을 매입할 것을 권유했다. 그러나 1929년 주가가 폭락하면서, 이들이 구입한 주식은 휴지 조각이 되고 말았다.

다섯째, 국제적인 경제 질서의 교란 역시 대공황의 발생을 부추겼다. 미국은 제

1차 세계대전 이후 세계의 주도적인 채권국이자 무역국으로 발돋움하게 되었다. 대전 이후에도 큰 액수의 차관과 은행 대부가 미국에서 유럽으로 흘러들어갔다. 그러나 1920년대 말 미국의 투자가들이 수익성이 더 좋아 보이는 국내의 주식시장에 투자하기 위해 대출금을 회수하기 시작했다. 유럽 각국은 미국으로부터 더 이상의 자금을 빌려오기 힘들게 된 데에다 미국의 관세장벽으로 인해 수출마저 어렵게 되자 미국 상품의 수입을 자제하기 시작했다.

마지막으로 연방 정부의 정책 역시 주식시장의 붕괴와 공황에 일조했다. 즉, 연방 정부가 무분별한 투기 열풍을 잠재우는 데 실패한 것이다. 연방준비제도이사회 역시 돈의 흐름을 조절하는 데 실패했다. 연방준비제도이사회는 오히려 손쉬운 대출금이 주식 투기에 이용된다는 것을 알면서도 이자율을 낮춰 대출을 용이하게 해주었다.

9장

제2차 세계대전과 미국

라틴아메리카 정책과 제2차 세계대전의 발발

유럽에서는 히틀러와 나치당의 등장으로 끝내 제2차 세계대전이 발발했으나
미국은 중립법을 제정함으로써 고립주의 분위기가 감돌았다.

미국 내의 고립주의 분위기

제1차 세계대전 이후 윌슨 대통령을 비롯한 국제주의자들의 국제
연맹 가입 노력을 저지시켰던 미국인은 1930년대에 유럽과 아시아에
서 전운이 감도는 가운데에도 고립주의 노선을 견지했다. 1937년 갤
럽(Gallup) 여론조사는 미국인의 3분의 2 정도가 미국의 제1차 세계대
전 참전이 실수였다고 생각하고 있음을 보여주었다. 더욱이 일부 고립
주의자들은 미국의 많은 기업이 유럽과 아시아의 침략자들에게 무기를
판매함으로써 미국의 국익을 위태롭게 하는 '죽음의 상인(merchant of
death)' 노릇을 하고 있다고 비난했다.

중립법의 제정

미국이 유럽에서의 전쟁에 휘말리는 것을 피하기 위해 연방의회는
1936년, 1937년, 1939년에 각각 일련의 중립법(Neutrality Act)을 통과
시켰다. 이 중립법은 유럽의 교전국들에 전쟁 물자의 판매를 금지하고,

이러한 전쟁 물자를 미국의 선박으로 수송하는 것을 금하며, 미국인이 교전국의 선박으로 여행하는 것을 금지하는 등의 내용을 담고 있었다. 특히 1937년의 중립법은 '현금 주고 실어가기(cash-and-carry)'라는 원칙을 도입해 미국과 무역을 원하는 교전 당사국들은 현금으로 물자를 구입해 자국의 선박으로 싣고 가도록 했다. 이러한 중립법은 미국 내 고립주의의 분위기를 반영하는 것이었다.

라틴아메리카에 대한 미국의 대외 정책

미국에 불어닥친 고립주의적 대외 정책 분위기는 라틴아메리카에 대한 외교에도 변화를 불러일으켰다. 미국은 루스벨트 행정부에 이르러 이제 라틴아메리카에 대한 직접적인 군사적 간섭보다는 범아메리카주의(Pan Americanism)라고 부르는 비교적 덜 간섭적인 대외 정책으로 방향을 전환했다. 루스벨트는 1933년 대통령 취임식에서 라틴아메리카에 대한 이러한 대외 정책을 '선린정책'이라고 명명했다. 그해 우루과이의 몬테비데오에서 열린 아메리카 대륙 간 회의(Inter-American Conference)에서 국무장관 코델 헐(Cordell Hull)은 어떤 나라도 다른 나라의 내정에 간섭할 권리가 없다는 데 대해 라틴아메리카 국가들과 합의했다. 또한 루스벨트도 미국은 무력 개입에 반대할 것이라고 천명했다. 이에 따라 1934년 미국과 쿠바는 쿠바에서 문제가 발생할 경우 미국이 자동적으로 개입할 것을 명시한 플래트 수정 조항을 폐지했다. 이후 순차적으로 아이티, 니카라과, 파나마 등에서 미군의 철수가 이루어졌고, 1940년에는 도미니카공화국에서의 관세 대리 징수도 종식되었다. 1938년에 멕시코가 자국 내 미국 석유 회사의 재산을 몰수했을 때에도, 미국은 멕시코의 권리를 인정하면서 대신 미국인 소유주에게 공정한 배상을 해줄 것을 요구했다.

전쟁에 대비한 서반구에서의 유대 강화

독일과 이탈리아로부터의 증대되는 위협에 직면해 미국은 서반구 국가들과 유대 강화에 나섰다. 1936년 부에노스아이레스 회의(Buenos Aires Conference)에서 루스벨트는 라틴아메리카 국가들과 집단 안보의 원칙을 재확인했고, 1939년 유럽에서 전쟁이 발발하자 파나마선언(Declarations of Panama)을 통해 서반구에 안전지대를 설정하고 침략자들이 침범하지 못하도록 선포했다. 나아가 미국과 라틴아메리카 국가들은 1940년 아바나 결의(Act of Havana)를 통해 어느 한 나라에 대한 침략 행위는 모든 나라에 대한 침략 행위로 간주될 것이라고 선언했다. 사실상 이 선언은 미국의 전통적인 대(對)서반구 외교정책인 먼로선언을 국제화한 것과 다름 없었다.

나치 독일의 대두

제1차 세계대전의 패전과 베르사유조약으로 막대한 배상금을 지불하게 된 독일은 1930년대 세계적인 대공황의 도래로 인해 유럽 어느 나라보다도 더 큰 고통을 겪고 있었다. 당시 독일에는 600만 명의 실업자가 거리를 배회할 정도였다. 이때 아돌프 히틀러(Adolf Hitler)의 나치당은 개인에 대한 국가의 우위, 독재, 권위주의, 군국주의 등을 특징으로 하는 파시즘을 바탕으로 베르사유조약의 파기와 위대한 독일의 재건을 내세우며 1933년 집권했다. 나치는 독일 경제의 재건과 군사력 강화뿐 아니라 독일 민족의 우월성과 순수성을 지키겠다고 약속했다. 히틀러는 베르사유조약이 독일에게 부과한 처벌적 조항이 부당하다는 이

제1차 세계대전의 패전		나치당 히틀러 집권		세계공황
베르사유조약(1919) – 배상금 지급	→	(1933)	←	엄청난 인플레이션 – 독일 내 실업자 600만 명

배상금 지불 거부	독일 경제 재건, 군사력 강화, 민족주의	국제연맹 탈퇴 ← 1926년 가입

1936. 라인란트 재점령
1938. 오스트리아 합병
1939. 뮌헨 협정 위반
1939. 9. 1 폴란드 침공

제2차 세계대전 발발

▶ 나치 독일의 대두

유를 들어 국제연맹에서 탈퇴함과 동시에 배상금 지불을 거부하고 재무장에 돌입했다. 이후 독일은 1936년 라인란트를 재점령하고, 그해 가을 이탈리아와 이른바 로마-베를린 추축(Rome-Berlin Axis)이라고 부르는 동맹을 맺은 다음, 1938년에 오스트리아를 합병했다. 이에 대해 미국과 유럽 여러 나라들이 별다른 조처를 취하지 않은 데 고무된 히틀러는 이번에는 체코슬로바키아의 영토인 주데텐란트(Sudetenland)에 독일 민족이 많이 살고 있다는 이유를 들어 이 지역을 독일에 양보할 것을 강요했다.

뮌헨 협정과 제2차 세계대전의 발발

영국 수상 네빌 체임벌린(Neville Chamberlin)과 프랑스 수상 에두아르 달라디에(Edouard Daladier)는 1938년 9월 뮌헨에서 히틀러와 베니토 무솔리니(Benito Mussolini)를 만나 주데텐란트 문제를 평화적으로 해결하고자 했다. 이들은 뮌헨 협정을 맺어 히틀러가 더 이상의 영토 확

무솔리니(왼쪽)와 히틀러(오른쪽).

장을 하지 않는다는 조건으로 주데텐란트를 독일에 넘겨주기로 합의했다. 그러나 체임벌린이 '우리 시대의 평화(peace in our time)'라고 자랑스럽게 말했던 이 '유화(appeasement)' 정책은 끝내 실패로 돌아가고 말았다. 1939년 3월 히틀러는 뮌헨 협정을 무시하고 체코슬로바키아의 나머지 지역을 점령해버렸다. 이제 히틀러의 다음 목표는 폴란드라는 것이 명백해졌다. 히틀러는 8월 폴란드 침공을 위한 준비 작업으로 소련과 불가침조약을 맺었다. 영국과 프랑스는 만약 독일이 폴란드를 침공한다면 모든 가능한 수단을 동원해 도울 것이라고 약속했다. 그런데도 히틀러는 1939년 9월 1일 폴란드에 전격전(blitzkrieg)을 감행했다. 그와 동시에 소련도 폴란드 동부를 점령하고 발트 3국을 합병하면서 핀란드와 전쟁을 벌였다. 독일이 폴란드를 침공한 지 이틀 뒤 영국과 프랑스는 독일에 선전포고를 했고, 이로써 제2차 세계대전이 발발했다.

역사 메모 ▶ 미국의 고립주의 분위기는 1936년에 발발한 스페인 내전에 대해서도 강하게 나타났다. 히틀러와 무솔리니는 스페인의 공화 정부에 대항해 반란을 일으킨 파시스트 프란시스코 프랑코(Francisco Franco) 장군에게 무기와 군수품을 지원했으나 미국은 영국, 프랑스와 더불어 중립을 지키기로 협약했다. 따라서 공화파를 지지하는 일부 미국인들은 개인적인 자격으로 스페인 내전에 참전했다.

일본의 팽창으로 일본과 관계가 악화된 미국

일본이 만주와 중국을 침략하자 루스벨트는 '격리 연설'을 통해
일본의 침략 행위를 비난하고 일본과의 무역을 감축하면서
두 나라 사이는 점점 악화되었다.

군국주의 일본의 팽창

1910년 한일합방으로 대륙 진출의 교두보를 확보한 일본은 1931년 만주를 침공해 침략 전쟁을 개시했다. 이러한 일본의 행위는 미국의 입장에서 보았을 때, 중국에 대한 문호개방 원칙, 중국의 영토 보전과 주권을 존중하기로 한 1922년의 9개국조약(Nine Power Treaty), 국가 정책의 수단으로서 전쟁을 벌이는 것을 포기하자는 켈로그-브리앙(Kellogg-Briand)조약을 위반하는 것이었고 국제연맹에 대한 도전이기도 했다.

일본이 1932년 만주에 만주국이라는 괴뢰정부를 세우자, 당시 국무장관 헨리 스팀슨(Henry L. Stimson)은 일본과 중국을 향해 미국은 문호개방 원칙에 위배되거나 무력으로 인한 영토 변화는 인정하지 않을 것이라는 이른바 스팀슨독트린(Stimson Doctrine)을 천명했다. 국제연맹은 단지 일본의 행위를 비난하는 것에 그쳤다.

일본의 중국 침략

1937년 일본은 선전포고도 없이 중국을 침공해 대륙 지배의 야욕을 드러냈다. 미국을 비롯한 여러 나라는 일본의 침략을 비난하고 기존의 조약 준수를 촉구했으나, 일본은 이에 아랑곳하지 않고 단숨에 중국의 내륙을 제외한 해안 지역 대부분을 점령했다. 이에 루스벨트는 중립법을 위반하지 않으면서도 중국의 미국 무기 구입을 가능하도록 하기 위해 중국이 전쟁 상태에 있다는 것을 선포하지 않았다. 루스벨트는 1937년 가을 시카고에서 행한 이른바 '격리 연설(Quarantine Speech)'에서 일본의 침략 행위를 경고하면서, 전염병처럼 퍼져가는 전쟁을 막기 위해 침략자들을 국제 사회에서 '격리'시켜야 한다고 주장했다. 미국은 중국을 돕기 위해 버마 통로(Burma Road)를 통해 중국에 군수물자를 판매하고 수송하면서, 중국에 대한 대여금도 늘려갔다. 일본은 1937년 12월 양쯔강을 지나던 미국의 포함 패네이(Panay)호를 의도적으로 폭격해 침몰시킨 후, 오인 폭격으로 인한 단순한 사고였다고 미국에 사과했다. 루스벨트도 미국 내 고립주의자들의 반감을 우려해 일본의 사과를 받아들이는 선에서 한 발 물러섰다. 그러나 1938년 일본이 중국에서의 문호개방 원칙 이행을 거부하고 나서자 미국과 일본의 관계는 점점 악화되기에 이르렀다.

미일 관계의 악화

1939년 7월 미국은 1911년에 맺었던 미일 무역 조약을 파기한다고 선포했다. 이로써 일본은 상당 부분 미국으로부터의 수입에 의존하던 석유와 고철 같은 전쟁 수행에 필요한 물자의 부족에 시달리게 되었다. 미국 소비자들은 일본 상품 불매운동을 벌였고, 전쟁으로 고통을 겪는 중국인들을 돕기 위한 의연금 모금이 이루어졌다. 더 많은 군수 물자와 2500만 달러에 달하는 대여금이 중국으로 흘러들었다. 국무장관 코델 헐은 미국의 군수 기업에게 일본에 대한 항공기 수출을 자제해달라는 일종의 도덕적 수출금지(moral embargo)를 선언했다. 그럼에도 불구하고 미국은 일본에 대한 석유, 면화, 기계류의 수출을 완전히 금지하지는 않았다. 미국 정부는 유럽에서 세계대전의 전운이 감도는 가운데 일본에 대한 경제제재가 아시아에서도 전쟁을 확대시키지 않을까 우려했던 것이다.

역사 메모 1937년 중일전쟁을 일으킨 일본은 그해 12월 13일부터 6주간에 걸쳐 이른바 난징 대학살(Nanking Massacre)을 자행했다. 난징 점령 직후 약탈, 방화, 강간뿐 아니라 민간인과 전쟁 포로에 대한 대량 학살을 감행한 것이다. 학살당한 중국인의 숫자는 오랫동안 논란거리가 되었지만, 대략 15만 명에서 30만 명 이상으로 추정된다. 하지만 더 큰 문제는 일본의 극우파가 난징에서의 학살 및 잔혹 행위를 부정하면서 이를 단지 '난징사건(Nanking incident)'으로 축소·은폐하고 있다는 사실이다.

지켜만 볼 수는 없다!

3선에 성공한 루스벨트는 무기대여법을 제정해 연합국과 소련에 무기를 대여해주었다.
하지만 독일의 잠수함 작전으로 인해 미국은 사실상 독일과의 해전에 돌입했다.

미국의 전쟁 준비

사실 미국은 제2차 세계대전이 발발하기 오래전부터 나름대로 대비를 하고 있었다. 루스벨트의 뉴딜 정책 중 공공사업 계획에는 새로운 함선의 건조가 포함되어 있었다. 1935년 루스벨트는 미국 역사상 가장 많은 평시 국방 예산을 의회에 요청했으며, 1938년에는 공군을 창설하기 위한 예산을 편성하기도 했다. 나아가 1939년 1월 루스벨트는 프랑스에 폭격기를 판매하는 데에도 동의했다.

마침내 유럽에서 전쟁이 발발하자 1940년 여름, 전시에 대비한 조치들을 취하기 시작하면서 연방의회는 우선적으로 군대를 강화하기 위해 엄청난 액수의 예산을 승인했다. 9월에는 21세에서 35세에 이르는 남성에게 미국 역사상 최초로 평시에 징집을 위한 등록을 하도록 하는 징병법(Selective Service Act)이 통과되었다. 또한 전시 산업 동원을 위해 생산관리국(Office of Production Management)도 설치했다. 루스벨트 대통령은 전시에 대비한 초당파적 정국 운영을 위해 공화당원인 헨리

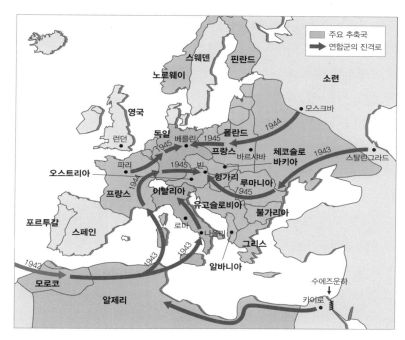

▶ 유럽에서의 제2차 세계대전

스팀슨을 전쟁부 장관(Secretary of War)으로, 프랭크 녹스(Frank Knox)를 해군부 장관(Secretary of Navy)으로 임명했다. 그는 또한 뉴펀들랜드, 버뮤다, 자메이카 등에 있는 영국의 해군 및 공군 기지 여덟 곳을 대여받는 조건으로 제1차 세계대전 때 사용했던 구축함 50척을 영국에 양도했다.

유럽의 초기 전쟁 상황과 1940년의 대통령 선거

독일이 전격전으로 폴란드를 점령한 후 전쟁은 서부전선에서 잠시 '교착전(sitzkrieg)'이라고 부르는 소강 국면에 접어들었다. 하지만

1940년 4월 독일이 노르웨이와 덴마크를 점령하면서 전쟁은 확산되어 네덜란드, 벨기에, 룩셈부르크, 프랑스가 독일군에 함락되었다. 영국군은 프랑스의 '됭케르크(Dunkerque)' 해안에서 필사적인 탈출을 감행해야 했다. 히틀러는 또한 발칸반도를 점령했으며, 1941년 6월에는 소련에 대한 대대적인 침공을 시작했다.

서유럽 대부분의 국가가 히틀러의 수중에 들어가고 있는 와중에도 1940년 미국에서는 어김없이 대통령 선거철이 다가왔다. 민주당 전당대회 직전 루스벨트가 당의 부름에 따르겠다고 선언하자, 민주당은 기다렸다는 듯이 그를 대선 후보로 지명했다. 공화당은 정치적 경력은 없었지만 대중적으로 인기가 높았던 사업가 출신의 웬델 윌키(Wendell Willkie)를 후보로 내세웠으나, 결과는 루스벨트가 일반투표에서 55퍼센트 대 45퍼센트, 선거인단 표에서 449대 82로 무난히 3선에 성공했다.

연합국에 대한 미국의 지원

대다수 미국인은 미국이 유럽에서의 전쟁에 말려들지 않기를 바라면서도, 이 전쟁에서 연합국이 승리하기를 바랐다. 루스벨트 역시 히틀러로 인해 위기에 처한 영국을 구하기 위해서는 상당한 대외 원조 계획이 필요함을 역설하기 시작했다. 그는 이웃집이 불이 났을 때 불을 끄기 위한 소방 호스를 빌려주는 것이 당연한 것처럼 미국이 영국에 무기를 제공해야 하는 도덕적 책무가 있다고 주장하면서, 미국이 '민주주의의 병기고(arsenal of democracy)'가 되어야 한다고 역설했다. 이러한 논리를 바탕으로 루스벨트는 영국을 비롯한 미국의 방위에 중요한 모든 국가에 전쟁이 끝나면 돌려준다는 조건으로 무기를 빌려줄 수 있다는 무기대여법(Lend-Lease Act)을 고안했다. 의회는 1941년 3월 이 법을 통과시켰다.

이에 따라 당장 70억 달러의 예산이 책정되었으며, 전쟁이 끝날 무렵에는 500억 달러 상당의 군수물자가 주로 영국으로 수송되었다. 미국은 영국으로의 해상 수송로를 보호하기 위해 덴마크의 동의를 얻어 1941년 봄에는 그린란드, 여름에는 아이슬란드를 각각 점령했다. 또한 미국은 히틀러가 소련을 침공하자 무기대여법을 즉각적으로 소련에 확대 적용했다.

대서양헌장 발표와 독일의 잠수함 공격에 대한 미국의 대응

히틀러가 소련에 대한 공격을 감행하기 직전인 1941년 8월 루스벨트와 영국 수상 윈스턴 처칠(Winston Churchill)은 뉴펀들랜드 해안의 선상에서 만나 대서양헌장(Atlantic Charter)이라고 부르는 공동성명을 발표했다. 이 헌장에서 양국 수뇌는 윌슨주의적 집단 안보 개념을 떠올리게 하는 일련의 전쟁 목적과 침략자들의 무장해제, 민족자결, 경제협력, 공해상에서의 자유 등을 천명했다. 1942년 1월에는 26개국이 이 헌장의 이행을 서약하면서 국제연합선언서(Declaration of the United Nations)에 서명했다.

그사이 독일의 잠수함들은 대서양에서 영국 군함의 호위를 받으며 군수 물자를 영국으로 실어 나르는 수송선에 대한 무차별 공격을 감행했다. 루스벨트 대통령은 북대서양에서의 해상 및 항공 순찰을 명령했고, 독일 잠수함이 포착되는 즉시 영국군에 통보하도록 했다. 1941년 10월 미 해군 구축함 루벤 제임스(Reuben James)호가 독일의 잠수함 공격으로 침몰하자, 루스벨트는 미 해군에 독일 잠수함을 발견 즉시 침몰시키라고 명령했다. 그해 11월 의회는 상선의 무장을 허용하고, 연합국의 항구까지 수송할 것을 결정했다. 이로써 미국은 사실상 독일과의 해전에 돌입했다.

역사 메모 ▶ 미국은 대체로 평시에는 지원병 체제를 유지하지만, 전시에는 징병제를 실시하곤 했다. 미국이 징병제를 실시한 경우는 1812년의 미영전쟁, 남북전쟁, 제1차 세계대전, 제2차 세계대전, 한국전쟁, 베트남전쟁 등을 전후로 한 시기였다. 오늘날에도 평시에 징집을 위한 등록을 하도록 하는 징병법이 존재하기는 하지만, 1973년 이래 실제로 징집을 시행한 경우는 아직 없다.

미국, '진주만을 잊지 말자!'

> 일본과 관계가 악화된 미국에 일본은 진주만 기습을 감행했다.
> 이에 미국은 일본에 대한 선전포고를 함으로써 제2차 세계대전에 참전하게 되었다.

미국과 일본 간의 무역 단절

대서양에서 미국과 독일이 사실상의 해전에 돌입하기 직전, 태평양에서 제국의 세력을 계속 확대하던 일본은 1940년 9월 독일, 이탈리아와 3국동맹(Tripartite Pact)을 맺었다. 이에 루스벨트는 일본에 대한 항공유와 고철의 수출금지 조치를 취하는 것으로 응수했다. 1941년 여름 일본이 프랑스령 인도차이나 반도를 점령하자 미국 정부는 미국 내 일본의 자산동결 조치를 취했다. 이는 일본이 절실하게 필요한 미국산 석유 수입을 불가능하게 만드는 사실상의 무역 단절 조치였다.

이를 타개하기 위해 일본은 미국에 최고위급 회담을 제안하는 제스처를 취했으나 미국은 일본이 우선 중국의 주권과 영토를 존중할 것과 사실상 일본이 중국에서 물러날 것을 요구하는 문호개방정책 준수를 요구하며 일본의 제안을 거부했다. 그사이 일본에서는 온건파 내각이 물러나고 10월에 호전적인 군부의 도조 히데키(東條英機)가 수상이 되었다.

일본의 진주만 기습

일본은 외교관 구루스 사부로(來栖三郎)를 단장으로 하는 평화 사절단을 워싱턴에 보내 국무장관 헐과 협상을 진행하도록 했다. 그러나 그 사이 일본은 1941년 12월 7일 일요일 오전 7시 53분, 181대의 폭격기를 동원해 하와이제도의 진주만을 두 차례에 걸쳐 기습 공격했다. 미국은 불과 두 시간 만에 8척의 전함을 포함한 21척의 군함과 188대의 항공기를 잃었고, 무려 2400명 이상의 육해군 병사가 사망했다. 그나마 미국에 다행스러웠던 일은 태평양 함대의 핵이라고 할 수 있는 항공모함이 기동훈련을 하느라 우연히도 진주만에 없었다는 사실이다. 일본군은 진주만 기습과 동시에 괌, 필리핀, 홍콩, 말레이반도에 대한 공격도 감행했다.

미국의 제2차 세계대전 참전

일본의 진주만 기습 다음 날, 루스벨트 대통령은 "진주만을 잊지 말자(Remember, Pearl Harbor)!"라고 선언하면서 의회에 일본에 대한 선전포고를 요청했다. 의회는 상원에서는 만장일치로, 하원에서는 382대 1로 일본에 대한 선전포고를 통과시켰다. 3일 후 일본의 동맹국인 독일과 이탈리아도 미국에 대해 전쟁을 선포했다. 미국 의회 역시 이들 나라에 대해 만장일치로 선전포고를 했다.

일본의 승승장구

진주만 기습 공격으로 미국 태평양 함대에 상당한 손실을 안겨준 일본군은 이후 태평양 일대에서 한동안 승승장구했다. 동남아시아에서 연합국 세력은 계속 일본군에 패해 홍콩, 괌, 웨이크섬, 싱가포르, 네덜란드령 동인도와 버마까지도 일본의 수중에 들어가게 되었다.

미군은 필리핀의 바탄반도(Bataan Peninsula)와 코레히도르(Corregidor) 섬에서 일본군의 진격을 지연시키고자 했지만, 결국 1942년 5월 항복하고 말았다. 일본군은 계속 진격해 남쪽으로는 뉴기니의 거의 전 지역과 솔로몬 군도까지, 북쪽으로는 알류샨(Aleutian)열도까지 진출했다.

역사 메모 일본군은 1937년에서 1945년까지 아시아의 점령 지역에서 최소 300만 명에서 1000만 명 이상에 이르는 아시아인을 살해했다는 주장이 제기되었다. 가장 신빙성 있는 수치는 이 기간 중 일본군이 연합국 전쟁 포로를 포함한 중국인, 한국인, 인도네시아인, 필리핀인, 인도차이나 반도인 등 최소한 600만 명 이상을 살해했다는 것이다.

흰 깃발을 든 독일과 일본

연합국의 승리로 이탈리아와 독일은 항복했고 히틀러는 자살했다.
미국은 태평양 전쟁과 원폭 투하를 통해 일본의 진주만 기습에 보복했다.

연합군의 북아프리카 공격

히틀러의 침공으로 곤경을 겪게 된 스탈린은 연합국이 서유럽에서 전선을 형성함으로써 동부전선에서 소련의 숨통이 트이길 바랐다. 그러나 미국은 참전한 지 1년이 다 되도록 유럽으로 직접 진격할 만한 충분한 병력을 갖추지 못했다. 따라서 미국은 일단 영국을 도와 아프리카에서의 전투에 주력했다. 추축국이 북아프리카에서 에르빈 로멜(Erwin Rommel) 장군의 지휘하에 카이로에서 동쪽으로 진출해 수에즈운하를 위협함으로써 지중해의 해상 수송로를 차단하고자 했기 때문이다. 1942년 11월 미국과 영국의 함대는 프랑스령 모로코와 알제리를 점령한 다음, 튀니지를 포위해 1943년 5월 북아프리카 주둔 독일군의 항복을 받아냈다. 그해 7월 미군은 시실리에 상륙해 이탈리아반도로 진격해들어갔다. 그사이 무솔리니는 이탈리아의 파시스트 저항 세력에 의해처형되었고, 이탈리아는 연합국에 항복했다. 하지만 이탈리아의 항복에도 불구하고 독일은 증원군을 보내 이탈리아를 사수하고자 했고, 이로

1942~1943년 북아프리카
1942. 11 미·영, 프랑스령 모로코, 알제리 점령
1943. 5 튀니지 포위, 북아프리카 주둔 독일군 항복

1943~1945년 유럽
1943. 7. 9 시실리 상륙－무솔리니 정부 붕괴
1944. 6. 4 로마 점령
6. 6 노르망디 상륙작전－최고 사령관 아이젠하워
8. 25 파리 해방
12 벨기에 벌지 전투 승리
1945. 5. 7 독일의 '무조건 항복'

1944~1945년 태평양(미국 : 일본)
1944. 6 마리아나제도 점령
9 캐롤라인제도 상륙
10 필리핀 레이테섬 상륙
－레이테만 전투(해군력 완파)
1945. 2 이오지마의 작은 섬 함락
('가미카제' 최후의 저항)
6. 오키나와 함락
8. 6~8. 9 히로시마와 나가사키에 원폭 투하
8. 15 일본 항복
1945. 9. 2 미국 전함 미주리호에서 항복 조인

▶ 미·영 연합국의 종전 과정

인해 미군을 주축으로 한 연합국은 1년 정도의 시간과 많은 희생을 치르고서야 결국 이탈리아를 해방시킬 수 있었다.

유럽에서의 전황과 독일의 항복

미영 연합국은 서유럽에서 제2전선을 형성해주기를 바라는 스탈린의 간절한 희망에도 불구하고 전쟁 초기부터 독일에 대한 직접적인 공격보다는 주로 영국의 공군 기지에서 이륙한 폭격기를 통한 독일의 주요 산업 시설 및 도시에 대한 공습에 주력했다. 1943년에 이르러 연합국은 대서양에서 독일 잠수함의 공격을 무력화시켰다. 그사이 소련은 스탈린그라드를 비롯한 주요 도시에서 독일군의 침공을 막아내고, 1944년 여름에는 소련 영토를 넘어 동부전선에서 독일군을 추격하고 있었다.

1943년 중반 유럽과 태평양에서 추축국의 진격을 막는 데 성공한 연합국은 이제 서유럽 본토로의 대대적인 반격 작전을 펼칠 수 있게 되었다. 드디어 1944년 6월 6일 연합국 최고사령관 드와이트 아이젠하워(Dwight Eisenhower)의 지휘하에 미영 연합국은 프랑스의 노르망디 해

드와이트 아이젠하워 대통령의 생가가 있는 캔자스주 애빌린 소재 아이젠하워 대통령 도서관 및 박물관에 전시된 사진을 실물 크기로 복제한 인형. 제2차 세계대전에서 승리하고 귀국한 한 해군 병사가 기쁨의 키스를 퍼붓는 모습을 포착한 것으로 알려진 장면이다.

안에서 사상 최대의 상륙작전을 감행했다. 작전 직전에 실시된 연합군의 공습과 함포 사격으로 교두보를 확보한 상륙 부대는 물밀듯이 프랑스로 밀고 들어가 8월 25일에는 파리를 해방시킬 수 있었다. 10월에 프랑스를 완전히 해방시킨 연합군은 1944년 12월 벨기에의 앤트워프 인근에서 독일군과의 마지막 최대의 격전이라고 할 수 있는 벌지 전투(Battle of Bulge)를 치러 승리했다. 1945년 3월 7일 미군은 라인강을 건너 베를린으로 향했고, 일부 부대는 오스트리아와 체코슬로바키아로 방향을 돌려 6주 후에는 소련군과 엘베강에서 조우하게 되었다.

연합군이 베를린에 입성하기 직전 히틀러는 자신의 벙커에서 자살했고, 5월 7일 독일이 '무조건 항복(unconditional surrender)'을 선언했다. 그리고 다음 날인 5월 8일은 유럽에서의 전승기념일(V-E Day)로 선포되었다. 이제 연합국은 아직도 치열한 전투가 계속되는 태평양에서 일본에 대한 승리를 거두는 일에 전념할 수 있게 되었다.

태평양 전쟁

일본군의 진주만 기습 이후 전열을 가다듬은 미군은 영화 〈진주만 (Pearl Harbor)〉의 마지막 부분에서 묘사한 것처럼 1942년 4월부터 도쿄에 대한 본보기 공습을 시작으로 일본에 대한 반격에 나서게 되었다. 미국은 5월에 산호해(Coral Sea) 전투에서 결정적 승리를 거두어 오스트레일리아로 향하던 일본군의 진격을 막았으며, 6월에는 미드웨이 (Midway)해전에서 일본의 항공모함 4척을 침몰시킴으로써 일본군에 결정타를 날렸다. 이후로 일본은 병력, 제해권, 제공권, 경제력 면에서 미국에 결코 맞설 수 있는 상대가 못되었다. 미군은 남태평양에 있는 솔로몬제도의 툴라기(Tulagi)와 과달카날(Guadalcanal)에서 반격을 개시해 서태평양을 따라 북쪽으로 진격했다. 이 과정에서 태평양 중앙부는 해군의 체스터 니미츠(Chester W. Nimitz) 제독이 지휘를 맡고, 남서태평양 지역은 더글러스 맥아더(Douglas MacArthur) 장군이 사령관을 맡아 일명 '섬 건너뛰기(island-hop)' 또는 '개구리 도약(leapfrog)' 전술을 펼쳤다. 일본군 주력이 집중되어 있는 섬들은 우회해 건너뛰고 병참선을 차단해 일본군을 고립시키면서 공략하는 전술이었다. 이러한 방식으로 일본군이 점령하고 있던 태평양의 사이판, 괌 같은 전략적으로

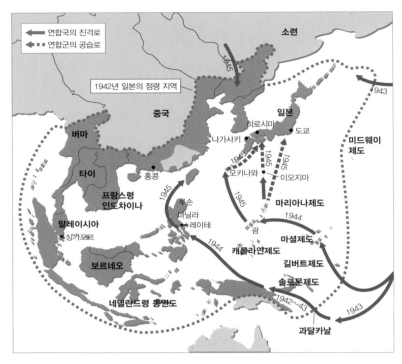

▶ 아시아에서의 제2차 세계대전

중요한 섬들을 탈환하거나 점령할 수 있었다. 1944년 10월 맥아더 장군은 필리핀의 레이테섬에 상륙했으며, 1945년 1월에는 루손섬을 탈환했다. 같은 해 6월 미군은 커다란 희생을 치르며 오키나와를 점령함으로써 일본 본토의 도시와 산업 시설을 공습하는 데 필요한 기지를 확보할 수 있었다. 전쟁 막바지 일본군은 태평양에서 미 해군의 진격을 저지하기 위해 가미카제(kamikaze)라고 부르는 자살 특공대를 조직해 전투기를 몰고 미군 군함에 돌진하는 무모한 전술로 맞서기도 했다.

원폭 투하와 일본의 항복

오키나와를 점령하는 과정에서 일본의 옥쇄(玉碎) 작전으로 말미암아 값비싼 대가를 치른 미군은 일본 본토를 공격하는 과정에서 미군뿐 아니라 일본인들도 오키나와에서보다 더 엄청난 희생자가 발생할 것이라고 예측했다. 때마침 이루어진 원자폭탄의 성공적인 개발은 미국에 미일 양측의 희생을 최소화하면서 승리를 가져다줄 효과적인 도구로 다가왔다. 1945년 8월 6일 미국의 B-29 폭격기는 일본의 산업도시인 히로시마에 원자폭탄을 떨어뜨렸다. 폭탄의 위력은 가공할 만한 것이었다. 도시 중심의 6.5평방킬로미터가 완전히 파괴되었으며, 나중에 추정된 사망자만 약 14만 명에 이르렀다. 원폭 투하에 놀란 일본 정부가 우왕좌왕하며 결정을 내리지 못하는 사이, 사흘 뒤에는 나가사키에 또 다른 원자폭탄이 투하되어 8만 명 이상의 인명이 목숨을 잃었다. 그 사이 소련은 일본에 선전포고를 하고 만주와 사할린으로 진격하기 시작했다. 일왕 히로히토는 8월 15일 결국 항복을 선언했다. 일본의 공식적인 항복문서 조인식은 9월 2일 도쿄만에 정박해 있던 미국 전함 미주리(Missouri)호 선상에서 이루어졌다. 이로써 제2차 세계대전은 종결되었다.

역사 메모 1945년 8월 6일 히로시마에 투하된 원자폭탄은 '리틀 보이(Little Boy)'라는 암호명을 지닌 우라늄을 이용한 폭탄이었고, 사흘 뒤 나가사키에 투하된 원폭은 '뚱보(Fat Man)'라는 암호명을 지닌 플루토늄을 사용한 폭탄이었다.

전쟁 중 미국에서는 무슨 일이?

> 제2차 세계대전 기간 중 미국에서는 아프리카계 미국인의 폭동이 일어났으며
> 일본계 미국인을 수용소에 감금하는 사건이 있었다. 루스벨트 대통령은 4선에 성공했다.

미국 내 산업 및 농업 분야에서의 전쟁 수행 노력

제2차 세계대전은 미국인의 삶과 제도에 많은 변화를 가져다주었다. 일본의 진주만 기습 한 달 후, 루스벨트 대통령은 전시생산국(War Production Board)을 설치해 시어즈 앤드 로벅의 전 경영인 도널드 넬슨(Donald M. Nelson)으로 하여금 산업을 감독하면서 가장 필수적인 전시 생산에 필요한 물자를 할당해 공장들이 탱크, 항공기, 선박 생산에 박차를 가하도록 해주었다. 이와 더불어 정부는 기업들에게 '원가 및 일정 이윤(cost-plus-fixed-fee)' 보장, 세금 삭감, 트러스트 금지 면제 등의 형태로 이윤을 보장해주었다. 전시노동국 역시 노동분쟁으로 인해 생산 차질이 빚어지지 않도록 임금을 고정시키고 노동관계를 관리했다. 전시 노동자들의 임금은 부분적으로는 초과 노동시간으로 인해 거의 2배로 인상되었다. 물가관리청(Office of Price Administration)은 소비자 물가를 고정시키면서 군수용 수요가 많은 품목에 대해서는 배급제를 실시했다. 농업 역시 노동력과 농기계의 부족에도 불구하고 전

쟁 수행 노력에 상당한 기여를 했다. 당시 농업은 가족 단위의 자영농에서 은행, 보험회사, 농장 조합 등이 지배하는 대규모로 기계화된 농업 기업으로 이행해가는 과정에 있었다. 제2차 세계대전은 이러한 경향을 가속화했다.

전시의 인력 동원 및 손실

연방 정부는 전시 인력 동원에도 역시 많은 노력을 기울였다. 전시인력위원회(War Manpower Commission)는 필요한 인력이 적재적소에 배치될 수 있도록 감독했다. 1945년경에는 1200만 명 이상의 남녀가 군에서 복무하고 있었다. 육군에는 약 10만 명의 여군단(Women's Army Corps)을 포함해 최대 830만 명의 병력이 동원되었다. 여군은 전투에 참여할 수는 없었지만, 비(非)전투 요원으로서 사무직을 비롯한 다양한 업무에 종사했다. 참전 병사들은 대부분 평균 약 16개월 동안 해외에서 복무했다.

전쟁으로 인한 인명 피해도 엄청났다. 물론 전쟁의 참화를 직접 겪은 유럽 및 아시아 국가에 비하면 비교적 적은 인명 피해를 보았다 하더라도, 제2차 세계대전에서 전사한 미군은 40만 명이 넘었고, 부상자 수도 약 67만 명에 달했다. 이는 당시 미국 인구의 1퍼센트에 약간 못 미치는 숫자였다. 한편 소련은 전 인구의 8퍼센트에 달하는 약 2000만 명의 인명 손실을 겪었다.

인종차별에 저항하기 시작한 아프리카계 미국인

전쟁은 미국의 소수 인종 중에서 특히 흑인에게 하나의 분수령이 되었다. 흑인들이 전쟁 기간 동안 인종차별에 저항하기 시작한 것이다. 이

것이 가능하게 된 까닭은 우선 거의 100만 명에 달하는 흑인이 군복무를 하게 되었고, 수많은 남부 농업 지역의 흑인들이 북부와 서부의 군수공장에서 일하기 위해 대거 이주하게 된 데에서 기인한다. 한편 흑인들이 전시 공채 매입, 방공 지도원, 적십자사 자원봉사 요원 등의 활동을 통해 온갖 종류의 전쟁 수행 노력을 도왔다는 자부심 또한 인종차별에 저항하는 계기가 되기도 했다.

흑인들의 도시 이주로 인한 인종 갈등으로 말미암아 1943년 전국적으로 47개 도시에서 인종 폭동이 일어나 디트로이트에서는 34명이 사망하기도 했다. 그럼에도 불구하고 주도적 흑인 조직들은 전시에 흑백 분리 제도를 타파하고자 노력했다. 예컨대 1942년에 조직된 인종평등회의(Congress of Racial Equality, CORE)는 인종차별에 대한 대중적 저항을 이끌어내기 위해 극장과 식당 등에서 흑인용과 백인용으로 분리된 좌석에 항의하는 연좌 농성을 지원했다. 군대에서도 전쟁 초기에는 흑인 병사를 백인과 분리된 훈련소와 부대에 배치하고 주로 허드렛일을 시켰으나, 전쟁이 끝날 무렵에는 많은 수의 흑인이 전투에 투입되고 해군에서도 흑인이 백인과 함께 복무하는 것이 허용되는 등 흑백 통합을 향한 변화의 조짐이 일어나기도 했다.

수용소에 감금된 일본계 미국인

일본의 진주만 기습은 미국이 전쟁에 휘말리게 된 직접적인 계기였고 유럽에서와 달리 미국 영토가 직접 공격을 받은 사건이었기 때문에 일본과의 전쟁은 미국 내 일본인에 대한 인종적 적대감을 확대시키는 결과를 낳았다. 당시 미국에는 주로 캘리포니아를 비롯한 태평양 연안 지역에 약 12만 7000명 정도의 일본계 미국인이 있었다. 그중 약

캘리포니아주 오언스 밸리 인근의 만자나(Manzanar) 미국계 일본인 재정착 수용소. 1942년 12월에서 1945년까지 약 11만 명의 미국계 일본인들을 수용했던 10개의 수용소 중에서 가장 잘 알려진 수용소였다.

7만 명은 미국에서 태어난 엄연한 미국 시민이었다. 그럼에도 불구하고 1942년 2월 루스벨트 대통령은 일본계 미국인을 '수용(intern)'해 와이오밍, 캘리포니아 등의 서부 산악 지대와 애리조나 등의 사막에 있는 '재정착 수용소(relocation center)'로 보낼 것을 승인했다. 10만 명이 넘는 일본계 이민 1세대와 2세대가 48시간 이내에 모든 재산을 처분하라는 재산 포기와 다름없는 명령을 받고 수용소로 강제 이주되었다. 이들이 입은 재산상의 손실은 5억 달러에 달했다. 이들은 감옥이나 다름없이 철조망으로 둘러쳐진 수용소 환경에서 3년간 열악한 생활을 견뎌야 했다. 1944년 대법원은 '고레마쓰(Korematzu)' 판결에서 미국 시민인 일본계 미국인(Nisei)의 수용이 '인종주의의 합법화'라는 소수 의견에도 불구하고 강제 이주 조치를 승인했다. 미국 정부는 1982년에 이르러서야 과오를 인정하고 강제 이주 희생자들에게 보상을 해주기로 결정했다.

미국 역사상 유일무이하게 4선에 성공한 루스벨트

1944년 루스벨트는 동맥경화증에 시달리며 심하게 앓고 있었으나 민주당 대통령 후보로 재지명을 받아 4선에 성공했다. 민주당의 부통령 후보로는 윌리스 대신 상원 전쟁조사위원회 의장으로서 전시 생산의 낭비와 부패를 밝혀내 명성을 얻은 미주리주 출신의 해리 트루먼(Harry S. Truman)이 선정되었다. 공화당에서는 진보적인 윌키 대신 중도 성향의 뉴욕 주지사 토머스 듀이(Thomas E. Dewey)를 대통령 후보로 지명했다. 이번 선거에서도 양당 간에 국내 및 대외 정책을 둘러싼 별다른 쟁점 차이는 없었다. 민주당은 평화를 이룩하기 위해서는 전시 지도력이 계속 유지되어야 한다고 주장했다. 결국 일반투표에서 루스벨트는 53.5퍼센트 대 46퍼센트, 선거인단 표에서 432대 99로 승리했다.

역사 메모 ▶ 전시에 전쟁터로 떠난 남성들을 대신해 군수품 생산 공장에서 일한 600만 명의 여성 노동자들은 '리벳공 로지(Rosie the Riveter)'라는 일종의 문화적 아이콘(cultural icon)으로서 널리 선전되었다. 1940년에는 단지 여성의 10퍼센트만이 공장에서 일했으나, 1944년에는 30퍼센트로 늘어났다. 하지만 이들은 전시 공장에서 주당 평균 54.65달러를 받은 남성에 비해 주당 32.21달러로 훨씬 적은 임금을 받으며 일해야 했다.

COLUMN 09

'음모론'과 역사

미국에서 특정 사건에 대한 '음모론(conspiracy theory)'이 제기되는 것은 어제오늘의 일이 아닌데, 1942년 12월 7일에 감행된 일본의 진주만 기습 역시 '음모론'과 관련해 자주 언급되는 사건 중 하나다.

일부 수정주의 사가와 호사가들은 프랭클린 루스벨트 대통령과 미국 정부가 일본의 진주만 기습을 미리 알고서도 제2차 세계대전에 대한 참전의 명분을 얻기 위해 방관했다고 주장했다. 그 근거로는 미군 정보 당국이 일본군의 기습에 대한 암호를 미리 해독했다는 점, 일본의 기습 함대가 하와이제도에 접근하면서 교신한 무선통신이 미 정보 당국에 포착되었다는 점, 영국을 비롯한 연합국 측에서도 일본의 기습에 대한 경고가 있었는데 진주만은 아닐 것이라고 방치한 점, 일본의 공격에 대비해 태평양 주둔 해군 및 육군에 경계령을 발동하면서 진주만을 제외한 점, 미 해군 태평양 함대의 주력이라고 할 수 있는 항공모함 3척은 훈련과 수리를 핑계로 빼돌리고 진주만에는 낡은 전함과 소규모 함정만 남겨놓았다는 점, 기습 직후에 관련 기밀문서를 폐기하거나 비밀로 분류해 아직까지 해제하지 않고 있다는 점, 심지어 기습 당시 하와이 주둔 미 해군 사령관 허즈번드 킴멜(Husband E. Kimmel) 제독과 육군의 월터 쇼트(Walter C. Short) 장군이 기습당한 책임에도 불구하고 이들의 입을 막기 위해 군사재판에 회부하지 않았을 것이라는 점 등을 들어 자신들의 '음모론'이 허구가 아님을 주장했다.

실제로 이러한 주장은 대부분 이후에 밝혀진 사실을 토대로 하고 있지만, 그렇다고 해서 그러한 사실을 뭉뚱그려 모은다고 역사적 사실이 되는 것은 아니다.

즉, 기본적인 사실에 대한 해석을 어떻게 하느냐에 따라 역사적 사실이 되느냐 아니면 단순히 '음모론'으로 그치느냐가 달려 있다고 할 수 있다. 물론 일본의 진주만 기습 성공이 위에 열거한 여러 가지 근거 때문이 아니라는 것은 역사가들에 의해 조목조목 반박되거나 거부되었다.

역사에서는 어떤 사건이 일어날 조짐이 있음에도 불구하고 이를 대비해야 할 사람이 방심하고 간과한 탓에 참혹한 결과를 초래하는 경우가 많다. 그럴 경우 역사에 대해 '음모론'을 적용한 사례는 무수히 많다. 잘 알려진 케네디 암살에 관한 '음모론'뿐 아니라 심지어 최근에는 9·11테러조차도 부시 대통령을 비롯한 미국 정부가 공격 사실을 미리 알고 있으면서도 이들이 미국을 경찰국가로 만들고 군국주의를 확대하기 위해 방관했다는 '음모론'까지 나돌고 있는 실정이다.

10장

냉전과 전후의 미국

항구적인 세계 평화를 위한 국제기구의 설립

> 얄타회담에서 전후 처리에 대한 대강의 윤곽이 그려지고,
> 두 달 뒤에는 국제연합이 설립되었다.

루스벨트의 사망과 트루먼의 대통령직 승계

루스벨트는 미국 역사상 전무후무하게 네 차례나 대통령 자리에 올랐지만, 네 번째 임기가 시작된 지 얼마 되지 않은 1945년 4월 12일 뇌일혈로 갑작스럽게 서거했다. 그러자 부통령인 트루먼이 대통령직을 승계했는데, 트루먼은 루스벨트의 러닝메이트였음에도 불구하고 루스벨트로부터 대외 및 군사 정책에 대한 정보를 얻지 못했다. 심지어 트루먼은 원자폭탄 개발에 대해서도 전혀 몰랐을 정도였다. 그런 트루먼은 비록 막바지에 이르렀다고는 하지만 아직도 유럽과 아시아에서 격렬하게 치러지는 전쟁을 수행해야 할 뿐만 아니라 나아가 전후 처리 문제까지 해결해야 하는 중차대한 임무를 감당해야 했다.

얄타회담

전후 처리에 대한 대강의 윤곽은 유럽에서의 전쟁이 막바지에 달한 1945년 2월 소련의 크림반도에 있는 휴양지 얄타에서 열린 회담에서

그려졌다. 이 회담에서 미·영·소의 세 거두 루스벨트, 처칠, 스탈린은 독일에 대한 미국·영국·프랑스·소련 등 4개국의 공동 점령과 관리, 독일의 무장해제, 전범 처벌, 전후 배상, 영토 처리 등에 합의했다. 그리고 세 거두는 아시아와 관련해서 소련이 일본과의 전쟁에 참전할 것, 사할린섬과 쿠릴열도를 소련에 양도할 것, 만주에 대한 소련의 일부 지배권을 인정하는 것 등에 동의했다. 이들은 또한 전후에 새로운 국제기구를 세우기로 합의하고 이 문제를 4월에 샌프란시스코에서 열릴 연합국 회의에 위임하기로 동의했다.

이처럼 많은 동의에도 불구하고 얄타회담(Yalta Conference)은 몇 가지 중요한 문제에 대해서는 합의에 도달하지 못했다. 우선 전후 폴란드 정부 문제에 대해 루스벨트와 스탈린은 서로 생각이 달랐다. 루스벨트는 런던에 망명 중인 친서방적 폴란드인이 전후에 정권을 잡기를 바랐으나, 스탈린은 이미 폴란드를 점령해 루블린(Lublin)에 공산주의 정권을 수립해놓은 상태였던 것이다. 전후 독일의 장래에 대해서도 루스벨트는 독일의 통일을 바랐던 반면, 스탈린은 영구 분단을 구상하고 있는 것으로 보였다. 결국 루스벨트는 얄타회담 이후 그가 죽을 때까지 몇 주 동안 소련이 중부 및 동부 유럽 국가에 공산주의 정권을 하나둘씩 세워가는 것을 바라만 보아야 했다.

국제연합 설립

항구적인 세계 평화를 위한 국제기구의 설립이 구체화된 것은 샌프란시스코회의였다. 그러나 이러한 기구의 설립을 위한 최초의 논의는 1943년 10월 모스크바에서 열린 미국, 영국, 소련의 3국외상회의에서 이루어졌으며, 1944년 8월에는 워싱턴 D. C.의 덤버턴오크스

(Dumbarton Oakes)에서 3국 대표가 모여 국제연합(United Nations)헌장의 초안을 작성한 바 있었다. 이에 추축국에 대항해 전쟁을 선포했던 50개국 대표들은 1945년 4월 샌프란시스코에 모여 국제연합헌장에 동의했다. 국제연합은 모든 회원국을 대표하는 총회(General Assembly), 미국·영국·프랑스·중국·소련의 5개 상임이사국과 총회에서 선출되는 2년 임기의 비상임이사국으로 구성된 안전보장이사회(Security Council), 그 밖의 몇몇 기구로 조직을 갖추었다. 미국 상원은 1945년 7월 국제연합헌장을 80대 2로 비준했다.

역사 메모 ▶ 4선의 루스벨트 대통령이 갑작스레 서거한 뒤, 1947년 제80차 의회 회기에서 누구든지 2회 이상 대통령에 선출될 수 없도록 하는 수정헌법안이 발의되었다. 연임 제한이 없을 경우 대통령의 지위가 종신까지 유지되는 호의적 독재자(benevolent dictator)가 될 수도 있고, 지위가 너무 막강해져 3권분립의 취지를 훼손할 수 있으며, 대통령이 너무 강력해지면 선거가 무의미해질 수도 있다는 우려에서였다. 따라서 1951년 수정헌법 제22조가 비준되어 현재까지 누구든 2회 이상 대통령에 선출될 수 없다는 조항이 적용되고 있다.

경제적, 군사적으로 소련을 봉쇄하는 미국

> 대통령이 된 트루먼은 마셜 계획 등 소련에 대한 봉쇄정책을 펼쳤다.
> 또 베를린 위기를 겪은 후 미국은 군사적 봉쇄정책의 일환으로 나토를 창설했다.

전후 국제 관계의 변화와 봉쇄정책

제2차 세계대전 중 연합국과 추축국의 대결은 전후에 미국과 소련을 양대 축으로 하는 국제적 갈등 관계로 변모하게 되었다. 이러한 사태가 빚어진 데에는 우선 전쟁의 파괴로 인해 유럽 및 아시아 국가들이 심각한 경제적 곤란을 겪고 있는 가운데 독일과 일본의 패망으로 초래된 힘의 공백을 미국과 소련이 서로 메우려고 경쟁하면서 발생했다고 할 수 있다. 또한 전후 몇몇 나라에서 발생한 내란 역시 미·소 간의 경쟁을 더욱 강화시켰다. 예컨대 터키와 그리스에서 내란이 발생했을 때, 소련이 공산 게릴라를 공공연히 지원하자 미국은 영국의 지원 요청을 받아들여 터키와 그리스에 4억 달러의 군사 및 경제 원조를 해주었다.

트루먼 대통령은 이른바 트루먼독트린(Truman Doctrine)이라고 부르는 이 정책에서 "무장한 소수 세력이 기도하는 정복에 저항하는 자유 국민을 돕는 것이 미국의 정책이다."라고 천명했다. 사실 이 정책은 당시 국무부 정책기획실장으로 있던 조지 케넌(George F. Kennan)이 〈포

마셜 계획	• 유럽의 민주적 정부 유지 목적 • 서유럽의 경제 부흥 도움 • 1948~1951년 서유럽 16개국에 120억 달러 이상의 원조 제공

국방 강화	• 1947년 국가안전보장법 제정
	  국가안전보장회의(NSC): 대통령 보좌, 외교 및 군사 정책
	  중앙정보국(CIA): 첩보 활동, 정보 수집

독일 분단	• 서부의 연방공화국(서독) → 공산주의 팽창에 저항 ← 서방 결의의 상징 • 동부의 민주공화국(동독) ← 소련 통제
북대서양조약기구 (NATO) 창설	• 소련에 대한 군사적 봉쇄정책의 일환 • 1949년 캐나다 포함 미국과 서유럽 간의 동맹 → 유럽에 상비군 유지 • 1955년 소련은 나토에 대항해 바르샤바조약 체결

▶ 소련에 대한 봉쇄정책

린 어페어스(Foreign Affairs)〉지에 '미스터 엑스(Mr. X)'라는 익명으로 기고한 논문에서 채택한 것이었다. 케넌은 이 논문에서 "러시아의 팽창 경향에 대한 장기적이고 끈기 있으면서도 단호하고 경계심을 늦추지 않는 봉쇄"만이 유일한 해답임을 제시했다. 이로써 소련에 대한 봉쇄정책(Containment Policy)이 트루먼독트린의 핵심이 되었다. 더욱이 종전과 더불어 제국이 해체되고 기존의 식민지들이 독립하게 되면서 중동과 아시아에 신생국이 생겨나자 미국과 소련은 이들 국가를 서로 우호국으로 끌어들이기 위해 경쟁했다. 결국 미국과 소련의 대외 정책은 전후에 산적한 국제적 문제를 해결하기보다 악화시키는 방향으로 나아갔던 것이다. 그리고 미국은 '공산주의의 침략'을 두려워했고, 소련은 '자본주의의 포위'를 두려워했다.

전후 유럽의 경제 재건을 돕기 위한 마셜 계획

미국 국무장관 조지 마셜(George C. Marshall)은 소련에 대한 봉쇄 정책을 효과적으로 수행하고 유럽의 민주적 정부를 유지하기 위해서는 유럽의 경제 재건을 돕는 것이 필요하다고 보았다. 그는 1947년 6월 경제 회복 프로그램에 참여할 의사가 있는 유럽의 모든 국가에 경제적 지원을 제공하겠다는 계획을 발표했다. 마셜이 언급한 지원 대상 유럽 국가에는 소련도 포함되어 있었지만, 소련을 비롯한 동유럽 공산주의 국가들은 이를 거부했다. 1948년부터 시작된 마셜 계획(Marshall Plan)은 미국 정부 내에 설치한 유럽협력청(European Cooperation Administration)을 통해 1951년까지 3년 넘게 서유럽의 16개국에 120억 달러 이상의 원조를 제공함으로써 서유럽의 경제를 부흥시키는 데 도움을 주었다. 마셜 계획은 주로 수력 개발, 비료 공장 등과 같은 기간산업을 창출하는 데 지원되었다. 지원을 받은 국가들은 몇 년 이내에 전쟁 이전의 생산력 수준 이상으로 회복되었으며, 실제로 이들 국가 내의 공산주의 세력도 감소했다.

소련의 위협에 대처한 국방의 강화

소련의 잠재적 위협에 직면해 국방을 강화하기 위해서 트루먼은 의회에 요청해 1947년 국가안전보장법(National Security Act)을 통과시켰다. 이 법으로 이전에 전쟁부와 해군부로 나뉘어져 있던 기능이 통합되어 새로이 국방부(Department of Defense)로 개편되었고, 대통령을 보좌하는 국가안전보장회의(National Security Council, NSC)가 설치되었으며, 첩보 활동과 정보 수집을 위해 전시에 활동했던 전략정보국(Office of Strategic Services, OSS)을 중앙정보국(Central Intelligence Agency, CIA)

▶ 유럽에서의 냉전

으로 대체했다. 중앙정보국은 1950년대 초에 비우호적인 외국의 지도자를 전복시킬 목적의 비밀 작전이 가능하도록 기능을 확대했다.

베를린 위기와 서베를린에 대한 대규모 공수 보급 작전

냉전 시대에 가장 긴장된 순간 중 하나는 1948년 6월에 발생한 베를린 위기였다. 트루먼은 전후 미국, 영국, 프랑스가 각각 점령한 독일 지역을 하나로 묶어 새로이 서독(독일연방공화국)으로 만들기로 영국, 프랑스와 합의했다. 이러한 원칙은 소련의 점령 지역 내에 있던 독일 수도 베를린 시내의 미·영·프 관할 지역에서도 똑같이 적용되었다. 이에 소련은 서독과 서베를린 사이의 교통로를 전면 차단하고 서베를린에 대한 봉쇄를 단행했다. 트루먼은 이에 맞서 서베를린에 수송기를 동원한 대대적인 공수작전을 감행해 서베를린 시민에게 필요한 식량, 연료, 생필품 등을 보급하도록 했다. 10개월 이상 지속된 공수작전으로 약 200만 명의 서베를린 시민에게 250만 톤 정도의 물자를 공급할 수 있었다. 그러자 스탈린은 1949년 5월 베를린봉쇄가 더 이상 효과가 없다는 것을 깨닫고 봉쇄를 풀었다. 베를린 위기는 결국 서독의 성립을 가져왔고, 소련은 이에 대한 대응으로 자국의 점령 지역에 동독(독일민주공화국) 정부를 수립함으로써 전후 독일은 분단국가가 되고 말았다.

소련을 군사적으로 봉쇄하기 위한 나토의 창설

베를린 위기를 겪은 미국은 마셜 계획 같은 경제적 대소 봉쇄정책에 상응하는 군사적 봉쇄정책이 필요하다는 인식하에 1949년 4월 캐나다를 포함한 서유럽 12개국과 북대서양조약기구(North Atlantic Treaty Organization, NATO), 즉 나토를 창설했다. 이 조약은 미국 내에서 상당한 논란을 불러일으켰다. 미국은 1778년 아메리카 혁명 기간 중 프랑스와 맺었던 동맹 이래로 유럽 국가들과 평시 군사동맹을 맺은 적이 없었기 때문이다. 트루먼은 나토가 유럽인들에게 공산주의에 대항하는 의지를 심어줄 것이라고 주장하면서 동맹의 비준을 설득했다. 소련 역시 나토의 결성에 대응해 동유럽 위성국가들과 1955년 바르샤바조약을 맺었다.

역사 메모 ▶ 나토는 회원국들이 어떠한 외부의 적으로부터 공격을 당할 경우 상호 방어한다는 데 동의한 집단안전보장 체제를 위한 조직으로서 벨기에의 브뤼셀에 본부가 있다. 처음 12개국의 회원국으로 출발한 나토는 냉전 종식 이후 회원국이 크게 늘어 현재 26개국에 달한다. 1954년 소련도 유럽의 평화를 유지하기 위해 나토에 가입해야 한다고 제안했지만, 이를 나토를 전복하기 위한 시도로 여겨 거부했다.

분단으로 시작해 분단으로 끝난 한국전쟁

일본의 식민지였던 한국은 미국과 소련에 의해 남북으로 분단되고 중국은 결국 공산화되었다. 이후 한국전쟁이 발발했고, 미국을 중심으로 한 유엔군의 참전으로 끝날 듯하던 전쟁은 중공군의 개입으로 어정쩡한 휴전 상태가 지속되었다.

전후 미일 관계

일본의 패망은 일본이 지배했던 지역을 승전국들이 분할 점령하는 결과를 가져왔다. 우선 한국은 미국과 소련이 북위 38도선을 경계로 각각 진주하면서 남북으로 분단되었다. 마셜제도, 마리아나제도 등을 포함한 태평양의 몇몇 섬들은 미국의 관할하에 들어갔다. 사할린의 절반은 얄타회담에 따라 소련에 귀속되었고, 대만은 중국에 반환되었다. 일본 자체는 미국이 전후 재건을 주도했다. 일본은 점령군 사령관 맥아더의 주도하에 무장해제가 이루어졌고, 민주적 헌법이 제정되었다. 미국은 일본에 대해 처음에는 엄격한 점령 정책을 펼쳤으나, 중국이 공산화된 이후 일본을 친서방 세력으로 끌어들이기 위해 산업 발전을 막는 제한을 폐지하고 경제 성장을 촉진하는 쪽으로 방향을 바꿨다. 이후 미국은 1951년 소련을 배제하고 일본과 별도의 평화조약을 맺어 미국의 일본 점령을 종식하고 주권을 회복해주었다. 대신에 미국은 오키나와에 군사기지를 확보했고, 일본 각지에 미군을 주둔시킬 수 있었다. 또한 일본과 상호 방위조약을 체결함으로써, 어제의 적이 오늘에는 동맹이 되었다.

중국의 공산화

제2차 세계대전 이후 중국에서 일어난 사건은 미국인들에게 커다란 좌절을 안겨주었다. 중국에서는 장제스의 국민당 정부가 마오쩌둥의 공산주의 군대와 1927년부터 일본에 대항한 잠시 동안의 국공 합작 기간을 제외하고 오랫동안 치열한 내전을 벌여왔다. 미국은 이 내전에서 미국에 우호적인 장제스를 도와주었으나 국민당 정부는 무능하고 부패한 탓에 대중의 신망을 잃고 있었다. 미국은 1945년에서 1949년 사이 국민당 정부에 30억 달러의 원조를 해주었지만 결국 장제스는 마오쩌둥에게 패해 대만으로 쫓겨나고 말았다. 중국 대륙을 차지한 마오쩌둥이 1949년 가을 중화인민공화국(People's Republic of China)을 수립함으로써 중국은 공산화되고 말았다. 영국과 소련은 베이징의 중국 정부를 승인했으나, 미국은 승인을 거부하고 중국의 유엔 가입도 저지했다. 미국은 1979년에 가서야 중화인민공화국을 승인하고 국교를 수립했다.

한국전쟁 발발

1950년 6월 25일 새벽, 소련제 무기로 무장한 북한 공산군은 38선을 넘어 남한에 전면적인 기습 남침을 시작했다. 트루먼 대통령은 이를 방치할 경우 제3차 세계대전이 일어날 가능성이 있다고 보았다. 따라서 거의 즉각적으로 일본에 주둔 중인 맥아더 사령관에게 남한을 방어하라는 명령을 내리고, 이 문제를 유엔 안전보장이사회에 상정했다. 공산주의자의 공격은 침략자에 대항해 평화를 지키기 위한 조치를 취하고

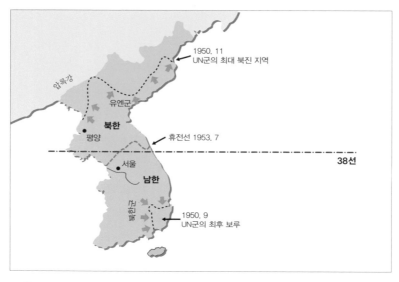

▶ 한국전쟁

자 하는 유엔의 의지에 대한 도전이었다. 미국은 만약 공산주의자들의 공격을 저지하지 못한다면 다른 나라에서도 이와 유사한 침략 행위가 일어날 것이라고 생각했다. 마침 유엔 안보리에서는 소련이 중국의 승인 문제로 인해 불참한 상태라 거부권을 행사할 수 없었다. 따라서 안보리는 미국의 결의안에 따라 만장일치로 북한의 남침을 침략으로 규정하고 남한에 군사적인 지원을 하기로 결정할 수 있었다. 이에 따라 맥아더 장군이 16개국으로 구성된 유엔군 총사령관에 임명되었다.

북한군의 기습 남침은 상당한 성공을 거두어 개전 초기에 부산 주변을 제외한 남한의 대부분 지역을 점령했다. 그러나 9월 15일 맥아더 장군의 인천 상륙작전 성공으로 전세가 역전되어 9월 28일에는 서울이 수복되었고, 트루먼이 맥아더에게 공산주의자들을 북한에서 몰아내라고 명령한 10월에는 38선을 넘어 북진할 수 있었다. 트루먼은 애초에는 '통일되고, 독립적이며, 민주적인 한국(a unified, independent and democratic Korea)'을 만드는 것을 목표로 했다. 그러나 유엔군이 북진해 북한의 약 3분의 2에 해당하는 지역을 장악했을 때, 중국의 마오쩌둥은 유엔군이 자국의 국경으로 접근해오는 것을 우려해 이른바 '의용군'으로 구성된 중공군을 압록강 건너 한반도로 진격하게 했다.

확전을 우려한 트루먼의 맥아더 해임

중공군이 개입하자 전쟁이 새로운 국면으로 접어들었다고 판단한 맥아더 장군은 중국 영내에서 전쟁을 수행할 수 있는 권리를 요구하기 시작했다. 그는 구체적으로 중국 연안의 봉쇄, 만주 폭격, 대만 정부의 본토 수복 작전 지원 등을 제안했다. 하지만 트루먼 대통령은 새로운 세계대전에 휘말릴 것을 두려워해 중국과 직접적인 갈등을 피하고자 했다. 한마디로 트루먼은 한국전쟁을 제한 전쟁(limited war) 또는 국지전으로 국한시키고자 했던 것이다. 그런데도 맥아더가 계속 확전을 주장하는 발언을 일삼자 트루먼은 이를 불복종 행위로 받아들여 결국 1951년 4월 11일 맥아더를 사령관직에서 해임했다. 귀국한 맥아더는 미국인들로부터 열렬한 환영을 받았지만, 5월에 열린 상원 청문회 이후 그에 대한 열기는 수그러들었다. 만약 맥아더의 주장을 따를 경우 제3차 세계대전이 일어날 가능성도 배제할 수 없다는 것이 상원 청문회에서 밝혀졌고, 민주주의하에서는 군부가 문민정부(civilian government)에 복종해야 한다는 원칙에 따라 맥아더를 해임했다는 것이 확인되었기 때문이다.

한반도를 또다시 분단시킨 휴전

중공군의 인해전술에 밀린 유엔군은 다시 38선 이남으로 후퇴했고, 1951년 1월 또다시 수도 서울을 탈취당하기도 했다. 전열을 가다듬은 유엔군은 3월에 서울을 재탈환하고 공산군을 다시 한 번 38선 이북으로 몰아냈다. 하지만 이때부터 전선은 38선 바로 이북에서 교착 상태에 빠졌고, 교전 양측은 협상을 모색하기 시작했다. 1951년 7월부터 시작된 양측 간의 협상은 1953년 7월 휴전이 성립될 때까지 교착된 전선에서 치열한 공방이 계속되는 가운데 지루하게 진행되었다.

역사 메모 한국전쟁에 대한 명칭은 참전 국가 간의 이해관계에 따라 다소 다르다. 남한에서는 종종 '6·25' 또는 '6·25동란'이라고 부르지만 공식적으로는 문자 그대로 '한국전쟁(Korean War)'이라고 부른다. 북한에서는 '조국해방전쟁(Fatherland Liberation War)'이라고 부르며 미국에서도 일반적으로 '한국전쟁'이라고 부르지만, 트루먼 대통령은 북한에 대한 선전포고 없이 유엔군의 일원으로 참전했기에 처음에는 '경찰 행위'로 묘사했다고 한다. 중국(중공)은 '항미 원조(抗美援朝, War to Resist America and Aid Korea)'라는 말을 썼으나 오늘날에는 대체로 중국식으로 한국전쟁을 의미하는 '조선전쟁(朝鮮戰爭)'이라는 표현을 쓰고 있다.

미국, 다시 '평시 체제로!'

> 미국은 평시 체제로 전환하는 과정에서 '지아이 권리장전'을 제정했다.
> 노동계의 파업에 대해서도 트루먼은 파업 노동자들을 군에 편입하겠다는 말로
> 파업을 종식시켰다. 그 뒤 트루먼은 재선에 성공했다.

전시 동원에서 평시 체제로의 복귀

미국은 제2차 세계대전을 승리로 이끌었지만, 국내적으로 전시 체제에서 평시 체제로 전환하는 과정은 그리 쉬운 일이 아니었다. 우선 트루먼은 전쟁이 끝나자 전시에 약 1600만 명으로 절정에 달했던 병력을 감축해야 했다. 그 결과 1946년까지 병력은 순차적으로 100만 명 정도로 감축되었지만, 사회로 복귀한 수많은 제대 군인에 대한 대책이 필요했다. 따라서 정부는 1944년에 이른바 '지아이 권리장전(G. I. Bill of Rights)'으로 알려진 퇴역군인재정착법(Servicemen's Readjustment Act)을 제정해 참전 군인들에게 교육, 직업훈련, 실업 보상 등의 혜택을 제공해주었다. 나중에 한국전쟁 참전 병사들에게까지 확대된 이 혜택의 수혜자는 1952년까지 760만 명에 달했다. 이러한 정부 지출과 세금 감면 그리고 전시에 축적된 노동자들의 저축은 전쟁 기간 중 억눌려온 소비 심리를 자극했다. 소비자들은 새로운 주택, 자동차뿐 아니라 전시 대체품으로 개발된 합성 고무와 전자 제품에 눈길을 돌렸다. 따라서 전

후 경기는 호황을 보였지만 급속한 수요 증가는 인플레이션을 낳았다. 1945년에서 1946년에 걸쳐 물가는 천정부지로 뛰어올랐고, 인플레이션 비율은 18.2퍼센트에 달했다.

노동계의 파업과 트루먼의 대응

이처럼 물가는 치솟아 오르고 있었지만, 많은 사람들의 수입은 전시의 초과 노동 수당 등이 사라짐으로써 실질적으로 줄어들었다. 전후 경기 호황으로 기업의 수익성은 향상된 데 반해 노동자들은 그 혜택을 누리지 못하자 석탄, 자동차, 철강, 전기 산업 분야에서 파업이 속출했다. 그중 가장 대표적인 것은 1946년 4월 존 루이스(John L. Lewis)가 이끄는 연합광산노조(United Mine Workers)의 40일에 걸친 파업이다. 당시 석탄은 미국에서 가장 중요한 에너지원이었기 때문에 석탄 생산이 중단되자 철강 및 자동차 생산도 급감했고 철도마저 마비되는 사태가 빚어졌다. 광부들의 요구가 합법적이었음에도 불구하고, 트루먼은 두 차례에 걸친 조정 기간에도 사태가 해결될 기미를 보이지 않자 정부가 탄광을 접수하도록 해 생산을 재개시켰다. 광산노조의 파업이 진압된 직후 전국적인 철도 파업이 예고되자 트루먼은 의회에 출석해 "정부에 대항해 파업을 일으킨 모든 노동자를 미합중국 군대로 징집하기 위한 권한을 대통령에게 즉각 부여해줄 것을 의회에 요청한다."는 요지의 연설을 했다. 일테면 철도 운행을 재개하기 위해 파업 노동자를 군에 편입시킨다는 것이었다. 이러한 트루먼의 위협으로 철도 파업은 이내 종식되었다.

대통령의 거부권 행사에도 불구하고 통과된 태프트-하틀리법

1946년의 중간선거에서 공화당은 전쟁 수행 노력에 지친 민심의 지지를 얻어 1930년 이래 처음으로 의회의 다수 의석을 차지해 이른바 '80차 의회(80th Congress)' 회기를 시작했다. 미국 대중은 전시에 빈발한 불법적인 파업과 특히 직전에 있었던 루이스의 광산노조 파업을 보면서 와그너법 하에서 노동계가 너무 강력하게 성장했다고 생각했다. 공화당이 지배한 80차 의회는 노사 간의 균형을 회복하기 위해 1947년 태프트-하틀리 노동관계법(Taft-Hartley Labor Relation Act)을 통과시켰다. 이 법으로 노동조합원만을 고용할 수 있도록 한 클로즈드숍(closed shop) 제도를 금지하고, 고용 이후 반드시 노조에 가입해야 하는 유니언숍(union shop) 제도를 허용했지만, 이마저도 각 주의 주법으로 금지할 수 있는 여지가 생겼다. 또한 파업 중에 발생한 재산상의 손해에 대해 고용주가 노조를 상대로 손해배상 청구 소송을 할 수 있는 권리를 보장해주고, 정부가 국가 안보나 보건을 위협하는 노동 중단 행위에 금지명령을 발동해 파업 행위 이전에 10주간의 '냉각(cooling-off)' 기간을 갖도록 했다. 노동계는 이 법을 '노예노동법'이라고 비난하며 통과 저지 운동을 벌이고 트루먼 대통령도 거부권을 행사했으나 공화당이 우세한 상하 양원은 3분의 2가 넘는 찬성으로 대통령의 거부권마저 뒤엎어버렸다.

예상을 깨고 트루먼이 승리한 1948년의 대통령 선거

1946년 중간선거에서 승리한 공화당은 이러한 분위기가 1948년의 대선에까지 이어져 16년 만에 정권 교체를 이룰 수 있는 좋은 기회라고 보았다. 반면 민주당은 매우 어려운 상황에 처해 있었다. 민주당은 전쟁 영웅으로 광범위한 대중적 인기를 얻고 있던 아이젠하워 장군을 대통령 후보로 영입하려 했으나 실패하고, 마지못해 현직 대통령인 트루먼을 지명할 수밖에 없었다. 민주당 측에서는 설상가상으로 트루먼의 흑인민권법에 반대하는 보수적인 남부 민주당원들이 떨어져나가 주권민주당(States' Rights Democratic Party)을 결성해 사우스캐롤라이나 주지사 스트롬 서먼드(Strom Thurmond)를 후보로 지명했다. 더욱이 소련에 우호적이었던 민주당 좌파 역시 별도로 진보당(Progressive Party)을 결성해 헨리 월리스(Henry Wallace)를 후보로 내세웠다.

공화당은 민주당의 분열에 승리를 낙관하며 뉴욕 주지사 토머스 듀이를 다시 대통령 후보로 지명했고, 부통령 후보로는 캘리포니아 주지사 얼 워런(Earl Warren)을 내세웠다. 이런 상황에서 대부분의 사람들은 공화당이 승리할 것으로 보았다. 트루먼은 홀로 승리를 확신하며 공화당이 지배하는 80차 의회에 특별 회기를 열어 공화당 정강 정책을 모두 입법화시킬 것을 요구했다. 그러나 2주간의 회기 동안 의회가 아무것도 이룩하지 못하자 트루먼은 자신의 주장대로 공화당이 '아무것도 하지 않는, 무익한(do-nothing, good-for-nothing)' 정당이라며 비난의 화살을 돌렸다. 트루먼은 기차로 거의 5만 킬로미터가 넘는 거리를 여행하며 정거장마다 정차해 유세 연설을 하는(whistle-stop speeches) 말 그대로 발로 뛰는 선거운동을 했다. 선거 결과는 〈시카고 트리뷴(Chicago Tribune)〉의 유명한 오보 사건에서 볼 수 있듯이 거의 모든 사람의 예상과 달리 트루먼이 승리했다. 트루먼은 일반투표에서 49.5퍼센트 대 45.1퍼센트로 근소한 승리를 거두었지만 선거인단 표에서는 303표 대 189표로 차이를 벌리면서 자력으로 대통령이 되었다.

트루먼의 '페어딜' 정책

1949년 1월 트루먼은 취임 연설에서 자신의 정책이 뉴딜의 연장선에 있음을 상기시키며 '페어딜(Fair Deal)' 정책이라고 불렀다. 이 정책의 일환으로 트루먼은 공정노동기준법(Fair Labor Standard Act)을 통해 시간당 최저임금을 40센트에서 75센트로 인상했다. 그는 또한 의회로 하여금 전국주택법(National Housing Act)을 통과시켜 저소득층을 위한 저가의 임대주택을 건설하고 슬럼가를 일소하도록 했다. 한편 사회보장법을 확대해 1000만 명이 추가로 연금을 비롯한 각종 혜택을 받도록 했고, 농민에게는 농산물 가격 안정을 통해 혜택이 돌아가도록 했다.

그러나 공화당과 보수적인 남부 민주당원들은 서로 규합해 트루먼이 추진한 태프트-하틀리법의 폐지를 좌절시키고 전국의료보험 계획의 통과도 저지했다. 또한 남부 민주당 의원들은 의회에서의 '필리버스터(filibuster)'를 통해 트루먼이 적극적으로 추진했던 흑인민권법의 통과도 막았다. 이 법안은 흑인에 대한 린치를 연방 범죄로 다루고, 흑인의 투표권을 보장하며, 흑백 분리를 금지하고, 인두세를 폐지하는 것뿐 아니라 고용상의 차별도 금지함으로써 흑인의 민권을 향상시키고자 한 것이었다. 1950년 중간선거에서 공화당이 다시 다수를 점하면서 트루먼의 페어딜은 사실상 무력화되기 시작했다.

역사 메모 ▶ 이른바 '지아이 권리장전'을 통한 참전 군인에 대한 교육 지원 효과는 대학 등록 학생 수의 급증으로 나타났다. 예컨대 전쟁 이전 학생 수가 1만 명 정도에 불과했던 미시간 대학은 1948년에 3만 명 이상으로 늘어났으며, 시러큐스 대학도 6000명에 불과했던 학생이 1947년에는 1만 9000명으로 급증했다. 참전 군인의 대학 교육 지원 수혜자 비율은 제2차 세계대전이 51퍼센트, 한국전쟁이 43퍼센트, 베트남전쟁이 72퍼센트였다.

1947년~1954년: 반공 체제의 강화

'공산주의는 절대 안 돼!'

> 트루먼의 페어딜 정책은 실패했지만 미국은 반공 체제를 강화함으로써
> 히스 사건, 로젠버그 부부 사건 및 매카시즘이 발생했다.

반공 체제의 강화

미·소 간의 냉전이 심화되면서 미국 내에서는 공산주의의 확산에 대한 두려움이 점차 확대되었다. 1947년 하원 반미활동조사위원회(House Un-American Activities Committee)는 민주당 정권이 공산주의자의 활동을 묵인해왔다는 심증을 갖고 공개적인 조사에 나섰다.

이 조사위원회의 첫 번째 표적은 할리우드 영화계였다. 위원회는 상당수 공산주의자들이 할리우드에 침투해 있으며 이들로 인해 미국 영화가 공산주의에 오염되었다고 보았다. 따라서 과거에 공산주의 활동을 한 전력이 있거나 연루되었다는 의혹을 받은 많은 영화계 인사들이 의회 청문회에 소환되어 증언을 하도록 강요받았다. 그들 중 일부, 이른바 '할리우드 텐(Hollywood Ten)'이라 불리는 사람들은 증언을 거부했다는 이유로 의회 모독죄를 적용받아 투옥되기도 했다. 같은 해 정부 차원에서는 연방 정부 공무원의 충성도를 심사할 목적으로 연방충성심사국(Federal Loyalty Bureau)을 신설해 1952년까지 600만 명에 달하는

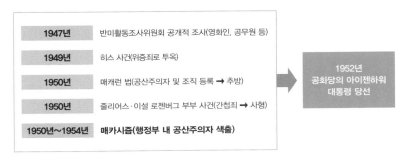

1947년	반미활동조사위원회 공개적 조사(영화인, 공무원 등)
1949년	히스 사건(위증죄로 투옥)
1950년	매캐런 법(공산주의자 및 조직 등록 ➔ 추방)
1950년	줄리어스·이설 로젠버그 부부 사건(간첩죄 ➔ 사형)
1950년~1954년	매카시즘(행정부 내 공산주의자 색출)

1952년
공화당의 아이젠하워
대통령 당선

▶ 트루먼 행정부 당시 반공 체제 강화

직원이 조사를 받았다. 그 결과 약 2000명이 사직해야 했고 212명은 해고되었다.

히스 사건과 로젠버그 부부 사건

1949년에 이르러 미국인들은 소련이 최초의 원자폭탄 실험에 성공하고 중화인민공화국이 수립되는 것을 보면서 공산주의 세력이 더욱 강력해지는 것을 실감하게 되었다. 그 와중에 전직 국무부 고위 간부였던 앨저 히스(Alger Hiss)가 소련에 비밀문서를 넘겨주었다는 혐의로 고발당해 미국인들을 경악하게 만들었다.

비록 히스는 공소시효가 지나 간첩죄로 기소되지는 않았지만, 하원 반미활동조사위원회의 캘리포니아 출신 하원의원 리처드 닉슨(Richard Nixon)의 집요한 추궁으로 인해 위증죄로 감옥에 가야 했다. 이 사건으로 초선이었던 무명의 하원의원 닉슨은 전국적인 명성을 얻게 되었다. 또한 이 무렵에는 11명의 공산당 지도자가 정부 전복을 방지할 목적으로 1940년에 제정된 스미스법(Smith Act)에 의거 투옥되었다. 1950년 의회는 트루먼 대통령의 거부권 행사에도 불구하고 국내보안법(Internal Security Act) 또는 일명 매캐런 법(McCarran Act)을 통과시켜 미국 내 모든 공산주의자 및 조직을 등록하도록 하는 한편 공산주의자 이민의 추방을 가능하게 만들었다.

미국인 중 일부는 소련의 원폭 개발 성공 이면에는 미국의 핵 비밀을 소련에 넘긴 첩자가 있을 것이라고 믿었다. 특히 미국인들은 1950년 영국의 핵물리학자 클라우스 푹스(Klaus Fuchs)가 영국 당국에 체포되어 미국의 뉴멕시코주 로스앨러모스(Los Alamos) 핵폭탄 개발 계획에 관한 정보를 소련 첩자에게 넘겨주었다고 증언했을 때, 미국 내에도 가담자가 있을 것이라고 믿고 싶어 했다. 이러한 음모론의 희생자는 무명의 공산당원이었던 줄리어스와 이설 로젠버그(Julius and Ethal Rosenberg) 부부였다. 정부는 이들이 이설의 남동생을 통해 입수한 로스앨러모스 원폭에 관한 비밀을 소련의 정보 요원에게 넘겨주었다는 혐의로 기소했고, 법원은 1951년 4월 이들에게 사형을 선고했다. 로젠버그 부부는 반공주의적 집단 광기(anti-Communist hysteria)의 희생자일 뿐이라는 대중적 저항에도 불구하고 1953년 6월 전기의자에서 처형되었다.

매카시즘

미국에서 반공주의의 광풍은 결국 '현대판 마녀사냥'으로 일컬어지는 매카시즘으로 절정에 달했다. 위스콘신주 출신 무명의 공화당 초선 상원의원 조지프 매카시(Joseph McCarthy)는 1950년 2월 웨스트버지니아주 휠링(Wheeling)에서 연설하던 도중 갑자기 몇 장의 문서를 흔들면서 당시 국무부에서 암약하고 있는 공산주의자 205명의 명단이 자기 손 안에 있다고 주장했다. 그는 나중에 그 숫자를 '당원증을 소지한' 57명의 명단이라고 했다가 또 나중에는 81명이라고 하는 둥 갈팡질팡

했지만, 미국인들은 어쨌든 미국의 대외 정책을 담당하는 국무부에 그렇게 많은 수의 공산주의자가 있다는 매카시의 주장에 놀라움을 금치 못했다.

이에 대해 상원은 진상조사위원회를 구성해 조사에 나섰으나 별다른 증거를 찾지 못했다. 그런데도 매카시는 구체적인 증거 제시 없이 계속 국무부뿐 아니라 다른 기관에 대해서도 비난의 화살을 퍼부었다. 때마침 발발한 한국전쟁도 매카시를 공산주의자 색출의 기수로 명성을 떨치게 만들었다.

1952년 이후 공화당이 상원을 지배하게 되자 매카시는 특별소위원회 위원장이 되어 행정부 내의 공산주의자 색출 활동에 나섰다. 그러나 매카시는 연방 정부 내의 어떠한 부서에서도 공산주의 연루자가 있다는 확실한 증거를 찾아내지 못했다.

그럼에도 불구하고 당대의 반공주의적 분위기는 매카시의 근거 없는 공산주의자 사냥을 드러내놓고 저지하지 못했다. 심지어 1952년 대통령 후보로 나선 아이젠하워조차도 매카시를 비난하기는커녕 선거 연설 중 그를 지지하는 발언을 하기도 했다.

결국 매카시의 고삐 풀린 공산주의 색출 선동이 육군에까지 미쳐 군을 모욕하는 지경에 이르자 사람들은 그의 근거 없는 선동에 염증을 느끼기 시작했다. 상원 역시 1954년 12월 매카시에 대한 비난 결의안을 통과시킴으로써 매카시의 마녀사냥은 마침내 종말을 고했다. 하지만 매카시즘은 이 시기 미국인들의 공산주의에 대한 두려움이 얼마나 컸는지를 여실히 보여주는 웃지 못할 해프닝이었다.

근 1세기 만에 전쟁 영웅 출신 대통령을 낳은 1952년의 선거

한국전쟁이 교착상태에 빠져 있던 1952년, 미국에는 다시 대통령 선거철이 다가왔다. 당시 트루먼 대통령은 그 전해에 확정된 수정헌법 제22조로 대통령의 3선이 금지되고 전임 대통령을 계승해 2년 이상 재직한 대통령은 1기에 한해 대통령에 선출될 수 있다는 조항에도 불구하고 법 제정 당시 현직 대통령이었기 때문에 이 조항의 적용을 받지 않았다. 그러나 트루먼은 한국전쟁과 행정부 내의 뇌물 사건 등으로 대중적 인기를 상실해 출마를 포기했다. 따라서 민주당은 일리노이 주지사 아들라이 스티븐슨(Adlai E. Stevenson)을 대통령 후보로 지명했다. 반면에 공화당은 제2차 세계대전의 영웅이자 나토 사령관과 컬럼비아 대학 총장을 역임한 아이젠하워를 후보로 지명했고, 그는 하원 반미활동 조사위원회에서 공산주의자 색출로 전국적 명성을 떨친 리처드 닉슨을 러닝메이트로 선택했다.

드와이트 D. 아이젠하워 대통령.

민주당의 스티븐슨은 당내 자유주의자들의 열광적인 지지를 받으며 태프트-하틀리법의 폐기, 흑인 민권 향상, 뉴딜 개혁의 계속적 추진 등을 공약으로 내세웠다. 공화당은 아이젠하워의 온화하고 친근한 인품을 전면에 내세우며 민주당의 부패, 공산당에 대한 온건 정책, 한국전쟁 개입 등을 비판했다. 특히 선거 직전 아이젠하워는 자신이 당선되면 한국전쟁의 조속한 종결을 위해 한국을 방문하겠다고 공약했다.

선거 결과는 아이젠하워의 압도적인 승리였다. 그는 일반투표에서 55퍼센트 대 44퍼센트, 선거인단 표에서는 442대 89로 24년 만에 공화당 출신 대통령에 당선되었을 뿐 아니라 공화당도 1946년 이래 근소한 의석 차이이기는 하지만 상하 양원을 지배하게 되었다.

역사 메모 매카시즘의 희생자 중에는 유명한 배우 찰리 채플린도 있었다. 매카시즘이 맹위를 떨치던 시기에 채플린은 공산주의 동조자라는 의혹을 받아 이른바 '반미 활동'으로 고발되기도 했다. 당시 FBI 국장 에드거 후버는 채플린이 영국 국적을 포기하지 않았다는 사실을 알고는 그가 1952년 잠시 영국을 방문한 사이 미국 이민 귀화국에 채플린의 재입국을 불허하도록 만들었다. 결국 채플린은 죽을 때까지 스위스에 거주했고, 아카데미 특별상을 받기 위해 1972년 잠시 돌아왔을 때에도 2개월 짜리 단수 비자밖에 받지 못했다.

정치 초보 아이젠하워가 한 일은?

아이젠하워는 뉴딜과 페어딜 정책을 계승해 여러 가지 정책을 펼쳤다.
이 시기에 흑인 민권운동으로 공공시설에서의 흑백 분리는 점차 줄어들었다.

작은 정부를 지향한 아이젠하워의 국내 정책

아이젠하워는 전쟁 영웅 출신으로서 정치적 경험이 거의 없는 가운데 취임해 정치적으로는 중도주의를 표방하면서 당파에 초연한 입장을 보였다. 다만 아이젠하워는 경제 발전을 지속시키기 위해 공화당의 정강 정책에 따라 균형예산, 정부 지출 삭감, 감세, 인플레이션 억제, 사기업 장려 등의 정책을 추구했다.

아이젠하워는 연방 정부의 예산을 삭감하고 경제에 대한 정부의 규제를 최소화하는 데 중점을 두었지만, 전임 대통령들의 뉴딜과 페어딜 정신을 계승해 사회보장과 실업보험을 확충하고 주택 건설 촉진에도 힘을 쏟았다. 예컨대 아이젠하워는 사회보장법을 개정해 수혜 금액을 늘리고 추가로 750만 명의 노동자가 이 법의 혜택을 받도록 했다. 또한 그는 1954년의 주택법(Housing Act)을 통해 도시 재개발로 밀려난 저소득층을 위한 주택 건설에 연방 자금을 제공했다. 같은 해 의회는 캐나다의 몬트리올과 이리호수를 잇는 운하 건설을 위한 세인트로렌스 내륙수로 계획(St. Lawrence Seaway Project)을 승인했다. 이 내륙수로는 오대호와 대서양을 연결함으로써 중서부의 경제 발전을 촉진하기 위한 것이었다. 아이젠하워 행정부 시절 가장 의미 있는 입법 중 하나는 1956년에 제정된 연방고속도로법(Federal Highway Act)이었다. 이 법으로 연방 정부는 향후 13년 동안 310억 달러를 투입해 약 6만 7000킬로미터에 달하는 주간 고속도로(interstate highway)를 건설할 수 있었다.

아메리카 원주민에 대한 미국의 정책은 역사적으로 줄곧 인디언에게 해악을 끼쳐왔는데, 아이젠하워 행정부의 인디언 정책 역시 크게 다르지 않았다. 1953년 의회는 인디언 보호 구역을 폐지하고 연방 정부의 지원을 종식시키는 것을 목적으로 한 '인디언 보호 구역 폐지(termination)' 정책을 채택했다. 1954년에서 1960년 사이에 연방 정부는 61개 인디언 부족에 대한 지원을 철회했으며, 인디언 8명 중 1명이 소액의 재정착 지원금을 받고 보호 구역을 떠나 도시 빈민으로 전락하고 말았다. 1960년대에 이르러 연방 정부가 이 정책의 폐단을 깨닫고 실시를 중단했지만, 그때에는 이미 수많은 인디언에게 이루 말할 수 없는 비극이 휩쓸고 지나간 뒤였다.

흑백 분리를 무효화한 대법원의 '브라운 대 토피카 교육위원회' 판결

1954년 연방 대법원은 '브라운 대 토피카 교육위원회(Brown v. Board of Education of Topeka)' 사건과 관련해 공립학교에서 흑백 공학을 금지하는 남부 주의 법이 위헌이라고 판결했다. 이 판결은 1896년 '플레시 대 퍼거슨' 판결에서 흑인이 백인과 동일한 수준의 시설을 사용할 수 있다면 흑인이 사용하는 시설을 분리할 수 있다는 이른바 '분리하되 평등하면(separate but equal)'이라는 유명한 구절을 뒤엎는 것이었다. 이

사건에서는 대법원장 얼 워런을 비롯한 대법원 판사 전원 일치로 "분리된 교육 시설은 본질적으로 불평등하다."는 의견을 피력했다. 이로써 공립학교에서의 흑백 분리를 인정하던 17개 주가 헌법을 위반하고 있음이 판명되었다.

북부에 인접한 6개의 남부 경계 주(border states)에서는 공립학교에서의 흑백 분리를 금지하는 대법원의 판결을 따르는 데 별다른 반대가 없었지만, 대부분의 남부 주에서는 각종 편법을 동원해 분리를 지속하려 했다. 공립학교에서의 흑백 통합에 대한 가장 강력한 저항은 1957년 9월 아칸소주의 리틀록(Little Rock)에서 발생했다. 당시 연방 법원이 리틀록에 있는 센트럴 고등학교에 흑인 학생 9명의 입학을 허가하라는 명령을 내리자, 이에 흥분한 백인 군중은 흑인 학생의 등교를 저지하기 위해 학교 입구를 막아버렸다. 주지사 오벌 포버스(Oval Faubus)는 흑백 간에 충돌 우려가 있다는 것을 빌미로 아칸소주 방위군을 소집해 흑인 학생들의 출입을 막았다. 이에 대해 아이젠하워는 아칸소주 방위군을 연방군에 편입시키고 1100명의 공수 부대를 파견해 흑인 학생들의 안전한 통학을 보장해주도록 했다.

몽고메리의 버스 승차 거부 운동으로 불붙기 시작한 흑인 민권운동

대법원의 브라운 판결은 남부에서 그동안 백인들에게 차별을 당해온 흑인들이 민권 향상을 위한 운동을 활발하게 전개하는 계기가 되었다. 그중 대표적인 사건은 앨라배마주 몽고메리(Montgomery)에서 일어난 버스 승차 거부 운동이었다. 1955년 12월 흑인 여성 로자 파크스(Rosa Parks)는 흑인용과 백인용으로 좌석이 분리된 몽고메리 시내버스에서 의도적으로 백인용 좌석에 앉아 있다가 자리를 옮기지 않았다는 이유로 체포되었다. 이 사건에 분노한 이 도시의 흑인들은 도보나 카풀(carful)을 이용해 출퇴근하면서 조직적으로 버스 승차 거부 운동을 펼쳤다.

몽고메리 버스 승차 거부 운동을 주도하면서 일약 흑인 민권운동의 지도자로 전국적인 명성을 떨치게 된 인물은 지역 침례교 목사이자 약관 27세에 불과한 마틴 루터 킹 2세(Martin Luther King, Jr.)였다. 1956년 대법원이 흑백 차별을 용인하는 앨라배마의 짐 크로 법이 위헌이라고 판결하면서, 킹 목사를 비롯한 몽고메리의 흑인들은 승리를 쟁취할 수 있었다. 흑인들은 1957년 의회가 1875년 이래 처음으로 민권법(Civil Rights Act)을 통과시켰을 때, 다시 한 번 승리의 기쁨을 누렸다. 같은 해 킹 목사의 지도하에 민권운동을 주도할 조직으로 남부 크리스트교 지도자회의(Southern Christian Leadership Conference, SCLC)가 창설되었다.

공공시설에서의 흑백 분리에 대한 저항은 계속 이어져 1960년에는 노스캐롤라이나주 그린즈버러(Greensboro)에 있는 농업 및 기술 대학(North Carolina Agricultural and Technical College)에서 연좌 농성(sit-ins)이 벌어졌다. 이 사건은 이 대학에 재학 중인 4명의 흑인 학생이 흑백 분리된 교내 식당 카운터에 앉아 커피를 주문한 데서 비롯되었다. 물론 흑인 학생들의 주문은 거부되었고 온갖 욕설과 신체적 학대가 가해졌지만, 이들은 꿈쩍도 하지 않았다. 이를 계기로 연좌 농성 운동은 전국적으로 확산되었고, 공공시설에서 흑백 분리는 점차 줄어들게 되었다.

역사 메모 '브라운 대 토피카 교육위원회' 판결은 남부 지역 백인들을 크게 자극했다. 1956년 앨라배마주 상원은 이 판결이 무효라고 선언하기도 했고, 연방의회의 남부 출신 상하 양원 의원 101명도 '남부 선언(Southern Manifesto of 1956)'을 발표해 모든 합법적 수단을 동원해 이 판결에 저항하겠다고 결의하기도 했다.

아이젠하워 행정부의 대외 정책은?

> 아이젠하워는 제네바 정상회담을 개최해 긴장 완화의 길을 모색했다.
> 하지만 U-2기 사건, 쿠바혁명 등이 발생해 긴장이 고조되기도 했다.

국무장관 덜레스가 창안한 대량보복정책

아이젠하워는 대통령이 되기 전에 군인으로서 국내 문제보다는 대외 문제에 경험이 많았음에도 불구하고, 외교 문제를 주로 국무장관 존 포스터 덜레스(John Foster Dulles)에게 위임했다. 덜레스는 동유럽 국가들을 소련의 지배로부터 '해방(liberation)'시켜야 하며, 소련이나 공산 중국이 미국과 동맹국을 공격할 경우 핵무기를 이용한 '대량보복 (massive retaliation)'을 해야 한다는 새로운 정책을 내세웠다. 아이젠하워와 덜레스는 재래식 무기보다는 핵무기와 공군력을 이용한 전쟁 억제를 선호했다.

한편 1953년 아이젠하워의 한국 방문은 미국이 한국전쟁을 끝내기를 원한다는 것을 보여주었다. 스탈린의 죽음과 중국에 대한 전면전 가능성 역시 소련과 중국의 공산주의자들로 하여금 한층 유화적인 자세를 취하게 만들어, 그해 7월 27일 판문점에서 남한 측 대표가 불참한 가운데 한국전쟁 당사국 간에 휴전이 성립되었다. 이로써 한국은 다시

378

아시아	• 1953. 7. 27 한국전쟁 휴전 성립(한반도 분단) • 베트남 – 잠정적 분단 • 동남아시아조약기구 창설
중동	• 미·소 각축장 ➡ 군사적, 경제적 지원 • 1956. 이집트에 경제적 지원 중단 ➡ 수에즈운하 위기
중남미	• 반미 감정 • 1959. 쿠바 카스트로의 사회주의 정권 소련 원조 ➡ 미국 외교 단절 ➡ 소련과 동맹
동유럽	• 1955. 7 제네바 정상회담(미국, 영국, 프랑스, 소련) • 1956. 2 흐루쇼프 평화 공존 역설(냉전 완화) ➡ 동유럽 국가들의 민족주의 (공산 체제 다소 완화)

소련	• 1957. 8 대륙간탄도미사일 발사 성공
	• 1957. 10 최초의 인공위성 발사
	• 1960. 파리 정상회담 제안
	  ↓
	  미국의 고공 첩보기 U-2기 사건으로 회담 결렬

▶ 아이젠하워 행정부의 대외 정책

휴전선을 사이에 두고 분단되었다.

동유럽 및 중동의 정세 변화

1953년 스탈린 사후 소련이 한결 유화적인 자세를 보이자 아이젠하워는 은퇴한 영국 수상 처칠의 제안을 받아들여 1955년 7월 미국, 영국, 프랑스, 소련의 수뇌가 모인 제네바 정상회담(Geneva Summit Conference)을 개최했다. 이 회담에서 아이젠하워는 군축을 제안했지만 소련은 이를 거부했다. 하지만 1956년 2월 소련공산당 제20차 전당대회에서 서기장 니키타 흐루쇼프(Nikita S. Khrushchyov)는 스탈린 격하 연설을 하면서 동서 간의 평화 공존을 역설해 냉전이 완화될 조짐을 보였다.

흐루쇼프의 연설은 철의 장막(Iron Curtain) 뒤에서 소련의 위성국가로 전락한 동유럽 국가들의 민족주의를 자극했다. 그해 5월 폴란드에서는 민중 봉기가 일어나 공산 체제가 다소 완화되고 폴란드인의 자치 수준이 많이 회복되는 결과를 가져왔다. 곧이어 10월에는 헝가리에서도 반공 의거가 일어나 한때 반소적인 정부가 수립되었다. 하지만 얼마 뒤 소련군의 대규모 보복이 자행되어 국제사회의 분노를 불러일으키기도 했다.

소련은 또한 중동 지역에 자국의 영향력을 확대하고자 하는 야심을 갖고 있었지만, 제2차 세계대전 이후로는 미국의 방해로 뜻을 이루지 못하고 있었다. 이러한 미·소 간의 각축에서 중동 지역의 민족주의적인 신생 아랍 국가들은 미·소 어느 쪽이든 자국에게 유리한 편에 서는 것을 주저하지 않았다. 당시 이집트에서는 열렬한 아랍 민족주의자인 가말 압델 나세르(Gamal Abdel Nasser) 장군이 집권해 수에즈운하 지역에서 영국을 축출하고 팔레스타인에서 이스라엘을 몰아내고자 계획했다. 미국은 진퇴양난에 빠졌다. 왜냐하면 미국의 석유 회사들이 중동에 상당한 투자를 해놓은 탓에 아랍인들을 화나게 할 수도 없고, 그렇다고 우방인 이스라엘을 버릴 수도 없었기 때문이다. 그러나 나세르가 냉전하에서 중립을 선언하고 소련의 위성국가들로부터 무기를 수입하자 덜레스는 1956년 이집트의 아스완(Aswan) 댐 건설에 필요한 자금 제공을 철회했다. 이에 나세르는 운하에서 나오는 수입으로 댐 건설 비용을 충당하겠다고 발표하면서 영국이 소유한 수에즈운하를 국유화해버렸다.

당시 서유럽 석유 소비량의 75퍼센트를 충당하던 중동산 석유 수입 길이 막힐 것을 우려한 영국과 프랑스는 이스라엘을 부추겨 이집트를 공격하도록 했다. 1956년 10월 29일 이스라엘군은 수에즈를 침공했고,

이틀 뒤 영국과 프랑스도 이에 가세했다. 아이젠하워는 수에즈 위기가 새로운 세계대전을 일으키지 않을까 우려해 이들 세 나라가 철수하도록 압력을 가했다. 결국 이들 세 나라는 수에즈에서 물러났고, 이집트는 운하 국유화에 대한 대가로 영국에 8100만 달러를 지불했다. 아스완 댐은 나중에 소련의 지원을 받아 건설되었다. 수에즈 위기를 지켜본 아이젠하워는 중동에서 소련의 영향력이 확대되는 것을 저지하기 위해 1957년 1월 의회에 이른바 '아이젠하워독트린'이라고 불리는 조치를 취할 수 있게 해줄 것을 요청했다.

군비 경쟁과 소련의 인공위성 스푸트니크 발사, U-2기 사건

1952년 미국이 최초의 수소폭탄 실험에 성공한 지 1년도 안 돼 역시 수폭 개발에 성공한 소련은 1957년 10월 최초의 인공위성 스푸트니크(Sputnik)를 우주 궤도에 쏘아 올림으로써 미국인들을 경악하게 만들었다. 뿐만 아니라 소련은 이미 두 달 전에 최초의 대륙간탄도미사일(intercontinental ballistic missile, ICBM) 발사에도 성공한 바 있었다. 이에 미국은 자체의 대륙간탄도미사일과 인공위성 개발에 박차를 가해, 다음 해 1월에는 미국 역시 최초의 인공위성을 쏘아 올릴 수 있었다.

1959년 소련은 다시 태도를 바꾸어 서방측에 유화적인 모습을 보였다. 흐루쇼프는 아이젠하워에게 서베를린 문제를 토론하기 위한 상호 방문과 1960년 파리 정상회담을 제안했다. 미국이 이에 동의하자 흐루쇼프는 1959년 미국을 방문해 정중한 대접을 받았다. 아이젠하워 역시 파리 정상회담 참석 이후 모스크바를 방문하기로 했으나, 파리회담이 열리기 불과 2주 전 고해상도 카메라를 탑재하고 소련 영공을 정찰하던 고공 첩보기 U-2기가 추락하는 사건이 발생하자 무산되었다. 미국은 처음에 이 비행기가 소련 영공을 지나갔다는 사실을 부인했으나 소련이 추락한 비행기의 CIA 소속 조종사 프랜시스 게리 파워즈(Francis Gary Powers)와 비행기 잔해 등을 제시하자 이를 인정하지 않을 수 없었다. 소련이 미국에 사과를 요구했으나 미국은 이를 거부했다. 그러자 소련은 파리 정상회담을 결렬시키고 아이젠하워의 소련 초청도 취소했다.

중남미 정책과 카스트로의 쿠바혁명

미국은 오랜 세월 동안 중남미에 대한 미국 기업의 투자를 보호하기 위해 독재 정권을 묵인하거나 도왔기 때문에 이들 국가에서 반미 감정을 불러일으켰다. 중남미에서 미국과 가장 밀접한 관계를 맺고 지리적으로 미국의 코앞이나 다름없는 쿠바에서는 1959년 1월 친미 정권인 독재자 풀헨시오 바티스타(Fulgencio Batista) 정부가 전복되고 양키 제국주의 타도를 부르짖는 피델 카스트로(Fidel Castro)의 사회주의혁명이 성공했다. 카스트로가 쿠바 내 미국인의 투자를 몰수하고 소련의 원조를 받아들이기 시작하자 미국은 쿠바와의 외교 관계를 단절했다. 아이젠하워는 라틴아메리카에서 더 이상 사회주의혁명이 일어나는 것을 막기 위해 중남미판 '마셜플랜'을 계획하고, 라틴아메리카 국가들에 경제 지원을 할 수 있도록 5억 달러의 예산을 의회에 요청해 얻어냈다.

역사 메모 흐루쇼프는 1953년부터 소련공산당 서기장을 역임했으나 1964년 10월 레오니트 브레즈네프(Leonid Brezhnev)를 비롯한 당 동료에 의해 1962년의 쿠바 미사일 위기 대처 미흡 같은 정치적 실책 그리고 농업 문제 미해결 같은 경제적 이유 등으로 실각했다. 이후 흐루쇼프는 모스크바에서 연금을 받으며 1971년 사망할 때까지 항상 국가보안위원회(KGB)의 감시를 받으며 살아야 했다.

다시 빛나기 시작한 미국의 경제

> 미국은 제2차 세계대전 이후 베이비붐에 힘입어 경제 호황을 맞았고
> 생활수준도 향상되었다. 이에 따라 소비가 증가되고 선벨트도 성장했지만
> 그 이면에는 어두운 그림자도 있었다.

전후의 경제 호황과 베이비붐

미국은 제2차 세계대전 직후 미국 역사에서 가장 길고 꾸준한 성장과 번영의 시대에 돌입했다. 1945년 이후 25년간에 걸쳐 미국의 연평균 경제성장률은 3.5퍼센트에 달했다. 1945년에서 1970년 사이에 국민총생산(GNP)은 2000억 달러에서 1조 달러로 500퍼센트나 증가했다. 이 기간 중 경제 성장률은 미국인의 실질 구매력을 60퍼센트나 증가시켰다. 또 다른 경제 지표라고 할 수 있는 실업률 역시 1950년대와 1960년대 초에는 5퍼센트 내외였고, 인플레이션율도 매년 3퍼센트 정도로 그다지 높지 않았다.

전후 경제 호황에 결정적으로 작용한 요인 중의 하나는 한국전쟁 무렵에 시작되어 1957년에 절정에 달한 베이비붐(baby boom)이었다. 1940년 한 해에 250만 명이었던 신생아는 1950년에는 350만 명에 달했고, 1946년에서 1961년 사이에 출생한 신생아 수는 6350만 명 이상이었다. 그 결과 미국 인구도 1950년 1억 5000만 명에서 1960년에는

1억 8000만 명으로 10년 사이에 거의 20퍼센트나 증가했다.

전후 경제 호황의 견인차 역할을 한 것은 건축과 자동차 산업이었는데, 이 역시 베이비붐과 밀접한 관련이 있었다. 베이비붐 세대를 위한 주택과 학교의 건설이 건축 경기를 호황으로 이끌었던 것이다. 그 밖에 늘어나는 인구를 감당하기 위한 사무실 건물, 쇼핑센터, 공장, 공항, 경기장 등도 전국에 걸쳐 우후죽순처럼 건설되었다. 한편 이 건물들은 주로 새로이 생겨난 교외 지역(suburbs)에 지어졌다. 1950년대에는 많은 도시 중간계급들이 도심의 번잡함, 자동차 매연, 낡고 지저분한 주거 환경을 떠나 신선한 공기, 쾌적한 공간, 현대식 주택을 찾아 교외 지역으로 이주하기 시작해 교외 지역의 인구가 47퍼센트나 증가했기 때문이다. 여기에 자동차 산업의 발달로 승용차를 이용한 도심 출퇴근이 용이해지면서 교외로의 이주는 가속되었다.

경제 호황에 따른 생활수준의 향상

풍요로운 전후 시대에 미국의 중간계급은 대공황기와 제2차 세계대전 기간 중에 억눌렸던 소비 심리를 주택 구입과 자동차 같은 다양한 상품의 구매로 충족시킬 수 있었다. 기업들도 소비자의 욕구를 충족시키기 위해 식기 건조기, 텔레비전, 하이파이(hi-fi) 전축 등과 같은 가전제품 분야에서 각종 신상품을 출시했고, 광고는 이러한 제품의 소비를 더욱 부추겼다. 이 시기 미국인들의 재화와 용역에 대한 소비는 놀라울 정도였다. 1960년대 중반 세계 인구의 5퍼센트에 지나지 않은 미국인들이 전 세계 재화와 용역의 3분의 1을 생산하고 소비한 것이다.

중간계급들은 일단 각종 상품에 대한 소비 욕구가 어느 정도 충족되자 교육, 연예 오락, 의료 등의 서비스 분야에 대한 소비에 관심을 돌리기 시작했다. 경제적 풍요로 인해 쓸 수 있는 돈이 늘어나고 노동시간의 단축과 길어진 휴가로 인해 여가 시간이 늘어나자 여행과 각종 스포츠가 붐을 이루었다. 또 의학 및 보건 분야의 획기적 발전은 미국인들의 평균 수명을 1945년 65.9세에서 1970년 70.9세로 크게 늘려주었다.

많은 미국인들이 상향 이동할 수 있는 기회가 늘어남에 따라 미국 사회 내의 계층 간 차이도 크게 줄어들었다. 그 요인으로는 우선 노조 가입률과 직업을 가진 가정주부가 늘어난 결과 가계 수입이 증가함에 따라 더 많은 가정이 중간계급의 반열에 오르게 되었다는 점을 들 수 있다. 그리고 큰 폭의 누진 소득세는 소득 격차를 줄여주었고, 이민과 소수 인종 집단의 교육 기회 향상 역시 계층의 상향 이동성을 증대시켰다. 마지막으로 음식, 의복, 주거에서 자동차에 이르는 소비자 상품의 표준화는 최상류층을 제외하고 일반 상류층과 중산층의 차이를 크게 두드러지지 않게 만들었다.

선벨트의 성장

전후 수백만 명의 미국인은 한층 풍요로운 사회를 찾아 이른바 선벨트(Sunbelt) 지역으로 이주하기 시작했다. 선벨트 지역이란 남부 캘리포니아에서 위도를 따라 띠 모양으로 남서부를 거쳐 대서양 연안의 남부에 이르는 비교적 따뜻한 지역을 일컫는다. 사실 이러한 대량 이주는 제2차 세계대전의 부산물이었다. 전시에 동원된 미군은 군대의 명령에 따라 이 지역의 새로운 기지에 배치되었고 그들의 가족도 자연히 이들을 따라 이주할 수밖에 없었다. 더 많은 사람들, 특히 노동자들은 전시에 조선 및 항공기 산업 중심지로 부상한 샌디에이고(San Diego)를 비롯한 서부 및 남부에 있는 여러 도시로 이주했다. 이후 선벨트 지역에

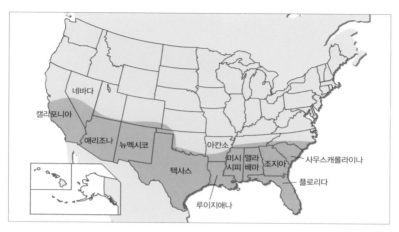

▶ 선벨트

서는 방위 산업을 비롯한 기업농, 우주 항공, 석유, 부동산 개발, 레크리에이션 산업 등으로 놀라운 경제적 성장이 이루어졌다. 특히 로스앤젤레스의 성장은 경이적인 것이어서 할리우드 영화의 본거지로만 알려져 있던 이 도시에서 전후 5년 사이 미국 내 새로운 사업의 10퍼센트 이상이 시작되었고, 1940년에서 1960년 사이에는 50퍼센트 이상의 인구 증가율을 기록했다.

경제적 풍요의 이면

대부분의 미국인이 외관상 전후 시대의 풍요를 누리고 있었지만, 그 이면에는 상당수 빈곤층이 존재했던 것도 엄연한 현실이었다. 미국 노동통계국(Bureau of Labor Statistics)의 조사에 따르면 1962년에 전체 미국인의 거의 4분의 1에 해당 하는 약 4200만 명이 빈민이었다. 이들은 4인 가족 기준으로 연간 가계소득이 4000달러에도 못 미쳤다. 빈민의 20퍼센트를 차지하는 비(非)백인 인구 중에는 전체 흑인의 절반 정도가 속해 있었고, 인디언의 경우에는 절반 이상이 빈민이었다. 1945년 이후 대부분의 중산층 백인이 교외 지역으로 이주했던 반면, 빈민들은 오히려 도심의 슬럼가로 몰려들었다. 그 결과 1940년에는 48.6퍼센트에 머물렀던 도심지 흑인 인구가 1970년에는 81.4퍼센트로 증가했다. 이와 더불어 멕시코, 푸에르토리코, 도미니카공화국, 콜롬비아, 에콰도르, 쿠바 등의 중남미 국가 출신 이민이 미국의 대도시로 몰려들어 새로운 빈민층을 형성했다.

역사 메모 선벨트의 개념에 직접 해당하는 주는 캘리포니아, 네바다, 애리조나, 뉴멕시코, 텍사스, 루이지애나, 조지아, 플로리다이다. 기후와 관련해서는 아칸소, 루이지애나, 미시시피, 앨라배마, 사우스캐롤라이나가 포함된다. 한 가지 흥미로운 사실은 1964년 이래 선출된 모든 미국 대통령은 선벨트 출신이라는 점이다. 예컨대 존슨(텍사스), 닉슨(캘리포니아), 카터(조지아), 레이건(캘리포니아), 부시(텍사스), 클린턴(아칸소), 조지 W. 부시(텍사스) 모두 선벨트 출신이다.

풍요로운 문화 산업이 꽃피다

> 풍족한 생활이 가능하게 된 미국인들은 문화생활에 관심을 기울였다.
> 이에 청년 문화와 비트 세대가 등장했다.

전후 문화

전후 경제 호황이 의식주 면에서 중간계급에 비교적 풍족한 생활을 가능하게 해주자, 많은 미국인은 이제 이전 시대보다 더 회화, 고전 음악, 지방 심포니 오케스트라, 연극, 댄스, 독서 등의 문화생활에 관심을 갖게 되었다. 그중에서 가장 주목할 만한 것은 텔레비전의 대중화에도 불구하고 이 시기에 독서 대중이 계속 늘어났다는 점이다. 이는 1939년 서부 무용담, 형사 추리물, 공상과학 소설 등을 위주로 한 염가판 포켓 북(Pocket Book)이 신문 가판대, 슈퍼마켓, 잡화점 등에서 판매되어 크게 성공한 이후 출판사들이 계속 저렴한 문고본 책을 발간하는 대량 판매 방식에 기인한 것이기도 했다.

그러나 대다수 프로그램의 저질 시비에도 불구하고 미국 대중에게 이전보다 훨씬 값싸고 용이하게 문화적 기회와 연예 오락을 제공해 각광을 받게 된 것은 텔레비전이었다. 최초의 텔레비전이 등장한 것은 1920년대였지만 상업 방송은 전후에 시작되었고 1957년에 이르러 미국 각 가정에 한 대꼴인 4000만 대의 수상기가 보급되었다. 텔레비전 산업의 모체가 된 것은 이전 시대에 전국적 네트워크를 형성한 라디오 방송 회사 NBC와 CBS(Columbia Broadcasting System), ABC(American Broadcasting Company)였다. 텔레비전 방송 사업도 라디오처럼 광고에 좌우되었기 때문에, 대부분의 프로그램이 대중의 흥미를 끄는 시트콤(situation comedies)과 액션물로 채워졌다. 그중에서 〈내 사랑 루시(I Love Lucy)〉 같은 시트콤과 교외 지역에 거주하는 백인 중산층의 가족애를 중심으로 미국 생활의 공통된 이미지를 그려낸 〈아버지는 잘 알고 있다(Father Knows Best)〉 등의 프로그램이 특히 인기를 끌었다. 하지만 1970년대 초반 들어 대중의 텔레비전 평균 시청 시간이 하루 6시간 정도에 이르자 일부 비평가들은 텔레비전이 세상의 모습을 왜곡해 사람들로 하여금 현실감을 잃어버리게 만들지 않을까 우려하기도 했다.

청년 문화와 영화, 음반 산업

베이비붐 세대가 청년으로 성장하면서 미국 문화의 판도에도 변화가 일어났다. 중간계급 미국인들이 교외 지역에 거주하게 되고, 텔레비전의 대중화로 인해 집에 머무르는 시간이 늘어나자 가장 큰 타격을 받게 된 것은 영화였다. 1940년대 후반 주당 극장 관람객 수는 거의 9000만 명에 달했으나 1950년에는 6000만 명으로, 1960년 무렵에는 4000만 명으로 줄어들었다. 그 결과 수많은 극장이 문을 닫게 되었다. 그런데도 할리우드 영화계가 고사하지 않고 살아남을 수 있었던 것은 극장가에 새로운 관객이 몰려들었기 때문이다. 1950년대 말 전후 첫 베이비붐 세대가 청년기에 도달하자 이들은 안락한 집에서 텔레비전 시청하기를 즐겨하는 부모 세대와 달리 도심의 극장에서 영화 보기를 더 좋아했다. 그 결과 1950년대에는 영화 관람객의 72퍼센트 정도를 30세 이하의 청년층이 차지하게 되었다. 할리우드도 새로운 청년 관객층을 의식해 〈위험한 질주(The Wild One)〉, 〈이유 없는 반항(Rebel Without a Cause)〉, 〈폭력 교실(Blackboard Jungle)〉 등과 같이 청년층을 예민하면서도 지적인 모습으로 그리는 청년 취향의 영화를 제작했다.

할리우드와 마찬가지로 음반 산업도 저렴한 도넛판(45 rpm records)으로 청소년층을 겨냥했다. 빌 헤일리(Bill Haley), 에벌리 브라더스(Everly Brothers), 버디 홀리(Buddy Holly) 등의 가수가 청소년들을 매료시켰다. 특히 엘비스 프레슬리(Elvis Presley)의 노래와 외설스러운 춤동작은 청소년들을 열광하게 했지만, 이를 바라보는 부모 세대를 경악하게 만들었다. 프레슬리는 미국 역사상 가장 위대한 로큰롤(rock-and-roll) 스타로 인정받았고 오늘날까지도 그의 인기는 여전하지만, 그의 음악적 뿌리는 흑인의 리듬앤드블루스(rhythm-and-blues)에서 온 것이었다.

1950년대의 흑인 로큰롤 스타로는 척 베리(Chuck Berry)와 리틀 리처드(Little Richard), 비 비 킹(B. B. King), 처비 체커(Chubby Checker) 등이 있었다. 이들의 음악은 대부분 흑인 프로듀서 베리 고디(Berry Gordy)가 창립자이자 회장으로 있던 디트로이트의 모타운(Motown) 레코드사에서 제작되었다. 레코드 판매는 1950년대 중후반에 급격히 증가했다. 그 이유는 우선 청년들이 자주 모이는 식당, 술집, 탄산수 매장 등에 주크박스(Jukebox)가 설치되어 도넛판으로 음악을 손쉽게 들을 수 있게 되었고, 다음으로 텔레비전의 등장으로 생방송의 필요성이 줄어든 라디오 방송이 1950년대 초반 디스크자키(disk jockey)를 동원해

미국 역사상 가장 위대한 로큰롤 스타로 인정받고 있는 엘비스 프레슬리(왼쪽). 주크박스(오른쪽)의 등장은 음반 산업을 빠르게 성장시켰다.

청년층을 겨냥한 록 음악을 틀어주었기 때문이다. 미국에서 음반 판매액은 1954년 1억 8000만 달러에서 1960년에는 5억 2000만 달러로 급증했다.

비트 세대

이 시기 미국 사회에서는 전후에 더욱 커져만 가는 대규모 조직, 관료주의, 중간계급 사회의 순응성과 소외감, 대중문화의 천박함 등에 대해 신랄한 비판을 가하는 이른바 비트족(beats) 또는 비트 세대(beat generation)라고 부르는 일군의 젊은 시인, 작가, 예술가가 등장했다. 그중 시인 앨런 긴즈버그(Allen Ginsberg)는 《아우성(Howl)》이라는 시집을 통해 당대 미국 사회의 상징인 아파트, 교외 지역, 자본, 산업의 삭막

함과 사악함을 통렬히 비판했다. 잭 케루악(Jack Kerouac)은 《길 위에서(On the Road)》라는 소설을 통해 자신과 친구들이 전국 횡단 자동차 여행에서 행한 뿌리 없이 떠도는 인습 타파적 생활 방식을 묘사했다. 그 밖에 윌리엄 버로스(William S. Burroughs)의 《벌거벗은 점심(Naked Lunch)》도 비트 세대의 전위적 작품으로 평가받았다.

역사 메모 2004년에 출간된 〈롤링스톤(Rolling Stone)〉지는 멤피스의 선 레코드(Sun Record) 회사에서 1954년에 출시한 엘비스 프레슬리의 최초 싱글 앨범 〈댓츠 올 라이트 마마(That's All Right Mama)가 최초의 로큰롤 음악이라고 주장했다. 빌 헤일리의 1954년 곡 〈록 어라운드 더 클락(Rock Around the Clock)〉은 최초로 〈빌보드 매거진(Billboard magazine)〉의 최고 순위에 오른 로큰롤 음악이었다.

매카시즘과 영화 〈비공개〉

1950년대의 매카시 광풍(McCarthyism)은 애초에 매카시가 지목한 국무부뿐 아니라 대학가와 할리우드 영화계에도 불어닥쳤다. 할리우드에 다가온 매카시 광풍과 하원 반미활동조사위원회의 활동을 비교적 잘 묘사한 영화가 바로 어윈 윈클러(Irwin Winkler)가 각본 및 감독을 맡은 1991년 작품 〈혐의만으로도 유죄(Guilty by Suspicion)〉다.

우리말로 〈비공개〉라고 번역 · 출시된 이 영화는 잘나가던 영화감독 데이비드 머릴(로버트 드니로 분)이 1951년 유럽 여행에서 돌아온 직후 당시 미국을 휩쓸던 매카시 광풍에 휩싸이는 것으로 시작된다. 그는 한때 자신의 친구들이자 공산주의자로 의심받는 사람들이 주도한 파티에 가본 적이 있다는 이유로, 하원 반미활동조사위원회로부터 공산주의와 연루된 것이 아닌가 하는 의심을 받는다. 그는 조사관들로부터 만약 자신이 공산주의자가 아니라면 파티에 참석했던 사람들의 이름을 대라는 협조 요청을 받지만 거부한다. 나아가 절친한 사이이자 할리우드 영화계의 큰손인 영화 제작자 대릴 자눅(Darryl Zanuck)조차 명단을 보여주며 그중 몇 사람만 체크해주면 대작 영화를 맡겨주겠다고 회유하기도 한다. 이를 거부한 머릴에게 돌아온 것은 작품 활동 중단과 영화계 동료들의 냉대였다. 심지어 유명 영화감독이었던 머릴이 영화 자막에 감독으로서 자신의 이름을 올리지 않는다는 조건으로 2류 영화를 찍는 도중에도 이를 맡긴 군소 제작자마저 매카시 광풍의 불똥이 자신에게 튈까 우려해 그를 중도 하차시키고 만다.

이후 머릴은 일자리를 찾아 뉴욕으로 가 브로드웨이 연극 무대 연출을 시도하고, 심지어 레스토랑 등에서 허드렛일을 하지만 그때마다 FBI 요원이 나타나 관계자나 고용주에게 머릴이 요주의 인물임을 상기시켜 아무 일도 할 수 없게 만든다. 결국 자포자기의 심정이 된 머릴은 자신이 알고 있는 공산주의 연루자의 이름을 밝히겠다면서 1952년 상원 청문회에 출석하게 된다. 하지만 청문회장에서 양심을 저버릴 수 없다는 것을 깨달은 머릴은 마치 매카시를 연상케 하는 인물에게 "의원님, 당신은 부끄러운 줄도 모릅니까? 의원님은 눈곱만큼의 예의도 없습니까?"라고 항변하며 결국 이름 밝히기를 거부하고 청문회장을 떠난다.

이 영화는 1950년대를 전후로 한 시기에 하원 반미활동조사위원회와 매카시 광풍으로 말미암아 엄청난 고통을 겪었던 할리우드 영화계의 실상을 정면으로 다룬 영화라는 점에서 커다란 주목을 받았다. 실제로 이 기간 중에 300명이 넘는 배우, 시나리오 작가, 감독 등이 비공식적인 할리우드 블랙리스트에 이름이 올라 영화 출연이나 작품 활동에 제약을 받았다.

11장

1960년대,
1970년대의 미국

흑인 민권을 위해 노력한 케네디

> 역대 최연소로 당선된 케네디 대통령은 여러 가지 계획을 추진했으나
> 반대 세력으로 인해 잘 실현되지는 않았다. 케네디는 흑인 민권을 위해 노력하다
> 암살로 비극적 죽음을 맞았다.

역대 최연소 대통령을 탄생시킨 1960년의 대통령 선거

1960년의 대선을 앞두고 아이젠하워 대통령은 부통령 닉슨을 차기 공화당 대선 후보로 밀었고, 공화당은 당시 유엔 주재 미국 대사였던 헨리 캐벗 로지 2세(Henry Cabot Lodge, Jr.)를 부통령 후보로 지명했다. 민주당에서는 미네소타주 출신의 휴버트 험프리(Hubert Humphrey), 텍사스주의 린든 존슨(Lyndon B. Johnson), 매사추세츠주의 존 피츠제럴드 케네디(John F. Kennedy) 상원의원과 아들라이 스티븐슨이 경합을 벌인 끝에 대통령 후보로는 케네디, 부통령 후보로는 존슨이 지명되었다.

케네디는 당시 미국 사회의 주류라고 할 수 있는 WASP(White Anglo-Saxon Protestant)에서 벗어난 아일랜드계 가톨릭교도였기 때문에 매우 불리한 조건을 지니고 있었다. 더욱이 40대 초반의 젊은 나이였기 때문에 부통령을 역임한 닉슨에 비해 여러모로 경륜이 부족하다는 인상을 주었다. 그런데도 케네디는 젊음, 활력, 하버드 출신이라는 지성 등을

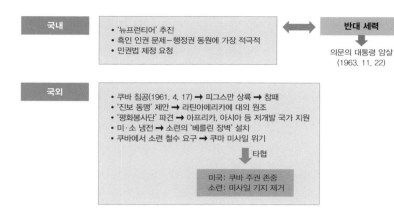

국내
• '뉴프런티어' 추진
• 흑인 인권 문제─행정권 동원에 가장 적극적
• 민권법 제정 요청

반대 세력

의문의 대통령 암살
(1963. 11. 22)

국외
• 쿠바 침공(1961. 4. 17) ➡ 피그스만 상륙 ➡ 참패
• '진보 동맹' 제안 ➡ 라틴아메리카에 대외 원조
• '평화봉사단' 파견 ➡ 아프리카, 아시아 등 저개발 국가 지원
• 미·소 냉전 ➡ 소련의 '베를린 장벽' 설치
• 쿠바에서 소련 철수 요구 ➡ 쿠마 미사일 위기

타협

미국: 쿠바 주권 존중
소련: 미사일 기지 제거

▶ 케네디 행정부의 국내외 정책

앞세우고, 대외 정책과 최근의 경기 침체와 관련해 강력한 지도력을 보여주겠다는 약속으로 유권자에게 지지를 호소했다. 특히 케네디는 미국 역사상 최초로 이루어진 대선 후보 TV 토론에서 어둡고 피곤에 지친 듯한 닉슨에 비해 활기찬 모습을 보여줌으로써 대중에게 강한 인상을 남겼다.

선거 결과 1888년의 대통령 선거 이래 가장 근소한 표 차이로 케네디가 승리를 거두었다. 케네디는 약 6900만 표의 일반투표에서 단 11만 3957표 차이로, 선거인단 표에서는 84표 차이로 대통령에 당선되었다.

'뉴프런티어'를 기치로 내건 케네디 대통령의 국내 정책

이제까지의 미국 대통령 중 가장 젊은 나이인 43세에 대통령 자리에 오른 케네디는 '뉴프런티어(New Frontier)'를 기치로 내걸고 경기회복과 경제성장, 흑인 민권 신장, 농민과 교육에 대한 연방 정부의 원조, 사회보장제하에서 노인에 대한 무상 의료 지원 등의 계획을 야심차게 추진했다. 그러나 케네디 대통령은 민주당이 의회를 장악하고 있는 상황에서도 당내 남부 출신 의원과 공화당의 저항에 부딪혀 자신의 구상을 제대로 실현하기 힘들었다.

국내 정책에서 그가 가장 공을 들인 분야 중 하나는 흑인 민권 향상이었다. 케네디는 법무장관에 자신의 동생인 로버트 케네디(Robert F. Kennedy)를 임명해 흑인 민권 문제를 주관하도록 했다. 당시 남부에서 흑인 민권운동의 주요 목표는 공공시설과 직장에서의 흑백 차별 금지, 흑인들의 유권자 등록이었다. 케네디는 주간통상위원회로 하여금 버스 터미널에서의 흑백 분리를 중지하라는 명령을 내리게끔 하고, 1962년 9월 아프리카계 미국인 학생 제임스 메러디스(James H. Meredith)의 미시시피 대학 입학을 보호하기 위해 1만 명 이상의 연방 군대를 파견하기도 했다.

그러나 이에 대한 남부 백인들의 반대는 종종 무법과 폭력의 양상을 띠었다. 예컨대 1963년 앨라배마주에서는 흑백 통합 지지 행진을 하던 한 백인이 살해되었고, 미시시피주에서는 흑인 지도자가 죽임을 당했으며, 앨라배마주 버밍햄의 한 교회에서는 폭탄이 터져 4명의 흑인 소녀가 사망했다. 또한 백인 경찰은 경찰견과 곤봉을 동원해 흑인 민권운동 시위자들에게 폭력을 행사했다. 아프리카계 미국인과 이들에 동조하는 백인은 회합을 갖고 평화적인 시위, 행진, 연좌 농성 등을 벌이며 자신들의 합법적인 권리를 행사하고자 했다.

또한 케네디 대통령은 의회에 민권법 제정을 두 차례나 요청하기도 했으나 갑작스러운 암살로 말미암아 뜻을 이루지 못했다. 이후 후임자인 존슨 대통령은 전임 대통령을 기리기 위해 의회에 민권법의 제정을

1963년 6월 26일 서독의 베를린 장벽 앞에서 연설하는 케네디 대통령.

요청해 이를 관철시켰다. 흑인 민권운동은 1963년 킹 목사 주도로 이루어진 대규모 행진에서 절정에 달했다. 수도 워싱턴의 링컨 기념관 앞에 운집한 약 25만 명의 흑인과 백인을 향해 킹 목사는 "나에게는 꿈이 있습니다(I have a dream)."라는 유명한 연설로 인종차별 없는 미래에 대한 자신의 전망을 제시했다.

의혹투성이로 남은 케네디 대통령 암살

1963년 11월 22일, 다음 해에 있을 대통령 선거에 대비해 남부 민주당의 지지를 확보하고자 텍사스주 댈러스를 방문한 케네디 대통령은 부인 재클린(Jacqueline)과 함께 오픈카를 타고 거리를 천천히 달리던 중 저격수의 총에 목과 머리 두 군데를 관통당했다. 케네디는 신속히 병원으로 옮겨졌으나 몇 분 뒤 절명하고 말았다.

그날 밤 늦게 리 하비 오즈월드(Lee Harvey Oswald)가 범인으로 지목되어 체포되었으나, 그 역시 이틀 뒤 다른 감방으로 이송되던 중 댈러스의 한 나이트클럽 주인 잭 루비(Jack Ruby)의 권총에 살해당했다. 미국인에게 엄청난 놀라움과 비통함을 안겨준 이 암살 사건은 올리버 스톤(Oliver Stone) 감독의 영화 〈JFK〉에서처럼 수많은 의문점을 던져주었다.

대통령직을 승계한 존슨은 대법원장 얼 워런을 위원장으로 하는 연방특별위원회로 하여금 이 사건을 조사하도록 했는데, 워런 위원회는 대통령 암살 사건이 오즈월드의 단독 범행이며, 루비의 오즈월드 살해 역시 배후가 없는 일이라고 결론지었다. 그런데도 많은 미국인들은 오늘날까지도 케네디의 암살 배후에 어떤 세력의 음모가 있었다고 믿고 있다.

역사 메모 ▷ 케네디 암살 장면은 우연찮게 댈러스의 의류 제조업자 에이브러햄 재프루더(Abraham Zapruder)의 카메라에 포착되었고 이 필름 역시 세계적으로 유명해졌다. 또한 2007년 2월 19일 아마추어 사진작가인 조지 제퍼리스(George Jefferies)가 케네디 암살과 관련된 새로운 필름을 댈러스의 식스 플로어 박물관(Sixth Floor Museum)에 기증해 주목을 받았다. 약 90초 분량의 이 필름은 암살 장면을 담고 있지는 않지만, 피습 직후 케네디의 상태를 보여주고 있어 암살과 관련해 새로운 해석을 제시해줄 가능성이 있다.

재임 중 여러 위기를 맞은 케네디

케네디는 카스트로 정권을 무너뜨리기 위해 쿠바 침공을 시도했으나 실패하고 말았다.
그 후 케네디는 동독의 베를린장벽 설치, 쿠바 미사일 위기 등
대외적으로 많은 어려움을 겪었다.

카스트로 정권 붕괴를 의도했으나 실패로 끝난 피그스만 사건

케네디 대통령은 취임 초부터 소련 및 제3세계 국가들로 인해 커다란 시련에 직면했다. 특히 1959년에 수립된 쿠바의 카스트로 정권은 미국에 점차 눈엣가시 같은 존재로 다가오기 시작했다. 카스트로는 애초부터 쿠바에 대한 미국 기업의 영향력을 제거하고자 일부 미국인 소유의 재산을 국유화했고, 약속했던 선거도 연기했으며, 반미 선동을 일삼고, 1960년 초에는 급기야 소련과 통상 조약을 체결하기에 이르렀다. 따라서 미국은 케네디가 정권을 잡기 이전부터 아이젠하워 대통령의 명령으로 CIA가 이미 쿠바 망명자들을 주축으로 쿠바 침공을 위한 군대를 훈련시키고 있었다. 아이젠하워는 퇴임 직전 쿠바와 외교 관계를 단절하고 케네디에게 침공 계획을 추진할 것을 충고했다.

이에 따라 1961년 4월 17일 무장한 쿠바인 망명자 2000명이 쿠바의 피그스만(Bay of Pigs)에 상륙했으나, 잘 훈련된 카스트로 군대에 의해 전멸하고 말았다. 본래 이 계획은 미국의 지원하에 망명자 부대가 쿠바

▶ 피그스만 사건

에 교두보를 확보하면, 쿠바 국민들이 카스트로에 대항해 봉기를 일으킬 것이라는 계산 아래 추진된 것이었다. 그러나 쿠바 국민의 봉기는 없었고, 결국 피그스만 침공은 참담한 실패로 끝나고 말았다.

케네디의 제3세계에 대한 정책

케네디는 평화적인 방법으로 제3세계에 대한 미국의 영향력을 확대하는 방법도 시도했다. 케네디는 우선 라틴아메리카에 대해서 유럽에서의 '마셜 계획'에 상응하는 '진보 동맹(Alliance for Progress)'을 제안했다. 1961년 8월에 채택된 이 계획은 미국 정부가 라틴아메리카의 경제 및 사회 부흥과 개혁을 위해 200억 달러의 대외 원조를 제공한다는 것이었다.

한편 케네디는 아프리카, 아시아, 라틴아메리카의 저개발 국가에 대한 야심 찬 지원 계획의 일환으로 평화봉사단(Peace Corps)을 만들었다. 1961년 3월부터 해외의 개발도상국가에 파견되기 시작한 평화봉사단은 평균 연령 24세에 달하는 자원봉사 젊은이로 구성되었으며 40여 개 국가에서 활동하며 고등학교 수준의 교육과 근대적 농업기술, 보건,

기타 다양한 기술을 전수했다.

동서 냉전의 상징이 된 베를린 장벽

피그스만 사건 이후 케네디는 1961년 6월 흐루쇼프와 오스트리아의 빈에서 처음 만나 서베를린에서의 서방 3개국 점령을 종식시키기 위한 협상을 요구받았다. 그러나 케네디는 이 역사적인 도시를 '서유럽인의 용기와 의지의 위대한 시험장'이라 보고 오히려 미국 의회에 32억 달러의 추가 방위비와 예비군 소집권을 요청했다. 그러자 소련은 동독 정부에 지시해 1961년 8월 13일 동서 베를린 사이에 콘크리트와 철조망으로 이루어진 장벽(Berlin Wall)을 설치하도록 했다. 이는 동독 주민이 베를린 중심의 경계를 넘어 서베를린으로 탈출하는 것을 방지하기 위함이었다. 이후 이 장벽은 1989년 11월 9일 붕괴될 때까지 근 30년간 동서 냉전의 상징물로 남게 되었다. 케네디는 1963년 이 장벽 앞에 서서 수많은 서베를린 시민에게 연설하는 가운데 "나는 베를린 시민입니다(Ich bin ein Berliner)."라고 외침으로써 냉전 체제하에서 서방세계의 수호 의지를 분명히 밝히기도 했다.

세계를 제3차 세계대전의 공포로 몰아넣은 쿠바 미사일 위기

냉전 기간 중 잠시나마 세계를 제3차 세계대전의 공포에 떨게 만든 것은 바로 쿠바 미사일 위기였다. 1962년 여름 미국의 첩보 기관은 쿠바에 소련의 기술자와 장비가 도착하고 있으며 모종의 군사시설이 설치되고 있다는 것을 간파했다. 결국 10월 14일 U-2기가 촬영한 공중 판독 사진을 통해 쿠바에 중거리 미사일 기지가 건설되고 있다는 것이 판명되었다. 케네디는 국방장관 로버트 맥나마라(Robert S. McNamara)

의 조언을 받아들여 쿠바에 대한 해상 봉쇄를 단행했다. 케네디는 10월 22일 미국 전역에 방송된 텔레비전 연설을 통해 소련에 미국의 단호한 입장을 밝히면서 소련의 철수를 요구했다. 그와 동시에 케네디는 미국의 전함들을 쿠바 해역으로 파견하고, 핵무기를 탑재한 B-52 폭격기를 발진시켰으며, 전 세계에 주둔하고 있는 미군에게는 경계 태세에 돌입하도록 했다. 흐루쇼프는 미국이 우선 쿠바를 다시 침공하지 않을 것을 약속하고, 다음으로 터키에 있는 미국의 미사일을 철수한다면 소련도 쿠바에서 미사일을 철수시키겠다고 응답했다. 케네디는 첫 번째 요구 조건은 받아들이겠지만 두 번째는 수용할 수 없다고 응수했다. 결국 10월 26일 흐루쇼프는 쿠바의 주권을 존중하겠다는 미국의 제안을 받아들여 쿠바에 있는 소련의 미사일 기지를 철수시키겠다고 약속했다. 이로써 세계는 끔찍한 파멸을 가져올 핵전쟁의 위기를 무사히 넘기게 되었다.

역사 메모 쿠바 미사일 위기 당시 미국은 소련에 비해 대륙간탄도미사일과 잠수함발사미사일에서 월등한 우위에 있었다. 미국은 1962년에 300기 이상의 대륙간탄도미사일과 폴라리스(Polaris) 미사일 잠수함 함대를 보유하고 있었던 반면, 소련은 단지 4~6기의 대륙간탄도미사일과 100기의 초보적인 단거리 순항미사일을 보유했을 뿐이었다. 하지만 미국은 쿠바에 단거리 미사일이 설치된다 해도 미국 본토까지의 도달 거리와 시간이 너무 짧아 비상 시 대처할 여유가 없을 것을 우려했다.

승승장구한 존슨 대통령

존슨은 흑인 민권법을 통과시키고 빈곤과의 전쟁을 선포하는 등
당시의 문제에 철저히 대응했다. 그리고 의료와 교육에 많은 지원을 했다.

민권법 제정과 '빈곤과의 전쟁'

케네디 암살 직후 댈러스에서 워싱턴으로 돌아오는 비행기 안에서 제36대 미국 대통령으로서 취임 선서를 한 존슨은 자신의 첫 번째 임무를 전임 대통령 케네디가 못 이룬 흑인 민권법의 통과에 두었다. 오랜 의원 생활로 의회에 대한 영도력이 강했던 존슨은 단기간에 많은 입법을 성공시킬 수 있었다. 결국 취임 몇 개월 내에 존슨이 서명한 1964년의 민권법(Civil Rights Act of 1964)은 공공시설에서의 차별뿐 아니라 인종, 피부색, 종교, 성, 출신 국가를 근거로 취업에서 차별하는 것도 금지시켰다. 또한 이 법은 정부로 하여금 인종을 이유로 차별 대우를 하는 공공 기관에 대한 자금 지원을 철회할 수 있는 권한을 부여했으며, 법무장관에게 선거권을 보장하고 학교에서의 흑백 분리를 종식시키기 위한 권한을 보장해주었다.

민권과 더불어 존슨이 가장 역점을 둔 정책 중 하나는 '빈곤과의 전쟁(war on poverty)'이었다. 존슨은 1964년 1월 연두 교서에서 "오늘 행

정부는 지금 이 자리에서 빈곤에 대한 무조건적인 전쟁을 선포한다."고 연설했다. 그해 9월 제정된 경제기회법(Economic Opportunity Act)에 따라 설립된 경제기회처에는 빈곤과의 전쟁을 위해 거의 10억 달러의 예산이 배정되었다. 이후 1964년의 대통령 선거에서 애리조나주 출신의 공화당 상원의원 배리 골드워터(Barry Goldwater)에게 선거인단 표에서 6개 주를 제외한 모든 주를 석권하고 일반투표에서 61퍼센트의 압도적 지지를 받으며 자력으로 대통령에 당선된 존슨은 자신이 궁극적으로 '위대한 사회(Great Society)'라고 부른 놀랄 만한 개혁 프로그램을 추진할 수 있었다.

존슨의 '위대한 사회'

존슨의 압도적 승리와 더불어 의회에서도 큰 의석 차이로 상하 양원을 장악한 민주당은 존슨의 지도력 아래 1930년대 뉴딜 초기 이래로 유례가 없는 개혁 입법을 통과시켰다. 1965년에는 '노인의료보장제(Medicare)'를 도입해 65세 이상 노인의 의료비를 정부가 지불하도록 했다. 또한 초등 및 중등 교육법(Elementary and Secondary Education Act)으로 연방 정부는 최초로 교구 학교(parish school)를 포함한 공립학교에 대규모 자금 지원을 할 수 있게 되었다. 1965년의 투표권법(Voting Rights Act)은 1964년 선거 때 전체 유권자 중 50퍼센트 이하가 투표한 지역에 대해 유권자 등록을 독려하기 위해 법무장관이 연방 유권자 등록 요원을 파견할 권한을 부여함으로써 소수 인종, 특히 흑인의 투표 참여율을 높이도록 했다. 그 결과 존슨이 대통령이 되었을 때 남부의 흑인 인구 중 단지 4분의 1만이 유권자 등록을 했지만 1969년 존슨의 퇴임 무렵에는 그 비율이 3분의 2로 크게 늘어났다.

제36대 대통령 린든 B. 존슨.

린든 존슨 대통령 재임 기간 중에는 새로이 주택 및 도시 개발부(Department of Housing and Urban Development)가 신설되어 역사상 처음으로 아프리카계 미국인 로버트 위버(Robert C. Weaver)가 장관으로 임명되었다. 또한 교통부(Department of Transportation) 역시 다양한 형태의 주간(州間) 운송과 연방과의 관계를 조정하기 위해 창설되었다. 존슨은 1965년 새로운 이민법을 통해 국적 기원 제도에 기반을 두고 차별적인 할당제를 실시해 북·서유럽 출신에게 유리했던 1924년의 이민법을 근본적으로 뜯어고쳤다. 이로써 국가별 할당제는 폐지되고 유럽, 아시아, 아프리카 모든 지역의 사람들이 교육 정도나 숙련도에 따른 동등한 조건으로 미국에 들어올 수 있게 되었다. 그 결과 부분적으로는 한국을 비롯한 아시아계 이민이 크게 늘어나 미국 사회의 성격을 상당히 변화시키는 데 기여했다.

존슨 대통령의 빈곤과의 전쟁 정책은 이 시기 국민총생산의 증가에 힘입어 미국에서 굶주림과 고통을 줄이는 데 상당히 기여했다. 예컨대 1965년에서 1970년 사이에 사회보장, 보건, 복지, 교육에 대한 연방 정부의 지출은 2배로 늘어났으며, 같은 기간 국민총생산도 6850억 달러에서 9770억 달러로 급증했다. 그 결과 빈곤층의 숫자도 1962년 25퍼센트에서 1973년 11퍼센트로 크게 줄어들었다. 이처럼 존슨은 국내 정치에서 케네디의 구상을 뛰어넘는 커다란 업적을 남겼으나, 그의 인기는 1965년을 기점으로 점차 시들해졌다. 대외적으로는 베트남전쟁 그리고 국내적으로는 베트남전쟁과 직간접적으로 관련이 있는 여러 저항운동 때문이었다.

역사 메모 존슨 대통령은 과학교육만 강조함으로써 예술 및 인문학 분야가 어려움을 겪고 있다는 보고에 부응해 1965년 국립 예술 및 인문학 재단법(National Foundation on the Arts and Humanities Act)을 통과시켰다. 그 결과 예술 및 인문학 진흥을 위한 국립예술진흥재단(National Endowment for the Arts)과 국립인문학진흥재단(National Endowment for the Humanities)이 각각 설립되었다.

잃기만 한 미국의 베트남 간섭

> 미국은 '도미노이론'을 바탕으로 남베트남을 지원함으로써
> 베트남전쟁에 차츰 개입하게 되었다.

미국의 베트남 개입

미국이 베트남에 개입하게 된 계기는 제2차 세계대전 기간 중 인도차이나 반도 지역을 식민지로 갖고 있던 프랑스가 일본에 의해 잠시 밀려나면서부터였다고 할 수 있다. 전쟁 기간 중 미국의 전략정보국(Office of Strategic Service)은 이 지역에서 일본군을 몰아내기 위해 베트남 민족주의자인 호치민과 제휴하기도 했던 것이다. 그러나 전후 프랑스가 다시 베트남, 라오스, 캄보디아에서 식민지 지배를 회복하려 하자, 호치민은 1945년 베트남민주공화국(Democratic Republic of Vietnam)의 독립을 선언하고 프랑스의 식민 지배에 저항했다. 결국 프랑스는 1954년 디엔비엔푸(Dienbienphu)에서 호치민의 군대에 대패했고, 이는 제네바 회의로 이어져 베트남이 북위 17도를 경계로 잠정적으로 분단되는 결과를 가져왔다.

베트남이 남북으로 분단된 이후 남쪽에는 가톨릭교도인 응오 딘 지엠(Ngo Dinh Diem)을 대통령으로 하는 베트남공화국이 수립되었다. 아

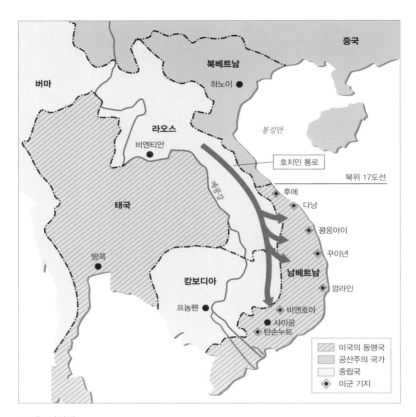

▶ 베트남전쟁

이젠하워 대통령은 만약 남베트남이 공산화될 경우 인도차이나의 인접
국가뿐 아니라 세계의 약소국이 차례로 공산화될 수 있다는 이른바 '도
미노이론'을 내세워 남베트남에 1961년까지 매년 2억 달러의 경제적·
군사적 원조를 해주었다. 그러나 부패한 남베트남의 디엠 정권은 국내
개혁을 이룩하기는커녕 오히려 1959년에 북베트남의 호치민 정권을
제거하기 위해 군사 행동을 감행했다. 이에 호치민은 민족 통일을 위한

무장투쟁을 재개하면서, 1960년 남베트남에 이른바 베트콩(Vietcong)으로 알려진 '베트남 민족해방전선(National Liberation Front)'을 조직함과 동시에 인적·물적 지원을 함으로써 이들의 게릴라식 군사작전을 도와주었다. 이것은 사실상 베트남전쟁의 시작이었다.

1961년 케네디 행정부는 남베트남과 우호조약을 맺고 지원을 계속했다. 이에 따라 1962년 말 4000명에 불과하던 남베트남 파견 군사 요원의 수는 1년 뒤에 1만 5000명으로 늘어났다. 하지만 디엠 정권은 가톨릭을 남베트남의 지배적 종교로 만들기 위해 다수를 차지하는 불교도를 탄압하면서 군부와 국민의 신망을 잃어가고 있었다. 결국 디엠 정권은 1963년 11월 군부의 쿠데타로 붕괴되고, 뒤이어 일련의 민정이 실시되었으나 정세는 더욱 불안정해졌다.

미국의 베트남전쟁 확대를 불러온 통킹만 사건

케네디의 암살로 대통령직을 승계한 존슨은 임기 초 5000명의 군사 고문단을 추가로 파견하는 등의 조치로 미국의 베트남 개입을 약간 확대하는 정도에 머물렀다. 그러나 1964년 8월 2일 통킹만(Gulf of Tonkin)의 공해상에서 남베트남군의 작전을 지원하던 미군 구축함이 북베트남 어뢰정의 공격을 받는 사건이 일어나면서 베트남전쟁의 양상은 크게 달라졌다. 존슨 대통령은 북베트남의 군사기지에 대한 보복적인 폭격을 지시하고, 이른바 '통킹만 결의안'을 상원에서 86 대 2, 하원에서 416 대 0이라는 압도적인 지지로 이끌어냈다. 이 결의안은 대통령에게 "미국 군대에 대한 무력 공격을 물리치기 위한, 그리고 더 이상의 침략을 방지하기 위한 모든 필요한 조치를 취할 권한"을 부여하는 것이었다. 시간이 흐르면서 이 결의안은 의회의 표결을 거치지 않은 일종의 선전포고로 작용했다. 그 부작용을 알아차린 상원은 1970년에 가서야 이 결의안을 폐기했다.

1965년 2월 플레이쿠(Pleiku)에서 베트콩의 박격포 공격으로 미국 군사 요원이 사망하는 사건이 발생하자, 존슨은 이를 구실로 북위 17도선 이북의 북베트남에 대한 이른바 북폭(北爆)을 단행하고 미군을 직접적인 전투에 참여하도록 명령했다. 이제 전쟁의 양상은 미국의 간접 개입에서 직접 개입을 뜻하는 베트남전쟁의 '미국화(Americanization)'로 바뀌었다. 이에 북베트남도 정규군을 보내 베트콩을 지원하면서 전쟁은 더욱 가열되었다.

이후 전쟁이 끝날 때까지 미국이 베트남에 투하한 폭탄은 총 320만 톤으로 제2차 세계대전과 한국전쟁 때 투하된 모든 폭탄의 양을 훨씬 능가했다. 또한 베트남에 파병된 미군 병력의 수도 1965년 18만 4000명에서 1969년에는 54만 3000명으로 급증했다. 이 무렵 한국도 존슨 대통령의 요청으로 맹호, 청룡, 백마 등의 전투부대와 지원부대를 파병했다. 미국은 때때로 북폭을 중단하며 북베트남이 전쟁을 끝내기 위한 협상 테이블로 나오기를 기대했으나, 북베트남은 오히려 미국이 모든 폭격을 중단하고 남베트남에서 무조건 철수해야 한다고 주장했다. 1969년 10월이 되자 미군 전사자는 이미 4만 명에 달했고 부상자도 25만 5000명에 이르렀다.

베트남전쟁에 대한 미국 내에서의 반대

이처럼 베트남전쟁이 점차 확대되면서 미국의 엄청난 물적·인적 자원 투입에도 불구하고 전쟁 자체에는 아무런 진전이 없었다. 이에 미국의 여론은 전쟁을 지지하는 '매파'와 이를 반대하는 '비둘기파'로 분

북베트남에 폭격을 가하는 미군 폭격기와 전투기.

열했다. 특히 전쟁 반대 여론이 점차 강해져 1967년에는 뉴욕시에서 25만 명에 달하는 반전시위대가 센트럴파크에서 유엔 빌딩까지 행진하기도 했고, 이와 유사한 시위가 수도 워싱턴을 비롯한 대도시에서 이어졌다. 한편 베트남전 종군기자들은 텔레비전 화면을 통해 전쟁의 잔인성을 생생하게 보여줌으로써 반전 평화운동의 확산에 크게 기여했다. 의회 내에서도 아칸소주 출신 민주당 상원의원 윌리엄 풀브라이트(J. William Fulbright)가 반전에 가세해 베트남전쟁 수행이 국익에 부합하는가를 알아보기 위한 상원외교관계위원회의 청문회를 시작했다.

1968년에 이르러 반전운동은 절정에 달했다. 왜냐하면 그해 말 대통령 선거가 있었기에 각 당의 후보들이 경쟁적으로 전쟁을 끝내겠다는 공약을 내걸기 시작했기 때문이다. 더욱이 그해 초에 있었던 북베트남의 구정(舊正) 공세(Tet Offensive)는 잠시나마 남베트남의 수도 사이공과 주요 도시에 있는 미군 기지에 대한 대대적인 기습 공격 능력을 보여줌으로써 미국인을 경악하게 했고, 동시에 반전 여론을 들끓게 만들었다. 이때 민주당 상원의원 유진 매카시(Eugene J. McCarthy)는 대선 후보 출마를 선언하면서 베트남전쟁의 빠른 종식을 약속했다. 이와 더불어 뉴욕주 민주당 상원의원 로버트 케네디 역시 민주당 대선 후보 경쟁에 합류하면서 반전 입장을 표명했다. 한편 행정부 내에서도 국방장관 맥나마라와 국무부 차관 조지 볼(George Ball)이 존슨의 정책에 반대하며 사퇴했다. 이처럼 정부 안팎의 비판에 직면한 존슨 대통령은 자신이 대통령직을 더 이상 유지하기 힘들다는 것을 깨닫고, 전국에 방송된 텔레비전 연설에서 북베트남에 대한 폭격을 중단하고 하노이에 협상을 요청할 것이며 차기 민주당 대통령 후보 경선에 나서지 않을 것이라고 발표했다. 이에 공화당 대통령 후보 리처드 닉슨은 베트남전쟁의 '베트남화(Vietnamization)'를 공약했다.

역사 메모 통킹만 사건은 두 척의 미군 구축함에 대한 북베트남 어뢰정의 8월 2일과 4일에 걸친 두 차례 공격에서 비롯된 것으로 알려져 있었다. 그러나 2005년에 비밀 해제된 국가안보국의 보고서를 포함한 나중의 연구는 두 번째 공격은 미군 자체의 오인에 의한 것으로서 실제로는 공격이 없었다는 사실이 밝혀졌다. 하지만 이 보고서는 이 사건의 본질에 대해 존슨 행정부의 관리들이 고의로 거짓말을 했다는 오래된 주장을 뒤집는 것이기도 했다.

흑인, '더 이상 우릴 무시하지 마!'

흑인의 권리는 전에 비해 크게 상승했지만 여전한 차별과
백인 중심의 사회구조로 인해 폭동과 저항 운동이 빈번히 일어났다.

백인들의 인종차별주의적 폭력 사태와 북부에서의 흑인 폭동

1964년 민권법의 제정으로 흑인의 법적 권리는 크게 향상되었으나
미국은 여전히 백인 중심의 사회였다. 게다가 1964년 여름에 남부, 특
히 미시시피주에서 백인에 의한 인종차별주의적 폭력 사건이 빈번하
게 일어났다. 6월에서 10월 사이에 백인 자경단원들이 24개의 흑인 교
회에 방화했으며, 미시시피주 필라델피아에서는 2명의 백인을 포함한
3명의 민권운동가가 부보안관이 포함된 몇몇 KKK 단원에게 무참히 살
해당하기도 했다.

이처럼 남부 흑인들이 백인의 테러에 직접 노출되어 있었다면, 북부
흑인들은 여전히 대도시의 빈민굴에 살면서 사회경제적 불평등과 차별
에 시달리고 있었다. 흑인의 평균 수입은 백인의 절반에 지나지 않았으
며, 1960년대 중반 흑인의 실업률은 백인의 2배였다. 이러한 상황에서
급기야 1965년 8월, 로스앤젤레스 흑인가 와츠(Watts)에서 대규모 흑인
폭동이 일어나 34명의 사망자와 900여 명의 부상자가 발생하면서 인종

폭동의 '길고 무더운 여름(long hot summer)'이 시작되었다. 와츠 폭동 이후 1966년에서 1968년 사이 뉴욕, 로체스터, 필라델피아, 시카고, 클리블랜드, 디트로이트 등 북부 도시의 흑인 빈민가에서 흑인 폭동이 줄을 이었다. 흑인이 자신들의 실직과 기회 상실에 대한 분노를 백인 상점에 대한 약탈과 방화로 폭발시켰던 것이다.

맬컴 엑스와 스토클리 카마이클

이러한 상황에서 흑인들은 마틴 루터 킹 목사의 비폭력 무저항에 입각한 민권운동의 효용성에 의문을 갖기 시작했다. 이때 또 다른 목소리가 들려오기 시작했는데, 바로 '필요하다면 어떤 수단이라도(by any means necessary)' 동원해 자유를 쟁취할 것을 촉구한 맬컴 엑스(Malcolm X)였다. 맬컴 엑스는 한때 길거리 불량배에 지나지 않았으나 감옥에서 블랙 무슬림(Black Muslim)으로 알려진 이슬람 국가(Nations of Islam)로 개종한 인물이었다. 블랙 무슬림은 자기 방어를 위한 폭력의 사용을 정당화했다. 예컨대 맬컴 엑스는 "만약 누군가가 당신에게 손을 댄다면, 그를 무덤으로 보내라."라고 충고할 정도였다. 맬컴 엑스는 1965년 2월 그가 블랙 무슬림 운동을 배신했다고 여긴 암살자들의 총탄에 살해당했다.

맬컴 엑스가 암살당한 뒤 학생비폭력조정위원회 의장이던 스토클리 카마이클(Stokely Carmichael)은 흑인들에게 블랙파워(Black Power)를 주장할 것을 요구했다. 블랙파워는 흑인들에게 인종적 자부심을 갖도록 하는 것이었다. 하지만 블랙파워는 민권운동 내부에 분열을 일으키기도 했다. 카마이클은 흑인이 백인의 억압으로부터 진정으로 자유롭기 위해서는 흑인만의 기업, 정치, 학교 같은 제도 및 기관을 관리해야 한다고 믿었다. 따라서 학생비폭력조정위원회와 인종평등회의는 백인 회원을 몰아내고 흑백 통합을 거부했다. 일부 호전적인 집단은 캘리포니아주 오클랜드에 기반을 둔 준(準)군사조직 '흑표범단(Black Panther)'을 만들기도 했다. 이에 대해 우려를 표명하며 끊임없이 비폭력을 주장하던 킹 목사는 결국 1968년 4월 4일 테네시주 멤피스에서 제임스 얼 레이(James Earl Ray)라는 백인 암살자의 총에 살해당하고 말았다. 킹 목사의 암살은 흑인 사회에 즉각적인 분노를 불러일으켜 전국적으로 168개 도시에서 흑인 폭동이 일어나 34명의 흑인과 5명의 백인이 죽는 불상사를 낳았다.

역사 메모 ▶ 킹 목사의 암살자가 진정 레이였는지에 대해서는 케네디 대통령의 암살 사건처럼 아직도 논란거리다. 레이는 재판 과정에서 암살에 관한 최초 진술을 철회하고 음모론을 암시하며 자신이 직접 킹 목사를 쏘지 않았다고 주장했으나, 1969년 형을 선고받고 1998년 70세의 나이로 감옥에서 병사했다.

1963년~1969년: **신좌파와 대항문화**

대항문화의 탄생과 마약 그리고 록 음악

> 신좌파와 대항문화가 등장함에 따라 미국의 청년들은
> 마약과 록 음악을 통해 대안적 삶의 경험을 추구했다.

베트남전쟁과 인종주의에 대한 반대를 기치로 내건 신좌파의 등장

1960년대 인종 문제와 베트남전쟁은 수많은 미국 대학생들을 급진적인 경향으로 몰아갔고, 이들은 결국 신좌파(New Left)라고 불리는 집단을 형성했다. 대표적 신좌파 집단은 1962년 일군의 대학생들이 미시건주 포트휴런(Port Huron)에 모여 결성한 민주사회학생연합(Students for a Democratic Society, SDS)이다. 구성원들은 대부분 중간계급 가정 출신의 백인 대학생들로, '포트휴런 성명서'에서 인종주의, 풍요 속의 빈곤, 막강한 기업집단, 냉전 등을 비난했다. 나아가 SDS는 미국이 입으로만 민주주의적 이상을 외칠 것이 아니라 이를 직접 실천할 것을 요구했다.

또 다른 일군의 대학생들은 1964년 12월 캘리포니아 대학 버클리(Berkeley) 캠퍼스에서 학교 당국의 교내 정치 집회 금지 조치에 항의해 '언론 자유 운동(Free Speech Movement, FSM)'을 일으켰다. 이들은 교내 시위, 수업 거부, 점거 농성 등의 방법으로 대학 당국의 처사에 저

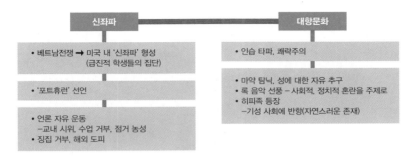

▶ 신좌파와 대항문화

항했다. 이에 주지사 팻 브라운(Pat Brown)은 주 경찰을 파견해 800명 이상의 학생을 체포하기도 했다. 이후 버클리 대학에서의 학생 운동 방식은 전국 대학으로 번져나갔다.

언론 자유 운동과 민주사회학생연합의 영향을 받은 일부 학생은 또 다른 급진주의 집단에 가담했다. 이들 중 일부는 마르크스주의자였으며, 또 다른 일부는 흑인 민족주의자, 아나키스트, 평화주의자이기도 했다. 하지만 이들은 통일된 조직적 집단이 아니었다. 오히려 신좌파의 특징은 비조직성에 있었다.

기존 사회에 대한 반항을 표출한 대항문화

이 시기 미국의 젊은이들이 모두 신좌파 같은 정치적 운동에만 참여한 것은 아니다. 그들 중 일부는 중간계급의 가치와 관습을 노골적으로 비웃으며 기존 사회에 반항을 표시하기 시작하면서 이른바 대항문화(counterculture)를 탄생시켰다. 이들은 기존 관습에 경멸을 드러내며 머리를 길게 기르고 닳아 해진 옷 아니면 현란한 옷을 입으며 기성세대의 점잖은 말투나 예법에 대해서도 정면으로 도전했다. 대학가에서는

대항문화의 가장 노골적인 지지자들이었던 히피족(왼쪽)과 그들이 활동했던 샌프란시스코의 헤이트−애슈베리 거리(오른쪽).

마오쩌둥이나 카스트로 같은 혁명가가 우상이 되었으며, 수많은 학생이 마리화나(marijuana), 암페타민(amphetamine) 같은 마약에 탐닉했다.

기존 사회의 현상 유지에 대한 대항문화의 주요 공격 수단은 다름 아닌 록 음악이었다. 1960년대에 록 음악이 위세를 떨치기 시작한 것은 부분적으로는 영국의 록 그룹 비틀즈(Beatles)의 엄청난 인기에 힘입은 바가 컸다. 비틀즈가 1964년 처음 미국을 방문했을 때 경이적인 선풍을 불러일으켰던 것이다. 이후 배리 맥과이어(Barry McGuire)는 〈멸망 전야(Eve of Destruction)〉를 통해 핵폭탄으로 인한 대학살을 경고했다. 선두적인 포크 가수 밥 딜런(Bob Dylan)은 〈바람이 알고 있지(Blowing in the Wind)〉로 전쟁, 평화, 자유에 관한 철학적 질문을 던졌으며, 조앤 바에즈(Joan Baez) 역시 자신의 음악을 정치적 급진주의를 표현하는 데 이용했다. 지미 헨드릭스(Jimi Hendrix)는 환각제인 LSD를 연상시키는 〈퍼플 헤이즈(Purple Haze)〉라는 노래로 젊은이들을 열광시켰다. 그 밖에 재니스 조플린(Janis Joplin), 버펄로 스프링필드(Buffalo Springfield)

등의 록 가수들도 대항문화의 상징이 되었다.

　일부 청년들이 마약과 음악을 통해 대안적 삶의 경험을 추구했다면, 다른 일군의 청년들은 대안적인 삶의 방식을 모색했다. 대항문화의 가장 노골적인 지지자들이던 이들은 샌프란시스코의 헤이트-애슈베리(Haight-Ashbury) 지역에서 눈에 띄는 도시의 신문화(subculture)를 창조한 히피족(hippies)이었다. 이들은 현대 사회를 배격하면서 스스로 사회로부터 이탈해 단순하고 자연스러운 삶 속에서 안식을 찾고자 함으로써 기성 사회에 대한 반항을 표출했다. 이들은 장발에 수염을 기르고 각종 장신구를 걸친 채 자신들만의 공동체 생활을 영위하기도 했다.

역사 메모 ▶ 징집 대상자가 아닌 일부 미국들은 과거 헨리 데이비드 소로(Henry David Thoreau)가 그랬듯이 납세 거부로 반전운동에 참여했다. 1972년에 약 20만 명에서 50만 명에 달하는 사람들이 전화 요금 고지서에 붙어 나오는 소비세 납부를 거부했고, 2만 명 정도가 소득세의 전부 또는 일부를 납부하지 않았다. 납세 거부자 중에는 유명한 반전 가수 조앤 바에즈와 신좌파 언어학자 노암 촘스키(Noam Chomsky)도 있었다.

여성들이여, 일어나라!

한동안 잠잠했던 여성운동은 베티 프리던의 《여성의 신비》 출간 이후
페미니즘의 재탄생을 가져왔고, 그 밖에 동성애자 운동 및
여러 여성운동을 크게 불러일으켰다.

베티 프리던의 《여성의 신비》

1920년 수정헌법 제19조로 여성의 참정권이 보장된 이후 여권운동은 오랫동안 소강상태를 보였다. 그러나 1963년 베티 프리던(Betty Friedan)의 《여성의 신비(Feminist Mystique)》가 출간된 이후 여권운동은 이제 여성해방운동으로 다시 태어나게 되었다. 프리던은 1947년 여자대학인 스미스 칼리지(Smith College)를 졸업한 동창생들을 인터뷰한 결과 이들이 쾌적한 교외 주택에서 유복한 아내이자 엄마로서 살아가고 있지만, 그중 상당수가 자신들의 교육, 재능, 적성 등을 살리지 못한 채 실망스러운 삶을 살고 있다는 것을 발견했다. 프리던은 가사와 자녀 양육으로 인생을 보내는 여성들이야말로 성인으로서 자신의 삶과 때로는 정체성마저도 희생시키는 것이라고 보았다.

프리던의 책은 1966년 미국에서 가장 크고 영향력 있는 페미니스트(feminist) 조직인 전국여성협회(National Organization for Women, NOW) 창설에 자극을 주었다. NOW는 입법을 위한 로비 활동과 법정

소송 등을 통해 '남성과 협력해서 동등권'을 쟁취하기 위해 노력했다. NOW의 창설과 더불어 역시 부분적으로는 베이비붐의 영향으로 새로운 세대의 급진적 페미니스트들이 등장했다. 이들 대부분은 교육 수준이 높은 백인 여성이었고, 상당수는 일하는 어머니 밑에서 자라난 딸들이었으며, 피임약이 당연시되는 성 해방(sexual liberation) 시대에 성장했다. 이들 급진 페미니스트들은 NOW의 회원들과 달리 직접적인 행동에 나서기도 했다. 예를 들면 1968년 뉴저지주의 애틀랜틱시티에서 열린 미스 아메리카 선발 대회에서 여성을 남성 중심의 '미적 기준'에 끼워 맞춘 성적 대상으로 보는 것에 반발하며 피켓 시위를 벌이기도 했다.

동성애자 운동

1969년과 1970년 NOW가 회원 중에서 레즈비언을 강제로 축출하자, 급진 페미니스트들은 이제까지 성의 선택(sexual preference)을 억압당해온 동성애자 편에 서기 시작했다. 1960년대까지도 미국 사회에서 동성애자는 자신들의 성의 선택을 공표하는 일이 일자리, 친구, 가정을 잃게 만들지 않을까 두려워했다. 그러나 1960년대 말의 흑인 민권운동, 급진 페미니즘, 반전운동 같은 투쟁적인 운동은 동성애자 운동(gay rights movement)에도 힘을 실어주었다. 급기야 1969년 뉴욕시 그리니치빌리지에 있는 스톤월 인(Stonewall Inn)의 게이 술집에서 일어난 경찰과 동성애자 간의 충돌은 동성애 해방운동의 출발점이 되었다. 이 사건 직후 뉴욕에서 동성애해방전선(Gay Liberation Front)이 결성된 이래 전국적으로 유사한 조직이 속속 생겨났다.

여성운동의 성과

1970년대에 이르러 여성운동은 비교적 상당한 성과를 거두기 시작했다. 우선 1971년 연방 정부는 소수자 우대 조치(affirmative action)에 여성을 포함시켰고, 전통적인 남자 대학들이 여성에게 문호를 개방했다. 예컨대 1969년에서 1973년 사이에 법대 재학 여학생 수는 거의 4배로 증가했고, 의대 재학생 수도 2배로 늘어났다. 1972년 의회는 평등권 수정헌법(Equal Rights Amendment, ERA)을 통과시키고, 비준을 얻기 위해 각주로 송부했다. 이 수정헌법은 비록 주의 비준을 받지 못해 10년 뒤 자동 폐기되고 말았지만, 성차별을 금지하는 내용의 헌법 수정 노력이 의회를 통과했다는 사실만으로도 커다란 성과라고 할 수 있었다.

여성운동은 낙태와 관련해서도 커다란 성과를 거두었다. 미국에서 낙태는 20세기 초부터 대부분의 지역에서 법으로 금지되어 1960년대까지도 그대로 이어지고 있었다. 여성운동은 낙태의 합법화를 위해 노력했으며, 그 결과 1973년 연방 대법원은 '로 대 웨이드(Roe v. Wade)'와 '도 대 볼턴(Doe v. Bolton)' 판결을 통해 낙태를 범죄로 규정한 주 법들을 무효화시켰다.

> **역사 메모** 최근 들어 미주리, 캘리포니아, 워싱턴, 미시건주에서는 소수자 우대 조치의 포괄적 적용을 제한하고 인종, 신조, 피부색, 종교, 성적 취향, 국적, 젠더, 연령, 장애 정도에 따른 소수자 우대 조치의 요건을 강화하는 경향을 보이고 있다.

명예로운 평화를 내세운 닉슨 대통령

닉슨 대통령은 베트남전쟁을 '베트남화'시키고자 했지만,
결국 북베트남과 평화 협정을 맺은 이후 남베트남이 패망함으로써
미국의 베트남전쟁 개입은 실패로 끝났다.

닉슨의 정치적 재기를 가능케 한 1968년의 대통령 선거

1968년의 대통령 선거는 1960년대의 격동을 상징하듯이 커다란 혼전 속에서 치러졌다. 우선 민주당의 유력한 대통령 후보 예정자였던 로버트 케네디가 6월 6일 캘리포니아 예비선거에서의 승리를 축하하기 위해 로스앤젤레스의 한 호텔 연회에 참석했다가 암살당했다. 암살자는 케네디가 최근에 친이스라엘 발언을 한 것에 분격한 시르한 시르한(Sirhan Sirhan)이라는 젊은 아랍계 민족주의자였다. 그해 8월 시카고에서 열린 민주당 전당대회에서는 존슨이 밀었던 현직 부통령 휴버트 험프리와 반전 평화주의를 내세운 유진 매카시가 경합을 벌인 가운데 험프리가 후보로 지명되었다.

공화당에서는 1960년 대선과 2년 뒤 치른 캘리포니아 주지사 선거에서의 잇따른 패배로 인해 정치적 생명이 거의 끝난 것처럼 보였던 닉슨이 극적으로 재기에 성공해 대통령 후보로 지명되었다. 그는 안정, 법과 질서, 작은 정부, 베트남에서의 '명예로운 평화(peace with honor)'

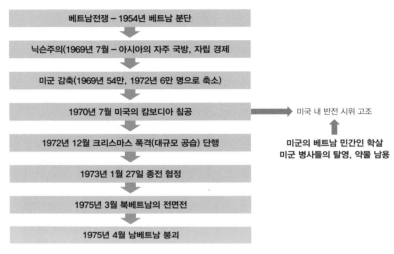

| 베트남전쟁 – 1954년 베트남 분단 |
| 닉슨주의(1969년 7월 – 아시아의 자주 국방, 자립 경제 |
| 미군 감축(1969년 54만, 1972년 6만 명으로 축소) |
| 1970년 7월 미국의 캄보디아 침공 |
| 1972년 12월 크리스마스 폭격(대규모 공습) 단행 |
| 1973년 1월 27일 종전 협정 |
| 1975년 3월 북베트남의 전면전 |
| 1975년 4월 남베트남 붕괴 |

미국 내 반전 시위 고조

미군의 베트남 민간인 학살
미군 병사들의 탈영, 약물 남용

▶ 닉슨 행정부에서의 베트남전쟁

등을 공약으로 내세웠다. 이 대선에서는 또한 당대 일각의 보수 반동적 분위기를 대변해 흑백 분리를 옹호했던 앨라배마주 전직 주지사 조지 월리스가 미국독립당(American Independent Party)을 결성해 대통령 후보로 나섰다. 선거 결과는 일반투표에서 닉슨이 험프리에 1퍼센트 차이인 약 50만 표차로 승리했다. 하지만 선거인단 표에서는 301표 대 191표라는 커다란 차이를 보였다. 월리스도 일반투표에서는 13.5퍼센트에 달하는 근 1000만 표를 얻어 남부 5개 주를 석권함으로써 1924년 이래 제3당 후보로는 가장 많은 표를 획득하기도 했다.

베트남전쟁의 '베트남화'

1969년 대통령에 취임한 닉슨은 남베트남에서 미군을 단계적으로 철수하고 남베트남군을 훈련시키며 장비를 제공해 미군 대신 전쟁을 떠맡도록 하는 이른바 베트남전의 '베트남화'를 통해 '명예로운 평화'를 이룩하고자 했다. 그해 7월 닉슨은 '닉슨독트린(Nixon Doctrine)'를 통해 미국은 아시아 우방 국가들에 대해 자주국방과 자립 경제를 확립해 스스로를 돕는 국가들만을 도울 것이라고 발표했다. 닉슨은 서서히 베트남에서 미군을 감축해 1969년 54만 명에 달했던 병력을 1972년 9월까지 6만 명으로 줄였다. 반면 북베트남이 협상장으로 나오기를 기대하며 북베트남에 대한 폭격을 증대시켰다.

한편 닉슨과 국가안보특별보좌관 헨리 키신저(Henry Kissinger)는 1970년 베트콩의 은신처를 파괴해 군사적 상황을 미국에 유리하게 돌리기 위해서는 캄보디아를 침공해야 한다고 판단했다. 따라서 닉슨은 그해 5월 미군에게 캄보디아 국경을 넘도록 명령했다. 미군의 캄보디아 침공은 잠시 소강상태를 보이던 반전운동에 기름을 부은 격이 되었다. 미국 내 여러 대학에서 150만 명 이상의 학생이 반전시위를 벌이는 가운데, 오하이오주 켄트 주립대학(Kent State University)에서는 주 방위군이 발포해 4명의 대학생이 사망하고 9명이 부상했으며, 미시시피주 잭슨 주립대학(Jackson State University)에서는 경찰의 총격에 2명의 학생이 죽는 사건이 발생했다. 이에 닉슨은 6주 내로 캄보디아에서 미군을 철수시키겠다는 약속을 했다.

그런데도 미국 내의 반전 여론은 미군 병사들의 탈영이나 약물 남용, 남베트남 군경의 잔학 행위, 미군의 민간인 학살 등으로 더욱 확산되었다. 특히 1968년 밀라이(My Lai) 마을에서 100명 이상의 민간인 학살을 주도한 혐의로 윌리엄 캘리(William Calley) 중위가 유죄판결을 받자 전쟁을 반대하는 여론은 더욱 높아만 갔다. 의회 역시 통킹만 결의안을 폐지했을 뿐 아니라 전쟁 확산을 위한 예산 지출을 금지시켰다. 하지만 베트남에서 패배할 경우 국가 및 자신의 위신이 크게 손상될 것을 우려한 닉슨은 북베트남에 대한 '방어적 성격의 타격(protective reaction strike)'을 명령하고, 캄보디아에 대한 비밀 폭격과 북베트남의 대표적 항구인 하이퐁(Haipong)항에 대한 기뢰부설을 지시했으며, 1972년 12월에는 크리스마스 폭격이라고 불린 대규모 공습을 단행하기도 했다.

북베트남과의 평화협정 및 남베트남의 패망

1972년 대선이 다가오자 닉슨과 키신저는 그동안 지지부진하게 진행되던 북베트남과의 협상에서 돌파구를 찾고자 했다. 마침내 키신저는 파리에서 북베트남의 외무장관 레둑토(Le Duc Tho)와 1973년 1월 27일 종전 협정에 서명할 수 있었다. 이 협정에서 미국은 남아 있는 병력을 60일 내로 철수시킬 것을 약속했고, 북베트남은 수백 명의 미군 포로를 석방했다. 휴전협정에 따라 미국은 일부 군사고문단을 제외하고 베트남에서 철수하면서 남베트남에 대한 지원 계획도 축소했다. 그러나 북베트남과 남베트남 양측은 휴전협정을 서로 위반하면서 전투를 계속했다. 결국 미국이 남겨놓은 엄청난 양의 군수물자에도 불구하고 남베트남은 1975년 3월부터 시작된 북베트남의 전면적인 공세를 막아내지 못하고 4월 말 붕괴되었다.

이로써 20년간에 걸친 미국의 베트남전쟁 개입은 치욕적인 실패로 끝나고 말았다. 미국 역사상 가장 오랜 기간 동안 참전했던 베트남전쟁의 결과는 미국뿐 아니라 인도차이나 반도 사람들에게도 엄청난 손실을 끼쳤다. 미군은 이 전쟁에서 5만 7000여 명이 죽고 30만 명 이상이 부상당했다. 베트남 군인도 120만 명 이상이 죽었으며 민간인 사망자와 부상자는 그 수를 헤아리기도 힘들 정도였다. 더욱이 미군의 무차별

폭격, 방화, 고엽제 살포 등은 풍요롭던 베트남의 농업경제와 국토를 황폐화시켜 이 나라를 1990년대 초까지도 세계에서 가장 가난한 나라 중 하나로 남게 만들었다.

미·중 관계 개선과 미·소 데탕트

베트남전쟁의 종결과 더불어 닉슨과 키신저는 세계적인 세력균형을 추진하고 제3세계에서의 혁명과 급진주의를 완화시키기 위한 대외 정책을 모색했다. 닉슨은 우선 1949년 중국이 공산화된 이래 단절되어온 미국과 중국 간의 관계를 개선하기 위한 첫 번째 단계로 미국의 중국산 상품 수입 금지 조치를 완화했다. 중국은 미국 탁구 선수를 베이징에 초대해 미·중 관계 개선을 위한 이른바 '핑퐁외교(ping-pong diplomacy)'를 펼쳤다. 1971년 7월 닉슨은 비밀 특사로 베이징에 파견되었던 키신저가 중국 수상 저우언라이(周恩來)와 비밀 회동을 마치고 귀국한 뒤, 미·중 사이의 관계 정상화를 위해 다음 해 중국을 방문하겠다고 발표해 미국인들을 놀라게 했다. 당시 중국은 미국과 소련이 중국에 대항해 동맹 관계를 형성하지 않을까 하는 우려에서 미국과의 관계 개선 필요성을 느끼고 있었다. 1971년 11월 공산 중국은 타이완의 자유중국 정부를 대신해 국제연합에 가입했다. 마침내 1972년 2월 닉슨은 베이징을 방문해 미·중 두 나라가 '관계 정상화(normalization of relations)'를 위해 노력하기로 약속한다는 공동 성명을 발표했다. 그 뒤 미국은 중국을 유일한 합법 정부로 선언하면서 1979년 1월 이후 양국 국교를 정상화함과 동시에 자유중국에 대한 승인을 취소했다.

닉슨과 키신저는 소련에 대해서는 이른바 데탕트(détente)라고 부르는 관계 개선을 열정적으로 도모했다. 데탕트란 전반적인 경쟁 상황 속에서도 협상을 통한 제한적 협조를 의미하는 것이었다. 하지만 데탕트는 본질적으로 이전의 봉쇄정책을 약간 수정한 것이었으며, 주요 목적은 소련의 팽창을 견제하고 군비경쟁을 규제하기 위함이었다. 이를 위해 닉슨은 1969년부터 논의되어온 제1차 전략무기제한협정(Strategic Arms Limitation Treaty, SALT)을 마무리 짓기 위해 1972년 5월 모스크바를 방문해 협정에 서명했다. 이 협정의 내용은 탄도탄요격미사일(antiballistic missile, ABM)의 수를 줄이고, 대륙간탄도미사일의 수는 현수준에서 동결하는 것이었다. 한편 미국은 10억 달러 상당의 미국산 곡물을 소련에 저렴한 가격으로 제공함으로써 소련과의 통상 관계를 확대했다.

역사 메모 닉슨독트린에 따라 주한 미군의 단계적 철수가 이루어져 당시 한국에 주둔하고 있던 미 육군 2개 사단 중 제7사단이 1971년 3월 철수를 완료했다. 이후 카터 행정부 역시 주한 미군 철수를 추진하면서 미군 철수에 따른 보완책으로 한미연합사령부를 창설했다.

1969년~1974년: **닉슨 행정부**

경제난과 오일쇼크

> 닉슨 대통령은 국내 정책에서 중도 및 실용주의적 성향의 정책을 펼쳤다.
> 하지만 오일쇼크로 인해 또다시 경제 위기를 맞았다.

닉슨의 국내 정책

닉슨은 국내 정책에서 급진적인 변화보다는 중도 노선과 실용주의적 성향을 보이며 대체로 조용한 접근 방식을 택했다. 이는 닉슨의 지지자들이 대개 보수적 성향의 중간계급으로서 연방 정부의 간섭이 줄어들기를 원하는 이른바 '침묵하는 다수(silent majority)'였기 때문이기도 했다. 하지만 진보적인 요소도 있었는데, 그중 하나가 1969년 닉슨이 제시한 가정 원조 계획(Family Assistance Program)이다. 이 계획은 4인 가족 중 별도의 수입이 없는 가족에게 연방 정부가 1년에 1600달러를 지원해주는 것이었다. 그 결과 1972년에 정부의 지원을 받게 된 미국인 수는 1490만 명에 달했고, 이는 미국 전체 인구의 6퍼센트에 해당했다. 또한 닉슨은 미국 역사상 가장 엄격한 환경 규제법을 제정하기 위해 노력해 환경보호청(Environmental Protection Agency)을 설치했다. 또 공립학교에서의 흑백 통합과 아프리카계 미국인 학생의 고등학교 및 대학 진학률에서도 상당한 진전이 있었다. 한편 1972년에 발의되고 비준

된 수정헌법 제26조로 연방 선거에서 유권자의 연령이 18세로 하향 조
정되었다.

1972년의 대통령 선거와 닉슨의 재선

1972년 당시 미국은 높은 실업률과 인플레이션으로 경제 상황이 좋
지 않았음에도 불구하고 대선을 앞둔 닉슨은 상당히 유리한 고지를 점
하고 있었다. 우선 대외적으로 베트남에서의 미군 철수가 거의 완료되
었고, 중국과의 관계 정상화도 이루어졌기 때문에 닉슨은 외교 면에서
상당한 성과를 거둔 대통령이라는 평가를 받고 있었다. 반면 민주당은
유력한 후보였던 조지 윌리스가 암살자를 자처하는 사람의 총에 맞아
하반신 마비로 중도 하차하고, 조지 맥거번(George S. McGovern)이 최
종 후보가 되었지만 민주당 전당대회의 대의원 선출 방식 변경으로 인
한 당내 분열로 어려움을 겪고 있었다. 더욱이 맥거번은 사회경제적 문
제에서 진보 성향의 자유주의적 입장을 취함으로써 여성, 아프리카계
미국인, 멕시코계 미국인, 청년층의 지지를 이끌어내기는 했지만, 반대
로 중간계급과 평균적 미국인으로부터는 지지를 상실하는 결과를 가져
왔다.

한편 닉슨은 보수적인 '침묵하는 다수', 백인 교외 거주자, 블루칼라
노동자, 가톨릭교도, 소수 인종 집단 등에게 지지를 호소했다. 선거 결
과는 닉슨의 압도적 승리로 나타났다. 닉슨은 일반투표에서 60.7퍼센
트에 달하는 4700만 표와 선거인단 표에서 520표를 얻은 반면, 맥거번
은 일반투표에서 37.5퍼센트인 2900만 표를 얻고 선거인단 표에서도
단 17표밖에 얻지 못했다.

닉슨 재임기의 어려운 경제 상황

닉슨 행정부하에서 경제는 실업과 인플레이션의 이중고를 겪고 있었다. 닉슨은 재임 초 2년 반 동안 고금리 정책을 포함한 고도의 통화 수축 정책에 의존하면서 인플레이션에 관여하지 않는 정책을 펼쳤다. 그런 가운데 실업자 수는 1968년 전체 인구의 3.3퍼센트에서 1970년에는 5.8퍼센트로 늘어났고, 인플레이션으로 인한 생계비 증가율도 1969년에서 1971년 사이에 거의 15퍼센트나 증가했으며, 달러화의 구매력은 8.5퍼센트나 감소했다. 이자율은 남북전쟁 이래 최고조에 달하기도 했다. 이에 닉슨은 1971년 임금 및 가격 통제에 입각한 '신경제정책(New Economic Policy)'을 채택했다. 그 첫 단계는 임금, 물가, 임대료를 90일간 동결시키고, 달러화와 금의 태환을 일시적으로 정지해 달러화를 평가절하하는 것이었다. 다음 단계는 1973년 1월 강제적인 임금 및 물가 통제를 통해 달러 위기를 종식시키는 것이었지만, 이 조치를 너무 빨리 시행한 탓에 다시 인플레이션이 높아지자 6월에 닉슨은 새로운 임금 및 물가 정책을 준비할 시간을 벌기 위해 60일간의 가격 동결을 명령했다. 이러한 정책으로 미국 경제는 다소간 경기회복과 인플레이션 억제를 이룩했지만, 1973년 10월 이스라엘과 아랍 간의 제4차 중동전쟁의 발발로 초래된 '오일쇼크(oil shock)'때문에 또다시 위기를 맞게 되었다.

'오일쇼크'와 미국 제조업의 쇠퇴

1970년대 이전까지 미국인은 값싸고 풍부한 에너지와 원자재를 향유하며 살아왔다. 1973년경에는 너무나 많은 에너지를 소비해 국내에서 쓰는 석유의 3분의 1을 수입에 의존해야 했다. 그러나 그해 가을 제

4차 중동전쟁의 와중에서 석유수출국기구(Organization of Petroleum Exporting Countries, OPEC)의 아랍 회원국들이 미국을 포함한 이스라엘 지원 국가들에게 더 이상 석유를 수출하지 않겠다고 선언하며 석유 가격을 배럴당 3달러에서 15달러로 500퍼센트나 인상했다. 이 충격으로 미국에서도 1973년 1월 이후 1년 사이에 석유 가격이 350퍼센트나 올랐다.

석유 가격 급등은 미국 경제의 전 영역에 커다란 충격을 주었다. 인플레이션은 1972년 3.3퍼센트에서 1974년에 11퍼센트로 급증했다. 경기 후퇴의 직격탄을 맞은 분야는 자동차 산업이었다. 예컨대 디트로이트의 제너럴 모터스는 무려 3만 8000명의 노동자를 무기한 일시해고(furloughed)해야만 했다. 자동차 산업의 침체는 관련 산업인 철강, 유리, 고무, 각종 부품 회사에도 영향을 미쳤다. 자동차 산업을 비롯한 미국의 제조업이 쇠퇴하게 된 데에는 새로운 설비로 높은 생산성을 갖춘 일본과 서유럽 국가들의 제품이 미국 내 시장에서 경쟁하게 된 것에도 기인했다. 제조업의 쇠퇴는 미국 내 직업 구조에도 변화를 가져왔다. 중공업이 붕괴되자 해고된 노동자들은 패스트푸드점, 24시간 주유소, 편의점 등에서 이전의 절반밖에 안 되는 임금을 받으며 일해야 했다.

역사 메모 '침묵하는 다수'라는 말은 1969년 11월 3일 닉슨의 연설문에서 사용되었다. '침묵하는 다수'는 자신들의 주장을 공개적으로 표현하지 않는 다수의 사람을 지칭하는 것이지만, 구체적으로는 반전시위, 폭동, 경찰 공격 등에 가담하지 않고, 대항문화를 선호하지 않으며 공적 담론이나 언론 매체에 적극적으로 참여하지 않는 사람을 가리킨다.

최초로 임기 중 사임한 대통령이 된 닉슨

닉슨은 자신이 워터게이트사건에 개입한 사실이 밝혀지자
결백을 주장하다 끝내 사임하고 말았다. 뒤를 이어 최초로 선거가 아닌
임명으로 부통령에 오른 포드가 대통령직을 계승했다.

닉슨을 최악의 곤경에 빠뜨린 워터게이트사건

미국 역사상 최초로 현직 대통령의 사임을 가져온 워터게이트사건
(Watergate Scandal)은 1972년 6월 17일 밤 수도 워싱턴의 워터게이트
빌딩에 있는 민주당 전국위원회(Democratic National Committee) 사무
실에 침입한 5명의 남자가 체포되면서 시작되었다. 체포된 사람 중에는
전직 CIA 요원이자 닉슨 대통령 재선위원회(Committee to Re-Elect the
president, CREEP)의 보안 요원인 제임스 맥코드(James W. McCord)가 포
함되어 있었다.

뿐만 아니라 당시 현장에서 경찰에 발각되지는 않았지만, 나중에
〈워싱턴포스트〉 기자 칼 번스타인(Carl Bernstein)과 밥 우드워드(Bob
Woodward)가 밝혀낸 바에 따르면 한때 CIA 요원이기도 했으며 역시 재
선위원회의 보안 책임자였던 하워드 헌트(E. Howard Hunt)와 백악관에
서 근무하던 전직 FBI 요원 고던 리디(G. Gordon Liddy)도 현장에 있었
던 것으로 드러났다. 더욱이 이들은 도청을 하기 위해 민주당 전국위원

회 사무실에 침입한 대가를 재선위원회의 비자금에서 받았고, 그 자금은 백악관 참모진이 관리해온 것이라는 사실도 밝혀냈다.

만약 기자, 특별검사, 연방 판사, 연방의회 의원들의 끈질긴 노력이 없었다면, 닉슨은 자신이 워터게이트사건에 개입되었다는 사실을 감추는 데 성공할 수 있었을 것이다. 그러나 이들의 노력으로 서서히 진실이 하나둘씩 밝혀지기 시작했다. 1973년 초 연방 지방판사 존 시리카(John Sirica)는 맥코드로부터 재선위원회와 백악관에 근무하는 자신의 상급자가 이 사건에 연관되어 있다는 자백을 받아냈다. 또한 노스캐롤라이나주 출신 상원의원 샘 어빈(Sam Irvin)이 이끄는 상원특별조사위원회는 백악관 보좌관들로부터 증언을 청취하는 가운데, 대통령 고문역을 지낸 존 딘(John Dean)으로부터 이 사건에 대한 은폐가 있었을 뿐 아니라 대통령이 이를 지시했다는 진술을 받아냈다. 또 다른 보좌관인 알렉산더 버터필드(Alexander Butterfield)는 백악관에 거의 모든 대화를 녹음하는 테이프 시스템이 있으며, 워터게이트사건과 관련한 대화도 녹음되어 있다고 증언함으로써 미국인들을 놀라게 했다.

그런데도 닉슨은 결백을 주장하는 한편 1973년 4월 말 가장 가까운 보좌관이던 존 얼리치먼(John Erlichman)과 할드먼(H. R. Haldeman)을 추문과 관련해 사임시켰다. 그리고 하버드 법대 교수인 아치볼드 콕스(Archibald Cox)를 워터게이트사건 담당 특별검사로 임명했다. 그러나 콕스가 녹음테이프를 받아내기 위해 닉슨을 법원으로 소환하자, 오히려 닉슨은 법무장관에게 콕스를 해임시킬 것을 명령했다. 이에 저항해 법무장관 엘리엇 리처드슨(Elliot Richardson)과 차관보는 스스로 사임하는 길을 택했다.

이른바 '토요일 밤의 학살(Saturday Night Massacre)'로 불리는 이 사

건은 대중의 강력한 항의를 불러일으켰으며, 닉슨은 하는 수 없이 레온 자워스키(Leon Jaworski)를 새로운 특별검사로 임명했다. 자워스키 역시 콕스 못지않게 단호한 인물로서 녹음테이프 제출을 거부하는 닉슨을 법정으로 몰고 갔다.

미국 역사상 최초로 임기 중 사임한 대통령이 된 닉슨

위기에 처한 닉슨의 입장을 더욱 난처하게 만든 것은 부통령 스피로 애그뉴(Spiro Agnew)의 사임이었다. 애그뉴는 메릴랜드 주지사와 부통령 재직 시 뇌물을 받고 횡령했다는 혐의를 받자 소득세 탈세라는 비교적 가벼운 혐의만 인정하고 1973년 10월에 사직했다. 닉슨은 1967년 비준된 수정헌법 제25조에 따라 하원 소수파의 지도인 제럴드 포드(Gerald Ford)를 부통령에 임명했다.

그사이 하원은 닉슨을 탄핵하기 위한 조사 활동에 돌입했다. 1974년 4월 닉슨은 향후 법원의 테이프 강제 제출 명령을 막기 위해 편집된 녹음테이프를 공개했다. 그러나 이 일은 조사관들과 국민들에게 오히려 닉슨이 무언가를 숨기기 위해 편집된 테이프를 제출한 것이라는 의구심만 불러일으켰다. 몇 달 뒤 대법원도 '미국 대 닉슨(U. S. v. Nixon)' 사건에서 대통령으로 하여금 테이프 전체를 특별검사 자워스키에게 제출하도록 만장일치로 판결했다.

며칠 뒤 하원 법사위원회는 증인들에 대한 입막음 돈의 지불, 거짓말, 증거 은닉을 통한 사법 방해, 의회의 테이프 제출 소환장에 대한 불응, 미국 국민의 헌법적 권리인 사생활과 언론 자유를 침해하기 위해 CIA · FBI · 국세청(Internal Revenue Service, IRS)을 이용한 혐의를 들어 닉슨에 대한 탄핵 발의를 표결했다. 8월 5일 닉슨은 마침내 자신이 유죄임을 밝혀줄 완전한 테이프를 특별검사에게 넘겨주었다. 그리고 1974년 8월 8일 밤 전국에 방영된 텔레비전 방송을 통해 다음 날 정오를 기해 대통령직에서 사임한다고 발표했다.

포드 대통령과 닉슨의 사면

미국 역사상 최초로 사임한 대통령 뒤를 이어 대통령직을 승계하게 된 포드는 미시건 주 출신의 하원의원으로 25년간 재직한 인물이었다. 의회에서 그는 전투적인 보수주의자이자 유능하고 영향력 있는 공화당 대변인이었다. 또한 사람을 좋아하고 유머 감각을 지닌 열린 마음의 소유자라는 평가를 받았다.

하지만 포드는 취임 한 달 후 닉슨이 대통령으로서 재직 중 저질렀을지도 모를 모든 범죄에 대해 사면을 발표해 여론의 집중포화를 맞았다. 닉슨의 사면 일주일 뒤에는 수만 명의 베트남전 징병 기피자와 탈영병에 대해서도 사면령을 발표했다. 포드는 미국 역사에서 가장 슬프고 비극적인 한 페이지를 닫고, 베트남전쟁과 워터게이트 추문 등으로 분열되고 실추된 미국이 악몽을 하루빨리 잊고 화합과 단결로 나아가야 한다고 생각했다. 이런 포드의 생각은 당시에는 큰 비판을 받았지만, 2006년 그가 사망하고 난 뒤 많은 미국인들은 포드의 판단이 당대의 상처를 치유하는 데 상당히 기여했음을 인정했다.

포드의 국내외 정책

포드는 키신저 국무장관을 포함한 닉슨 행정부 각료 대부분을 유임시키며 사회·경제 문제에 관한 닉슨의 보수적 정책을 답습했다. 포드는 민주당이 지배하는 의회가 추진한 자유주의적 예산 지출 관행, 특히 복지와 교육 부문에서의 지출을 완화하기 위해 빈번히 거부권을 행사하고, 치솟는 인플레이션에 대처하기 위해 이른바 WIN(Whip Inflation Now) 프로그램을 내세우면서 연방 정부에 의한 기업 규제를 줄이고자 했다.

또한 고금리정책을 고수하고, 연방 지출의 증대에 반대하며, 세금 감면에 저항하는 정책을 펼침으로써 재임 중 심각한 경기 침체에 직면하게 되었다. 이런 와중에 1975년 11월 뉴욕시 같은 대도시마저 공무원 봉급 지불과 공채 상환이 불가능할 정도의 재정 위기에 직면하기도 했다. 엎친 데 덮친 격으로 1973년 아랍권의 석유 금수 조치 이후 OPEC는 석유 가격을 꾸준히 올려 1974년에만도 4배로 상승해 미국 경제를 어렵게 만들었다.

포드는 완고한 반공주의자이면서 막강한 군사력 보유를 옹호한 인물이었지만, 공산주의 세력과는 계속 데탕트를 추진했다. 포드는 1974년 말 소련의 블라디보스토크에서 레오니트 브레즈네프 서기장을 만나 제2차 전략무기제한협정(SALT II)의 기초가 된 협정에 잠정적인 합의를 보았다. 한편 국무장관 키신저는 이스라엘과 이집트를 오가는 이른바 '왕복 외교(shuttle diplomacy)'를 펼쳐 제4차 중동전쟁으로 점령한 시나이 반도로부터 이스라엘이 철수할 것을 약속받고, 이들 두 나라가 향후 모든 문제를 무력이 아니라 협상으로 해결할 것에 합의하도록 이끌었다.

아프리카에서는 1975년 포르투갈이 앙골라를 포기함으로써 수세기 동안 지속되어온 유럽 열강의 식민주의가 종말을 고했다. 미국은 라틴 아메리카에서 우파 반공주의 지도자들을 계속 지원했고, 이들의 정권을 강화하기 위해 군사적 지원을 집중시켰다.

닉슨 대통령의 사임을 초래한 워터게이트사건을 파헤치는 데 중요한 기여를 한 〈워싱턴포스트〉 기자 번스타인과 우드워드에게 결정적 제보를 한 인물은 30년이 넘도록 '디프 스로트(Deep Throat)'라는 익명으로 알려져왔다. 그러나 2005년 5월 31일 워터게이트 당시 FBI 부국장을 역임했던 윌리엄 마크 펠트(William Mark Felt, Sr.)가 자신이 바로 디프 스로트라고 〈배니티 페어(Vanity Fair)〉지에 밝혔고, 번스타인과 전 편집장 벤 브래들리(Ben Bradlee)가 이를 확인해줌으로써 미국 정계와 언론계에서 가장 커다란 의문점 중 하나가 풀렸다.

인권을 강조한 카터의 계속된 고난

> 카터 대통령은 이스라엘과 이집트 간에 평화조약을 체결시킨 일 외에는
> 대외 정책과 관련해 큰 성과를 보이지 못했다.
> 오히려 이란 인질 사건으로 고난을 겪기도 했다.

무명의 카터를 당선시킨 1976년의 대통령 선거

심각한 경제 불황이 지속되는 가운데 1976년 대통령 선거가 다가왔다. 민주당에서는 선거전 초반 12명의 후보가 난립하는 혼전의 와중에서 예비선거를 거치며 단 한 차례 조지아 주지사를 역임한 지미 카터(Jimmy Carter)가 대통령 후보로 지명되었다. 그 이전까지 전국적으로 그다지 알려지지 않았던 카터는 연방 정부의 재조직, 소득세 개혁, 인플레이션 완화, 완전고용 등을 공약으로 내세웠다. 하지만 카터가 대중에게 신뢰감을 심어준 것은 이러한 공약보다는 그의 솔직함, 성실성 그리고 "나는 여러분에게 결코 거짓말을 하지 않겠다."라는 약속이었다. 카터는 미네소타주 출신 상원의원이자 자유주의자인 월터 먼데일(Walter Mondale)을 부통령 후보로 내세웠다.

공화당에서는 전직 캘리포니아 주지사이자 보수주의자인 로널드 레이건(Ronald Reagan)이 현직 대통령 포드에게 강력히 도전했으나 포드가 가까스로 지명을 획득했다. 포드는 러닝메이트로 캔자스주 출신 상

원의원 로버트 돌(Robert Dole)을 선택했다.

선거 결과 카터는 버지니아주를 제외한 남부 모든 주와 몇몇 규모가 큰 대서양 연안 중부 주를 석권하며 당선되었다. 반면에 포드는 텍사스주를 제외한 남서부와 서부 모든 주를 제패했지만, 임기 중 닉슨을 사면한 일이 결정타가 되어 낙선하고 말았다. 카터는 아프리카계 미국인, 노동자, 대도시와 남부, 전통적인 민주당 지지 유권자의 표를 기반으로 당선했다. 그러나 전체적으로 보아 이 선거에 대한 유권자의 반응은 정부와 정치에 대한 환멸을 반영하듯 냉담한 것이었다. 투표에 참여한 유권자의 수는 53퍼센트에 지나지 않았고, 선거 결과도 일반투표에서 카터가 50퍼센트를 얻어 포드에 비해 단지 2퍼센트 차이로 근소하게 승리했을 뿐이다.

카터의 국내 정책

카터는 의사당 앞에서 취임식을 마친 뒤 가족과 함께 백악관까지 걸어감으로써 자신의 서민적 풍모를 과시했지만, 당시 미국 경제는 스태그플레이션의 극히 어려운 상태였다. 그는 연방 세금을 낮추고 공공 부문의 지출을 늘려서 실업을 줄이려 했다. 덕분에 실업률은 다소 줄어들었지만 인플레이션은 급등해 1979년에는 13.4퍼센트에 달했다. 더불어 달러화의 가치도 하락하면서 금값이 유례없이 상승했다. 달러화의 가치를 안정시키고 인플레이션을 잡기 위해 연방준비제도이사회는 금리를 역사상 최고 수준으로 인상해, 한때 금리가 20퍼센트에 이르기도 했다. 이러한 경제 위기에는 주요 산유국이 몰려 있는 중동의 정세 불안이 한몫했다. 그 결과 1979년 미국은 제2차 석유파동을 겪는 가운데 OPEC로부터 석유 가격의 대폭 인상이라는 뒤통수를 맞기도 했다. 이에 카터 행정부에 대한 국민의 불만도 높아졌다.

중동의 긴장 완화에 크게 기여한 카터의 대외 정책

카터는 취임 초기 미국 대외 정책의 새로운 기반으로 세계 인류의 '인권'을 보호하겠다는 입장을 밝혔다. 따라서 카터는 소련을 포함한 쿠바, 우간다, 에티오피아, 아르헨티나 등의 독재 정부에 개혁을 촉구하곤 했다. 그리고 인권을 침해하는 국가에 대해 미국의 원조를 삭감하겠다는 정책을 발표했다. 이로 인해 미국은 한국을 비롯한 우방 국가와의 관계에서 알력을 빚기도 했고, 소련과는 불필요한 마찰을 불러일으켰다. 카터의 대외 정책 중 가장 큰 성과를 거둔 것은 이스라엘과 이집트 간에 평화조약을 체결시킨 일이었다. 카터는 1978년 9월 이집트의 무함마드 안와르 사다트(Muhammad Anwar al-Sadat) 대통령과 이스라엘의 메나헴 베긴(Menachem W. Begin) 수상을 미국 대통령의 별장인 캠프데이비드로 초대해 장장 11일간에 걸친 회의를 거듭한 끝에 협상에 도달하도록 주선했다. 1979년 3월 백악관에서 정식으로 체결된 캠프데이비드협정(Camp David Accord)으로 이스라엘이 1967년 이래 점령해온 시나이반도에서 완전히 철수하는 대신 이집트는 이스라엘의 안전을 보장해주기로 약속했다.

카터는 나아가 중국 및 소련과의 관계 개선을 위해서도 노력했다. 카터 행정부는 1979년 1월 타이완과 국교를 단절하고 중국과 정식으로 국교를 수립해 베이징에 대사관을 설치했다. 또한 오스트리아 수도 빈에서 소련의 브레즈네프와 만나 장거리 폭격기, 대륙간탄도미사일, 잠수함발사미사일의 수를 2250기로 제한하고 핵탄두의 수에도 한계를 두는 등 새로운 제2차 SALT II에 합의했다. 그러나 이 협정은 미국 내에서 우파와 좌파 모두로부터 치열한 비판에 부딪쳤다. 1979년 12월 소련이 이슬람 반군을 진압하려는 친소 정권을 지원하기 위해 아프가니스탄을 침공하자, 카터는 이를 "제2차 세계대전 이후 세계 평화에 대한 가장 심각한 위협"이라고 비난하면서 SALT II 관련 법안을 보류하고, 소련에 대한 곡물 및 첨단 기술 장비의 수출을 중지하며, 급기야 1980년에 개최될 모스크바 올림픽에 국제사회의 불참을 호소했다.

카터 행정부를 곤경에 빠뜨린 이란 인질 사건

카터는 1979년 11월 이란에서 일어난 인질 사건으로 인해 재임 중 가장 큰 시련을 겪게 되었다. 본래 이란에서는 친미적인 샤(Shah, 국왕의 존칭) 무함마드 리자 팔레비(Muhammad Reza Pahlevi)가 통치하고 있었으나 권위주의적 독재로 인해 이란인의 분노를 불러일으켜 촉발된 혁명으로 권좌에서 축출되고, 초보수적인 이슬람 근본주의 종교 지도자 아야톨라 루홀라 호메이니(Ayatollah Ruhollah Khomeini)가 정권을 잡았다. 호메이니는 투철한 반미주의자이자 반서방주의자였다. 팔레비 시절의 이란은 미국에게 석유 공급원이자 군사적 우방이었기 때문에 호메이니의 집권은 미국으로서는 큰 타격이었다.

1979년 10월 말 팔레비가 암 치료를 위해 미국에 입국하자 이에 분노한 과격파 이란인들이 11월 4일 테헤란에 있는 미국 대사관에 침입해 63명의 미국인을 인질로 잡고, 교환 조건으로 팔레비의 귀환을 요구했다. 그중 10명의 여성과 흑인이 곧 석방되었으나, 나머지 53명은 1년 이상 대사관에 인질로 잡혀 있어야 했다. 미국은 국제연합을 통해 인질 석방을 호소하는 한편 미국 내 이란 재산을 동결하는 조치를 취하고, 결국 성공하지는 못했지만 우방 국가에 대해 이란과의 교역 중단을 요청하기도 했다. 그런데도 인질 석방이 이루어지지 않자 카터는 인질 구출을 위한 군사작전을 승인했다. 그러나 그마저도 이란의 사막에서 작전 도중에 일어난 헬리콥터 사고로 8명의 사망자만 낸 채 실패하고 말았다. 결국 1981년 1월 미국이 미국 내 이란 자산동결을 해제하고 이란의 국내 문제에 다시는 개입하지 않는다는 약속을 한 뒤에야, 인질들은 444일간의 억류 생활을 마치고 풀려날 수 있었다. 공교롭게도 이날은 선거에서 카터를 꺾은 레이건의 대통령 취임식 날이었다.

역사 메모 카터의 인권 외교는 당시 유신 체제로 인권유린을 자행하던 한국의 박정희 정권과 커다란 마찰을 빚곤 했다. 카터는 박정희 정권에 대한 압력의 일환으로 참모들의 의견을 무시한 채 일방적으로 주한 미군의 완전 철수를 결정했을 정도였다. 비록 완전 철수는 이루어지지 않았지만, 카터의 인권 외교는 한미 관계를 악화시켜 유신 체제의 종말을 가져오는 데 중요한 요인 중 하나로 작용한 것으로 평가받는다.

차별의 연속이었던 1970년대의 미국

> 미국 내에서는 소수자 우대 조치로 인해 백인들이 역차별을 당한다는
> 불만이 제기되기도 했다. 하지만 히스패닉 미국인과 토착 미국인 역시
> 오래된 차별에서 벗어나기란 쉽지 않았다.

소수자 우대 조치에 대한 백인의 저항

1970년대 이루어졌던 아프리카계 미국인에 대한 소수자 우대 조치
등은 '역차별(reverse discrimination)'을 당한다는 백인 학생들의 저항을
불러일으켰다. 왜냐하면 일부 학교와 회사에서 연방의 소수자 우대 조
치에 부응하기 위해 소수민과 여성에게 할당제를 실시하다 보니, 몇몇
경우 할당제의 적용을 받는 집단에 대한 요구 조건이 백인보다 낮았기
때문이다. 이에 대해 1978년 대법원은 '배키 대 캘리포니아 대학(Bakke
v. University of California)' 사건에서 할당제는 불법이라고 판결했지만,
소수자 우대 조치의 원칙은 지지했다.

히스패닉 미국인의 '갈색 파워'

아프리카계 미국인과 마찬가지로 스페인어를 사용하는 히스패닉 미
국인(Hispanic American)들도 차별을 겪었다. 이들 중 가장 많은 수를
차지한 사람들은 스스로를 치카노(Chicano)라고 부르는 멕시코계 미국

인이었다. 1970년대에는 2000만 명의 히스패닉 중에서 800만 명의 치카노가 애리조나, 캘리포니아, 콜로라도, 뉴멕시코, 텍사스에 몰려 살았다. 치카노들은 교육, 투표, 공공 기관 등에서 영어와 더불어 스페인어를 사용하게 해줄 것을 요구하며 이른바 '갈색 파워(Brown Power)'를 형성하기 시작했다. 예컨대 체사르 차베스(Cesar Chavez)의 농장노동자연합(United Farm Workers)은 전국적인 주목을 받은 최초의 히스패닉 이해 집단을 형성했다. '갈색 파워'는 빠르게 성장하는, 미국에서 두 번째로 큰 소수 인종의 권리를 옹호했다.

토착 미국인

미국의 소수 인종 중에서 가장 소외되고 불리한 위치에 있던 토착 미국인(Native American), 즉 아메리카 인디언은 다른 소수 인종과 마찬가지로 실업과 저소득에 시달렸다. 1970년대 말 토착 미국인의 실업률은 40퍼센트에 달했다. 또한 토착 미국인은 미국에서 가장 높은 비율의 알코올 중독, 결핵, 자살을 기록했다. 토착 미국인은 각종 규제로 인해 숨이 막힐 지경이었고 보호 구역의 토지를 임차한 기업에 의해 착취당했다. 1968년에는 일군의 젊고 호전적인 토착 미국인들이 아메리카 인디언 운동(American Indian Movement, AIM)을 창설해 인디언의 권익 보호에 나섰다.

이에 의회는 아메리카 원주민 민권법을 통과시켜 인디언들에게도 보호 구역 내에서는 권리장전에 근거해 일반 시민이 누리는 것과 똑같은 권리를 보장해주고 보호 구역 내에서 부족법의 정당성을 인정해주었다. 그러나 AIM은 이에 만족하지 않고 1890년 제7기병대가 수족을 학살한 곳으로 유명한 사우스다코타주의 운디드니를 점령하고 1973년

2월부터 2개월 동안 인질극을 벌이며 보호 구역의 행정에 대한 근본적인 변화를 요구하며, 연방 정부와 인디언 부족이 맺은 조약들을 이행할 것을 주장하기도 했다.

1970년대의 인구 및 가족의 변화

제2차 세계대전 이후에 불어닥친 베이비붐은 1960년에 접어들면서 소강상태에 이르렀고, 1972년에 이르러서는 합법 및 불법 이민을 제외하고 미국 내 출산에 따른 인구 증가는 제로 상태에 도달했다. 1970년 이후 학령 아동의 절대적 감소로 인해 수많은 학교가 폐교되고, 더불어 교사의 취업률도 감소되었다. 전후 1950년대에 출생한 유아들이 1970년대에 취업 시장에 뛰어들게 되자 1970년대 말에는 이들로 인해 주택 가격이 급등했다. 그러나 1970년대의 젊은 층은 더 이상 대가족을 원치 않았고, 피임 방법의 발달과 낙태의 합법화는 이들로 하여금 출산을 한층 성공적으로 제한할 수 있게 해주었다. 더욱이 1970년대에는 이혼율도 급증해 종종 혼인율의 절반 이상을 차지하곤 했다.

역사 메모 히스패닉 인구는 2004년 이후 아프리카계 미국인 인구를 능가해 미국 최대의 소수민 집단을 구성하고 있다. 2004년 7월 1일 히스패닉은 4130만 명으로 미국 전체 인구의 14.1퍼센트를 차지한다. 미국 인구통계국은 지금의 추세라면 2050년 7월에는 히스패닉 인구가 1억 260만 명에 도달해 전체 인구의 24퍼센트를 차지하게 될 것이라고 예상했다.

COLUMN 11

마틴 루터 킹 목사의 연설
'나에게는 꿈이 있습니다'

1963년 8월23일 링컨 대통령의 노예해방령 실시 100주년을 맞아 수도 워싱턴의 링컨 기념관 앞에서 25만 명의 흑인과 백인 군중이 운집한 가운데 마틴 루터 킹 목사는 이날 미국의 흑인 민권운동사에 길이 남을 명연설을 했다. 이 연설은 미국인들에게 인종차별 문제의 심각성을 일깨워주고 흑인 민권 향상을 위한 여론을 불러일으키는 데 커다란 공헌을 한 것으로 평가받는다. 언제 되새겨보아도 강한 설득력과 아름다운 문장으로 심금을 울리는 이 연설문의 일부를 인용하면 다음과 같다.

···우리나라를 건국한 사람들이 헌법과 독립선언서에 숭고한 단어들을 써넣었을 때, 그들은 모든 미국인들이 상속받아야 할 약속어음에 서명한 것이었습니다. 그 약속어음은 모든 사람들, 즉 백인과 마찬가지로 흑인에게도 '생명, 자유, 행복의 추구'라는 '양도할 수 없는 권리'를 보장한다는 약속이었습니다. 그러나 오늘날 미국이 시민들의 피부색에 관한 한, 이 약속어음대로 이행하지 않고 있다는 것은 분명합니다.
···나는 오늘 내 친구인 여러분에게 말하고 싶습니다. 절망의 계곡에서 뒹굴지 맙시다. 그래서 우리가 오늘과 내일의 고난에 직면할지라도, 나에게는 아직 꿈이 있습니다. 그 꿈은 아메리칸드림에 깊이 뿌리를 둔 꿈입니다.
나에게는 꿈이 있습니다. 언젠가 이 나라가 잠에서 깨어나 '우리는 모든 인간은 평등하게 태어났다는 것을 자명한 진실로 받아들인다.'라는 신조의 진정한 의미대로 살아가게 되는 날이 오리라는 꿈 말입니다.

나에게는 꿈이 있습니다. 언젠가는 조지아의 붉은 언덕에서 노예의 후손들과 노예 소유주의 후손들이 형제애의 식탁에 함께 둘러앉을 수 있는 날이 올 것이라는 꿈 말입니다.

…나에게는 꿈이 있습니다. 언젠가 나의 네 명의 어린 자식들이 피부색이 아니라 자신들의 인품으로 판단되는 나라에서 살게 될 것이라는 꿈 말입니다.

…그리고 이러한 일이 일어날 때, 자유가 울려 퍼지게 할 때, 모든 마을과 모든 촌락에서 그리고 모든 주와 모든 도시에서 자유가 울려 퍼지게 할 때, 우리는 하나님의 모든 자녀들, 흑인과 백인, 유대인과 이교도, 개신교도와 가톨릭교도들이 손에 손을 잡고 다음과 같은 오래된 흑인 영가의 구절을 노래할 수 있는 날을 앞당길 수 있을 것입니다.

'마침내 자유를! 마침내 자유를! 전능하신 하나님 감사합니다, 우리는 마침내 자유를 얻었나이다!'

'나에게는 꿈이 있습니다'로 유명한 연설을 하는 마틴 루터 킹 목사.

12장

1980년대, 1990년대의 미국

레이건과 신보수주의 그리고 레이거노믹스

레이건 대통령은 신보수주의 시대를 열어가면서
레이거노믹스에 입각한 경제정책을 펼쳤다. 이후 미국은 경기가 회복되었다가
후퇴하는 과정을 거쳐 결국 성공적인 경기회복의 성과를 거두었다.

신보수주의 시대를 연 레이건 행정부의 등장

1980년의 대통령 선거를 앞두고 민주당은 현직 대통령 카터를 후보로 내세웠으나, 미국 국민은 치솟는 인플레이션과 실업률, 이란 인질 사건 등으로 인해 이미 카터에게 크게 실망한 상태였다. 한마디로 이 무렵 미국의 분위기는 보수주의로 바뀌고 있었다. 공화당에서는 전직 영화배우이자 캘리포니아 주지사를 역임한 보수주의자 로널드 레이건이 선두 주자로 나섰다. 레이건은 전통적인 정치적 보수주의자뿐 아니라 사회 문제에 보수적 입장을 표출하는 새로운 부류의 보수주의자에게도 지지를 받았다. 선거 결과는 레이건의 압승이었다. 레이건은 일반 투표의 51퍼센트를 얻어 41퍼센트를 얻은 카터와 독자적으로 출마해 7퍼센트를 득표한 공화당 출신의 존 앤더슨(John Anderson)을 꺾고 승리를 거두었다. 대통령 선거 결과만큼 중요했던 것은 공화당이 상원에서 11석을 더 얻어 53 대 47로 과반수가 넘는 의석을 차지했다는 사실이었다.

카터의 자유주의	레이건의 신보수주의

공급 중시 경제학 = 레이거노믹스
↓
세금 삭감, 연방 지출의 축소, 소득세 개혁

경제	국제 석유가 하락
인플레이션	1980: 12.4% → 1982: 7% → 1985: 3.6%로 감소
콜금리	1981: 21.5% → 1983: 10.5%로 하락
실업률	1983. 4: 10.2%로 지난 40년 동안 최고 수준 → 1985: 7.2%
국민총생산	1984: 6.8%로 상승

군비 지출 증액

▶ 레이건 행정부(1981~1985년)

작은 정부를 지향한 '레이거노믹스'

레이건은 취임 초부터 경제 문제 해결에 착수했다. 그는 만성적인 재정 적자를 줄이기 위해서는 정부 지출을 축소하는 '작은 정부'를 지향하는 것이 우선이라고 보았다. 이른바 '레이거노믹스(Reaganomics)'라고 부르는 이 정책의 핵심은 세금 삭감과 연방 지출의 축소였다. 레이건은 먼저 의회에 도시 지원, 노인의료보장제, 저소득층 의료보조(Medicaid), 식량 구입권(food stamp), 저소득층을 위한 복지 보조금, 학교 급식 등을 포함한 여러 종류의 복지와 사회 보장을 위한 예산 삭감을 요청했다. 다음으로 '공급 중심 경제학(supply-side economics)'의 열렬한 신봉자로서 과감한 소득세 개혁을 추진했다. 그는 저축과 투자를 촉진하기 위해서는 부유층과 기업의 소득세 절감이 필요하다고 판단해, 3년에 걸쳐 30퍼센트의 소득세 삭감을 제안했다. 이에 의회는 5년 내에 7500억 달러의 세금 삭감 계획과 3년에 걸친 25퍼센트의 개인 소득세 삭감으로

제40대 대통령 로널드 레이건.

응답했다. 이는 이제까지 미국 역사상 가장 큰 규모의 감세안이었다. 하지만 이러한 세금 감면 조치로 가장 큰 혜택을 본 사람은 부유층이었기 때문에 이 정책은 가진 자의 편에 선 정책이라는 비난을 면치 못했다.

레이건 행정부에서의 경제 회복

레이건의 경제정책은 취임 2년 내에 인플레이션율과 금리의 하락이라는 괄목할 만한 성과를 가져왔다. 인플레이션은 1980년 12.4퍼센트에서 1982년 7퍼센트 이하로 떨어졌고, 콜금리도 1981년 초 21.5퍼센트에서 1983년 초 10.5퍼센트로 급락했다. 여기에는 국제 석유가의 하락도 한몫했다. 하지만 1982년 초에는 다시 심각한 경기후퇴 국면이 다가왔다. 그해 10월 실업률은 10.1퍼센트에 달했다. 대부분의 실직자들은 성인 남성이었고, 특히 흑인 남성의 경우 실업률은 19.8퍼센트에 이르렀다. 실직자 중 상당수는 자동차, 철강, 고무 등과 같은 이른바 사양산업인 '굴뚝 산업'에 종사하던 블루칼라 노동자들이었다. 1983년 4월에는 실업률이 10.2퍼센트에 달했는데, 이는 지난 40년 동안 가장 높은 수준이었다. 그러나 1984년에 미국 경제는 다시 달아오르기 시작했다. 그해 국민총생산은 6.8퍼센트로 상승했다. 1985년에 이르러 실업률은 다시 7.2퍼센트로 줄어들고 인플레이션율도 3.6퍼센트에 머물렀다.

레이건 행정부 전반기의 대외 문제

레이건은 소련에 대해 근본적으로 불신을 갖고 있었다. 그는 한때 소련을 '사악한 제국(Evil Empire)'이라고 부르기도 했다. 따라서 레이건 행정부는 소련에 대해 강경 노선을 취했다. 레이건은 국방력을 향상시키고 소련에 대한 협상 능력을 강화하기 위해 상당한 군비 지출 증액을 지지했다. 또 100대의 B-1 폭격기 생산과 100기의 차기 대륙간탄도탄 미사일 MX(Missile Experimental)의 배치를 요구했다. 1983년 소련의 전투기가 캄차카반도 인근 해상에서 한국의 대한항공 여객기를 미사일로 격추시켜 269명의 사망자가 발생하자 미국은 소련에 제재를 가하기도 했다.

미국의 대외 정책은 중동에서도 커다란 시련을 겪었다. 1982년 6월 이스라엘군이 팔레스타인 해방기구(Palestinian Liberation Organization, PLO)를 몰아내기 위해 레바논을 침공하자, 미국은 유엔 평화유지군으로 해병대를 베이루트에 파병했다. 그런데 1983년 미군 해병대 숙소에 한 자살 테러리스트가 폭탄 실은 트럭을 타고 돌진해 241명의 해병대원이 죽는 불상사가 발생했다. 레이건은 이 사건으로 레바논 사태에 대한 미국의 중재가 별다른 효과가 없는 것으로 판단하고 1984년 레바논 주둔 미군을 철수시켰다.

레이건 행정부의 라틴아메리카 정책은 민주주의 국가든 독재 국가든 공산주의에 반대하는 모든 나라 또는 혁명 세력을 지원한다는 것이었다. 예컨대 엘살바도르에서 외부 공산주의자의 지원을 받는 게릴라들이 인권 유린을 자행하는 호세 두아르테(Jose Duarte)의 우파 독재 정부를 위협하자, 미국은 두아르테의 독재에는 아랑곳하지 않고 엘살바도르 정부를 지원했다. 미국은 레바논에서의 해병대원 손실로 인한 좌절을 만회하기라도 하듯이 베이루트 폭파 사건 3일 후 카리브해에 있는 인구 10만 명에 불과한 작은 섬나라 그레나다에 4600명의 미군을 파병했다. 침공 명목은 쿠데타가 일어난 그레나다에서 공부하는 1000명의 미국인 학생을 보호하기 위한 것이었지만, 실제 목적은 쿠바인 마르크스주의자들이 주도한 쿠데타를 진압하기 위함이었다. 미군은 침공 3일 만에 쿠데타를 제압하고 그레나다에 민주 정부를 회복시켰다.

역사 메모 식량 구입권은 저소득층에게 식량을 제공하기 위한 연방 보조 프로그램이다. 식량 구입권은 각 주에서 분배해주지만, 프로그램 자체는 미국 농무부에서 관장한다. 오늘날 대부분의 식량 구입권은 전자 급부 이체(Electronic Benefit Transfer, EBT) 카드의 형태로 지급되지만, 과거에는 일종의 상품권 형태로 지급되었다. 현재 식량 구입권 수혜자의 51퍼센트는 18세 이하의 청소년과 아동이고, 그중 65퍼센트는 편부모 가정을 갖고 있다.

평온하지 않았던 레이건의 두 번째 임기

레이건 대통령은 재선에 성공했으나 막대한 재정 적자와 빈부 격차,
마약, 에이즈, 테러리즘과 이란-콘트라 사건 등으로 고난을 겪었다.

경제 회복과 개인적 인기를 바탕으로 한 레이건의 재선

1984년의 대통령 선거에서 레이건의 재선은 경제 회복에 따른 예견된 결과라고 할 수 있었다. 레이건의 1차 임기 4년간의 활동은 대부분의 미국인에게 레이건 대통령과 함께라면 생활이 더 나아질 것이라는 확신을 주었다. 미국인들은 레이건이 국내 및 대외 문제를 적극적으로 해결할 수 있는 강력하면서도 매력적인 지도자라고 생각했다. 레이건은 정치적 보수주의자들뿐 아니라 사회적, 문화적, 종교적 보수주의자들로부터도 열정적 지지를 이끌어냈다.

반면에 민주당은 레이건에 대항해 설득력 있는 대안을 내놓지 못했다. 민주당은 혼란 상태에 있었고, 정책은 시대에 뒤떨어졌으며, 대통령 후보조차도 대중에게 별다른 흥분을 이끌어내지 못했다. 민주당에서는 대선 후보로 전직 부통령 월터 먼데일(Walter Mondale)과 게리 하트(Gary Hart) 상원의원이 경합을 벌였다. 또한 미국 역사상 최초로 아프리카계 미국인인 제시 잭슨(Jesse Jackson) 목사도 경선에 도전했다. 잭

슨 목사의 무지개연합(Rainbow Coalition)은 소수 인종에게 희망을 주었으며, 최초로 많은 아프리카계 미국인과 히스패닉이 유권자 등록을 하도록 이끌었다. 결국 먼데일이 민주당 대선 후보로 지명되었는데, 그는 뉴욕주 출신 하원의원인 제럴딘 페라로(Geraldine Ferraro)를 미국 역사상 최초의 여성 부통령 후보로 선택해 여성 유권자들의 표심을 움직이려 했다. 선거 결과는 부통령 후보로 조지 부시(George Bush)를 선택한 레이건의 엄청난 압승으로 나타났다. 일반투표에서 58.8퍼센트를 차지한 레이건은 먼데일의 출신 주인 미네소타와 워싱턴 컬럼비아 특별구를 제외하고 나머지 49개 주를 석권하며 525표의 선거인단 표를 획득했다.

레이건의 감세 정책과 국방비 증액으로 인한 재정 위기

압도적으로 재선에 성공한 레이건이었지만, 제2차 임기 초부터 레이건은 국내 정치에서 수세에 몰리게 되었다. 그렇게 된 가장 큰 이유 중 하나는 바로 재정 적자였다. 레이건은 처음 출마 당시 4년 이내에 균형예산을 만들겠다고 공약했으나, 오히려 재임 8년 동안 예산 적자의 주역이 되고 말았다. 레이건은 1980년의 선거전에서 카터 대통령이 740억 달러의 적자를 가져왔다고 공격했으나, 레이건의 2차 임기 첫 해인 1985년에는 재정 적자가 2112억 달러였고, 이듬해에는 2210억 달러에 달했다. 공화당은 재정 적자의 책임이 민주당에 있다고 비난했지만 실제로 국채의 절반은 레이건 재임 중인 1982년에서 1986년에 이르는 기간에 발생했다. 레이건의 감세 정책과 날로 치솟는 국방 예산으로 말미암아 국채가 5년 동안 9550억 달러로 늘어난 것이다. 이에 대해 레이건과 의회는 1985년 연간 적자의 점진적 감축을 통해 1991년까지 연방 예산의 균형을 이룬다는 그램-러드먼 법(Gramm-Rudman Act)에 마지못해 동의했다. 그 결과 적자는 줄어들었으나 1987년에서 1989년 까지 3년간 적자 총액은 여전히 4570억 달러에 머물러 있었고, 1991년 에도 2680억 달러에 달했다.

보수적 대법관으로 충원된 레이건의 대법원 개조

제2차 임기 중 레이건은 사법부와 세제 개혁이라는 두 가지 측면에서 자신의 의도를 관철할 수 있었다. 제1차 임기 중 샌드라 데이 오코너(Sandra Day O'Connor)를 최초의 여성 대법관으로 임명했던 레이건 은 제2차 임기에서도 대법원장을 비롯해 2명의 새로운 대법관을 임명할 기회를 갖게 되자 대법원을 보수화하는 데 주력했다. 그는 우선 워런 버거 대법원장이 1986년 은퇴를 발표하자, 그 자리에 보수주의자인 윌리엄 렌퀴스트(William Renquist)를 지명했고, 공석이 된 대법관 자리에는 한층 보수적인 앤터닌 스캘리아(Antonin Scalia)를 상원의 인준을 받아 임명했다. 그리고 1987년 루이스 파월(Lewis Powell) 대법관이 사임하자 자신이 지명한 2명의 후보가 상원의 인준을 받지 못하는 우여곡절을 겪은 끝에 역시 보수주의자로 평가받는 앤서니 케네디(Anthony Kennedy)를 대법관에 앉힘으로써 자신의 목적을 달성할 수 있었다. 렌퀴스트의 대법원은 레이건과 부시 행정부에 걸쳐 특히 민권과 낙태에 관해 보수적 판결을 내림으로써 레이건의 의도에 어느 정도 부응했다.

부익부 빈익빈

1980년대의 미국 사회는 점차 양극화되어가고 있었다. 다시 말하면 부익부 빈익빈 현상이 더욱 심화되었던 것이다. 예컨대 미국 내 하위

20퍼센트 가구당 소득은 13퍼센트나 줄어든 반면 상위 20퍼센트의 가구당 소득은 27퍼센트가 늘어났으며, 최상위 1퍼센트의 가구당 소득은 2배로 증가했다. 1989년에는 상위 1퍼센트를 차지하는 83만 4000가구의 총소득이 5조 7000억 달러로 8400만 가구에 해당하는 나머지 90퍼센트 가구 총소득 4조 8000억 달러보다 많았다.

마약과 AIDS

1980년대 이후 미국 사회에는 새롭고 치명적인 유행이 빠르게 확산되기 시작했는데, 그중 한 가지는 마약 사용의 증가였다. 1960년대 대항문화의 부산물로 히피를 비롯한 청년층에서 주로 이용하던 마리화나, LSD 등의 환각제와 달리 1980년대에는 중독성과 환각성이 강한 '정제 코카인(crack)'이 주류를 이루며 미국의 거의 모든 도시 남녀노소에게 침투했다. 주로 콜롬비아, 페루, 볼리비아 등의 중남미 국가에서 생산된 코카인 밀수는 수백억 달러 규모의 산업이 되었고, 암흑가에서는 마약 거래를 둘러싸고 암투가 벌어지는 가운데 수많은 사람이 희생되기도 했다. 예컨대 1987년 로스앤젤레스에서는 마약과 관련한 총격전으로 387명이 사망했는데, 그중 절반 이상은 죄 없는 구경꾼이었다. 미국은 레이건 행정부 시절부터 '마약과의 전쟁(War on Drugs)'을 선포하고 마약 밀수입과 전파를 막기 위해 노력했으나, 아직도 마약 사용은 근절되지 않고 있다. 1980년 말부터 중산층의 마약 사용은 상당히 줄어들었지만, 도심지의 슬럼가에서는 여전히 마약 사용이 기승을 부렸다.

마약 사용과 밀접한 관련을 갖고 등장한 또 다른 재앙은 미국에서는 1981년 최초로 보고된 후천성면역결핍증(acquired immune deficiency syndrome), 즉 에이즈(AIDS)였다. 에이즈는 주로 마약 사용자들이 공유하는 정맥 주사기와 성적 접촉을 통한 정액이나 혈액 같은 감염된 인체 분비액의 교환으로 전염되며, 인체면역결핍바이러스(HIV)가 면역 체계를 파괴해 주로 폐렴이나 암 같은 치명적 질병으로 사망에 이르는 무서운 전염병이다. 미국에서 에이즈는 처음에 남성 동성애자의 성적 행위로 인해 이들 사이에 널리 전파되었으나, 곧 이성 간에도 빠르게 전염되기 시작했다. 1981년에서 1988년 사이에 5만 7000명의 에이즈 감염이 보고되었고, 그중 3만 2000명이 사망했다.

테러리즘의 대두

미국은 1980년대 중반부터 중동문제와 관련해 테러리스트의 공격과 인질 석방이라는 문제에 직면했다. 1985년 테러리스트의 공격으로 17명의 미국인이 사망했고, 그해 6월에는 미국 국적의 TWA(Trans World Airlines) 여객기가 아테네에서 시아파교도(Shia Islam)에게 공중 납치되는 사건이 일어났다. 이때 레바논에 강제 착륙한 39명의 미국인은 2주 이상이나 인질로 잡혀 있어야 했다. 1986년에는 리비아의 지원을 받은 테러리스트가 서베를린의 나이트클럽을 폭파해 60명의 미국인이 부상당했으며, 1988년에는 테러리스트가 설치한 폭탄으로 인해 미국의 팬앰(Pan Am) 여객기가 스코틀랜드의 로커비(Lockerbie) 상공에서 폭발해 대부분이 미국인이던 승객과 승무원 전원이 사망했다. 레이건은 1986년 서베를린 나이트클럽 폭발 사건에 대한 보복으로 리비아의 트리폴리와 벵가지에 공습을 명령했다. 이 공습의 주요 목표 중 하나는 리비아의 지도자 무아마르 알 카다피(Muammar al-Qaddafi)를 제거하는 것이었으나, 실패로 돌아가고 말았다.

냉전의 해빙에 한발 다가선 레이건과 고르바초프

소련에서는 1985년 미하일 고르바초프(Mikhail Gorbachev)의 등장과 더불어 서방과의 긴장 완화 정책이 추진되기 시작했다. 고르바초프는 점차 악화되는 국내 문제를 해결하고 군사비 지출을 줄이기 위한 실질적인 방법으로 레이건과 몇 차례 정상회담을 가졌다. 그중 1986년 아이슬란드의 레이캬비크(Reykjavik) 정상회담에서 고르바초프는 미·소 양측의 핵무기를 50퍼센트 이상 축소할 것을 제안했으나, 레이건이 이른바 '별들의 전쟁(Star Wars)'라고 불리는 전략방위구상(Strategic Defense Initiative, SDI)을 포기하지 않았기 때문에 결렬되고 말았다. 하지만 양국 정상 간의 군축 회담은 1987년 워싱턴에서 다소간 결실을 보게 되어 미국과 소련이 보유한 2500기 이상의 중·단거리 미사일을 폐기하기로 한 전략무기제한협정이 체결되었다. 이와 더불어 고르바초프는 1988년 5월 아프가니스탄에서 소련군을 철수시켰다. 따라서 취임 초 소련을 악의 제국으로 보았던 레이건은 퇴임 무렵에는 소련에 대한 자신의 생각을 어느 정도 수정하게 되었다.

레이건 행정부를 위기로 몰아넣은 이란-콘트라 사건

이란-콘트라 사건의 발단은 레이건이 1985년 이스라엘에 대한 무기 판매를 승인하면서부터 시작되었다. 이스라엘에 판매한 이 무기가 이후 레바논에서 친이란계 조직이 잡고 있는 미국인 인질 석방을 조건으로 이란에도 판매되었기 때문이다. 인질 석방은 실패로 돌아갔지만 CIA와 국가안전보장회의(NSC)는 이란에 대한 무기 판매 대금 중 일부를 니카라과에서 반미적인 '산디니스타(Sandinista)' 정부에 대항해 싸우는 친미 게릴라 '콘트라(Contra)'를 지원하는 데 이용했다는 사실이 밝혀졌다. 미국 의회는 1982년 볼랜드 수정안(Boland Amendment)을 통해 니카라과에서 양민 학살을 자행하는 콘트라에 대한 어떠한 직접적인 군사 지원도 금했기 때문에 이는 명백히 위법이었다.

1987년 의회는 상원 청문회를 통해 이 사건에 NSC의 정치·군사 담당 부책임자인 해병대 중령 올리버 노스(Oliver North)와 그의 상관 존 포인덱스터(John Poindexter) 제독이 관여했음을 밝혀냈다. 나아가 의회는 공식 보고서를 통해 대통령이 자신의 보좌관에 대한 '궁극적 책임'을 져야 한다고 지적하며 레이건에게 비난의 화살을 돌렸다. 그러나 대통령이 이 사건에 대해 알았다는 직접적인 증거가 없었기 때문에 레이건은 탄핵을 모면할 수 있었고, 결국 대통령 비서실장 도널드 리건(Donald Regan)이 사임하고 노스와 포인덱스터가 기소되는 선에서 이란-콘트라 사건은 마무리되었다. 그러나 이란-콘트라 사건은 닉슨 시절의 워터게이트사건에 버금갈 정도로 레이건 행정부의 마지막 2년을 마비시켰다.

> **역사 메모** 콘트라는 사실 이란에 대한 무기 판매 대금을 한 푼도 받지 않았다. 나중에 미국도 알고 있었던 것으로 밝혀졌지만, 콘트라는 마약 거래를 통해 무기 구입 자금을 조달했다.

많은 일을 겪어야 했던 부시 대통령

> 부시 대통령 취임 후 공산주의가 몰락하고 냉전이 종식되었다.
> 또 걸프 전쟁에서 승리함으로써 부시는 재임 중 국민들의 높은 지지를 받았다.

현직 부통령 조지 부시가 승리한 1988년의 대통령 선거

1988년 민주당은 국가 채무 증대, 경제 불황, 이란-콘트라 사건 등 레이건 행정부의 실책으로 말미암아 다가오는 대통령 선거에서 승리할 수 있다는 희망을 갖게 되었다. 당내 경선에서 북부 출신 자유주의자인 매사추세츠 주지사 마이클 듀카키스(Michael Dukakis)와 남부 중도파인 테네시주 출신 상원의원 앨 고어(Al Gore)가 막판 경합을 벌였으나, 최종적으로 듀카키스가 대통령 후보로 뽑혔다. 듀카키스는 또다른 남부인인 텍사스주 출신 상원의원 토머스 벤츤(Thomas Bentsen)을 러닝메이트로 택해 대선에 임했다. 공화당에서는 레이건 행정부에서 8년 동안 부통령을 지낸 조지 부시(George H. W. Bush)와 캔자스주 출신의 상원 소수파 지도자 로버트 돌, 전직 국무장관 알렉산더 헤이그(Alexander Haig), 텔레비전 부흥 목사 팻 로버트슨(Pat Robertson) 등이 경합을 벌였으나, 현직 부통령 부시가 이른바 '슈퍼 화요일(Super Tuesday)'에 치러진 예비선거에서 16개 주를 휩쓸어 공화당 대통령 후보로 지명되었다. 부시는 후보 지명 수락 연설에서 "내 입술을 읽으세요, 더 이상 새로운 세금은 없습니다(Read my lips, no new taxes)."라고 공약했는데, 자신의 임기 중 이를 지키지 못함으로써 이 말은 두고두고 그를 괴롭혔다.

선거 결과는 불과 절반가량의 유권자만이 투표에 참여한 가운데 선거인단 표에서 426대 112표로, 일반투표에서는 54퍼센트 대 46퍼센트로 부시가 승리했다. 반면 의회 의석수에서는 민주당이 상하 양원에서 안정적인 다수를 차지했다.

레이거노믹스의 기본 틀을 유지한 부시의 국내 정책

부시 대통령의 국내 정책은 레이건 행정부의 연장선에 있었다고 해도 과언이 아니다. 그는 '레이거노믹스'의 기본 틀을 대부분 유지했다. 따라서 재정 적자는 더욱 커지게 되었다. 그런데도 부시는 조용하고 온건한 대중적 이미지와 걸프 전쟁에서의 승리에 힘입어 취임 후 3년 동안 커다란 인기를 누렸다. 그의 인기는 한때 90퍼센트에 달할 정도였으나 경제적 실정과 더불어 임기 말에 급락해 재선에 실패한 대통령의 반열에 오르고 말았다.

부시는 정부의 규모를 축소하는 레이건의 정책을 답습하려 했지만, 민주당이 지배하는 의회는 오히려 복지 예산의 증가 같은 사회적으로 진보적인 입법을 시도해 부시의 정책과 자주 충돌했다. 이에 대해 부시는 1989년 최소 임금 인상안에 대한 거부권 행사부터 시작해 재임 기간 중 무려 37개의 법안에 거부권을 행사했다. 미국 역사상 대통령과 의회의 관계가 이렇듯 악화된 경우도 드물었다. 부시의 거부권 행사로 말미암아 보건, 재정 적자, 세금, 범죄, 결손가정과 관련된 법안들이 미

해결인 채로 남게 되었다. 하지만 의회와 대통령은 때로 중요한 법안을 통과시키기도 했다. 예컨대 1990년 백악관은 민주당 의원들이 예산 삭감을 승인해주는 대가로 세금 인상에 동의했다. 이는 부시가 대선 공약으로 내걸었던 새로운 세금을 걷지 않겠다는 약속을 위반한 것이었다.

클래런스 토머스 대법관 지명자와 '성희롱' 사건

대법원에 관해 전임 레이건 대통령이 보수주의 혁명을 시작했다면 부시는 그 혁명을 완결 지었다고 할 수 있다. 부시는 우선 윌리엄 브레넌(William Brennan) 대법관의 은퇴로 공석이 된 자리를 온건 보수주의자인 데이비드 스카우터(David Scouter)로 무난히 임명할 수 있었지만, 1991년 아프리카계 미국인 서굿 마셜(Thurgood Marshall) 대법관의 후임을 임명하는 데에는 약간의 어려움을 겪어야 했다. 부시는 마셜의 빈자리가 이른바 '흑인 몫(black seat)'이었기 때문에 역시 보수주의자이자 평등고용기회위원회(Equal Employment Opportunity Commission) 위원장이었던 클래런스 토머스(Clarence Thomas)를 대법관으로 지명했다. 그러나 토머스의 지명은 많은 법률 단체와 흑인지위향상협회(NAACP)의 반대에 부딪쳤다. 이들은 토머스가 소수자 우대 조치에 반대하고 학교에서 기도를 부활시키는 데 찬성하며 낙태에도 반대하는 등 매우 보수적인 입장을 취한 것과 관련해 그를 비난했다. 특히 토머스는 상원의 인준 청문회 과정에서 오클라호마 대학의 흑인 여성 법학 교수인 아니타 힐(Anita Hill)이 1980년대 초 그녀가 토머스를 위해 일할 당시 '성희롱(sexual harassment)'을 당했다고 주장함으로써 곤경에 처하기도 했다. 토머스는 상원에서 52대 48로 가까스로 인준을 받기는 했으나 이후 세계적으로 '성희롱'이라는 단어가 널리 퍼지게 되었다.

공산주의의 몰락과 냉전의 종식

레이건 행정부 시절에 냉전이 해빙기를 맞이했다면, 부시 행정부의 첫 2년 동안 냉전은 종말을 고했다. 소련은 1985년 고르바초프가 집권한 이후 페레스트로이카(perestroika)라고 부르는 경제 재건 정책을 통해 고도로 관료화되고 쇠퇴한 경제를 재건하고 현대화하기 시작했으며, 글라스노스트(glasnost)라고 부르는 개방정책을 통해 권위주의적 정치 체제를 해체하려는 노력을 기울였다. 따라서 고르바초프는 동유럽의 위성국가들이 정치적 독립을 추구하는 것도 허용했다.

한편 냉전의 상징이었던 베를린장벽은 동독의 서기장이던 에리히 호네커(Erich Honecker)가 물러난 지 한 달 뒤인 1989년 10월 붕괴되었다. 베를린장벽의 붕괴는 1990년 10월 3일 독일의 통일로 이어졌다. 그 사이 소련의 위성국가였던 폴란드, 체코슬로바키아, 헝가리, 루마니아 등에서도 시위가 발생해 폴란드에서는 레흐 바웬사(Lech Walesa)가 대통령이 되었고, 루마니아에서는 공산주의 독재자인 니콜라에 차우셰스쿠(Nicolae Ceausescu)가 처형되었다. 체코슬로바키아에서는 아무런 폭력 사태 없이 반체제 극작가인 바츨라프 하벨(Vaclav Havel)이 대통령이 되었고, 헝가리에서는 1990년에 자유선거가 실시되었다. 유고연방은 해체되어 다양한 인종 간의 극심한 내전 상태에 돌입했다.

이 무렵 지구상에는 쿠바, 중국, 베트남, 북한만이 공산주의 국가로 남아 변화의 물결에 저항하고 있었다. 중국은 1989년 천안문 광장에서 발생한 민주화 요구 시위를 제압하고서야 사회주의 체제를 유지할 수 있었다. 소련에서는 공산주의 체제를 지키기 위해 공산당 강경파들이 흑해 연안의 휴양지에서 휴가 중이던 고르바초프를 연금하고 쿠데타를 시도했으나, 보리스 옐친(Boris Yeltsin)과 더불어 크렘린을 막아선 수많

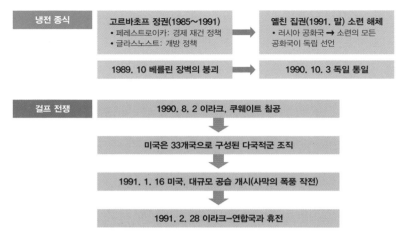

| 냉전 종식 | 고르바초프 정권(1985~1991)
• 페레스트로이카: 경제 재건 정책
• 글라스노스트: 개방 정책 | ➡ | 옐친 집권(1991. 말) 소련 해체
• 러시아 공화국 ➡ 소련의 모든
공화국이 독립 선언 |
| | 1989. 10 베를린 장벽의 붕괴 | ➡ | 1990. 10. 3 독일 통일 |

| 걸프 전쟁 | 1990. 8. 2 이라크, 쿠웨이트 침공 |

미국은 33개국으로 구성된 다국적군 조직

1991. 1. 16 미국, 대규모 공습 개시(사막의 폭풍 작전)

1991. 2. 28 이라크-연합국과 휴전

▶ 부시 행정부의 대외 정책

은 러시아 시민의 저항에 좌절되고 말았다. 1991년 말 고르바초프가 사임하고 옐친이 집권하면서 소련은 해체되고 러시아공화국을 중심으로 한 느슨한 형태의 독립국가연합(Commonwealth of Independent States, CIS)을 결성했다. 부시는 옐친이 대통령이 된 후 정상회담을 갖고 두 나라 간의 국제적 협력을 약속했다.

이라크의 쿠웨이트 침공으로 빚어진 걸프 전쟁

1990년 8월 2일 이라크의 사담 후세인(Saddam Hussein) 대통령은 이라크가 쿠웨이트에 지고 있는 엄청난 채무를 줄여주지 않는 것을 빌미로 쿠웨이트를 전격 침공해 국왕과 집권 세력을 축출하고, 쿠웨이트의 거대한 석유산업을 독차지하고자 했다. 이에 대해 미국은 미국 내 모든 이라크 자산을 동결하고, 사우디아라비아에 미군을 파견하겠다고 발표했다. 후세인의 쿠웨이트 침공은 명백한 침략 행위이자 이 지역 석

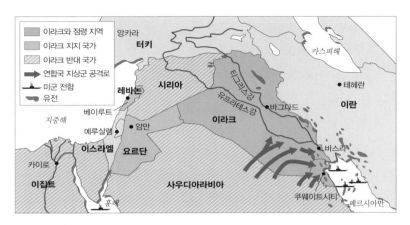

이라크와 점령 지역
이라크 지지 국가
이라크 반대 국가
연합국 지상군 공격로
미군 전함
유전

앙카라
터키
카스피해
시리아
레바논
테헤란
티그리스강
이란
유프라테스강
베이루트
바그다드
지중해
예루살렘 · 암만
이라크
이스라엘 요르단
바스라
카이로
이집트
사우디아라비아
쿠웨이트시티
홍해
페르시아만

▶ 걸프 전쟁

유의 안정적 공급을 위협하는 행위였기 때문에, 요르단과 리비아를 제
외한 모든 아랍 국가를 포함해 전 국제사회가 이라크의 즉각적이고 무
조건적인 철수를 요구하는 일련의 유엔 결의안을 지지했다. 유엔은 이
라크에 대한 조치로 공중과 해상 봉쇄를 이용하면서 경제적 제재를 가
했다. 그런데도 이라크가 유엔의 결의에 응하지 않자 유엔은 이라크에
이듬해 1월 15일까지 철수하지 않으면 무력행사에 돌입할 것이라는 최
후통첩을 보냈다.

그사이 미국은 영국, 프랑스, 이집트, 사우디아라비아 등 33개국으
로 구성된 다국적군을 조직해 쿠웨이트와 사우디아라비아 국경을 따
라 53만 명의 미군을 포함한 총 69만 명의 대규모 병력을 배치했다.
미국인들은 부시 대통령의 이 같은 조치를 강력히 지지했고, 상하 양
원도 압도적인 표결로 유엔 결의안을 지지함으로써 전쟁을 승인했다.
1991년 1월 16일 부시 대통령은 연합군 공군의 쿠웨이트 진주 이라크
군과 이라크 내 군사시설에 대한 대규모 공습 개시와 동시에 '사막의

폭풍 작전(Operation Desert Storm)'이 시작되었다고 발표했다. 6주 동안 계속된 공습 및 폭격 이후 미군이 주축을 이룬 다국적군은 노먼 슈워츠코프(Norman Schwarzkopf) 장군의 지휘로 대규모 지상 작전을 전개했다. 이라크는 결국 2월 28일 연합국의 휴전 조건을 받아들이겠다고 선언했다.

이렇듯 걸프 전쟁은 신속하면서도 성공적으로 끝났다. 다국적군에서는 148명의 미군을 포함해 단 240명의 사망자가 발생한 것에 비해, 이라크군 사상자는 10만 명이 넘었다. 또한 다국적군의 공습으로 이라크의 기간 시설이 파괴되어 유엔 조사팀의 보고처럼 '전(前) 산업시대로 퇴보'했다. 후세인은 전쟁에 패했음에도 불구하고 권좌를 유지했으며, 오히려 반란을 일으킨 이라크 내 시아파와 쿠르드족을 탄압했다. 하지만 이 시기 후세인의 쿠르드족 학살 사건은 이후 이라크 전쟁에서 미군에 체포되어 이라크 재판정에 선 후세인이 2006년 교수형을 당하는 결정적 죄목이 되고 말았다.

역사 메모 걸프 전쟁이 있기 전 미국은 2만 5000명의 원정군을 동원해 파나마를 침공했다. 이 침공의 목적은 한때 미국의 친밀한 동맹자였던 파나마의 독재자 마누엘 노리에가(Manuel Noriega) 장군을 체포하기 위함이었다. 이는 베트남전쟁 이후 미국 최대의 군사작전이었다. 노리에가는 코카인 거래, 부정 축재, 돈세탁 등의 혐의로 미국과 프랑스에서 20년 넘게 수감 생활을 하다가 2017년 뇌종양으로 사망했다.

클린턴의 스캔들과 탄핵 모면

> 자유무역을 주창하며 여러 가지 정책을 비교적 성공적으로 펼친 클린턴 대통령은
> 르윈스키 스캔들로 인해 탄핵 위기까지 갔으나 국민들의 열렬한 지지에 힘입어
> 탄핵을 모면했다

베이비붐 시대에 출생한 대통령의 탄생

1992년 대통령 선거가 다가올 무렵 걸프 전쟁을 승리로 이끈 현직 대통령 부시의 인기는 여전히 높은 수준을 유지하고 있었다. 때문에 민주당에서는 유력한 대통령 후보로 주목받던 뉴욕 주지사 마리오 쿠오모(Mario Cuomo)와 뉴저지 출신 상원의원 빌 브래들리(Bill Bradley)가 출마를 포기한 가운데, 당시까지 전국적으로 그다지 이름이 알려지지 않았던 아칸소 주지사 빌 클린턴(William Clinton)이 최종적으로 지명을 획득했다. 공화당에서는 보수주의 언론인 팻 뷰캐넌(Pat Buchanan)이 경선에서 부시에게 도전했으나 '슈퍼 화요일'에서 승리한 부시가 공화당 대선 후보 지명을 받았다.

1992년 대선에서 돌발 변수로 등장한 것은 텍사스의 억만장자 사업가 로스 페로(Ross Perot)의 무소속 출마였다. 페로는 엄청난 선거 자금을 동원해 텔레비전 광고를 하면서 유권자들에게 친밀하게 다가가, 한때 여론 조사에서 39퍼센트를 얻어 31퍼센트를 얻은 부시와 25퍼센트

를 차지한 클린턴을 앞서기도 했다.

선거 결과는 클린턴이 일반투표에서 43퍼센트와 선거인단 표에서 370표를 얻어, 일반투표에서 38퍼센트와 선거인단 표에서 168표를 얻은 부시를 꺾고 당선되었다. 페로는 선거인단 표에서는 단 한 표도 얻지 못했으나, 일반투표에서는 19퍼센트를 얻어 1912년 이래 제3당 후보로는 가장 많은 표를 기록했다. 선거 당일의 출구 여론조사 결과 부시는 경제 실정으로 말미암아 패배한 것으로 나타났다. 결국 부시는 세금을 올리지 않겠다는 자신의 약속을 지키지 못해 재선에 실패하고 말았던 것이다.

자유무역의 주창자로 나선 클린턴의 국내 정책

케네디 대통령 이래 가장 젊은 나이인 46세에 대통령에 당선된 클린턴은 내각에 4명의 여성, 4명의 아프리카계 미국인, 2명의 히스패닉 미국인을 각료로 임명함으로써 지난 12년간에 걸친 공화당 행정부의 분위기를 일신하고자 했다. 나아가 의료보험제도를 개혁하기 위해 많은 논란에도 불구하고 자신의 부인인 힐러리 로댐 클린턴(Hillary Rodham Clinton)에게 특별전문위원회 의장을 맡기는 파격적인 인사를 단행하기도 했다.

클린턴은 레이건과 부시 대통령 시절에 이루어진 경제정책에 대해서도 방향 전환을 시도했다. 부자들에 대한 세금을 대폭 인상하고, 정부 지출을 삭감해 재정 적자를 줄이고, 저임금 노동자에게는 세금 공제 혜택을 주는 정책을 펼친 것이다. 클린턴은 자유무역의 주창자로서 미국의 노동자들이 저임금을 받는 멕시코인들에게 일자리를 빼앗길 것이라는 반대자들의 주장에도 불구하고, 1993년 미국, 캐나다, 멕시코 간의 북미자유무역협정(North American Free Trade Agreement, NAFTA)을 체결해 의회로부터 비준을 받아냈다. 클린턴은 나아가 1995년 자유무역의 범세계적 확산을 목표로 하는 세계무역기구(World Trade Organization, WTO)의 창설에도 일조했다.

클린턴은 취임 직후 자신의 선거 공약대로 동성애자의 군 입대를 추진했으나, 군과 공화당의 맹렬한 반대에 부딪쳐 "묻지도 말고, 말하지도 말라(Don't ask, don't tell)."는 애매한 타협에 굴복했다. 즉, 동성애자는 군대 내에서 자신이 동성애자임을 밝히지 않는 한 어떤 차별도 금지되지만, 만약 동성애자라는 사실이 알려지게 될 경우에는 전역시킨다는 것이었다.

한편 힐러리를 내세워 야심차게 추진한 의료보험제도 개혁에서도 기대 이하의 성과에 머물러야 했다. 당시 미국에는 65세 이상 노인을 위한 노인의료보장제와 빈민을 위한 저소득층 의료보조가 있었지만, 전 국민을 대상으로 하는 건강보험은 민간 보험회사의 사적인 보험을 제외하고 전무한 실정이었다. 따라서 클린턴은 힐러리의 보고서를 토대로 국민건강보험제도를 만들려고 했으나, 미국에서 가장 막강한 이익단체 중 하나인 미국의사회와 보험회사, 제약회사 등의 완강한 반대에 부딪쳐 실패하고 말았다.

연방 정부 기관의 휴업 사태를 초래한 공화당 지배의 의회

1994년의 중간선거에서 공화당은 클린턴 행정부의 실정을 비판하면서 40년 만에 상하 양원을 지배하게 되었다. 이 선거에서 공화당은 정부의 규제가 기업 활동을 방해하면서도 값비싼 대가를 치른다고 비판했다. 나아가 정부 역할의 축소를 요구하면서, 연방 정부의 지출을 줄이기 위해 노인의료보장제를 비롯한 사회 복지 비용의 축소를 주장했다. 결국 공화당의 승리는 복지국가의 종식으로 나타났다. 공화당이 지배하는 제104차 의회는 환경 규제 철폐, 헤드 스타트(Head Start) 같은 교육 프로그램에 대한 예산 삭감, 감세, 균형예산 등의 정책을 추진하기 시작했으며, 공화당 출신 하원의장 뉴트 깅리치(Newt Gingrich) 주도하에 의회는 실질적으로 모든 사회복지 분야 예산의 엄청난 삭감을 제안하는 예산 편성을 요구했다.

클린턴은 1994년의 중간선거 결과에 대해 "큰 정부의 시대는 종말을 고했다."고 선언하며, 공화당이 주장한 것과 같이 균형예산과 세금 삭감 방향으로 정책을 전환했다. 그러나 1995년 말 클린턴과 깅리치는 세금 삭감의 규모를 놓고 격론을 벌이면서, 균형예산 편성에 대해 합의에 이르지 못했다. 결국 연방 정부는 말 그대로 며칠 동안 문을 닫았고, 80만 명의 연방 피고용인들은 일시적으로 '해고(furlough)'되었다. 하지만 이러한 사태는 결국 공화당과 깅리치에게 정치적으로 커다란 타격이 되고 말았다. 왜냐하면 여론이 공화당의 정책에 대해 강력한 반대로 돌아섰기 때문이다.

공화당 후보의 저조한 인기로 인해 무난히 재선에 성공한 클린턴

1996년의 대통령 선거에서 클린턴이 재선에 도전했을 때, 공화당에서는 제2차 세계대전 참전 용사이며 상원 소수파의 지도자인 캔자스주 출신의 밥 돌(Bob Dole)을 후보로 내세웠다. 하지만 돌은 공화당 내에서도 그리 큰 인기를 끌지 못했으며, 당시 73세로 비교적 고령인데다 선거운동마저도 활기를 띠지 못했다. 반면에 클린턴은 공화당이 제시한 공약을 차용해 균형예산을 약속하고, 연금 삭감으로 자유주의적 지지자들을 분노하게 만들었지만 동시에 공화당이 삭감하겠다고 위협한 노인 의료보장과 그 밖의 복지 프로그램의 수호자가 되겠다고 공약했다.

제2차 세계대전 이후 가장 적은 수의 유권자가 참여한 것으로 기록된 1996년의 선거 결과는 클린턴이 상당한 승리를 거둔 것으로 나타났다. 클린턴은 일반투표에서 49퍼센트를 획득한 반면 돌은 41퍼센트를 얻었고, 이번에도 후보로 나섰던 페로는 8퍼센트의 지지를 얻는 데 그쳤다. 선거인단 표에서도 클린턴은 돌과 379표 대 159표로 큰 차이를 보였다. 하지만 의원 선거에서는 하원의 경우 민주당이 선전했음에도 불구하고 여전히 공화당이 상하 양원을 장악했다.

르윈스키 스캔들과 클린턴의 탄핵 위기

클린턴은 민주당 출신 대통령으로서는 프랭클린 루스벨트 이후 최초로 재선에 성공했기 때문에 상당한 자신감을 갖고 두 번째 임기에 임했으나, 뜻하지 않게 불거진 스캔들로 인해 고통을 겪게 되었다. 사실 클린턴은 아칸소 주지사 시절부터 화이트워터(Whitewater) 개발 회사의 토지 부정 거래에 관련된 혐의를 비롯한 몇 가지 스캔들에 시달려왔으나, 그때마다 위기를 잘 넘겼다.

그러나 1998년 24세의 백악관 인턴이었던 모니카 르윈스키(Monica Lewinsky)의 변호사로부터 그녀가 대통령과 성적 관계를 했었는지에 관한 성희롱 소송에서 거짓말을 하도록 종용했다는 혐의로 고소당하면서 위기에 봉착했다. 이 사건은 이전에 화이트워터 사건을 맡은 바 있던 특별검사 케네스 스타(Kenneth Starr)가 담당하면서 조사에 활기를 띠게 되었다. 클린턴은 몇 달 동안 르윈스키와의 관계를 완강하게 부인했으나, 마침내 르윈스키가 특별검사에게 클린턴과의 관계를 증언하면서 대배심(Grand Jury)에 소환되기에 이르렀다. 그러자 클린턴은 결국 전국적으로 방영된 텔레비전 연설을 통해 르윈스키와 '부적절한 관계'가 있었음을 인정하고 국민에게 사과했다. 그러나 스타 특별검사는 의회에 제출한 장문의 보고서를 통해 대통령을 위증, 법 집행 방해, 증거 인멸, 권리남용의 네 가지 혐의로 고발했다.

사태가 이 지경에 이르자 공화당 의원들은 탄핵을 준비하기 시작했는데, 미국 국민들의 생각은 달랐다. 미국인들은 클린턴이 사생활에서 저지른 불미스러운 행위로 인해 동요되기는 했지만, 대통령으로서 직무를 수행하는 것에 대해서는 압도적인 지지를 보였다. 이러한 분위기는 1998년의 중간선거에 그대로 반영되었다. 공화당은 클린턴의 부적절한 처신으로 선거에서 상당한 승리를 거둘 것으로 기대했지만, 결과는 오히려 공화당이 하원에서 10석을 잃고 상원에서 단 한 석도 추가하지 못한 것으로 나타났다.

클린턴에 대해 유권자들이 보여준 분명한 태도에도 불구하고 하원은 공화당 의원이 중심이 되어 1998년 12월 위증죄와 법 집행 방해를 들어 클린턴의 탄핵을 가결했다. 이제 공은 상원으로 넘어갔고, 클린턴은 제17대 대통령 앤드루 존슨 이후 두 번째로 탄핵 재판을 받는 대통령이라는 불명예를 안게 되었다. 1999년 2월 상원의 탄핵안 표결 결과 위증죄에 대해서는 찬성 45대 반대 55, 법 집행 방해에 대해서는 찬반이 50대 50으로 가부 동수를 이루었다. 탄핵이 가결되기 위해서는 상원 의석 3분의 2 이상의 찬성이 있어야 했다. 따라서 클린턴은 탄핵을 모면할 수 있었다.

1989년~2000년: 냉전 종식 이후의 미국

새로운 세계 질서를 선포하다

> 냉전이 끝난 후 미국과 소련 사이의 갈등은 종식되었지만 민족과 종교를 둘러싼
> 발칸반도에서의 충돌, 소말리아 사태, 북한 핵 문제 등으로 평화롭지만은 않았다.

냉전 종식 이후의 세계

20세기가 끝나가면서 두 가지 경향이 미국의 대외 정책에 변화를 가져다 주었다. 그 하나는 글로벌리즘(globalism)이었다. 국경의 장벽은 점차 옅어져갔고, 국내 경제도 사람, 사상, 투자, 엔터테인먼트 등의 급속한 이동의 결과 점차 상호 연결되었다. 저렴해진 비행기 여행과 인터넷은 세계를 새로운 방식으로 함께 묶어주었다.

또, 다른 변화의 동인은 민족주의와 소수민족문제의 부활이었다. 소련의 해체와 더불어 구소련에서는 새로운 국민국가들이 속속 생겨나기 시작했다. 20세기의 마지막 10년 동안 유엔 가입국이 156개국에서 185개국으로 늘어났다. 냉전 기간 동안에는 많은 권위주의적 정부들이 자국 내 소수민족 간의 갈등을 억압할 수 있었지만, 초강대국인 미국과 소련 사이의 갈등이 종식되자 코카서스, 동티모르, 라이베리아, 르완다, 유고슬라비아 등에서 소수민족 간의 폭력 사태가 분출했다.

발칸반도에서의 위기

클린턴은 조지 부시로부터 이전의 대통령과는 전혀 다른 세계를 물려받았다. 지구상에서 냉전이 끝나고 '새로운 세계 질서(New World Order)'가 선포되었던 것이다. 클린턴이 직면한 첫 번째 대외 정책의 과제는 1991년 유고슬라비아연방의 붕괴 이후 닥친 보스니아(Bosnia) 사태였다.

본래 다인종 및 다종교로 구성되었던 유고슬라비아가 해체되자 이슬람교도와 크로아티아인들은 보스니아 지방에서 세르비아인과 격렬하게 싸웠다. 이때 보스니아의 세르비아인들은 사라예보를 포위하고 있는 동안 '인종 청소(ethnic cleansing)'라고 알려진 방법으로 반대자들을 멸절시키고자 했다. 이 지역에서 민간인에 대한 야만적인 살상, 강간, 폭력 행위 등이 무차별적으로 자행되자, 1995년 북대서양조약기구는 보스니아의 세르비아인들이 협상 테이블로 나오도록 폭격을 감행했다. 미국은 다른 나라와 함께 이 지역의 안정을 유지하기 위해 군대를 보냈다. 결국 오하이오주 데이턴(Dayton)에서 열린 평화회담에서 보스니아를 크로아티아인, 이슬람교도, 세르비아인이 각각 지배하는 지역으로 분할하는 합의가 이루어졌다.

1999년에는 옛 유고연방의 또 다른 지역인 코소보(Kosovo)에서 인종 간 분규가 발생해 전쟁으로 비화했다. 코소보 인구의 90퍼센트를 차지하는 알바니아계 주민들이 자치권을 획득하기 위한 운동을 벌이자, 이전에 보스니아 사태를 일으킨 바 있는 세르비아의 슬로보단 밀로셰비치(Slobodan Milosevic)는 보스니아에서보다 더욱 폭력적인 '인종 청소' 방법을 동원해 이를 잔인하게 억압했다. 국제사회는 유고슬라비아에 코소보의 자치권을 부여하라는 압력을 가했으나, 밀로셰비치가 이에 응하지 않자 미군이 주축이 된 나토 공군은 대규모 폭격을 감행했다. 결국 밀로셰비치는 2001년 권좌에서 축출되었다.

소말리아 사태

미국이 동아프리카의 소말리아 사태에 개입하게 된 것은 1992년 부시 행정부 시절부터였다. 당시 소말리아에서는 각 부족의 군벌(軍閥) 간에 치열한 권력 투쟁이 벌어지고 있었고, 그로 인해 발생한 내전으로 말미암아 많이 사람이 기아에 시달리고 있었다. 하지만 유엔이 제공하는 식량은 소말리아 주민들에게 제대로 공급되지 못하는 상태였다.

이에 부시 대통령은 해병대를 파견하고 '희망 회복(Restore Hope)' 작전을 펼쳐 소말리아의 질서를 유지하고자 했다. 당시 대통령 당선자였던 클린턴도 이 작전을 지지했으며, 1993년 초에는 소규모 미군이 유엔 평화유지군의 일원으로 소말리아에 주둔하고 있었다. 그때 군벌 중한 무리가 유엔 평화유지군을 공격해 사상자가 발생했다. 이 사건이 일어나자 미군이 보복 공격을 감행하는 과정에서 군벌과 충돌이 벌어져 영화 〈블랙호크 다운(Black Hawk Down)〉에서 잘 묘사되고 있듯이 양측에서 수많은 사상자가 발생했다. 클린턴은 결국 의회의 압력에 못 이겨 1994년 4월까지 소말리아에서 모든 미군을 철수시키겠다고 약속했다.

북한 핵 문제

1993년 3월 북한이 핵확산금지조약(Nuclear Non-Proliferation Treaty, NPT)을 탈퇴하겠다고 위협하자, 클린턴은 공화당의 완강한 반대를 무릅쓰고 로버트 갈루치(Robert Gallucci)를 대표로 임명해 북한과 협상에 나섰다. 1994년 10월 미국은 북한과 '제네바 합의(Geneva Agreed Framework)'

를 맺어 북한이 미국으로부터 50만 톤의 중유 무상 제공, 경제협력, 한국·미국·일본 공동의 경수로 핵발전소 건설을 제공받는 대가로 플루토늄 생산을 동결한다는 데 합의했다. 한편 미국은 한국의 방어를 강화하기 위해 주한 미군 기지에 패트리어트 미사일을 배치했다. 1997년 이후 홍수 등으로 인해 북한의 식량 사정이 악화되자 미국은 인도적 차원에서 북한에 식량 원조를 제공하기도 했다. 그러나 1998년 북한의 대포동 미사일 발사 실험은 미국과의 관계를 다시 긴장 상태로 몰아갔다. 이에 클린턴은 국무장관 매들린 올브라이트(Madeleine Albright)를 평양으로 보내 북한을 설득시켜 긴장을 완화하고자 했다.

역사 메모 밀로셰비치는 1989년부터 1997년까지 세르비아의 대통령을 지낸 이후 2000년까지 유고슬라비아의 대통령을 역임했다. 밀로셰비치는 2001년 6월 네덜란드의 감옥으로 이송되어 헤이그의 국제사법재판소에서 반인륜 범죄 행위로 재판을 받고 최종 판결이 내려지기 직전인 2006년 3월 심장마비로 사망했다.

계속되는 여러 가지 사회문제들

> 20세기 말 미국은 인종차별 문제로 로드니 킹 사건과 로스앤젤레스 폭동을 겪었다.
> 그 외에도 오클라호마시티 연방 건물 폭탄 테러가 발생하는 등
> 여러 사회적 문제로 위기가 고조되었다.

로드니 킹 사건과 로스앤젤레스 폭동

1991년 가을밤 로스앤젤레스 경찰은 흑인 운전자인 로드니 킹(Rodney King)을 과속 및 음주 운전 혐의로 체포했다. 이 과정에서 4명의 백인 경찰관은 킹을 도로에 눕히고 50차례 이상 구타를 가해 거의 빈사 상태에 이르게 했다. 때마침 인근 아파트에 있던 한 사람이 이 구타 장면을 비디오로 촬영해 언론에 제공했고, 이것이 전국에 방영되면서 전 국민의 관심을 끌었다. 그리고 다음 해 4월 교외 지역의 백인만으로 구성된 배심원단이 폭행에 가담한 4명의 경찰관 전원에게 무죄 평결을 내리자, 이에 분노한 흑인과 이들에게 동조하는 히스패닉이 거리로 쏟아져 나와 약탈과 방화를 저지르기 시작했다. 사흘간이나 지속된 이 로스앤젤레스 폭동은 경찰과 주 방위군에 의해 진압되었지만, 피해 규모는 사망자 51명, 부상자 2000여 명, 방화 4500건, 재산 피해 10억 달러에 이르는 엄청난 것이었다.

이 폭동은 성격상 다인종적인 것으로서 사실상 로스앤젤레스 다문화

사회의 분열을 보여준다. 흑인과 히스패닉이 합세한 폭도들은 분노의 대상인 백인이 아니라 한국계 미국인이 운영하는 2000여 개의 소규모 잡화점과 주류 상점 등을 약탈하고, 심지어 히스패닉들은 동족인 다른 히스패닉이 운영하는 상점까지 약탈하고 불을 질렀던 것이다.

오클라호마시티 연방 건물 폭탄 테러

1995년 4월 19일 아침 오클라호마시티에 있는 연방 건물 앞에 주차되어 있던 노란색 렌터카 트럭이 폭발했다. 이 트럭에는 2톤가량의 수제 폭탄이 실려 있었고, 그 폭발로 인해 9층짜리 연방 건물이 붕괴되면서 건물 내 유아원에 있던 어린이를 포함해 168명의 사망자와 800여 명의 부상자가 발생했다. 미국인들은 이 사건에 경악을 금치 못하면서, 처음에는 아마도 이 사건이 중동의 테러리스트 소행일 것이라고 추측했다. 그러나 범인은 놀랍게도 걸프 전쟁 참전 용사이자 미국 태생 백인인 티모시 맥베이(Timothy McVeigh)였다. 맥베이는 연방 정부를 극도로 증오하는 인물이었다. 그가 연방 건물에 폭탄 테러를 가한 직접적인 동기는 텍사스주 웨이코(Waco)에서 일어나 2년 전 사건이었다. 당시 크리스트교 공동체 다윗파(Branch Davidian) 교도의 농성을 진압하는 과정에서 70여 명의 사망자가 발생했는데, 맥베이는 이 웨이코 사건을 FBI가 저지른 고의적인 학살이라고 생각했던 것이다. 맥베이는 2001년 6월 11일 자신이 왜 그런 행위를 저질렀는지 이유를 밝히지 않은 채 처형되었다.

오클라호마시티 폭탄 테러 사건 이후 맥베이가 사설 민병대 운동과 관련이 있을 것이라는 의혹이 번졌고, 기자와 정부 조사관들은 이 문제를 파고들었다. 그 결과 민병대(Militiamen), 애국파(Patriots), 조세 저항자, 다양한 집단의 아리안 인종우월주의자(Aryan supremacists)의 네트워크가 있음을 발견했다. 남부 빈곤법 센터(Southern Poverty Law Center)는 전국적으로 400여 개의 준군사조직이 활동하고 있다는 사실을 확인했다. 컴퓨터에 능통한 이른바 '애국파'는 연방 정부가 국민이 아니라 시온주의자(Zionist), 부패한 정치인, 문화적 엘리트, 러시아인, 유엔, 그 밖의 '사악한' 세력의 지배를 받고 있고 있기 때문에 연방 정부에 저항하거나 심지어 전복시켜야 한다는 자신들의 관점을 유포하기 위해 인터넷을 이용하기도 했다.

역사 메모 캘리포니아 고속도로 순찰대가 킹을 추적하게 된 원인은 과속 운전이었다. 경찰은 킹의 자동차가 시속 100마일(160킬로미터)이 넘는 속도로 달리는 것을 13킬로미터나 추격했다고 주장했다. 그러나 킹이 운전한 자동차의 제조 회사인 현대자동차는 나중에 킹의 차는 최고 속도로 달려도 시속 95마일(150킬로미터)을 넘지 못한다고 지적했다.

COLUMN 12

미국은 현대판 로마제국이고
멸망 직전의 상태인가?

한 국내 주요 일간지에 〈뉴욕타임스〉의 2007년 7월 1일자 기사를 인용한 "미국은 멸망 직전의 로마제국인가"라는 제목의 기사가 실렸다. 이 기사는 미국의 저명한 시사 월간지 〈애틀랜틱 먼슬리(Atlantic Monthly)〉의 편집장을 지낸 컬런 머피(Cullen Murphy)가 2007년 5월에 펴낸 《우리가 로마인가?: 제국의 몰락과 미국의 운명(Are We Rome?: The Fall of an Empire and the Fate of America)》이라는 책을 소개하는 글이었다. 저자는 이 책에서 오늘날 미국이 멸망 직전의 로마제국과 닮았다고 주장하면서, 그 근거로 로마와 미국은 광대한 영토와 여러 인종으로 구성되었다는 점만 비슷한 것이 아니라 로마가 쇠망하기 시작할 무렵의 황제 디오클레티아누스(Diocletianus, 재위 284~305)와 조지 W. 부시 대통령이 유사하다는 점을 들었다. 이 두 사람은 전제적 통치 스타일뿐 아니라 부패한 부하들을 거느리고 있다는 점에서도 비슷한데, 디오클레티아누스가 서고트족(Visigothic) 용병에게 국방을 맡겼듯이 부시는 이라크 전쟁 수행을 위해 핼리버턴(Halliburton)과 왜켄헛(Wackenhut) 같은 용병이나 다름없는 엔지니어링 회사와 보안 업체의 힘을 빌렸다는 것이다. 또한 저자는 거대한 다인종 국가인 두 제국 모두 자국을 '구세주'로 여기고 나머지 세계를 종종 단순하게 생각하며, 국경 너머로 너무 뻗어 나간 나머지 내부에서 점증하는 도전에 직면했다고 주장한다.

이처럼 근래 들어 미국인들 사이에서 미국을 이미 역사 속으로 사라진 로마제국과 비교해 미국의 운명도 쇠망의 길로 접어든 것 아닌가 하는 우려의 목소리가 자주 들리는 것은 사실이다. 하지만 우리가 바로 알아야 할 것은 '미국 쇠퇴론' 또는 '미국 멸망론'을 제기하는 미국 내 비평가들은 그들이 좌파이든 우파이든 자신들이 미국인인 한 '절대로' 미국이 망하기를 바라면서 글을 쓰는 것은 아니라는 점이다.

미국의 저명한 신좌파 역사가 하워드 진(Howard Zinn)의 《미국 민중사(A People's History of the United States)》를 비롯한 많은 저서들 역시 자신들의 이데올로기에 따라 미국 역사와 정치에서 옳고 그름을 판별해 더 나은 방향으로 나아가자는 차원에서 글을 쓴 것이지 미국이 저주받은 나라이기 때문에 망해야 한다고 생각하지는 않을 것이다. 예컨대 앞서 소개한 컬런 머피도 고대 로마 역사에 비추어 오늘날 미국의 현실을 비판하고 있지만, 미국이 살아남기 위해 미국인들에게 "시민적 참여의 이상을 부활시키고, 공동체 및 상호 책임 의식을 고양시켜야 한다.'고 주장하면서 미국의 건국 이데올로기이자 고대 로마 공화정의 사상적 기반이었던 '공화주의(republicanism)'의 부활을 부르짖고 있는 것이다.

13장

21세기의 미국

아버지를 이은 대통령, 부시

> 부시 대통령은 감세 정책을 적극적으로 추진하고 교육에도 힘을 기울이는 등
> 여러모로 보수주의자로서의 면모를 보여주었다.

미국 역사상 두 번째로 아버지에 이어 대통령에 당선된 아들

2000년의 대통령 선거는 그 결과를 놓고 역대 선거 중에서 가장 커다란 논란을 빚었다. 이 선거에서 민주당은 클린턴 행정부에서 8년 동안 부통령을 지낸 앨 고어를 후보로 지명했다. 고어는 부통령 재직 시 환경문제에 지대한 관심을 표명했고, 미국 사회의 소외 계층에 대한 더 많은 지원을 추구한 헌신적인 자유주의자로 평가받았다. 공화당에서는 41대 대통령 조지 부시의 아들이자 텍사스 주지사인 조지 W. 부시가 베트남전쟁 영웅이자 애리조나주 출신 상원의원인 존 매케인(John McCain)의 도전을 물리치고 후보 지명을 받았다. 부시는 정치적으로 자신의 부친보다는 로널드 레이건에 더 가까운 모습을 보여주려고 노력했다. 부시는 젊은 시절 연방 하원의원 선거에서 낙선한 것에 좌절해 음주에 탐닉하며 한때 방황하기도 했지만, 복음주의적 기독교에 귀의한 뒤 새로운 삶을 살기로 작정한 인물이었다. 그는 자신을 '온정적 보수주의(compassionate conservative)'로 정의하고 자유, 가족, 신앙, 책임

의 네 가지 덕목을 지켜나갈 것을 강조했다. 따라서 이 선거에서 전통적인 문화적 가치를 강조한 부시와 어딘지 모르게 딱딱한 분위기를 풍기는 고어의 전문 관료적 모더니즘(technocratic modernism)이 뚜렷한 대비를 이루었다.

선거 결과 일반투표에서 고어는 48.38퍼센트의 지지를 받아 약 5100만 표를 획득했고, 부시는 47.87퍼센트의 지지로 약 5000만 표를 얻었다. 우리나라 같으면 최다 득표를 획득한 고어가 당연히 당선이 확정되었겠지만, 미국의 경우는 선거인단 제도라는 독특한 대통령 선출 방식으로 인해 문제가 복잡해졌다. 각 주별 선거인단 숫자는 헌법에 규정된 대로 각 주가 연방의회에 보낼 수 있는 상원의원과 하원의원을 합친 수로 결정되며, 각 주별 일반투표에서 최고 득표자가 그 주의 선거인단 표를 독차지하는 이른바 '승자 독식' 방식이다. 따라서 대통령은 누가 일반투표에서 많은 득표를 하는가보다 누가 선거인단 표를 더 많이 획득하는가에 따라 결정된다. 그런데 이 선거에서는 플로리다주에 할당된 25표의 선거인단 표가 문제였다. 선거 당일의 플로리다주 개표 결과, 부시가 고어에게 약 1210표를 앞선 것으로 나타나 부시가 선거인단 표에서 271대 266으로 고어를 누른 것이다.

그러자 고어 측에서는 플로리다주 3개 선거구의 투표 용지와 검표기에 문제가 있음을 지적하고 수작업으로 다시 검표해줄 것을 법원에 요청했다. 이러한 요청이 받아들여져 플로리다주 법원은 재검표를 허용했으나, 부시 측에서는 연방 대법원에 재검표 중단을 요청했고 연방 대법원은 5대 4로 이것을 받아들였다. 나아가 연방 대법원은 12월 12일 저녁 늦게 플로리다주 대법원의 재검표 명령을 파기하며 어떠한 재검표도 판결 당일인 12월 12일까지 끝내야 한다고 주장함으로써 사실상 재검표를 불가능하게 만들었다. 이로써 부시의 당선이 확정되었지만, 결국 2000년 대통령 선거 결과를 연방 대법원이 결정하는 사상 초유의 사태가 빚어졌다. 이에 대해 고어는 선거 결과를 인정하는 짤막한 성명을 발표해 '법의 심판'에 깨끗이 승복하는 모습을 보여주었다.

미국 역사상 최대 규모의 세금 감축안을 이룩한 부시 행정부의 주요 정책

우여곡절 끝에 대통령에 당선된 부시는 취임 이후 보수주의자로서의 면모를 유감없이 드러냈다. 우선 부시는 전임 공화당의 두 대통령처럼 감세 정책을 적극적으로 추진했다. 특히 1990년대 말 최고조에 달했던 경제가 하강 국면을 보이기 시작하자 세금 삭감을 통한 경기회복을 위해 1조 6000억 달러에 달하는 세금 삭감안을 의회에 제출했다. 부시는 "남은 돈은 정부의 돈이 아니다. 남은 돈은 국민의 돈이다."라고 말하며, 사용되지 않은 정부 자금은 납세자에게 되돌려주어야 한다고 주장했다. 하지만 민주당의 반대에 부딪쳐 2001년 5월, 11년에 걸쳐 1조 3500억 달러의 세금을 감축한다는 미국 역사상 가장 큰 규모의 세금 감축안을 가까스로 통과시킬 수 있었다.

부시는 교육개혁에도 힘써, 2001년 말 '아동낙오방지법(No Child Left Behind Act)'을 통과시켰다. 이 법은 학생들의 기초학력을 측정한 결과 적정 수준에 상당히 뒤처져 있다는 것을 발견하고 이를 개선하기 위해 제정한 것으로, 그 취지는 말 그대로 학교에서 "어떤 아이도 뒤처져서는 안 된다."는 것이었다. 주요 내용은 연방 정부가 공립학교로 하여금 3학년에서 8학년까지 매년 수학 및 읽기 능력 성취도를 측정하도록 한 다음, 학업 수준을 향상시킨 학교에는 보상을 하고 그렇지 못한 학교에 대해서는 자금 지원을 중단한다는 것이었다. 또한 이 법에는 연방 정부

'아동낙오방지법'에 서명하는 조지 W. 부시 대통령.

의 재정 지원은 학교를 개선하고 교사의 질을 높이는 데 사용되어야 하며, 학업 성적이 꾸준히 오르지 않는 학생의 부모에게는 학교를 옮기거나 개인 교습을 받도록 해주는 등 여러 방안의 선택권을 주어야 한다는 내용도 담겨 있었다.

역사 메모 ▶ 부시 대통령은 2001년 '교토 의정서(Kyoto Protocol)'에 대한 미국의 지지를 철회했다. 교토 의정서는 화석 연료를 태울 때 발생하는 이산화탄소로 말미암은 '온실가스' 배출을 규제하기 위한 국제 협약이다. 부시는 이 조약이 미국의 산업과 경제에 끼칠 충격을 우려하며 온실가스 발생 원인에 대한 과학적 근거가 불확실하다고 주장했다. 또한 중국과 인도가 그때까지 이 조약에 동의하지 않은 것도 부시가 이 조약을 반대한 이유였다.

영화 같은 일이 벌어진 9·11 테러

> 2001년 9월 11일 중동 테러리스트들에 의해 납치된 네 대의 여객기가
> 세계무역센터 쌍둥이 빌딩과 펜타곤으로 돌진하고,
> 펜실베이니아 들판에 떨어져 폭파되는 등 엄청난 사건이 일어났다.
> 이 사건에 대처하기 위해 부시 대통령은 테러와의 전쟁을 선포했다.

'테러와의 전쟁'을 불러일으킨 9·11 테러의 발생

2001년 9월 11일 아침, 중동의 테러리스트들은 보스턴과 뉴욕을 출발한 네 대의 여객기를 거의 동시에 공중 납치했다. 그중 여객기 두 대는 뉴욕시 맨해튼섬 남쪽에 있는 세계무역센터(World Trade Center) 쌍둥이 빌딩을 향해 돌진해 북쪽 타워에는 8시 46분에 한 대가 충돌하고, 이어 남쪽 타워에는 9시 3분에 다른 비행기가 부딪치며 폭발을 일으켜 두 건물 모두 거대한 화염에 휩싸였다. 그리고 얼마 지나지 않아 이 두 건물은 모두 붕괴되어 구조대원을 합쳐 2829명의 인명 피해를 내고 말았다. 잠시 뒤인 9시 38분, 이번에는 세 번째 여객기가 수도 워싱턴 근교의 국방부 건물 펜타곤(Pentagon)에 충돌했다. 이어 10시경에는 아마도 백악관이나 국회의사당이 목표였을 것으로 추정되는 마지막 네 번째 비행기가 승객들의 격렬한 저항으로 인해 펜실베이니아 시골 들판에 추락했다. 이른바 미국인과 전 세계를 경악시킨 9·11 테러가 발생한 것이다.

테러리스트들의 공격으로 붕괴된 쌍둥이 빌딩.

뉴욕시 맨해튼섬 5번가와 웨스트 34번가에 자리 잡고 있는 102층 엠파이어스테이트빌딩. 이 빌
딩은 381미터의 높이로 1931년 건축 이후 40년 이상 세계에서 가장 높은 빌딩이었으나, 1972년
세계무역센터 북쪽 타워가 건설되면서 그 자리를 내주었다. 하지만 2001년 9·11 테러로 세계무
역센터 쌍둥이 빌딩이 무너지고 난 뒤 뉴욕시에서는 가장 높은 빌딩의 위치를 되찾았다가, 미국뿐
아니라 서반구에서 가장 높은 빌딩이 된 원월드트레이드센터(One World Trade Center, 높이 541
미터)에 다시 자리를 내주었다.

미국 역사상 유례없는 엄청난 테러를 감행해, 미국이 일본의 진주만 기습으로 당한 인명 피해보다 더 많은 3000여 명의 사망자를 발생시킨 테러리스트들은 대부분 사우디아라비아 출신인 19명의 이슬람 극렬주의자였다. 이들은 사우디아라비아 부호의 아들인 오사마 빈 라덴(Osama bin Laden)이 이끄는 테러 조직 알카에다(al Qaeda) 소속이었다. 빈 라덴과 알카에다는 극렬 보수 이슬람교도인 탈레반(Taliban)이 통치하는 아프가니스탄에 근거지를 두고 있었다. 빈 라덴과 그의 추종자들은 이스라엘을 지원하는 미국의 중동 정책에 강한 반감을 품었으며, 자신들의 종교적 가치에 상반되는 미국의 풍요로운 물질주의적 가치를 증오했다. 9·11 테러에 대처해 부시 대통령은 '테러와의 전쟁(War on Terror)'을 선포하고 테러리스트들을 찾아내 응징할 것을 맹세했다. 미국은 유엔의 협조를 얻어 아프가니스탄의 탈레반 정권에 빈 라덴을 넘겨줄 것을 요구했으나, 탈레반 정권이 이에 응하지 않자 우선 알카에다의 은신처와 훈련장에 폭격을 가한 다음 지상군을 파병해 탈레반 정권을 무너뜨렸다.

탄저균 우편물

9·11 테러 직후 미국에서는 정체불명의 사람이나 집단이 소량의 탄저균이 담겨 있는 우편물을 보내기 시작해 미국인을 또다시 공포에 떨게 만들었다. 그 우편물 대부분은 불특정 개인에게 보내졌으나 그중 일부는 의회 의원, 행정부 관리에게 발송되기도 했다. 탄저균 우편물로 인해 몇몇 사람이 감염되고 그중 5명이 사망했다. 탄저균 소동은 9·11 테러와 맞물려 테러리스트가 계획한 세균전이 아닐까라는 우려와 함께 국민적인 히스테리 현상으로 발전하기도 했으나, 어느 날 갑자기 탄저

균 우편물 발송이 중단되면서 진정되었다. 이 사건은 누가 어떤 의도로 일으킨 것인지 한동안 수수께끼로 남아 있었다. 하지만 2008년 FBI가 메릴랜드주에 있는 미 육군 전염병연구소의 수석 연구원 브루스 에드워드 어빈스(Bruce Edward Irvins)를 이 사건의 용의자로 지목하자, 어빈스는 기소되기 전에 자살로 삶을 마감했다. 2010년 FBI는 어빈스가 범인이라는 증거를 제시하는 보고서를 발표하고 이 사건을 종결했다.

국토안보부의 창설

이후 미국은 국내에서 발생할지도 모를 테러에 대처하기 위해 2001년 10월 미합중국애국법(USA Patriot Act)을 제정했다. 이 법으로 연방 정부는 상당히 확대된 수색, 압수, 구금 권한을 갖게 되었다. 일부 사람들은 이 법이 헌법이 보장하는 개인의 권리를 심각하게 해칠 것이라고 우려를 표했지만, 테러에 놀란 대부분의 미국인은 개인의 권리가 어느 정도 침해되는 것에 별다른 이견을 보이지 않았다. 부시 행정부는 더 나아가 2002년 6월 연방 정부 내의 기존 내외국인 국경 출입 관련 기관 22개를 통합해 국토안보부(Department of Homeland Security, DHS)라는 거대한 부서를 창설했다. 이로써 미국 시민권 및 이민국, 미국 세관 및 국경 보호국, 미국 이민 및 세관 집행국, 교통안전국, 해안경비대, 비밀경호국 등이 국토안보부 산하기관으로 들어가게 되었다.

역사 메모 ▶ 9·11 테러 직후 1940년에 제정된 외국인등록법에 따라 8만 명의 아랍계와 이슬람권 이민자들은 강제로 지문을 등록해야 했다. "미국에 대한 국제 테러리즘을 저지하고 방지하기 위해" 군사력의 사용을 허용한 상하 양원 결의안 107-40에 따라 5000명의 외국인이 구금되기도 했다.

존재하지도 않는 대량살상무기를 명분으로 시작된 이라크 전쟁

> 미국은 테러 방지를 위해 선제공격 전략을 내세웠다.
> 이 전략에 따라 대량살상무기를 제거한다는 명분으로 이라크를 침공했으나
> 대량살상무기가 발견되지 않자 국제적 비난을 받았다.

대량살상무기 제거를 명분으로 시작한 미국의 이라크 침공

미국에서 테러에 대한 국민적 관심이 한층 높아지자 부시는 테러 방지를 위한 여러 방안 중 하나로 선제공격(preemption) 전략을 내세웠다. 이 전략은 테러를 감행할 가능성이 있는 집단이나 국가에 대해 예방적 차원에서 미리 공격을 가할 수 있다는 것이었다. 이와 더불어 부시는 2002년 1월 연두교서에서 테러를 후원하고 대량살상무기(Weapons of Mass Destruction, WMD)를 개발하려는 나라들이 있다고 주장했다. 그러면서 여기에 해당하는 나라로 이라크, 이란, 북한을 지목하면서, 이들 국가를 '악의 축(Axis of Evil)'이라고 불렀다. 그리고 부시는 이 나라들 중에서 이라크가 가장 즉각적인 위험을 초래할 국가라고 지적했다.

따라서 미국의 선제공격 대상이 될 나라는 이라크였다. 사담 후세인 대통령이 통치하는 이라크는 유엔의 무기 사찰에 대한 비협조, 대량살상무기 개발 및 은닉설, 테러 조직 알카에다와의 관련설 등으로 미국

을 비롯한 국제사회로부터 의혹의 눈길과 비난을 받고 있었다. 이에 대해 후세인은 오히려 유엔 무기사찰단을 추방하고, 대량살상무기의 존재 자체를 부인하는 등 미국과 유엔에 도전적인 자세를 취했다. 미국은 유엔 안전보장이사회의 결의를 통해 후세인의 행동에 제재를 가하고자 했으나, 15개 이사국 중 미국, 영국, 스페인, 불가리아 4개국의 지지를 얻어내는 데 그쳤다. 더욱이 프랑스, 러시아, 독일, 중국 등은 미국의 이라크에 대한 무력행사를 반대했다. 그런데도 미국은 유엔의 결의를 받지 못한 채 이라크에 최후통첩을 보냈다. 이에 대해 이라크 쪽에서 아무런 응답이 없자 2003년 3월 20일 미군은 영국군과 함께 이라크 남부에서 이라크 침공을 개시했고, 일부 병력은 북부에서 쿠르드 민병대와 함께 남쪽으로 진격했다. 이라크군은 산발적으로 격렬히 저항했으나, 미군의 막강한 화력에 굴복해 4월 9일 마침내 수도 바그다드가 함락되고 말았다. 부시 대통령은 5월 1일 이라크 전쟁의 종전을 선포했다. 바그다드 함락 직전 잠적했던 후세인은 12월 13일 은신해 있던 지하 토굴에서 미군에게 체포되었다.

이라크 전쟁의 종전 선언에도 계속되는 또 다른 전쟁

독재자 사담 후세인을 생포했음에도 불구하고 이라크에서는 미군 점령 이후부터 미군을 비롯한 미국에 협조적인 이라크 과도 정부 요인과 추종자에 대한 테러가 그치질 않았다. 개전부터 종전까지 전사한 미군 병사는 138명에 불과했지만, 2006년 말까지 이라크 저항 세력에 의한 미군 전사자 수는 3000명이 넘었다. 따라서 개전 초기의 군사작전 성공으로 부시의 인기가 크게 올라가기도 했지만, 이후 미군을 주축으로 한 다국적군에 대한 이라크 내 여러 저항 세력의 습격 및 테러는 부시의 종전 선포가 너무 성급했다는 여론을 불러일으키기도 했다. 부시 행정부는 또한 이라크에서 아무런 대량살상무기를 발견하지 못한 것에 대해서도 여론의 비판을 받았다. 이에 대해 부시는 2005년 12월 "많은 정보가 그릇된 것으로 판명된 것은 사실이다."라고 인정해야 했다. 더욱이 미군이 이라크 내 아부그라이브(Abu Ghraib) 교도소에서 이라크인 포로들에게 가한 학대 사건은 미국 내에서뿐 아니라 국제적으로도 비난을 받았다. 따라서 미국에서도 점차 이라크 주둔 미군의 철수를 요구하는 목소리가 높아지게 되었다. 그러나 부시 행정부는 오히려 2007년에 접어들어서도 이라크에 2만 명 이상의 증원군 파병과 이라크 재건 사업 등에 필요한 예산을 의회에 요청했다.

2006년 12월 후세인은 이라크 법정에서 쿠르드족을 대량 학살한 죄목으로 사형 선고를 받은 직후 교수형을 당했다. 하지만 최근까지 이라크에서 벌어지고 있는 시아파와 수니파 간의 종교적 갈등과 이라크 북부의 쿠르드족과 이라크인 간의 대립으로 인한 테러 및 폭력 사태는 이라크의 평화와 안정을 위협하고 있다.

북한 핵 문제

클린턴 행정부 시절 제네바 합의로 일단 유화 국면에 접어들었던 미국의 대북 정책은 부시 행정부가 들어서면서 다소간 긴장 상태로 돌입하게 되었다. 부시는 후보 시절 제네바 합의에 반대하는 입장을 보였으나, 취임 이후에는 대북 정책을 다시 면밀히 검토한 뒤 대화를 계속한다는 입장을 취했다. 그러나 2002년 미국은 북한이 핵무기 제조를 목적으로 우라늄 농축을 시도하고 있다고 주장했다. 그런 뒤 부시가 북한을 '악의 축' 중 하나라고 비난하자 미국과 북한의 관계는 경색되기 시작했다. 그해 10월 북한은 미 국무부 동아시아 및 태평양 담당 차관보 제임스 켈리(James Kelley) 특사에게 우라늄 농축 프로그램이 가동되고 있음을 시인했다. 그러한 계획은 북한이 NTP하에서의 책무와 1992년의 한반도비핵화선언, 1994년의 제네바 합의를 위반하는 것이었다. 이후 북한은 국제원자력기구(IAEA) 사찰단을 추방하고 NTP 탈퇴를 선언한 다음, 핵무기 개발을 위해 사용 후 핵연료에서 플루토늄을 추출하겠다고 발표했다. 북한은 이러한 조치가 미국의 위협과 '적대적 정책(hostile policy)'에 대항한 '핵 억지력(nuclear deterrent force)'을 갖기 위한 단계라고 주장했다.

2003년 초에는 북한 핵 문제를 외교적으로 해결하기 위해 이른바 '6자 회담'이라고 부르는 관련 당사국, 즉 한국, 북한, 미국, 중국, 일본, 러시아 6개국 회담이 제기되었다. 북한은 처음에는 핵 문제에 관한 논의는 미국과 북한 양자 간의 문제라고 주장하면서 다자간 회담을 거부했으나, 결국 중국을 비롯한 인접국의 압력에 못 이겨 회담에 임했다. '6자 회담'은 2003년 8월 1차 회담이 시작된 이후 2007년 6차 회담까지 진행되었다. 하지만 2009년 4월 5일, 비록 실패로 돌아가기는 했지만 북한이 이른바 인공위성 발사 실험을 감행한 이후 유엔 안전보장이사회는 4월 13일 만장일치로 의장 성명을 통해 북한을 비난하고 제재를 가할 의도를 표명했다. 이에 대해 북한은 향후 6자 회담에 결코 참여하지 않을 것이며 이 회담에서 도달한 어떠한 협정에도 구속받지 않을 것이라고 응수함으로써 현재까지 6자 회담은 더 이상 열리지 않고 있다.

그런 가운데 북한은 결국 2006년 핵실험을 강행했다. 이에 대해 미국은 북한 핵실험 문제를 유엔 안전보장이사회에 상정해 결의안을 이끌어냈다. 부시 대통령은 텔레비전 연설을 통해 북한 핵실험을 '도발적 행위(provocative act)'이며 미국은 그러한 행위를 비난한다고 밝혔다. 또한 부시는 미국이 북한 핵 해결을 위해 외교적 노력을 기울이겠지만, 미국과 미국의 이해관계를 계속해서 지켜나갈 것이라고 천명했다.

2004년의 대통령 선거

2004년 중반 이라크에서 다양한 저항 세력의 기습과 테러로 인해 계속 곤욕을 치르자 미국에서는 이라크가 제2의 베트남이 되지 않을까 하는 우려가 팽배했다. 따라서 이라크 문제는 2004년 대통령 선거전의 핵심 쟁점 중 하나가 되었다. 민주당에서는 이 선거를 앞두고 베트남전쟁의 영웅이자 매사추세츠주 출신 상원의원 존 케리(John Kerry)를 후보로 내세웠다. 케리는 선거운동을 통해 공화당의 대외 정책이 실패했음을 공격하고, 공화당이 테러리스트의 공격으로부터 미국을 지켜낼 수 있을지 의문을 제기하며, 부시 행정부의 세금 삭감이 아직 침체에 빠져 있는 경제를 되살리는 데 별다른 기여를 하지 못했다고 비난했다.

반면 현직 대통령으로서 재선에 도전한 부시는 이라크와 아프가니스탄 전쟁에서의 승리, 2001년과 2003년의 세금 삭감이 예산 적자를 절반으로 줄인 일, 교육 개혁의 추진, 사회보장 및 국세 개혁 등 1차 임기 중의 치적을 내세우며 선거전에 임했다. 부시는 또한 케리가 완고한 자유주의자이기 때문에 세금을 인상할 것이고, 정부의 규모를 늘릴 것이며, 동성 결혼을 금지하는 헌법 수정안에 반대하지 않을 것이라고 주장했다. 부시는 한 발 더 나아가 케리가 이라크 전쟁에 대해 모순된 진술을 일삼았으며, 테러와의 전쟁에 필수적인 결단력과 비전이 결여되었다고 비난했다. 부시와 케리 두 후보는 모두 엄청난 선거 자금을 모을 수 있었는데, 텔레비전 및 라디오 광고를 통해 상대 진영을 공격하는 데 이 돈을 쏟아부었다. 따라서 일각에서는 두 후보의 순수성에 대해 의문을 제기하기도 했다.

선거 결과는 부시가 일반투표의 50.7퍼센트와 선거인단의 286표를 얻어 각각 48.3퍼센트와 252표를 획득한 케리를 누르고 재선에 성공했다. 이미 상하 양원에서 다수당을 차지하고 있던 공화당 역시 공화당의 보수주의적 도덕적 가치에 공감한 유권자들의 지지로 몇 석을 더 추가할 수 있었다. 공화당 출신 대통령이 상하 양원에서 공화당이 다수를 점하는 가운데 대통령에 당선된 것은 1928년의 허버트 후버 대통령 당선 이후 처음이었다.

역사 메모 ▶ 부시 대통령이 북한, 이란, 이라크를 '악의 축'이라고 부른 이유는 다음과 같다. 부시는 북한을 "자국민들을 굶겨 죽이면서도 대량살상 미사일과 무기들로 무장한 정권"이라고 불렀고 이란에 대해서는 "선출되지 않은 소수가 이란인들의 자유를 향한 희망을 탄압하면서 공격적으로 대량살상무기 개발을 추구하고 테러를 수출" 한다고 천명했다. 부시는 이들 세 나라 중에서 이라크에 대해 가장 강력한 비판을 가했다. 그는 "이라크가 계속해서 미국에 대한 적대감을 과시하고 테러를 지원하고 있다. 이라크 정권은 10년 이상 탄저균과 신경가스, 그리고 핵무기를 개발하려는 음모를 꾸며왔다. 이 정권은 이미 수많은 자국민들을 죽이기 위해 독가스를 사용하기도 했다."라고 말했다.

대공황에 버금가는 경제 위기에 직면한 부시 행정부

부시 대통령은 무난히 재선에 성공했지만, 2차 임기에서 1930년대 대공황 이후
최악의 경제 위기와 최악의 자연재해인 허리케인 카트리나를 겪으며,
미국 대통령 중 최악의 대통령 중 하나로 꼽히게 되었다.

부시의 2차 임기와 최악의 경제 상황

부시는 비교적 무난히 재선에 성공했지만, 2차 임기에 들어서도 국내외적으로 커다란 문제에 직면해야 했고 상황은 더욱 악화되어만 갔다. 우선 부시가 직면한 가장 큰 국내문제는 경제였다. 부시 행정부하에서 미국의 국내총생산 성장률은 연평균 2.5퍼센트를 기록했는데, 이는 부시 이전 50년 동안의 수치를 훨씬 밑도는 것이었다. 예컨대 부시가 집권할 무렵 다우존스 산업주가지수(Dow Jones Industrial Average)는 10587이었던 데 반해, 퇴임할 무렵에는 7949로 그의 재임 중 최저 수치를 기록했다. 실업률도 2001년에는 4.2퍼센트였던 것이 2003년에는 6.3퍼센트에 달했다가 이후 2007년에는 4.5퍼센트로 낮아지는 듯했지만, 부시의 퇴임 무렵에는 7.2퍼센트로 크게 높아졌다. 더욱이 미국의 국가 채무 역시 2008년에 이르러 국내 및 대외 지출의 급격한 증가로 말미암아 11조 3000억 달러에 달했다. 이는 2000년에 5조 6000억 달러였던 것에 비하면 부시의 재임 중에 거의 2배로 증가한 것이었다.

2007년 12월 미국은 제2차 세계대전 이후 가장 심각한 경기 침체 국면에 접어들었다. 이는 2005년 여름부터 시작된 주택 경기 하강 국면이 점차 심화되면서 이른바 '주택 시장 거품 붕괴' 현상이 나타났고, 이에 따른 '서브프라임 모기지 사태(subprime mortgage crisis)'로 인해 촉발된 것이라고 할 수 있다. 여기에 당시 천정부지로 치솟던 유가와 달러 가치의 하락도 경기 침체를 부채질했다. 서브프라임 모기지 사태는 주택 경기가 한창 좋을 때, 신용도가 매우 낮은 사람들에게도 집값의 거의 90퍼센트에 달하는 돈을 높은 이자로 빌려주는 대출 프로그램을 실시하면서 촉발되었다.

처음에는 부동산 경기의 호황으로 모기지 업체들의 수익률이 좋았으나, 2006년에 접어들어 집값이 떨어지자 돈을 갚지 못하는 사람들이 늘어났고 덩달아 모기지 업체들도 파산하기 시작했다. 더불어 이들 모기지 업체에 투자했던 은행들마저 줄줄이 도산하는 사태가 발생했다. 이로 인해 미국의 대표적 금융기관인 메릴 린치(Merrill Lynch), 베어 스턴스(Bear Stearns), 컨트리와이드 파이낸셜(Countrywide Financial)이 무너져 다른 은행으로 넘어가고 말았다. 뿐만 아니라 250년이 넘는 역사를 자랑하던 투자 은행 리먼 브라더스(Lehman Brothers)도 파산해 미국 역사상 최대 규모의 기업 파산을 기록했다.

이러한 사태에 직면해 부시 대통령은 1680억 달러에 달하는 경기 부양 예산을 마련해 납세자에게 그들이 낸 소득세 일부를 정부가 수표로 우편 발송해 되돌려주는 정책을 펼쳤다. 하지만 예기치 않게 동시에 발생한 유류와 식료품 가격 급등이 내수 소비 확대를 통해 경기 부양을 꾀하고자 했던 이러한 정책에 찬물을 끼얹고 말았다.

2008년 9월 연방 정부가 국책 모기지 업체인 패니 메이(Fannie Mae)

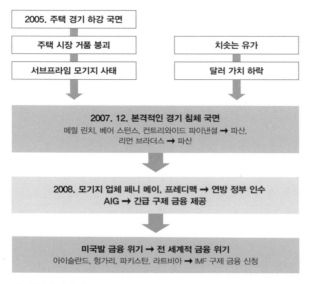

▶ 대공황 이후 최악의 경제 위기

와 프레디 맥(Freddie Mac)을 인수하고, 세계에서 가장 큰 보험회사로 꼽히는 AIG(American International Group)에 85억 달러의 긴급 구제금융을 제공하면서 미국의 금융 위기는 더욱 심화되었다. 이러한 미국발 금융 위기는 전 세계로 확산되어 아이슬란드, 헝가리, 파키스탄, 라트비아 등이 줄줄이 국제통화기금(IMF)에 구제금융을 신청하는 사태로 발전했다. 미국도 자국의 금융기관을 살리기 위해 사상 최대인 7000억 달러에 달하는 구제금융안을 마련했다. 많은 경제학자들은 이러한 경제 위기가 1930년대의 대공황 이래 최악의 재정 위기이자 전 세계적인 대공황으로 확산되지 않을까 우려했다. 부시 대통령의 임기 말인 2008년 말 미국에서는 260만 개의 일자리가 사라졌다.

미국을 덮친 최악의 자연 재앙 허리케인 카트리나

2005년 8월 말 미국 역사상 최악의 자연재해 중 하나로 꼽히는 허리케인 카트리나(Hurricane Katrina)가 루이지애나주를 비롯한 인근 남동부 주들을 강타했다. 허리케인 카트리나는 특히 도시의 80퍼센트 이상이 인접한 호수의 수면보다 낮아 둑을 쌓아놓은 뉴올리언스에서 이 둑이 터지면서 도시의 80퍼센트가 물에 잠기는 엄청난 피해를 안겼다. 카트리나로 인한 인명 피해는 사망자 1836명, 실종자 135명으로 대부분 루이지애나와 미시시피주에서 발생했다. 재산상 피해는 812억 달러로, 이전에 가장 큰 피해를 입힌 허리케인 앤드루(Hurricane Andrew)와 비교할 때 거의 2배나 되는 엄청난 액수였다. 허리케인 카트리나로 인해 피해를 본 면적은 23만 3000제곱킬로미터로 한반도 전체를 능가하는 면적이었다.

허리케인 카트리나로 물에 잠긴 뉴올리언스 시가지.

카트리나로 가장 큰 피해를 본 뉴올리언스의 재난에 대한 부시 행정부의 대응은 커다란 비판에 직면했다. 비판자들은 우선 뉴올리언스 홍수에 대한 대처가 미숙했던 이유로 부시 대통령이 연방긴급사태관리청(Federal Emergency Management Agency, FEMA)의 청장으로 무능한 마이클 브라운(Michael D. Brown)을 임명한 사실과 정부가 이라크 전쟁에 몰두하느라 국내 재앙의 대응에 미온적이었다고 비난했다. 나아가 이들은 부시 스스로가 홍수 발생 가능성에 대한 여러 차례의 경고를 무시했다고 주장했다. 이에 부시는 연방 정부가 긴급사태에 적절히 대처하지 못한 것에 책임을 통감한다고 밝혔다. 이로 인해 부시는 정치적 부담을 안고 2차 임기 초반을 시작해야 했다.

부시의 2차 임기와 대외 정책

2차 임기를 맞이한 부시 대통령은 우선 이라크 전쟁으로 서먹해진 프랑스를 비롯한 유럽 여러 나라들과의 관계 개선을 모색했다. 나아가 부시는 구소련에 속했던 그루지야와 우크라이나에서 일어난 민주화 투쟁에 대해서도 칭송을 아끼지 않았다. 그리고 클린턴 행정부 시절 1998년의 핵실험으로 인해 소원해진 인도와의 관계 개선을 위해 부시는 2006년 3월 직접 인도를 방문해 핵에너지 분야와 대테러 활동에서의 협력을 얻어내기도 했다.

하지만 2차 임기에서도 테러와의 전쟁으로 시작된 아프가니스탄과 이라크에서의 전쟁은 지지부진한 상태를 면치 못했다. 미국은 2001년 유엔 안전보장이사회의 결의로 구성되어 2003년부터 나토군이 주도하는 국제안보지원군(International Security Assistance Force, ISAF)의 주력 부대로 아프가니스탄에 참전해 탈레반 세력을 정권에서 몰아내는 데 성공했다. 하지만 2003년에 세력을 재조직한 탈레반이 2006년부터 반군 활동을 활발하게 진행하면서 아프가니스탄의 안정을 위협하게 되었다. 따라서 부시 대통령은 2007년 3월 아프가니스탄에 3500명의 증원군을 파병해야 하는 상황에 이르렀다.

2005년 1월 이라크에서 50년 만에 처음으로 자유롭고 민주적인 선거가 실시되었다. 이 선거에서 대통령으로 잘랄 탈라바니(Jalal Talabani)와 수상으로 누리 알 말리키(Nouri al-Maliki)가 선출되면서 세계인들은 이라크가 정치적 안정을 되찾기를 기대했다.

하지만 이 선거는 주로 시아파와 다수의 쿠르드족을 주축으로 실시되었기에, 반대파인 수니파의 저항으로 인해 이라크는 끝없이 일어나는 폭탄 테러 등으로 내전이나 다름없는 상태가 계속되었다. 따라서 부시 대통령은 2007년 1월 이라크의 상황에 대해 연설하면서 2만 1500명의 증원군 파병과 이라크인의 일자리 마련, 재건 사업 등을 위해 12억 달러가 필요하다고 역설했다. 그리고 2007년 5월 의회가 이라크에서의 철군 시간을 명시하는 법을 만든 데 대해 부시는 재임 중 두 번째로 거부권을 행사했다. 따라서 이라크 철군 문제는 다음 정부가 해결해야 할 과제로 남게 되었다.

역사 메모 ▶ 부시 대통령은 잦은 말실수로 인해 언론 매체, 코미디언, 정치인 등으로부터 자주 풍자의 대상이 되곤 했다. 일부 비판자들은 부시의 이런 말실수를 가리켜 '부시즘(Bushism)'이라고 부르기도 한다. 2010년 뉴욕주에 있는 시에나 대학이 238명의 대통령학 연구자들에게 설문조사를 한 결과 부시는 역대 43명의 대통령 중 39위를 차지했다.

미국 역사상 최초로 흑인 대통령이 탄생하다

오늘날 미국 사회의 다문화·다인종적 성격을 함축한 최초의 흑인 대통령
버락 오바마는 미국이 직면한 심각한 경제 위기를 해결하고
대외적으로는 아프가니스탄 전쟁을 마무리 지어야 하는 과제를 안고 출발했다.

2008년의 대통령 선거

2007년 2월 10일 당시 일리노이주 출신 민주당 연방 상원의원이었던 버락 오바마(Barack Obama)는 일리노이주 스프링필드에 있는 구(舊) 주 의회 의사당 앞에서 2008년 미국 대통령 선거전에 뛰어든다는 출사표를 던졌다. 이 자리는 1858년 에이브러햄 링컨이 연방 상원의원 선거전에 뛰어들어 유명한 '분열된 집(A House Divided)'이라는 연설을 했던 매우 상징적인 장소였다. 오바마는 선거 운동을 통해 이라크 전쟁의 신속한 종결, 에너지 자립 수준 확대, 국민건강보험제 마련 등을 공약으로 내걸었다.

2008년 대선을 앞두고 민주당에서는 전직 대통령 빌 클린턴의 부인이자 뉴욕주 출신 상원의원 힐러리 로댐 클린턴과 오바마 상원의원을 비롯한 10명의 후보가 경합을 벌였다. 결국 2008년 8월 말 덴버에서 열린 민주당 전당대회에서 오바마가 민주당 대통령 후보로 결정되었고, 힐러리는 오바마에 대한 지지를 표명하면서 대권에 대한 꿈을 차기

로 넘겨야 했다. 오바마는 델라웨어주 출신의 노련한 연방 상원의원 조셉 바이든(Joseph Biden, Jr.)을 자신의 러닝메이트로 선택했다. 공화당에서는 1928년 이래 현직 대통령과 부통령이 대선에 참여하지 않은 가운데, 루돌프 줄리아니(Rudolph Giuliani) 전 뉴욕 시장, 존 매케인 상원의원, 프레드 톰슨(Fred Thompson) 전 상원의원을 비롯한 11명의 후보가 경합을 벌였다. 그 결과 2008년 9월 초 미네소타주 세인트폴에서 열린 공화당 전당대회에서 존 매케인이 대통령 후보로 지명되었다. 매케인은 8월 말 알래스카 주지사였던 사라 페일린(Sarah Palin)을 러닝메이트로 지명해 사람들을 깜짝 놀라게 했다. 페일린은 양당을 통틀어 여성으로서 러닝메이트로 지명된 두 번째 경우였고, 공화당으로서는 최초였던 것이다. 페일린은 처음에 많은 어린이를 키우는 강인한 '하키맘(hockey-mom)'의 이미지로 인기를 끌어 공화당 전당대회 이후 오바마의 지지율을 반짝 추월하는 이른바 '페일린 효과'를 보여주기도 했다. 하지만 그녀의 미숙한 언론 대처 능력과 자질 논란은 결국 매케인 진영에 부메랑이 되어 오히려 공화당의 지지율을 잠식하는 결과를 가져왔다는 평가를 받았다.

2008년 11월 4일 치러진 대통령 선거에서 오바마는 선거인단 표에서 365표와 일반투표에서 52.9퍼센트를 얻어, 173표의 선거인단 표와 45.7퍼센트의 일반투표를 획득한 매케인을 누르고 미국 역사상 최초의 아프리카계 미국인 대통령으로 선출되었다.

버락 오바마는 누구인가

사실 불과 10여 년 전만 해도 미국에서 이렇게 빨리 흑인 대통령이 출현하리라고 예상한 사람은 거의 없었다. 대부분의 미국인은 미국에서 흑인이나 여성 대통령이 나오려면 빨라야 2020년대 어쩌면 2050년대나 가야 가능한 일이라고 보았다 해도 과언이 아니다. 그러면 과연 어떻게 예상을 뒤엎고 이토록 빨리 흑인 대통령이 나올 수 있었던 것일까? 그것에 대한 정확한 판단은 후세 역사가들의 해석을 기다려야 할 일이지만, 지금으로서는 오바마 자신이 오늘날 미국 사회의 성격을 압축적으로 보여주기 때문에 가능했던 것이 아닐까 하고 짐작할 수 있을 뿐이다.

버락 오바마는 여러모로 주류 미국인과는 다른 성장 배경을 갖고 있다. 그는 우선 역대 대통령과 달리 미국 본토에서 멀리 떨어진 하와이에서 출생한 최초의 미국 대통령이었다. 어머니 스탠리 앤 던햄(Stanley Ann Dunham)은 캔자스 출신의 백인 여성이었고, 아버지 버락 오바마 1세는 아프리카 케냐 출신의 흑인이었다. 일테면 오바마는 흑백인 혼혈로 태어난 것이다. 1964년 부모가 이혼하고 난 뒤, 오바마는 인도네시아 사람 롤로 소에토로(Lolo Soetoro)와 재혼한 어머니를 따라 인도네시아로 가서 여섯 살부터 열 살까지 자카르타에서 학교를 다녔다. 1971년 호놀룰루로 돌아온 오바마는 고등학교를 졸업할 때까지 외조부모 밑에서 살았다. 이처럼 오바마는 성장기에 남달리 다인종적, 다문화적 환경에서 자라났다. 그는 자신이 십 대에 정체성 문제로 술과 마리화나와 코카인 같은 마약에도 손을 댄 적이 있음을 고백하기도 했다.

오바마는 로스앤젤리스에서 2년간 대학을 다닌 뒤, 1981년 컬럼비아 대학으로 편입해 정치학 전공으로 대학을 마쳤다. 이후 잠시 시카고에서 공동체 조직가로 활동한 오바마는 1988년 하버드 법대에 진학해 〈하버드 법률 평론(Harvard Law Review)〉의 최초 흑인 편집장으로 활동하면서 전국적으로 언론의 조명을 받기도 했다. 하버드 법대 졸업 후에는 시카고로 돌아가 시카고 법대 강사로 강의를 하면서 흑인 유권자 등록 운동, 인권 관련 변호사, 공동체 조직 등의 일을 하며 정계 진출의 발판을 닦았다.

이러한 경력을 바탕으로 1996년 일리노이주 상원의원으로 당선되어 정계에 첫발을 디딘 뒤, 2004년에는 연방 상원의원 선거에 도전해 70퍼센트의 지지율로 당선되기에 이르렀다. 오바마가 정치인으로서 전국적인 조명을 받게 된 것은 연방 상원의원 도전을 향한 2004년 3월의 일리노이주 민주당 예비선거에서 예상치 못한 승리를 거둔 것과 2004년 7월 보스턴에서 열린 민주당 전당대회 때 기조연설을 하면서였다. 텔레비전을 통해 900만 명의 시청자가 이 연설을 지켜보았고, 민주당 내에서도 그의 위치를 크게 끌어올려주는 계기가 되었다. 이후 연방 상원의원으로서도 활발한 활동을 펼친 오바마는 급기야 초선 상원의원임에도 2007년 2월 대권 도전을 선언해 험난한 선거전을 거쳐 대통령에 당선되었던 것이다.

취임하자마자 산적한 문제에 직면한 오바마 행정부

2009년 1월 20일 버락 오바마는 미국의 제44대 대통령으로 취임했다. 하지만 오바마는 대통령으로 취임하자마자 전임 부시 대통령이 남겨놓은 문제들을 해결하는 일에 골몰해야 했다.

우선 가장 시급한 문제는 대공황에 비견될 만한 심각한 경제 위기를 해결하는 일이었다. 이에 오바마는 취임 초인 2월, 날로 심화되고 있는 전 세계적 경기 침체로부터 경제를 회복시키기 위해 총 7870억 달러 규모의 경기 부양 법안인 미국 경기 회복 및 재투자법(American Recovery and Reinvestment Act)에 서명했다. 이 법은 향후 수년간에 걸쳐 보건복지, 인프라, 교육, 다양한 세금 감면, 개인에 대한 직접적인 보조 등의 내용을 담고 있다. 또한 침체의 늪에 빠진 부동산 경기를 회복시키기 위해 오바마 행정부의 재무장관 티모시 가이트너(Timothy Geithner)는 하락한 부동산 자산을 2조 달러까지 사들이는 내용이 담긴 '레거시 자산을 위한 공공-민간투자 계획(Public-Private Investment Program for Legacy Assets)'의 도입을 포함한 재정 위기 타개책을 내놓기도 했다.

오바마는 또한 위기에 처한 미국 자동차 산업을 구하기 위해 2009년 3월 제너럴 모터스(GM)와 크라이슬러에 새로운 대출을 제공했으나, 몇 개월이 지나도록 호전될 기미가 없자 크라이슬러는 이탈리아의 자동차 회사 피아트에 매각하고 GM에는 500억 달러의 구제금융을 제공하면서 지분의 60퍼센트를 정부가 보유하는 조치를 취했다. 나아가 오바마는 경기 부양을 위해 '노후차량현금보상제(Car Allowance Rebate System)'를 도입했다. 일명 '중고차 현금 보상(Cash for Clunkers)'이라고도 부르는 이 제도는 2009년 7월부터 8월까지 한시적으로 10억 달러의 예산을 배정해 노후 차량을 폐기하고 새 차를 구입할 경우, 정부가 대상자에게 최고 4500달러까지 지원하는 것이었다. 이 제도의 목적은 자동차의 재고를 줄이고 GM, 포드 등 자동차 회사의 생산을 늘려 일자리를 잃은 노동자들의 재고용을 촉진시키고자 함이었다.

정부는 처음 이 프로그램을 계획하면서 사람들의 호응이 그리 크지 않을 것으로 예상했으나, 막상 이 제도가 실시되자 예상을 뒤엎고 수많은 사람이 새 차 구입에 나섰다. 따라서 의회가 부랴부랴 이 제도를 위해 20억 달러의 긴급 추가 예산을 편성해야 할 정도였다. 전적으로 이 제도 덕분이라고 할 수는 없겠지만, GM은 난국 타개를 위해 영입한 최고 경영자 에드 휘태커(Ed Whitacre)가 조직 통폐합과 비용 절감을 통

2009, 미국 경기회복 및 재투자법: 7870억 달러 (보건 복지, 인프라, 교육, 세금 감면, 개인에 대한 보조 등)

레거시 자산을 위한 공공 – 민간투자 계획 (부동산 자산을 2조 달러까지 사들임)

자동차 회사 구제책 크라이슬러 ➡ 이탈리아 피아트에 매각 GM ➡ 500억 달러의 구제 금융 제공, 지분 60% 정부 보유 - * 노후차량현금보상제: 2008.7–8, 한시적 중고차를 새 차로 바꿀 경우 최고 4500달러까지 지원

▶ 오바마 행정부의 경제 위기 타개책

한 대대적인 구조 조정 작업을 진행해 예상보다 빨리 파산 보호를 졸업했고, 2010년 들어서는 2분기 연속 흑자 행진을 이어갔다.

100년 동안의 숙원인 건강보험 개혁안 통과

2010년 3월 21일 연방 하원에서는 건강보험 법안이 219표 대 212표라는 근소한 차이로 통과되었다. 이틀 뒤 오바마가 이 법안의 정식 명칭인 환자 보호 및 부담 적정 보험법(Patient Protection and Affordable Care Act, PPACA), 이른바 '오바마 케어(Obama Care)'에 서명함으로써 1912년 시어도어 루스벨트 대통령이 대선 공약을 통해 국민건강보험 제도의 도입을 약속했으나 대선 패배로 인해 실패한 이후 프랭클린 루스벨트, 빌 클린턴 대통령 등의 수차례에 걸친 미국 건강보험 개혁 시도가 줄줄이 무산된 지 거의 100년 만에 미국 국민의 95퍼센트 정도가 건강보험의 혜택을 받을 수 있게 되었다.

이 '건보 개혁'의 핵심은 정부가 저소득층에게 제공하는 기왕의 건보 혜택 대상을 확대하고, 보조금 지급 등의 방법으로 그동안 사각지대에 있던 3200만 명의 중산층 미국인에게 혜택을 주는 것이다. 미국 정부는 이 건보 개혁으로 2010년 당시 5400만 명으로 추산되는 무보험자가 2300만 명 정도로 줄어들 것으로 예측했다. 이 건보 개혁안은 수혜 대상 확대를 위해 대부분의 미국인에게 건보 가입을 의무화하고, 이를 위반할 경우 개인에게 연간 695달러의 벌금을 부과하도록 했다. 또 사업주로 하여금 근로자 보험 가입을 유도하기 위해 50인 이상을 고용하는 사업주가 근로자들에게 건보 혜택을 주지 않을 경우, 30명을 초과하는 근로자들에 대한 건보 비용을 1인당 2000달러씩 지급토록 했다. 또한 이 법에는 보험회사가 가입자의 건강 상태를 기준으로 더 높은 보험료를 받거나 가입을 거부할 수 없도록 하는 내용 등도 포함되었다.

이 개혁안 실시로 정부의 지출은 향후 10년간 9400억 달러에 이를 것으로 추산되었다. 하지만 이 법은 통과된 이후로도 상당한 도전에 직면했고, 특히 공화당은 달갑지 않은 정부의 팽창을 가져온다는 이유로 계속해서 이 법의 폐지를 시도했다. 그럼에도 오바마 케어의 실시로 인해 미국 내 의료보험 미가입자의 인구 비율은 2010년 20.2퍼센트에서 2015년 13.3퍼센트로 줄어드는 성과를 이룩하기도 했다. 하지만 이 건보 개혁안에는 2009년 11월 하원을 1차 통과한 건보 개혁안에 포함됐던 정부 주도의 공공 보험(public option) 도입 방안이 포함되지 않아, 미국이 한국처럼 국가가 주도하는 국민의료보험 같은 보편적인 의료보험제를 도입하기에는 아직도 갈 길이 멀어 보인다.

사상 최악의 환경 대재앙, 멕시코만 원유 유출 사고

2010년 4월 20일, 미국 루이지애나주 인근 멕시코만에서 영국 최대 기업이자 세계 2위 석유 회사인 BP(Beyond Petroleum)의 딥워터 호라

이즌(Deepwater Horizon) 석유 시추 시설이 폭발해 바다를 오염시키는 미국 역사상 최악의 해저 기름 유출 사고가 일어났다. 이 폭발로 인해 시추선에 있던 작업자 중 11명이 사망하고 17명이 부상했다. 하지만 더 큰 문제는 시추선이 침몰하면서 파괴된 유정(油井)에서 엄청난 양의 원유가 분출해 멕시코만의 해양 생태계 파괴뿐 아니라 인근 루이지애나주를 비롯한 연안 주들의 어업 및 관광 산업에 막대한 피해를 입혔다는 점이다. 이 사고로 7월 15일 일단 해저 1500미터에 있는 심해 유정 입구가 임시로 봉쇄될 때까지 하루 평균 5만 3000배럴의 원유가 쏟아져 나와 총 490만 배럴이 멕시코만으로 유출된 것으로 추정되었다. 9월 19일 문제의 유정은 완전히 폐쇄되었지만, 이 사고로 인한 환경 재앙의 후유증이 얼마나 지속될지, 천문학적인 액수로 추정되는 직간접적인 피해 액수가 얼마나 될지 현재로서는 미지수로 남아 있다.

오바마 행정부의 대외 정책

오바마 대통령은 취임 초 조셉 바이든 부통령과 국무장관 힐러리 로댐 클린턴을 각각 러시아와 유럽으로 보내 전임 부시 행정부의 대외 정책에서 벗어나 커다란 변화를 시사하는 '단절'과 '재조정'이라는 용어를 써가며 '새로운 시대'를 열 것임을 천명했다. 오바마는 또한 취임 이후 첫 번째 텔레비전 인터뷰를 아랍계 케이블방송인 알 아라비야(Al Arabiya)와 가짐으로써 아랍계 지도자들에게 긴밀히 다가서는 자세를 보여주었다. 나아가 오바마는 2009년 6월 이집트의 카이로 대학에서 행한 연설을 통해 미국이 중동의 평화를 촉진하고 이슬람 세계와 새로운 관계를 시작하겠다고 밝힘으로써 대(對)이슬람권 정책에 대한 변화를 예고했다.

실제로 오바마는 2010년 3월 예루살렘 동쪽의 아랍계 주거지 일대에 유대인 주택을 건설하려는 이스라엘의 베냐민 네타냐후(Benjamin Netanyahu) 총리 정부의 계획에 반대한다는 공식적인 입장을 밝히기도 했다. 오바마 행정부는 러시아의 드미트리 메드베데프(Dmitri Medvedev) 대통령과 1991년의 전략무기감축협정을 대체하는 새로운 협정을 맺어 양국이 장거리 핵미사일의 숫자를 3분의 1로 감축하는 성과를 이루었다.

오바마는 취임 연설에서 아프가니스탄에서의 전투에 계속 관심을 가질 것이라고 밝혔다. 따라서 그는 취임 초부터 아프가니스탄에 이미 약 3만 명이 주둔하고 있는 미군 병력을 2009년 여름까지 약 1만 7000명 더 증원하겠다는 입장을 표명했다. 그리고 아프가니스탄 주둔 미군의 수는 2010년에 약 10만 명으로 정점을 찍기도 했다. 하지만 미국은 2012년 아프가니스탄 정부와 미국이 주요 전투 임무를 아프가니스탄 군대에 이양한다는 전략적 동반자 협정을 맺으면서 오바마는 2014년 대부분의 미군 병력이 2016년 말까지는 아프가니스탄을 떠날 것이라고 발표했다. 이후 미군은 아프간 정부가 탈레반, 알카에다, 이슬람 국가 등에 대항한 내전에서 지원하는 역할만 하기 위해 남아 있을 것이라고 선포했다. 따라서 2017년 오바마 대통령의 두 번째 임기 말에 이르러 아프가니스탄에는 약 8400명의 미군만이 남아 있게 되었다.

오사마 빈 라덴의 죽음

2011년 5월 1일 미국 동부 시간 밤 11시 35분, 오바마 대통령은 미국의 주요 텔레비전 방송 생중계를 통해 "저는 오늘 밤 미국이 오사마 빈 라덴을 사살하는 작전을 완수했음을 미국 국민과 전 세계에 알릴 수 있게 되었습니다."라고 발표했다. 이로써 2001년 9·11 테러의 주범으로 여겨져 미 연방수사국(FBI)이 내건 2500만 달러의 현상금의 대상자로서 테러 사건 이후 종적이 묘연해진 그를 찾기 위해 그야말로 각고의 노력을 기울인 미국 정부는 한숨을 돌릴 수 있게 되었다. 빈 라덴은 본래 알카에다의 본거지인 아프가니스탄의 산악 지대에 은신해 있을 것으로 추정되었으나 2010년 미국 중앙정보국(CIA)은 그가 파키스탄의 수도 이슬라마바드에서 그리 멀지 않은 아보타바드의 한 건물에 은신하고 있다는 것을 알아냈다. 그를 제거하기 위해 처음에는 그가 은신하고 있는 건물에 폭탄을 투하하는 것도 고려되었으나, 오바마 대통령은 미 해군의 특수부대인 네이비실(Navy SEALs)을 동원한 제거 작전을 승인했다. 네이비실은 5월 1일 빈 라덴의 은신처에서 그를 사살했고, DNA 검사를 통해 그의 신원을 확인한 다음 몇 시간 뒤에 이슬람식 장례문화에 따라 그의 시신을 바다에 수장했다.

이라크 전쟁의 공식 종전 선언

오바마 대통령은 취임 초인 2009년 2월 이라크에서 18개월 이내에 전투 임무를 끝내겠다고 선언했다. 그리고 그의 공언대로 2010년 8월 31일 오바마는 백악관에서 오늘 미군의 전투 임무는 끝났다고 선언했다. 이날까지 이라크 주둔 미군 전투 병력은 모두 철수를 완료했고, 대테러 작전 그리고 이라크군 및 경찰에 대한 교육과 훈련 등을 담당하는 5만 명의 비(非)전투 미군 병력도 임무를 수행한 뒤 2011년 말까지 완전히 철수했다. 이로써 2003년 3월에 시작되었던 이라크 전쟁은 7년 5개월 만에 사실상 끝을 맺었다. 이 전쟁으로 숨진 이라크인은 10만 명, 난민은 200만 명에 달하고, 미군은 약 4500명의 전사자와 3만 2000명의 부상자 등 수많은 희생자와 엄청난 전비(戰費)를 쏟아부었지만, 이라크 전쟁은 오바마 대통령조차 '임무 완수'나 전쟁에서 승리했다는 표현을 쓰지 않을 정도로 어정쩡한 종지부를 찍고 말았다. 하지만 미국은 2014년 이라크와 시리아에서 활동하는 이슬람 극단주의 테러리스트 집단인 이라크 레반트 이슬람 국가(Islamic State of Iraq and Syria, ISIL, 다른 말로는 The Islamic State of Iraq and Syria, ISIS), 이른바 이슬람 국가(Islamic State, IS)의 세력 확대에 직면했다. 그리하여 미국은 2015년 6월 이라크에서 이슬람 국가에 맞서 싸우는 이라크인을 돕기 위해 약 3500명의 미군을 파병했고, 오바마 대통령의 두 번째 임기 말인 2017년에는 그 수가 약 5200명에 달했다.

의회 권력이 공화당으로 넘어간 2010년 미국의 중간선거

2010년 11월 2일 실시된 미국의 중간선거에서 약 8250만 명의 유권자가 투표에 참여한 결과 연방 하원에서 공화당이 60석 이상을 탈환해 239석을 차지하는 압승을 거두었다. 그리고 상원에서는 민주당이 6석을 잃었음에도 불구하고 53석을 유지함으로써 다수당을 가까스로 유지하게 되어 권력 분점의 시대가 막을 올렸다. 따라서 오바마 대통령은 집권 초기 2년간 의회에서 다수당을 차지해 자신의 개혁 정책을 과감히 밀어붙일 수 있었지만, 이제 의회 권력이 공화당으로 넘어가면서 대통령의 일방적인 권력 독주에 제동이 걸릴 수밖에 없게 되었다.

이번 중간 선거의 승패를 가른 쟁점은 역시 경제문제였다. 취임 이후 2년간 강력한 개혁 드라이브를 걸면서 경제를 살리고자 한 오바마 대통령이지만, 결국 얼어붙은 경제를 살리지 못함으로써 선거 참패라는 중간 성적표를 받게 된 것이다. 이 중간선거에서 특기할 만한 사건은 바로 '티파티(Tea Party)' 운동의 막강한 영향력이었다. 아메리카 혁명기의 보스턴 차사건에서 명칭을 빌려온 이 티파티 운동은 작은 정부, 감세, 국채 및 연방 재정 적자 감축 등을 지향하는 보수주의 운동이다. 티파티는 2009년부터 시작된 보수주의적 시민 저항운동으로서 중앙 지도부가 없고 지방 및 전국적 시민 집단의 느슨한 결합체로 구성되어 있다. 따라서 티파티 운동은 종종 풀뿌리 정치 활동의 본보기로 평가받기도 한다. 이러한 티파티 운동이 2010년 중간 선거에서 공화당 후보를 지지함으로써 공화당이 압승을 거두는 데 상당한 기여를 한 것으로 분석되었다. 티파티 운동 지지자들은 주로 백인이며, 남성, 기혼자, 45세 이상의 연령층으로 구성되어 있다. 또한 평균적인 미국인보다 더 부유하고 교육도 많이 받은 사람들이 참여하고 있는 것으로 조사되었다. 따라서 이들이 앞으로 미국의 정치 판도에 어떤 영향을 미칠지 주목해보는 것도 흥미로운 일이 될 것이다.

역사 메모 ▶ 오바마 대통령이 취임 선서를 할 때, 이를 주관한 대법원장 존 로버츠(John G. Roberts)는 대통령 선서문을 선창하면서 '충실히'라는 말의 위치를 잘못 배치하고, '미합중국 대통령(President of the United States)'이라고 해야 할 것을 '미합중국에 대한 대통령(President to the United States)'이라고 함으로써 오바마가 이를 그대로 따라 하게 만들었다. 다음 날 로버츠는 백악관에서 선서식을 다시 주관했고, 이로써 오바마는 역대 일곱 번째로 대통령 선서를 두 번이나 한 대통령이 되었다.

부시의 '부자 감세'를 되돌린 오바마 대통령

2012년 재선에 성공한 오바마는 전임 부시 대통령이 행한
부자들의 감세를 되돌려놓고 성적 소수자들의 권리 향상에 힘썼으며
환태평양경제동반자협정에 참여하고 쿠바와의 관계 개선에서 노력을 기울였다.

2012년 오바마 대통령의 재선

2011년 4월 오바마 대통령은 자신이 2012년 재선에 도전할 것이라고 선언했다. 그리고 오바마는 2012년 민주당 대통령 후보로 무난히 지명되었다. 오바마에 맞설 공화당의 후보로는 매사추세츠 주지사 출신의 미트 롬니(Mitt Romney)였다. 롬니는 감세, 예산 지출 삭감, 국방비 지출 증액, 오바마 케어의 폐기 등을 선거공약으로 내세웠다. 그러한 공약 중 오바마 케어는 사실상 롬니가 매사추세츠 주지사로 재임하던 시절에 시행된 매사추세츠 건강보험 개혁, 일명 롬니 케어에 바탕을 두었다는 점을 생각하면 대단히 아이러니한 일이기도 했다.

11월에 치러진 대선 결과 오바마는 선거인단 표에서 332표 대 206표와 일반투표에서는 전체 유권자의 51.1퍼센트의 득표를 얻어 무난히 재선에 성공했다. 이 대선에서 출구 조사 결과 오바마의 지지층은 주로 여성, 흑인, 히스패닉, 아시아계, 청장년층의 사람 등으로 나타났다. 상하 양원 연방의원 선거에서는 민주당이 상하원에서 몇 석을 더

얻었으나 하원은 여전히 공화당이
다수당을 차지하게 되었다.

미국 최초의 흑인 대통령인 제44대 대통령
버락 오바마.

오바마 대통령의 경제정책

오바마 대통령은 재선 직후 공화
당이 지배하는 하원과 조지 W. 부시
대통령 시절 시행되었던 소득세 감
세 정책, 이른바 '부자 감세'의 최종
적 운명을 놓고 다시 대결하게 되었
다. 공화당은 부시 행정부에서 제정
된 소득세법을 영구적인 것으로 만

들려고 했지만 오바마는 연소득 25만 달러 이하의 사람들에게만 소득세
인하를 연장하고자 했다. 결국 오바마와 공화당 의원들은 2012년 미국
납세자구제법(American Taxpayer Relief Act of 2012)의 제정에 동의해
연소득 40만 달러 미만의 개인에게는 영구적인 소득세 감면을 유지하
도록 하되 그보다 소득이 많은 사람들에게는 소득세율을 35퍼센트에서
39.6퍼센트로 인상하도록 했다. 이러한 비교적 고율의 소득세율은 부시
행정부 이전의 세율로 돌아가는 것이었다.

미국 정부의 부채는 21세기 초 세계적 경제의 대침체기 동안에 정
부 세입의 감소와 긴축재정 정책의 회피 등으로 말미암아 상당히 증가
했다. 특히 오바마 대통령이 취임한 해인 2009년의 부채 비율은 GDP
의 52퍼센트에서 2014년 74퍼센트로 급증했다. 이에 오바마는 미국
의 부채를 줄이기 위한 방법을 찾기 위해 국가재정 책임 및 개혁위원회
(National Commission on Fiscal Responsibility and Reform)의 구성을 명

했다. 이 위원회는 궁극적으로 군사비 지출을 포함한 예산 지출 삭감과 증세를 통한 부채 절감 방안을 담은 보고서를 제출했다. 이 보고서는 의회에서 표결에 부쳐지지는 않았지만, 장차 국채를 줄이기 위한 본보기 안으로 남았다.

연방의회는 국채를 줄이기 위해 2011년 예산통제법(Budget Control Act of 2011)을 제정해 부채 한계를 높이고 국방·교육·복지 분야 등에서 예산을 삭감했다. 또한 더 많은 지출 삭감을 제안하기 위한 초당적인 재정적자 감축 상하양원특별위원회(Joint Select Committee on Deficit Reduction)를 설치했다. 이 위원회가 더 많은 삭감에 동의하는 데 실패하자 이른바 '시퀘스터(sequester)'라고 알려진 국방·교육·복지 분야 등의 지출 삭감이 2013년에 효력을 발휘했다. 시퀘스터란 늘어나는 국가 부채를 줄이기 위해 연방 정부 재정 지출의 한도를 정하고, 의회와 정부가 별도의 합의를 하지 못할 경우 자동 예산 삭감을 발동하는 것을 말한다. 결국 시퀘스터 발동으로 정부 지출은 2013년 회계연도가 끝나는 9월까지 850억 달러, 향후 10년간 회계연도별로 1100억 달러씩 자동으로 줄어들게 되었다. 나아가 10월에는 공화당과 민주당이 예산안에 동의하는 것이 불가능해지자 16일 동안이나 미국 역사상 세 번째로 연방 정부가 폐쇄되는 일이 발생하기도 했다. 이로 인해 약 80만 명에 달하는 연방 공무원들이 무기한 '일시해고'되기도 했다. 이러한 사태가 발생한 것은 공화당 하원의원들이 오바마 케어에 대한 재정 지원을 철회하는 예산안을 통과시키자 민주당 상원의원들이 그것이 포함된 어떠한 예산안도 거부했기 때문이었다. 수개월이 지난 뒤 의회는 2014년에 정부가 재정을 집행할 수 있도록 하는 2013년 초당적 예산법(Bipartisan Budget Act of 2013)과 일괄세출안(omnibus spending bill)을 통과시키면서 이러한 사태를 마무리 지었다.

성적 소수자들의 권리 향상

오바마 대통령은 재임 기간 중 성적 소수자들(레즈비언, 게이, 양성애자, 트랜스젠더(Lesbian, Gay, Bisexual, Transgender),약칭 LGBT)의 권리를 향상시키는 데 크게 기여했다. 오바마는 2009년 피해자의 성적 지향으로 인해 자행된 범죄를 혐오범죄에 포함시키는 법에 서명한 이래, 2010년 게이나 레즈비언이 공개적으로 미군에서 복무하는 것을 불허하는 군대의 정책을 끝내는 동성애자 군복무법(Don't Ask, Don't Tell Repeal Act of 2010)에 서명했다. 오바마는 2012년 5월에 동성 결혼을 지지한 최초의 현직 대통령이 되었고, 이를 입증하듯이 2015년 대법원이 〈오버거펠 대 호지스(Obergefell v. Hodges)〉 판결을 통해 헌법이 동성결혼의 권리를 보장한다고 판결했을 때, 오바마는 그 사건 당사자인 원고에게 개인적으로 축하의 뜻을 전하기도 했다.

오바마 행정부의 에너지 정책

오바마 행정부는 재생가능 에너지산업의 발전을 촉진시키고자 했으며, 그 결과 오바마 대통령의 재임 중 태양광 발전량은 세 배로 증가하기도 했다. 2015년 8월 오바마는 청정전력계획(Clean Power Plan)을 발표해 미국 내 석탄과 석유 및 천연가스 등을 이용하는 화석 연료 발전소에서 배출하는 이산화탄소의 양을 2005년 기준으로 2030년까지 32퍼센트 줄이도록 하고 풍력, 태양광, 수력 등과 같은 재생 가능 에너지의 사용을 늘리도록 권장했다. 하지만 이 계획은 석탄 생산 지역 주민들과 화석 연료를 이용하는 전력 회사들의 반대 여론을 등에 업은 공화당의 반대에 직면하기도 했다.

에너지 정책과 관련해 오바마의 재임 중 문제가 되었던 것은 키스톤 파이프라인(Keystone Pipeline)이었다. 이 파이프라인은 캐나다 앨버타 주의 오일샌드(oil sand)와 멕시코만을 잇는 파이프라인이었는데, 논란이 되었던 것은 그중 일부 구간의 건설과 관련된 것이었다. 이 파이프라인 건설을 옹호하는 사람들은 그것이 경제성장에 도움이 될 것이라고 보았지만 환경운동가들은 이 파이프라인으로 인해 지구온난화가 가속될 것이라고 주장했다. 오바마 대통령은 2015년 2월 이 파이프라인을 건설하기 위한 법안에 거부권을 행사함으로써 환경운동가들의 손을 들어주었다. 이것은 오바마 재임 중 그가 행한 최초의 거부권 행사이기도 했다.

환태평양경제동반자협정

오바마 대통령은 전임자인 부시 대통령과 마찬가지로 자유무역협정을 추구했다. 이러한 정책의 일환으로 오바마는 환태평양경제동반자협정(Trans-Pacific Economic Partnership, TPP)에 적극 참여하고자 했다. 본래 이 협정은 아시아-태평양 지역 경제 통합을 목표로 공산품과 농산품을 포함한 모든 품목의 관세를 철폐하고, 정부조달, 지적 재산권, 금융, 의료 서비스 등의 모든 비관세 장벽을 철폐하고 자유화하자는 내용으로 2005년에 뉴질랜드, 싱가포르, 칠레, 브루나이 4개국이 참여해 출범한 협정이었다.

미국은 자국을 포함한 오스트레일리아 등 5개국과 함께 2010년 이 협정에 참여했고, 2015년 10월에는 미국, 일본, 오스트레일리아, 캐나다, 페루, 베트남, 말레이시아, 뉴질랜드, 브루나이, 싱가포르, 멕시코, 칠레의 12개국이 TPP 협정을 타결했다. 창설 초기에는 그리 영향이 크지 않았던 다자간 자유무역협정이었던 TPP는 미국이 참여하면서 그 중요성이 커지기 시작했다. 특히 오바마 대통령은 TPP를 아시아·태평양 지역 경제 통합을 위한 가장 강력한 수단이자 미국이 빠르게 성장하는 동아시아 경제에 초점을 맞추기 위한 장기적인 전략의 일환으로 보고 적극적으로 협정 가입을 추진하고자 했다. 하지만 TPP는 2016년 대선에서 주요 현안으로 부각되었고, 민주·공화 양당의 후보들도 비준에 반대하는 입장을 취했다. 따라서 이 대선에서 대통령에 당선된 도널드 트럼프(Donald Trump)는 2017년 1월 취임하자마자 TPP가 미국인의 일자리를 빼앗을 것이라고 비판하며 TPP에서 탈퇴한다는 내용의 행정명령에 서명했다. 하지만 남아 있는 11개국은 일본의 주도로 협상을 계속해 TPP의 명칭을 포괄적·점진적 환태평양 경제 동반자 협정(Comprehensive and Progressive Agreement for Trans-Pacific Partnership, CPTPP)으로 변경해 2018년 3월 공식 서명을 끝냈고 참여 국가 과반수인 6개국이 비준하면 발효된다.

쿠바와의 관계 개선

오바마 대통령은 1959년 피델 카스트로가 주도한 쿠바 혁명으로 인한 국교 단절 이후 미국 대통령으로서는 처음으로 쿠바와의 관계 개선에 나섰다. 오바마는 이미 2008년 대선에 나서면서 미국의 코앞에서 냉전의 유물로 남아 있는 쿠바와의 국교 정상화를 공약으로 내걸기도 했다. 이에 따라 2013년 봄 미국과 쿠바 양국은 캐나다와 바티칸과 같은 중립적인 장소에서 비밀 회동을 갖고 관계 회복을 위한 교섭에 나섰다. 이때 교황 프란치스코는 미국과 쿠바가 선의의 표시로 상호 간에 스파이 혐의로 재판을 받고 수감되어 있는 죄수들을 교환할 것을 제안했고, 미국과 쿠바 정부는 2014년 12월 이러한 제안을 받아들여 죄수들을 교환했다. 이에 오바마는 쿠바와의 외교 관계 회복을 명했고, 2015년 8월 공식적으로 외교 관계가 회복되면서 양국의 수도에 대사관이 설치되었다. 그리고 오바마는 2016년 3월 쿠바를 방문함으로써 1924년 캘빈 쿨리지 대통령 이후 88년 만에 현직 대통령이 쿠바를 직접 방문한 기록을 남겼다.

역사 메모 오바마가 대통령으로 당선된 2008년과 2012년 대선 때 오바마 대통령이 미국 태생이 아니기 때문에 미국 헌법에 따라 대통령 피선거권이 없다는 이른바 '버서(birther)'들의 주장에 동조하고 이런 의혹을 계속 증폭시켜 결국 백악관이 오바마 대통령의 출생 일시와 장소 등을 담은 출생기록부를 공개하도록 만든 대표적 인물은 도널드 트럼프였다. 당시 트럼프는 그 문서의 진위를 조사해보아야 한다고 주장하기도 했지만, 결국 2016년 자신이 대통령 후보로 대선에 나서면서 처음으로 오바마가 미국 태생이라는 것을 인정했다.

정치인 출신이 아닌 최초의 대통령, 도널드 트럼프

공직을 역임하거나 정치인도 아니면서 미국 역사상 최초로 대통령에 당선된 트럼프는 '미국 우선주의(America First)'를 앞세우며 취임 직후부터 오바마 케어 폐지 시도, 강력한 이민 억제 정책, 환태평양경제동반자협정 탈퇴 등으로 파란을 일으켰다.

2016년의 대통령 선거

2016년 대선에서 민주당은 빌 클린턴 전 대통령의 부인이면서 뉴욕주 출신 연방 상원의원으로 활동했으며 오바마 행정부에서 국무장관을 역임했던 힐러리 로댐 클린턴을 후보로 지명해 선거전에 돌입했다. 민주당 대선 후보 경선에서는 민주사회주의자(democratic socialist)임을 자처하는 버몬트주 출신의 버니 샌더스(Birnie Sanders) 연방 상원의원이 친노동 정책, 보편적인 헬스 케어, 유급 육아휴직 등을 내세우고, 기업이나 금융계 그리고 이른바 수퍼 팩(Super PAC)이라고 부르는 억만장자들로 이루어진 민간 정치 자금 단체의 정치자금 기부를 거부하고 지지자들의 소액 기부에 의존한 선거 운동으로 주목을 받으며 돌풍을 일으키기도 했다. 하지만 당내 경선 결과 클린턴이 55퍼센트의 지지율을 거둔 반면 샌더스는 43퍼센트의 지지율을 확보하는 데 그쳐 대권 도전의 꿈을 접고 2016년 7월 공식적으로 클린턴 지지를 선언했다.

한편 공화당에서는 대선 전까지는 부동산으로 성공한 기업가이자 텔레비전 리얼리티 쇼의 사회자로서 대중에게 알려졌지만 정치적 경력이 전혀 없던 도널드 트럼프가 후보로 지명되었다. 공화당에서는 정치적 지명도가 높은 텍사스주 출신 연방 상원의원 테드 크루즈(Ted Cruz), 조지 W. 부시 대통령의 동생인 젭 부시(Jeb Bush) 전 플로리다주지사 등 미국 정당 역사상 가장 많은 17명의 후보가 경선에 나섰다. 그 과정에서 트럼프는 불법 이민, 미국 내 일자리 창출, 국채, 이슬람 테러리즘 등의 문제를 해결할 것을 약속하며 "미국을 다시 위대하게 만들자(Make America Great Again)"라는 슬로건을 내세우며 가장 많은 지지를 획득해 최종적으로 공화당 대선 후보가 되었다.

트럼프의 당선

2016년 11월 8일에 치러진 대선은 결국 민주당의 클린턴과 공화당의 트럼프가 맞붙은 가운데 치러졌다. 선거 결과 선거인단 표에서 30개 주의 304표를 얻은 트럼프가 20개 주의 227표를 얻은 클린턴을 누르고 대통령에 당선되었다. 하지만 일반투표에서는 클린턴이 약 6584만 표(48.18퍼센트)를 얻어 약 6298만 표(46.09퍼센트)를 얻은 트럼프에 비해 2.1퍼센트 더 많은 표를 얻었으나, 미국 대통령 선거제도에서 선거인단 표의 승자독식제로 인해 선거인단 표의 과반을 넘긴 트럼프가 대통령에 당선될 수 있었다. 이에 대해 선거 직전 각종 여론조사 등을 통해 승리를 확신하던 클린턴도 처음에는 의외의 결과에 놀라는 모습을 보였지만 이내 패배를 인정하는 연설로 트럼프의 당선을 축하하기도 했다.

이처럼 트럼프의 당선은 당시 대부분의 사람들에게 매우 놀라운 결과로 다가왔다. 왜냐하면 선거 기간 내내 행해진 대부분의 여론조사에서 비록 후반부에 조금씩 감소하는 경향을 보이긴 했어도 힐러리 클린턴의 우세를 점쳐왔기 때문이었다. 이러한 현상이 나타나게 된 데 대해 일부 전문가들은 클린턴에 대한 고학력층과 비백인 유권자들의 지지가 과대평가된 반면 백인 노동계급의 트럼프에 대한 지지도가 과소평가되었기 때문이라고 보았다. 한편 다른 사람들은 미디어와 정치 전문가들이 수많은 부동층과 두 후보자 간 간발의 차이를 보이는 주들에서 트럼프를 향한 열성 지지층의 존재를 과소평가했기 때문에 이러한 결과가 나왔다고 보았다.

미국 역사상 초유의 대통령 당선 반대 시위

선거 유세 기간에도 트럼프의 정책과 선동적인 발언 등에 반감을 느끼던 사람들은 그가 당선되자 미국 전역에 걸쳐서 적극적으로 트럼프는 "내 대통령이 아니다(Not My President)"라는 피켓을 들고 구호를 외치며 트럼프의 당선에 반대하는 시위를 벌이기도 했다. 특히 트럼프의 취임식 다음 날에는 이른바 '2017년 여성 행진(2017 Women's March)'이라는 대규모 군중 시위가 발생하기도 했다. 이 시위는 트럼프가 행한 여성혐오 발언으로 촉발되어 여성의 권리, 이민 개혁, 건강보험 개혁, 낙태 및 산아 제한권, 환경, 성적 소수자의 권리, 인종 평등, 종교의 자유 등을 포함하는 광범위한 인권에 관한 입법과 정책 수립을 요구했다.

2017년 1월 17일 수도 워싱턴에 모인 시위대의 숫자는 약 50만 명에서 100만 명에 달한 것으로 추산되었으며, 이는 미국 역사상 하루에 최대 규모의 시위대가 운집한 것으로 기록되었다. 미국 전역에서는 약 320만 명에서 520만 명에 달하는 사람들이 시위에 참여했고, 전 세계적으로는 700만 명이 시위에 참여한 것으로 추산되었다.

도널드 트럼프는 누구인가?

트럼프는 미국 역사상 가장 부유한 대통령이자 이전에 그 어떤 정부 관직을 맡아본 적도 없고 군대 출신도 아니면서 정치적 경험도 전혀 없이 대통령에 당선된 최초의 인물로도 유명하다. 트럼프 대통령 이전에 대통령직을 역임한 43명의 대통령 중에서 38명이 대통령이 되기 전에 선출직 관직에 당선된 바 있었다. 다른 2명은 선출직을 거치지는 않았지만 장관으로 봉직함으로써 관직을 역임했다. 나머지 3명은 관직을 가진 적은 없지만 장군 출신으로서 군사령관을 역임했다. 따라서 미국 역사에서 관직이나 군사령관을 역임하거나 정치인으로서 활동한 경력이 없이 대통령에 취임한 인물은 트럼프가 유일하다.

도널드 존 트럼프는 1946년 뉴욕시 퀸즈에서 독일계 이민자의 후손이자 부동산업자인 프레더릭 크라이스트 트럼프(Frederick Christ Trump)와 스코틀랜드계 이민자인 메리 앤 맥리어드(Mary Anne MacLeod) 사이의 5남매 중 넷째로 태어났다. 트럼프의 부모는 트럼프가 자신들의 허락 없이 맨해튼에 너무 자주 드나들어 방종해지는 것을 막고자 그가 13세 되던 해에 엄격한 훈육으로 유명한 사립 기숙학교인 뉴욕군사학교에 보냈다. 1964년 트럼프는 역시 뉴욕시에 있는 포드햄 대학에 입학했고 2년 뒤에는 펜실베이니아 대학으로 편입해 당시에는 경영학 학부과정이었던 와튼스쿨(Wharton School)을 경제학 전공으로 1968년에 졸업했다.

트럼프는 1971년 부친 회사를 이어받아 이름을 트럼프 기업(Trump Organization)으로 바꾸고 부동산 개발업자로서 본격적으로 사세를 확장시켜 나갔다. 특히 트럼프는 1978년부터 맨해튼 부동산 개발에 뛰어들어 1983년에는 58층짜리 거대한 주상 복합 건물인 트럼프 타워를 세

제45대 대통령 도널드 트럼프.

워 세간의 주목을 받게 되었다. 이 건물은 현재까지도 트럼프 기업의 본사가 위치해 있을 뿐 아니라 트럼프와 그 가족들이 백악관에 입성하기 전까지 거주하기도 했다. 트럼프는 이후에도 계속 맨해튼의 부동산 개발에 나서서 계속 성공을 거두었고, 새로이 개축한 건물에는 트럼프 인터내셔널 호텔 앤드 타워, 트럼프 플레이스, 트럼프 월드 타워, 트럼프 파크 애비뉴 등으로 자신의 이름을 붙여나갔다.

트럼프는 부동산 개발업 이외에도 카지노 사업에도 진출해 몇 개의 호텔과 카지노를 소유한 트럼프 호텔 앤드 카지노 리조트(Trump Hotels & Casino Resorts, THCR)를 세웠다. 뿐만 아니라 트럼프 기업은 골프장 사업에도 진출해 2016년 말 기준으로 미국과 해외에 18개의 골프장과 골프 리조트를 소유하거나 운영하고 있다.

트럼프가 대중에게 지명도를 높일 수 있게 된 것은 그가 2004년 NBC 방송의 리얼리티 쇼 프로그램인 〈어프랜티스(The Apprentice)〉에 호스트로 출연하면서부터였다고 할 수 있다. 이 프로그램에서 트럼프는 참가자들과의 직접 면접을 통해 한 사람씩 탈락시키고 마지막까지 남은 한 사람에게 고액 연봉을 제공하면서 트럼프 기업에 고용했다. 이 과정에서 트럼프는 탈락자들에게 "당신은 해고야(You're fired)!"라고 외쳤는데, 이 말이 유행어가 되면서 트럼프의 인기도 높아졌던 것이다.

트럼프는 생애 세 번의 결혼과 두 번의 이혼을 했는데, 첫 번째 부인과의 사이에서는 도널드 트럼프 주니어, 이방카(Ivanka), 에릭(Eric)의 세 남매를 낳았고, 두 번째 부인과의 사이에서는 티파니(Tiffany)라는 딸을 낳았다. 트럼프는 2005년에 24세 연하의 슬로베니아 출신 모델이었던 멜라니아(Melania)와 결혼해 그 사이에서 배런(Barron)이라는 아들을 낳았다. 트럼프는 대통령에 취임하면서 자신의 사업을 첫째와 둘째 아들에게 맡기고, 큰딸인 이방카와 사위인 재러드 쿠슈너(Jared Kushner)를 자신의 보좌관으로서 백악관에 데리고 들어갔다.

취임 초기 트럼프가 행한 조치들

2017년 1월 20일 미국의 제45대 대통령으로 취임한 트럼프는 백악관에 입성하자마자 거의 즉각적으로 6개의 행정명령에 서명했다. 그중 첫 번째 행정명령은 오바마 대통령 재임 시에 통과된 의료보험개혁법, 이른바 오바마 케어를 폐지하는 것이었다. 하지만 트럼프가 대안으로 제시한 이른바 트럼프 케어 역시 7월에 상원의 문턱을 넘지 못해 오바마 케어를 폐지하는 데 실패했다. 하지만 트럼프 행정부는 오바마 케어에서 건강보험 가입을 강제하던 방법인 보험 미가입자에 대한 벌금 조항을 2019년부터 삭제하는 데 성공함으로써, 가입자들의 선택을 보장하는 법 개정 작업을 통해 오바마 케어의 건강보험 가입 탈퇴자들이 크게 증가할 수 있게 만들었다. 이로써 트럼프는 오바마 케어의 존립 자체를 위태롭게 만드는 데 성공했다고 할 수 있다.

다음으로 트럼프는 행정명령을 통해 오바마가 미국의 참여를 적극 추진했던 환태평양경제동반자협정(TPP)의 탈퇴를 선언했다. 하지만 트럼프는 2018년 4월에 미국이 이 협정에 다시 가입할 수도 있다고 언급하기도 했다. 트럼프는 또한 '테러리스트의 입국으로부터 미국을 보호하는 행정명령(Executive Order: Protecting the Nation from Foreign Terrorist Entry into the United States)'이라는 명칭의 행정명령 13769호를 발동해 중동과 아프리카의 특정 국가 사람들이 미국으로 여행이나 이민을 오는 것을 강력하게 제한하고자 했다. 이 행정명령에 따라 미국의 난민 입국 프로그램은 120일 동안 중단되었고, 이슬람 급진주의 테러 위험이 있다고 판단되는 리비아, 이란, 이라크, 소말리아, 수단, 시리아, 예멘 등 7개국 출신의 입국이 비자와 영주권 소지 여부에 상관없이 90일간 금지되었다. 이로 인해 미국 내 일부 국제공항에서 이들 국가 국적의 입국자들이 억류당하는 사태가 발생하기도 했다. 하지만 워싱턴주 시애틀 연방 지방법원은 트럼프의 행정명령이 수정헌법 제1조에 위배되며, 지역 경제와 이미지에 타격을 준다는 점을 들어 이 행정명령의 효력을 미국 전역에서 잠정 중단하라는 결정을 내렸다. 이에 따라 트럼프의 반(反)이민 조치에 제동이 걸리기도 했다.

트럼프는 자신이 내세운 강력한 이민 억제 정책의 일환으로 이미 대통령 선거 운동 기간에도 미국과 멕시코 국경 사이에 훨씬 더 크고 강력한 국경 장벽을 세울 것이고, 그 비용은 멕시코 정부에게 부담 지울 것이라고 선포한 바 있었다. 이에 따라 트럼프는 취임 직후 기존의 연방 정부 자금을 사용해 장벽을 건설하는 행정명령에 서명했다. 하지만 장벽 건설에 들어가는 막대한 비용과 지불 방법이 해결되지 않아 바로 시행되지는 못 했다. 이 국경 장벽 건설 문제는 최근에 크게 불거져 국경 장벽 건설 예산 57억 달러 책정을 놓고 트럼프 대통령과 민주당 지도부가 대립했다. 이로 인해 2018년 12월 22일부터 연방 정부의 '셧다운(shut down)'이 시작되었고 35일간 지속되어 미국 역사상 최장 기록을 세웠다.

트럼프 행정부의 경제정책

트럼프는 2017년 세금 삭감 및 고용법(Tax Cuts and Jobs Act of 2017)을 통해 대규모 감세 정책을 펼쳤다. 이 법으로 트럼프는 해외로 진출한 기업들이 미국으로 되돌아오는 것을 권장하고, 기업 경쟁력을 강화하기 위해 법인세를 기존 35퍼센트에서 21퍼센트로 낮춤과 동시에 개인 소득세 등을 낮추어 노동, 저축, 소비를 장려함으로써 미국의 경제성장을 촉진시키고자 했다. 하지만 이 법으로 혜택을 가장 많이 보게되는 계층은 고소득자들일 것이고, 나아가 이 법으로 향후 10년간 1조 5000억 달러의 적자가 발생할 것이라는 비판도 제기되었다.

트럼프는 이미 대통령 후보가 되기도 전부터 자신이 보호무역주의자임을 공공연히 밝혀왔다. 따라서 그는 선거 운동 기간에도 이미 북미자유무역협정(NAFTA)과 한미 FTA를 재협상할 것과 환태평양경제동반자협정의 탈퇴와 외국산 철강과 알루미늄뿐 아니라 중국과 멕시코산 수입품에 대한 관세 인상을 예고한 바 있었다. 결국 미국은 2018년 9월에 북미자유무역협정을 개정한 미국·멕시코·캐나다 협정(United States Mexico Canada Agreement, USMCA) 타결에 성공했다. 이에 대해 트럼프는 "무역 규모 1조 2000억 달러에 달하는 미국 역사상 최대 무역협정"이라고 공언하면서 이 협정으로 미국과 북아메리카로 돈과 일자리가 쏟아질 것이라고 자랑했다. 뿐만 아니라 트럼프는 한국과도 한미 FTA를 개선해 미국산 자동차와 의약품이 한국에 더 많이 수출될 수 있는 길을 열었다고 주장했다. 또한 무역 장벽을 낮추기 위해 탄생한 세계무역기구(WTO)에 대해서도 자신이 제시한 관세안이 받아들여지지 않으면 탈퇴하겠다는 입장을 표명하기도 했다.

미·중 무역전쟁

미국의 국익을 중시하는 이러한 트럼프의 보호무역주의 정책은 이른바 미·중 무역전쟁으로 비화되었다. 트럼프는 이미 대선 출마 전인 2015년에 출간한 《불구가 된 미국(Crippled America)》이라는 책에서 중국이 저임금 노동력을 활용해 미국의 산업을 파괴하는 등의 활동을 해왔다고 비난한 바 있었다. 그는 선거운동 기간에도 중국을 '경제적 적'으로 규정하며 중국에 대한 강도 높은 비난 발언을 이어가기도 했다. 실제로 2017년 미국의 대중 무역 적자는 3752억 달러로 미국 전체 무역 적자의 66.3퍼센트를 차지할 정도였다.

미국은 이전에 이미 예고했던 대로 2018년 7월 340억 달러 규모의 중국산 수입품에 대해 25퍼센트의 보복관세 부과를 개시했다. 이에 대해 중국은 역시 보복 조치로 중국으로 수입되는 미국산 농수산물, 자동차 등에 대해 미국과 똑같이 340억 달러 규모의 보복관세를 부과함으로써 미국과 중국 간의 무역전쟁이 시작되었다. 이후 미국은 현재까지 2500억 달러 상당의 중국산 수입품에 관세를 부과했는데, 이는 연간 5000억 달러가 넘는 중국산 수입품의 거의 절반에 해당하는 액수이기도 하다. 미국은 그중 2000억 달러어치의 수입품에 대해서는 10퍼센트, 나머지 500억 달러에 대해서는 25퍼센트의 관세를 부과했다. 이에 대해 중국 역시 1100억 달러 규모의 미국산 수입품에 대해 똑같은 비율의 맞불 관세를 부과했다. 미국은 이러한 중국의 반격에 대한 추가 보복으로 앞서 2000억 달러어치의 수입품에 부과한 10퍼센트의 관세율을 2019년부터 25퍼센트로 올리고, 나아가 추가로 2670억 달러 규모의 수입품에도 보복관세를 부과하겠다는 입장을 보였다. 이것은 미국이 수입하는 모든 중국산 제품에 대해 보복관세를 부과하겠다는 것이나 마찬가지였다.

　이러한 미국의 강력한 공세가 지속되자 중국은 미국에 대한 초기의 보복관세에서 한발 물러서는 모습을 보였다. 나아가 중국은 미국에 최종적으로 142개 항목에 대해 항목별로 수용 가능, 협상 가능, 수용 불가 등의 협상안을 제시함으로써 미·중 무역전쟁을 종식시키고자 했다. 하지만 미국은 중국이 제시한 수용 불가 항목에 대해서도 중국의 양보를 요청하며 전면전에 돌입할 태세를 보였다. 하지만 2018년 12월에 트럼프 대통령과 중국의 시진핑(習近平) 주석 사이에 전격적인 합의가 이루어져 2019년 3월 1일까지 90일 동안 무역전쟁은 휴전을 하고 협상을 하기로 했다.

　이러한 미·중 무역전쟁에 대해 전문가들은 미국이 단순히 경제적인 이유가 아니라 정치적인 이유 때문에 무역전쟁을 벌이고 있다고 보기도 한다. 이에 대해 전문가들은 대표적인 사례로 미국이 관세만으로 중국을 압박하는 것이 아니라 중국 통신장비 제조업체 화웨이, ZTE 등을 제재하는 등 다양한 측면에서 압박을 가하고 있는데, 특히 화웨이의 경우 보안 문제를 이유로 미국에서 퇴출시켰을 뿐 아니라 미국의 동맹국들에게도 화웨이를 배제시키는 데 동참할 것을 촉구하고 있음을 들고 있다. 나아가 미국인들은 중국이 미국에게 가장 위협적인 경쟁자가 될 것이라 보고 중국이 제조업 굴기를 통해 미국의 산업 경쟁력을 침해하고 세계 최강대국으로서의 미국의 지위가 흔들리게 되는 것을 우려해 미국이 기술 경쟁력의 우위를 유지하고 전 분야에 걸쳐 미국의 패권을 지켜야 한다는 정치적 이유가 미·중 무역전쟁의 근본적인 이유라고 보는 시각도 있다. 한편 트럼프 대통령의 정치적 야망 역시 미·중 무역전쟁의 한 요인으로 제시되기도 한다. 트럼프는 '미국 우선주의(America

First)'를 기치로 내걸고 대통령에 당선되었고 스스로 미·중 무역전쟁을 앞장서 지휘하면서 미국 우선주의의 상징이 되고자 하고 있다. 따라서 일각에서는 트럼프가 이러한 미·중 무역전쟁의 성과를 바탕으로 2020년 대통령 선거에서 재선에 성공하려는 의도를 갖고 있기 때문에 이 전쟁이 2020년 대선 시기까지 지속될 가능성이 높다는 관측이 제기되기도 한다.

트럼프 행정부의 대외 정책

트럼프는 취임 이전부터 미국 우선의 외교를 강조하면서 대외적으로는 강경한 노선을 취하고 있다. 트럼프는 취임한 지 얼마 안 되어 극단주의 무장단체인 이슬람 국가 격퇴를 위해 시리아 북부 지역에 지상군을 급파했다. 이는 전임 오바마 행정부에서 중동 분쟁 개입을 최소화한다는 '발자국 얕게 남기기(light footprint)' 전략에 따라 이라크에 군사 고문단 정도만 보내 현지 정부군을 간접적으로 지원했던 것과는 차원이 다른 '발자국 깊게 남기기(deep footprint)' 전략으로의 전환이었다. 이미 대선 과정에서 IS의 위험성을 강조해온 트럼프는 오바마 행정부와는 달리 군사개입 수준을 높이며 IS 사태 해결에 적극적으로 나섰던 것이다. 하지만 트럼프는 2018년 12월 돌연 미국이 IS에 대해 승리를 거두었다고 선언하고 시리아에서 모든 미군 병력의 철수를 명령했다. 이에 대해 제임스 매티스(James Mattis) 국방장관은 이러한 결정이 IS와 싸우는 데 핵심적인 역할을 해온 쿠르드 민병대를 저버리는 일이라고 주장하면서 자신의 사임을 발표했다. 결국 2019년 1월 백악관 안보보좌관인 존 볼턴(John Bolton)은 IS가 소멸될 때까지 미군은 시리아에 남아 있을 것이라고 발표함으로써 시리아 철군 문제는 잠잠해지게 되었다.

트럼프는 시리아 내전과 관련해 시리아가 반정부 세력에 화학 무기를 사용하자 2017년 4월에 시리아 공군 기지에 대한 미사일 공격 명령을 내렸다. 트럼프는 또한 예멘 내전에 개입하고 있는 사우디아라비아를 적극 지지하면서 사우디아라비아에 대한 1100억 달러에 달하는 무기 판매에 서명하기도 했다. 트럼프는 대통령에 당선되기 전에는 미국이 아프가니스탄에 더 이상 개입해서는 안 된다는 입장을 보였으나, 취임 초 아프가니스탄 주둔 미군의 숫자는 오히려 8500명에서 1만 4000명으로 늘어났다.

미국은 이란의 핵 문제와 관련해 2015년 7월에 미국을 포함한 영국, 프랑스, 독일, 중국, 러시아의 6개국과 이란이 체결한 포괄적 공동행동계획(Joint Comprehensive Plan of Action, JCPOA), 이른바 이란 핵협정을 맺은 바 있었다. 하지만 트럼프 행정부는 이란이 핵 프로그램 감축이라는 합의 조건을 어겼다고 주장하면서, 2018년 5월 이란 핵협정에서 일방적으로 탈퇴했다. 이후 트럼프는 이란 핵협정에 따라 중단되었던 이란에 대한 제재를 부활시키는 행정명령에 서명했다. 트럼프는 이스라엘과 팔레스타인 간의 갈등과 관련해 중립을 지키는 것이 중요하다고 천명해왔지만, 자신이 '이스라엘의 열광적인 팬(a big fan of Israel)'이라는 것도 숨기지 않았다. 그는 선거운동 기간 중에 이스라엘 주재 미국 대사관을 텔아비브에서 예루살렘으로 옮길 것이라고 공언한 바 있었다. 그리고 트럼프는 주요국 정상들의 만류와 비판에도 불구하고 2017년 12월 예루살렘이 이스라엘의 수도라고 독불장군식으로 공식 인정하고 2018년 5월에는 실제로 예루살렘에 새로운 미국 대사관의 문을 열었다.

북한 핵 문제

북한이 그동안 수차례 행한 핵실험 및 미사일 발사 실험에 대한 전임 오바마 행정부의 입장은 이러한 도발에도 불구하고 북한 핵 문제에 대해 직접 언급하지 않고 무시로 일관하면서 유엔 안보리 제재 등 경제적 압박을 지속하는 등의 이른바 '전략적 인내' 정책이었다. 하지만 트럼프는 대선 유세 기간과 취임 초부터 이미 이 문제에 대해 강경한 입장을 취하기 시작했다. 트럼프는 특히 북한이 2017년 7월 알래스카와 하와이 뿐 아니라 미국 본토에까지 도달할 수 있는 대륙간탄도미사일 시험 발사에 나서자, 미국에 대한 더 이상의 도발은 북한을 '화염과 분노(fire and fury)'에 직면하게 할 것이라고 경고했다. 이에 대해 북한도 지지 않고 다음번 미사일 시험 발사는 미국 영토인 괌을 향하게 될 것이라고 응수함으로써 북한 핵과 미사일을 둘러싼 한반도의 긴장은 한층 고조되기 시작했다.

그럼에도 북한은 이후 9월에는 제6차 핵실험을 통해 대륙간탄도미사일 장착용 수소폭탄 실험에 완전 성공했다고 주장했다. 이에 대해 유엔 안전보장이사회에서는 북한의 경제를 옥죄는 대북제재 결의안을 채택했지만, 북한은 이에 아랑곳하지 않고 계속해서 중거리 탄도미사일(IRBM)인 '화성-12형'을 발사해 트럼프 대통령이 유엔 총회 연설에서 "미국과 동맹을 방어해야만 한다면 북한을 완전히 파괴할 수밖에 없다."는 경고 메시지를 발표하게 만들었다. 결국 미국은 '죽음의 백조'라고 부르는 전략폭격기 B-1B를 비무장지대 최북단까지 출격시켜 북한에 대한 무력시위를 벌이기도 했다. 하지만 북한은 11월에 대륙간탄도미사일급인 '화성-15형'을 발사해 12월에는 유엔 안보리가 이에 대응해 더욱 강력한 대북제재 결의 2397호를 채택하게 만들었다.

2018년 6월 12일 북미 정상회담에서 만난 트럼프 대통령과 김정은 국무위원장.

북한의 핵실험과 미사일 시험 발사로 촉발된 한반도의 일촉즉발의 긴장 상황은, 2018년 2월 평창 동계올림픽 폐막식에 참석하기 위해 한국에 온 북한 노동당 중앙위원회 부위원장 겸 통일전선부장인 김영철이 문재인 대통령과의 접견에서 '북미대화'에 긍정적인 입장을 표명하면서 분위기가 급변했다. 이후 3월에 한국의 정의용 국가안보실장과 서훈 국정원장이 백악관에서 트럼프 대통령을 접견하고 김정은 북한 국무위원장의 방북 초청 의사를 전달하자 트럼프도 5월 중에 김정은을 만나겠다는 의사를 발표함으로써 북미 정상회담이 가시화되기 시작했다.

이후 정상회담 개최를 둘러싸고 북미 양측 간에 밀고 당기는 줄다리기가 있긴 했지만 2018년 6월 12일 싱가포르에서 트럼프 대통령과 김정은 국무위원장 간의 사상 첫 북미 정상회담이 개최되었다. 이 회담에서 양측은 완전한 한반도 비핵화, 평화체제 보장, 북미 관계 정상화 추진, 한국전쟁 전사자 유해 송환 등 4개 항에 합의했다. 트럼프는 정상회담 후 기자회견을 통해 북미협상 진행 중에는 한미연합훈련을 중단한다는 방침을 발표했다. 이후 북한은 미군 유해 55구를 송환하는 등 싱가포르 합의를 이행하는 듯한 모습을 보였다. 하지만 이후 북한은 미국의 선(先) 비핵화 조치 요구를 거부하는 등 비핵화와 관련된 실질적인 조치에 아무런 진전이 이루어지지 않자 북미 양측 간의 고위급 및 실무 협상도 교착 상태에 빠졌다. 하지만 2019년 1월 21일 김영철 북한 노동당 부위원장이 워싱턴 D.C.를 방문해 트럼프 대통령을 만나 김정은의 친서를 전달하고 돌아와 김정은에게 트럼프의 친서를 전달하면서 북한 핵 및 미사일 문제 해결을 위한 제2차 북미 정상회담 개최 가능성이 매우 높아졌다. 이후 트럼프 대통령은 2월 5일 연방의회에서 행한 국정연설을 통해 2월 27일과 28일에 걸쳐 베트남에서 김정은과 두 번째 정상회담을 갖게 될 것이라고 발표했다.

예정대로 베트남의 하노이에서 트럼프와 김정은 사이에 이틀에 걸친 정상회담이 열렸지만, 결과는 결국 '결렬'로 나타나고 말았다. 북한은 영변 핵 시설 전체를 폐기하겠다는 의향을 밝히면서 그에 상응하는 조치로 북한에 대한 제재를 완전히 해제해줄 것을 요구했지만, 트럼프 대통령은 영변 이외의 '플러스알파의 추가 조치'가 있어야 제재 해제가 가능하다고 응수했기 때문이다. 일각에서 '빅딜(Big Deal)'이 이루어지지 않을까 기대했던 양 정상 간의 두 번째 회담이 비록 '노딜(No Deal)'로 끝나기는 했지만, 양측은 서로에 대한 비난을 자제함으로써 양 정상이 앞으로 대화를 이어갈 수도 있다는 여운을 남겼다.

러시아 스캔들

트럼프 대통령은 취임 초기부터 대선 때 러시아 정부가 선거에 개입해 트럼프에게 유리한 정보를 흘려서 트럼프를 당선시키는 데 기여했다는 이른바 '러시아 스캔들'로 곤욕을 치러왔다. 이 사건은 2017년 1월 중앙정보국(CIA), 연방수사국(FBI), 국가안보국(NSA) 등 미국 정보 및 안보 당국의 수장들이 러시아가 2016년 미국 대선에 개입했다는 점에 대해 상당한 확신을 갖고 있다고 발표하면서 수면에 떠올랐다. 그해 3월 연방수사국 국장인 제임스 코미(James Comey)는 의회에서 트럼프 선거 운동 관련자와 러시아 정부 사이의 연관성에 대해 조사하고 있다고 밝혔다. 그러자 트럼프는 5월에 코미를 연방수사국 국장직에서 해임시켰다. 이후 코미는 6월에 상원 정보 위원회에서 러시아가 2016년의 대선에 개입했다는 것에 의심의 여지가 없다고 증언하기도 했다. 이러한 코미의 해임으로 트럼프의 러시아 유착 의혹에 이어 사법 방해 논란까지 더해져 역시 FBI 국장을 역임한 바 있던 로버트 뮬러(Robert Mueller)가 2017년 5월 특별 검사로 임명되면서 공식적인 수사 절차가 시작되었다.

뮬러 특검은 이후 러시아의 대선 개입과 관련한 트럼프 대통령의 공모와 사법 방해 혐의에 대한 조사에 착수했다. 뮬러 특검은 이후 20개월여에 걸친 수사를 통해 트럼프 대통령의 측근 6명을 포함해 34명을 기소했다. 특검에 기소된 인물 중에는 트럼프 취임 초기 국가안보보좌관을 역임한 로버트 플린(Robert Flynn)을 비롯해 로비스트이자 정치 컨설턴트이며 트럼프의 전 선대본부장인 폴 매너포트(Paul Manafort)와 트럼프 캠프의 '비선 참모'로 활동한 정치 컨설턴트 로저 스톤(Roger Stone) 등이 있다. 이들은 트럼프 대선 캠프와 러시아 정부 간의 내통 의혹으로 수사를 받았다. 그중 특히 뮬러 특검은 스톤을 허위 진술과 증인 매수, 공무 집행 방해 등 7개 혐의로 기소했다.

2019년 3월 24일 윌리엄 바(William Barr) 법무장관은 상하원 법사위원회에 이러한 뮬러 특검의 수사 결과 보고서 요약본을 제출했다. 이 요약본에 따르면 트럼프 대통령의 후보 시절 대선 캠프 측과 러시아 사이의 공모 혐의는 확인되지 않았다고 한다. 또한 이 보고서는 트럼프 대통령의 사법 방해 혐의에 대해서도 명확한 결론을 내리지 못했고, 추가 기소도 없을 것이라는 사실을 분명히 했다. 하지만 뮬러 특검은 이후 기자 회견을 통해 자신이 제출한 보고서가 트럼프 대통령에게 면죄부를 준 것이 아니라고 밝혔다. 뮬러는 현행 법무부 방침으로는 현직 대통령을 범죄 혐의로 기소하는 것을 금지하고 있으나, 헌법상으로는 또 다른 절차를 제공하고 있다고 언급함으로써 의회에서 탄핵이 가능할 수 있음을 암시했다.

이러한 '러시아 스캔들' 이외에도 트럼프를 곤혹스럽게 만들고 있는 사건은 이른바 불륜 '입막음 돈(Hush Payments)'이다. 트럼프 대통령의 개인 변호사 겸 해결사 역할을 했던 마이클 코언(Michael Cohen)은 이미 선거자금법 위반과 의회 위증 혐의로 최근에 징역 3년형을 선고받은 바 있다. 코언이 2018년 말에 검찰 진술과 언론 인터뷰 등을 통해 트럼프가 지난 2016년 대선을 앞두고 과거 불륜 관계를 맺었던 여성들에게 입막음용 돈을 지급하라고 지시했으며 자신은 이것이 잘못된 행동이라는 것을 알고 있었다고 폭로했다. 이에 대해 트럼프는 코언이 검찰 수사에 협조한 것에 대해 그를 비판하면서 자신은 그에게 불법 행동을 지시한 적이 없다고 발뺌했다. 하지만 코언이 의회에서 트럼프의 입막음 돈 지급 지시와 러시아와의 내통 의혹 등에 대한 추가 폭로에 나설 경우 트럼프는 상당한 곤경에 처할 것으로 보인다.

트럼프에 대한 탄핵 논의

이러한 러시아 스캔들과 트럼프의 행실과 관련된 사건이 표면화되기 전인 트럼프의 취임 초기부터 민주당 하원의원들을 중심으로 그에 대한 공식적인 탄핵소추안이 발의되기 시작했다. 하지만 이러한 발의는 민주당 당론으로 채택된 것이 아니었기에 통과되지는 못했다. 그럼에도 2017년 5월 트럼프가 코미 연방수사국장을 해임한 직후에는 그를 사법 방해죄로 탄핵해야 한다는 발의가 있었다. 이 발의는 12월 하원에서 압도적인 표차로 부결되고 말았다. 그리고 2018년 중간선거 결과 51석을 확보한 공화당이 상원의 다수당을 유지하게 되었지만, 하원에서는 민주당이 229석을 차지해 다수당의 지위를 탈환하게 되면서 탄핵 절차가 개시될 가능성은 높아졌다. 하지만 공화당이 최종 판결을 내리는 상원을 여전히 다수당으로 점하고 있어서 최종적인 탄핵은 부결될 가능성이 높은 것으로 점쳐지고 있다.

역사 메모 셧다운이란 정당 간의 예산안 합의가 실패해 새해 예산안 통과 시한까지 합의가 이루어지지 못하는 경우 연방 정부가 일시 폐쇄되는 상태를 말한다. 연방 정부는 셧다운 제도가 시행되면 국민의 생명 및 재산 보호와 관련된 일부 필수적인 기능만 유지한다. 따라서 그 밖의 업무는 잠정적으로 중단되어 관련 연방 공무원들은 강제적인 무급 휴가에 돌입하게 된다. 연방 정부가 셧다운 되었을 때 가장 먼저 문을 닫는 곳 중 하나가 연방 정부 관할하에 있는 국립공원이다. 이때에는 자발적으로 무보수 근무를 하는 것도 불가능하고 예산안이 통과되어야 보수를 받을 수 있다. 트럼프 행정부 이전의 최장기 셧다운은 클린턴 행정부 시절의 21일간이었다.

미국의 미래는 어떻게 될 것인가

'글로벌리즘'의 중심에 서 있는 미국

오늘날 미국이 세계 유일의 초강대국이라는 사실을 부인할 사람은 거의 없을 것이다. 또 20세기 말부터 전 세계인의 화두가 되다시피 한 세계화 또는 '글로벌리즘'이라는 말 속에도 그 중심에 미국이 자리 잡고 있다는 데에 별다른 이의를 달 사람이 없을 것이다. 그래서 많은 사람들은 과거 세계를 주름잡았던 로마제국이나 대영제국의 영화(榮華)와 비교해 미국이 세계무대에 본격적으로 등장하기 시작한 20세기를 '팍스 아메리카나(pax Americana)'의 시대라 부르기도 하고, 혹자는 '미국의 세기(American Century)'라고 칭하기도 한다. 그런가 하면 일부에서는 오늘날의 미국을 가리켜 '아메리카 제국(American Empire)'이라고 부르며 미국이 세계 여러 나라를 상대로 자국의 이해관계에 따라 일방주의 정책을 펼치고 이를 강요하는 것을 비난하기도 한다.

21세기의 초입에서 바라본 미국

그렇다면 과연 오늘의 미국은 어디쯤 와 있으며 또 어디로 가고 있는가? 사실 역사가는 과거 사실에 비추어 미국이 현재 어디에 서 있는지까지는 판단할 수 있어도 앞으로 어디로 나아갈지에 대한 예측까지는 할 수 없다. 다만 소박한 전망 정도는 할 수 있지 않을까 싶다.

우선 미국의 인구는 2018년 기준으로 약 3억 2700만 명 정도이다. 이는 전 세계 약 77억 1400만 명의 인구 중 약 14억 2000만 명이 살고 있는 중국과 13억 6000만 명이 살고 있는 인도 다음으로 많은 숫자다. 보고서에 따라 다소 차이를 보이지만, 최근의 한 인구 전망 보고서에 따르면 2050년에는 미국 인구가 4억 명 정도에 이를 것이고, 그중 백인 인구 비율은 50퍼센트 이하로 떨어질 것이라고 한다. 여기에서 중요한 것은 미국 내 총인구수의 증가보다 백인 인구 비율의 감소 및 비백인 인구 중 히스패닉과 아시아계 인종의 꾸준한 증가 추세다. 특히 히스패닉 인구는 2000년 흑인 인구를 능가한 이래 줄곧 소수 인종 집단으로는 미국 인구 구성에서 1위를 차지하고 있으며, 이 추세가 역전될 가능성은 거의 없어 보인다. 이러한 인종 구성의 변화는 기존의 백인 중심 미국 사회가 어떤 형태로든 변화하게 되리라는 것을 예견케 한다.

이러한 예견이 결코 허망한 것이 아니라는 사실을 극명하게 보여준 사건은 바로 2008년 대선에서 미국 역사상 최초로 흑인인 버락 오바마가 대통령으로 당선된 일이라고 할 수 있다. 이제까지 역대 미국 대통령 중에서 미국 사회의 주류를 일컫는 이른바 WASP의 범주를 벗어난 대통령이 유일하게 가톨릭교도였던 존 F. 케네디를 제외하고 전혀 없었다는 점을 생각하면, 흑인 대통령의 출현은 미국 사회의 인종 관계 변화를 지극히 상징적으로 보여주는 사건이라고 할 수 있다. 아울러 미국에서 그 누구도 이렇게 빨리 흑인 대통령이 나타날 것이라고는 미처 예상하지 못했지만, 흑인인 오바마가 대통령에 당선된 것은 미국 인종 문제의 밝은 미래를 보여주는 것이라고도 할 수 있다. 이와 더불어 오바마 대통령은 취임 후 소니아 소토마요르(Sonia Sotomayor)를 최초의 히스패닉계 여성 연방 대법원 판사로 지명함으로써 이제는 미국이 피부색이 아니라 능력에 의해 움직이는 나라라는 것을 몸소 보여주고자 했다.

오바마 당선 이전에도 이미 미국 연방 대법원은 2007년 6월 28일 "거주지보다 인종을 우선한 흑백 통합 학교 배정은 잘못"이라고 판결함으로써, 1954년의 '브라운 대 토피카 교육위원회' 판례 이후 흑백 통합을 위해 학생의 거주지와 관계없이 학생을 배정하던 프로그램을 무효화하는 판결을 내렸다. 이 판결에서 존 로버츠(John G. Roberts, Jr.) 대법원장은 흑백 통합 교육을 실시한다는 명분으로 흑인과 백인의 균형을 인위적으로 맞추는 것 자체가 인종차별이라고 보았다. 이에 대해 당시 흑인 학생이 다수인 하워드(Howard) 대학에서 열린 민주당 대선 예비 후보 토론회에서, 힐러리 클린턴 상원의원은 "시계를 거꾸로 돌린 것"이라고 강하게 비판했고, 참석자들도 이 판결을 거세게 비난했다고 한다. 물론 이 판결은 미국 언론으로부터 보수적 성향의 대법원 판사들이 인종의 다양성은 '인종 중립적(race-neutral)' 방법을 통해 달성되어야 한다는 부시 대통령의 손을 들어준 것으로 평가받지만, 이것 역시 앞으로 미국 사회가 어디로 갈 것인가를 짐작케 해주는 획기적인 판결이라고 할 수 있다.

'다문화주의'의 대두

이처럼 미국 사회는 다양한 인종과 문화로 인해 늘 커다란 과제를 안고 있다. 과거 미국은 여러 인종과 문화가 하나로 용해되어 하나의 미국인으로서 살아가는 '인종의 용광로(melting-pot)'라는 말을 들어왔으나, 이제는 겉으로 보기에는 하나인 것 같아도 속을 들여다보면 각자 고유한 인종적 또는 민족적 특색을 지닌 채 살아간다는 의미로 '샐러드 볼(salad bowl)'이라고 불리고 있다. 나아가 미국 사회와 문화가 한층 다원화되면서 '다문화주의(multi-culturalism)'가 대두해 동일 소수민족 끼리 미국 문화에 동화되지 않고 독자적인 사회를 구축하려는 경향도 보이고 있다. 예컨대 코리아타운, 차이나타운, 리틀 도쿄, 리틀 이탈리아 같은 곳에서는 영어를 사용하지 않고도 살아가는 데 별 지장이 없다.

이에 대해 최근 미국에서는 다문화주의의 추세를 인정하고 문화적 다양성을 미국 사회 발전의 동력으로 삼아야 한다는 주장과 이를 배척하고 미국적 문화를 계승 발전시켜야 한다는 주장이 팽팽히 맞서고 있다. 이는 결국 이른바 '문화 전쟁(Culture War)'으로 촉발되어 보수-우파와 진보-좌파 간의 대립, 미국적 전통문화를 고수하고자 하는 쪽과 문화적 다양성을 인정하고 변화를 추구하려는 쪽 사이의 갈등으로 나타나고 있다. 현재 미국에서는 발등에 떨어진 불이라고 할 수 있는 심각한 경제 위기로 말미암아 국내적으로 문화 전쟁에서의 다문화주의 논쟁은 다소 소강 상태를 보이고 있다. 하지만 이 문제는 증대되는 빈부 문제 및 경제적 양극화, 소수 인종 범죄율의 증가와 더불어 언제든 미국 사회를 커다란 갈등으로 몰아갈 소지를 지니고 있다.

미국의 잠재력과 저력

최근, 미국 주도로 이루어지고 있는 일방적인 세계화와 테러와의 전쟁 등에 대한 반작용으로 전 세계적으로 반미 감정이 확산되고 있다. 또한 서브프라임 모기지 사태로 촉발된 금융 위기와 이에 따른 장기간에 걸친 미국의 경기 침체는 1930년대의 대공황 이후 최악의 사태라는 평을 들으며 미국의 장래를 어둡게 만들 뿐 아니라 세계 경제에도 커다란 파급 효과를 던지고 있다. 이러한 사태에 직면해 미국 일각에서는 일부 지식층을 중심으로 과거 찬란했던 로마제국이 멸망했듯이 미국도 조만간 멸망하거나 쇠퇴하지 않을까 하는 우려의 목소리가 들리기도 한다.

하지만 필자는 미국을 굳이 로마제국에 비유하지 않더라도 미국이라는 나라가 하루아침에 멸망하거나 류 국가로 전락하지는 않을 것이라고 본다. 미국은 잠재력과 저력을 가진 나라다. 그 근거로 기존의 여러 학자들은 미국이라는 나라를 오늘날까지 역사적으로 굳건하게 성장할 수 있게 해준 정치 체제의 발전, 때론 미국에 커다란 문제를 초래하기도 하지만 크게 보아서는 미국 사회에 끝없는 활력을 불어넣어주면서 경제적·지적 성장 동력으로 작용하는 이민의 유입 등을 든다. 그런데 필자가 보기에 미국이 지닌 가장 커다란 저력 중 하나는 인구의 2퍼센트 정도밖에 안 되는 농민이 전 국민을 먹여 살리고도 남을 정도의 엄청난 농업생산력을 지니고 있으며, 지식·정보·통신·바이오·항공 우주 등의 다양한 산업 분야에서 각종 첨단 기술과 정보로 무장해 고부가 가치의 산업 생산 및 혁신을 이룩해가고 있다는 점이다.

최근 중국과 인도가 무서운 속도로 미국을 따라잡고, 머지않아 이들 나라가 경제적 규모에서 미국을 추월할 것이라는 전망도 나오고 있다. 특히 중국은 20세기 말부터 놀라운 경제성장을 이룩하며 미국이 지난 세기에 누려온 초강대국의 지위를 위협하고 있는 것도 사실이다. 하지만 중국은 인구 대비 전 국민의 평균적 삶의 질이라는 측면에서 당분간 미국을 따라잡기는 힘들 것이다. 우리를 포함한 세계인이 개인 또는 국가적 이해관계에 따라 미국을 비난·질시·경멸하면서 일부 극단적 방법으로 테러를 가하기도 하고, 이와 반대로 미국을 선망의 대상으로 삼아 미국인 아니면 미국인처럼 되기 위해 안달을 할지라도, 미국 스스로는 그것이 자국의 역사적 경로에 따른 '미국의 예외주의(American Exceptionalism)'에 입각한 것이든 아니든 220여년 전 건국의 아버지들이 작성한 헌법 정신에 따라 자국의 발전과 자국민의 안녕을 위해 끊임없이 노력하는 나라로 남아 있을 것이다.

1. 역대 미국 대통령

	취임연도	대통령	정당	부통령	정당
1	1789	조지 워싱턴(George Washington)	없음	존 애덤스(John Adams)	연방파
	1793	"	"	"	"
2	1797	존 애덤스(John Adams)	연방파	토머스 제퍼슨(Thomas Jefferson)	민주공화파
3	1801	토머스 제퍼슨(Thomas Jefferson)	민주공화파	애런 버(Aaron Burr)	민주공화파
	1805	"	"	조지 클린턴(George Clinton)	민주공화파
4	1809	제임스 메디슨(James Madison)	민주공화파		
	1813	"	"	엘브리지 게리(Elbridge Gerry)	민주공화파
5	1817	제임스 먼로(James Monroe)	민주공화파	대니얼 톰킨스(Daniel D. Tompkins)	민주공화파
	1821	"	"	"	"
6	1825	존 퀸시 애덤스(John Quincy Adams)	민주공화파	존 칼훈(John C. Calhoun)	민주공화파
7	1829	앤드루 잭슨(Andrew Jackson)	민주당	"	"
	1833	"	"	마틴 밴 뷰런(Martin Van Buren)	민주당
8	1837	마틴 밴 뷰런(Martin Van Buren)	민주당	리처드 존슨(Richard M. Johnson)	민주당
9	1841	윌리엄 헨리 해리슨(William Henry Harrison)	휘그당	존 타일러(John Tylor)	휘그당
10	1841	존 타일러(John Tyler)	휘그당	없음	
11	1845	제임스 포크(James K. Polk)	민주당	조지 댈러스(George M. Dallas)	민주당
12	1849	재커리 테일러(Zachary Tayler)	휘그당	밀러드 필모어(Millard Fillmore)	휘그당
13	1850	밀러드 필모어(Millard Filmore)	휘그당	없음	
14	1853	프랭클린 피어스(Franklin Pierce)	민주당	윌리엄 킹(William R. King)	민주당
15	1857	제임스 뷰캐넌(James Buchanan)	민주당	존 브레킨리지(John C. Brekinridge)	민주당
16	1861	에이브러햄 링컨(Abraham Lincoln)	공화당	한니발 햄린(Hannibal Hamlin)	공화당
	1865	"	"	앤드루 존슨(Andrew Johnson)	공화당
17	1865	앤드루 존슨(Andrew Johnson)	공화당	없음	
18	1869	율리시스 그랜트(Ulysses S. Grant)	공화당	스커이러 콜팩스(Schuyler Colfax)	공화당
	1873	"	"	헨리 윌슨(Henry Wilson)	공화당
19	1877	러더퍼드 헤이즈(Rutherford Hayes)	공화당	윌리엄 휠러(William A. Wheeler)	공화당
20	1881	제임스 가필드(James Garfield)	공화당	체스터 아서(Chester A. Arther)	공화당
21	1881	체스터 아서(Chester Arthur)	공화당	없음	
22	1885	그로버 클리블랜드(Grover Cleveland)	민주당	토머스 헨드릭스(Thomas A. Hendricks)	민주당
23	1889	벤저민 해리슨(Benjamin Harrison)	공화당	레비 모턴(Levi P. Morton)	공화당
24	1893	그로버 클리블랜드(Grover Cleveland)	민주당	애들라이 스티븐슨(Adlai E. Stevenson)	민주당
25	1893	윌리엄 매킨리(William McKinley)	공화당	개럿 호버트(Garret A. Hobart)	공화당
	1901	"	"	시어도어 루스벨트(Theodore Roosevelt)	공화당

26	1901	시어도어 루스벨트(Theodore Roosevelt)	공화당	없음	
	1905	〃	〃	찰스 페어뱅크스(Charles W. Fairbanks)	공화당
27	1909	윌리엄 태프트(William Howard Taft)	공화당	제임스 셔먼(James Sherman)	공화당
28	1913	우드로 윌슨(Woodrow Wilson)	민주당	토머스 마셜(Thomas R. Marshall)	민주당
	1917	〃	〃	〃	〃
29	1921	워런 하딩(Warren Harding)	공화당	캘빈 쿨리지(Calvin Coolidge)	공화당
30	1923	캘빈 쿨리지(Calvin Coolidge)	공화당	없음	
	1925	〃	〃	찰스 도오즈(Charles G. Dawes)	공화당
31	1929	허버트 후버(Herbert Hoover)	공화당	찰스 커티스(Charles Cutis)	공화당
32	1933	프랭클린 루스벨트(Franklin Roosevelt)	민주당	존 가너(John N. Garner)	민주당
	1937	〃	〃	〃	〃
	1941	〃	〃	헨리 월리스(Henry A. Wallace)	민주당
	1945	〃	〃	해리 트루먼(Harry S. Truman)	민주당
33	1945	해리 트루먼(Harry S Truman)	민주당	없음	
	1949	〃	〃	올빈 바클리(Alben W. Barkley)	민주당
34	1953	드와이트 아이젠아워(Dwight Eisenhower)	공화당	리처드 닉슨(Richard M. Nixon)	공화당
	1957	〃	〃	〃	〃
35	1961	존 케네디(John F. Kennedy)	민주당	린든 존슨(Lyndon B. Johnson)	민주당
36	1963	린든 존슨(Lyndon B. Johnson)	민주당	없음	
	1965	〃	〃	휴버트 험프리(Hubert H. Humphrey)	민주당
37	1969	리처드 닉슨(Richard Nixon)	공화당	스피로 애그뉴(Spiro T. Agnew)	공화당
	1973	〃	〃	〃	〃
	1973	〃	〃	제럴드 포드(Gerald R. Ford)	공화당*
38	1974	제럴드 포드(Gerald R. Ford)	공화당	넬슨 록펠러(Nelson A. Rockefeller)	공화당*
39	1977	지미 카터(Jimmy Carter)	민주당	월터 먼데일(Walter F. Mondale)	민주당
40	1981	로널드 레이건(Ronald Reagan)	공화당	조지 부시(George Bush)	공화당
	1985	〃	〃	〃	〃
41	1989	조지 부시(George Bush)	공화당	댄 퀘일(Dan Quayle)	공화당
42	1993	빌 클린턴(Bill Clinton)	민주당	앨 고어(Al Gore)	민주당
	1997	〃	〃	〃	〃
43	2001	조지 W. 부시(George W. Bush)	공화당	딕 체니(Dick Cheney)	공화당
	2005	〃	〃	〃	〃
44	2009	버락 오바마(Barack Obama)	민주당	조셉 바이든(Joseph Biden, Jr.)	민주당
	2013	〃	〃	〃	〃
45	2017	도널드 존 트럼프(Donald John Trump)	공화당	마이크 펜스(Mike Pence)	공화당

* 수정헌법 제25조 2절에 의거, 선거에 의하지 않고 취임한 부통령

2. 식민지 시대의 인구(추정)

연도	인구	연도	인구	연도	인구	연도	인구
1610	350	1660	75,100	1710	331,700	1760	1,593,600
1620	2,300	1670	111,900	1720	466,200	1770	2,148,100
1630	4,600	1680	151,500	1730	629,400	1780	2,780,400
1640	26,600	1690	210,400	1740	905,600		
1650	50,400	1700	250,900	1750	1,170,800		

3. 미국의 인구와 국토의 증가

연도	인구	육지면적 (평방마일)	평방마일 당 인구	연도	인구	육지면적 (평방마일)	평방마일 당 인구
1790	3,929,214	864,746	4.5	1910	92,228,496	3,547,045	26.0
1800	5,308,483	864,746	6.1	1920	106,021,537	3,546,931	29.9
1810	7,239,881	1,681,828	4.3	1930	123,202,624	3,551,608	34.1
1820	9,638,453	1,749,462	5.5	1940	132,164,569	3,551,608	37.2
1830	12,866,020	1,749,462	7.4	1950	151,325,798	3,552,206	42.6
1840	17,069,453	1,749,462	9.8	1960	179,323,175	3,540,911	50.6
1850	23,191,876	2,940,042	7.9	1970	203,302,031	3,536,855	57.5
1860	31,443,321	2,940,042	10.6	1980	266,542,199	3,539,289	64.0
1870	38,558,371	3,540,705	10.9	1990	248,718,302	3,536,278	70.3
1880	50,189,209	3,540,705	14.2	2000	281,421,906	3,537,438	79.6
1890	62,979,766	3,540,705	17.8	2010	308,745,538	3,531,905	85
1900	76,212,168	3,547,314	21.5				

4. 미국의 인구 비율

연도	백인	흑인	기타	연도	백인	흑인	기타
1860	85.6	14.1	0.3	1940	89.8	9.8	0.4
1870	87.1	12.7	0.2	1950	89.5	10.0	0.5
1880	86.5	13.1	0.3	1960	88.6	10.5	0.9
1890	87.5	11.9	0.3	1970	87.6	11.1	1.4
1900	87.9	11.6	0.5	1980	83.1	11.7	5.2
1910	88.9	10.7	0.4	1990	80.3	12.1	7.6
1920	89.7	9.9	0.4	2000	75.1	12.3	12.6
1930	89.8	9.7	0.5	2010	72.4	12.6	15.0

5. 미국의 50주와 연방 가입 연도

가입 순서	주 이름	가입 연월일	가입 순서	주 이름	가입 연월일
1	델라웨어(Delaware)	1787. 12. 7	26	미시간(Michigan)	1837. 1. 26
2	펜실베이니아(Pennsylvania)	1787. 12. 12	27	플로리다(Florida)	1845. 3. 3
3	뉴저지(New Jersey)	1787. 12. 18	28	텍사스(Texas)	1845. 12. 29
4	조지아(Georgia)	1788. 1. 2	29	아이오와(Iowa)	1846. 12. 28
5	코네티컷(Connecticut)	1788. 2. 9	30	위스콘신(Wisconsin)	1848. 5. 29
6	메사추세츠(Massachusetts)	1788. 2. 7	31	캘리포니아(California)	1850. 9. 9
7	메릴랜드(Maryland)	1788. 4. 28	32	미네소타(Minnesota)	1858. 5. 11
8	사우스캐롤라이나(South Carolina)	1788. 5. 23	33	오리건(Oregon)	1859. 2. 14
9	뉴햄프셔(New Hampshire)	1788. 6. 21	34	캔자스(Kansas)	1861. 1. 29
10	버지니아(Virginia)	1788. 6. 25	35	웨스트버지니아(West Virginia)	1863. 6. 30
11	뉴욕(New York)	1788. 7. 26	36	네바다(Nevada)	1864. 10. 31
12	노스캐롤라이나(North Carolina)	1789. 11. 21	37	네브래스카(Nebraska)	1867. 3. 1
13	로드아일랜드(Rhode Island)	1790. 5. 29	38	콜로라도(Colorado)	1876. 8. 1
14	버몬트(Vermont)	1791. 3. 4	39	노스다코타(North Dakota)	1889. 11. 2
15	켄터키(Kentucky)	1792. 6. 1	40	사우스다코타(South Dakota)	1889. 11. 2
16	테네시(Tennessee)	1796. 6. 1	41	몬태나(Montana)	1889. 11. 8
17	오하이오(Ohio)	1803. 3. 1	42	워싱턴(Washington)	1889. 11. 11
18	루이지애나(Louisiana)	1812. 4. 30	43	아이다호(Idaho)	1890. 7. 3
19	인디애나(Indiana)	1817. 12. 10	44	와이오밍(Wyoming)	1890. 7. 10
20	미시시피(Mississippi)	1817. 12. 10	45	유타(Utah)	1896. 1. 4
21	일리노이(Illinois)	1818. 12. 3	46	오클라호마(Oklahoma)	1907. 11. 16
22	앨라배마(Alabama)	1819. 12.14	47	뉴멕시코(New Mexico)	1912. 1. 6
23	메인(Maine)	1820. 3. 15	48	애리조나(Arizon)	1912. 2. 14
24	미주리(Missouri)	1821. 8. 10	49	알래스카(Alaska)	1959. 1. 3
25	아칸소(Arkansas)	1836. 6. 15	50	하와이(Hawaii)	1959. 8. 21

참고 문헌

권오신 지음, 미국의 제국주의: 필리핀인들의 시련과 저항, 문학과 지성사, 2000

권오신·김호연 지음, 왜 미국, 미국하는가?, 강원대출판부, 2003

김덕호·김연진 엮음, 현대 미국의 사회운동, 비봉출판사, 2001

김덕호·원용진 엮음, 아메리카나이제이션, 푸른역사, 2008

김봉중 지음, 미국은 과연 특별한 나라인가, 소나무, 2001

김봉중 지음, 카우보이들의 외교사, 푸른역사, 2006

김진웅 지음, 냉전의 역사, 1945~1991, 비봉출판사, 1999

김형곤 지음, 미국대통령의 초상, 선인, 2003

D. W. 노블 지음, 정만득 옮김, 역사를 버린 역사가들, 계명대출판부, 1988

M. 듀보프스키 지음, 배영수 옮김, 현대 미국노동운동의 기원, 한울, 1990

C. 데글러, 이보형 외 옮김, 현대 미국의 성립, 일조각, 1978

E. 로젠버그, 양홍석 옮김, 미국의 팽창, 동과서, 2003

A. S. 마코비츠, 미국이 미운 이유, 일리, 2008

E. S. 모건 지음, 황혜성 외 옮김, 미국의 노예제도 & 미국의 자유, 비봉출판사, 1997

미국학연구소 엮음, 미국 사회의 지적 흐름: 정치, 경제, 사회, 문화, 서울대출판부, 1998

박진빈 지음, 도시로 보는 미국사, 책세상, 2016

박진빈 지음, 백색국가 건설사, 앨피, 2006

T. 베일리 지음, 정성화 외 옮김, 미국정당정치사, 학지사, 1994

B. 베일린 지음, 배영수 옮김, 미국 혁명의 이데올로기적 기원, 새물결, 1999

D. J. 부어스틴 지음, 이보형 외 옮김, 미국사의 숨은 이야기, 범양사, 1991

A. 브링클리 지음, 황혜성 외 옮김, 있는 그대로의 미국사 1,2,3, 휴머니스트, 2005

C. A. 비어드 지음, 양재열 외 옮김, 미국헌법의 경제적 해석, 신서원, 1997

손세호 지음, 눈으로 보는 세계 역사 20: 미국의 독립과 발전, 교원, 2006

W. 솔버그 지음, 조지형 옮김, 미국의 사상과 문화, 이화여대출판부, 1996

A. 슐레진저 지음, 정상준·황혜성 옮김, 미국역사의 순환, 을유문화사, 1986

안윤모 지음, 미국 민중주의의 역사, 이화여대출판부, 2006

F. L. 알렌 지음, 박진빈 옮김, 빅 체인지, 앨피, 2008

F. L. 알렌 지음, 박진빈 옮김, 원더풀 아메리카, 앨피, 2006

S. E. 앰브로스 지음, 손원재 옮김, 대륙횡단철도, 청아출판사, 2003

S. E. 앰브로스 지음, 박중서 옮김, 불굴의 용기, 뜨인돌, 2009

S. 에번스 지음, 조지형 옮김, 자유를 위한 투쟁: 미국 여성의 역사, 이화여대출판부, 1998

양재열 지음, 1840년대 미국 정치와 지역주의, 서림, 2004

양재열 지음, 한국인을 위한 미국사, 혜안, 2005

양홍석 지음, 고귀한 야만, 동국대학교출판부, 2008

양홍석 지음, 미국기업 성공신화의 역사, 동과서, 2001

연동원 지음, 영화 대 역사: 영화로 본 미국의 역사, 학문사, 2002

C. V. 우드와드 지음, 박무성 옮김, 미국사 신론, 범문사, 1981

이보형 지음, 미국사 개설, 일조각, 2018

이보형 외 지음, 미국역사학의 역사, 비봉출판사, 2000

이보형 외 지음, 미국사연구서설, 일조각, 1984

이주영 지음, 미국 경제사, 건국대출판부, 1988

이주영 지음, 미국사, 대한교과서, 2005

이주영·김형인 지음, 미국현대사의 흐름, 비봉출판사, 2003

이주영 외 지음, 미국현대사, 비봉출판사, 1996

이현송 지음, 미국문화의 기초, 한울, 2006

전국역사교사모임 지음, 처음 읽는 미국사, 휴머니스트, 2018

정경희 지음, 미국을 만든 사상들, 살림, 2004

정경희 지음, 중도의 정치: 미국 헌법제정사, 서울대출판부, 2001

정만득 지음, 미국의 청교도 사회, 비봉출판사, 2001

정만득 엮음, 사료 미국사 I, II, 계명대학교 출판부, 1999

조지형 지음, 헌법에 비친 역사, 푸른역사, 2007

P. 존슨 지음, 명병훈 옮김, 미국인의 역사, 살림, 2016

H. 진 지음, 유강은 옮김, 미국민중사, 이후, 2006

H. 진 외 지음, 김영진 옮김, 하워드 진: 살아있는 미국역사, 추수밭, 2008

차상철 지음, 한미동맹 50년, 생각의 나무, 2004

차상철 외 지음, 미국외교사, 비봉출판사, 1999

최영보 외 지음, 미국현대외교사, 비봉출판사, 1998

최웅·김봉중 지음, 미국의 역사, 소나무, 1997

B. 커밍스 지음, 박진빈 외 옮김, 미국 패권의 역사, 서해문집, 2011

R. M. 크런던 지음, 황혜성 외 옮김, 미국 문화의 이해, 대한교과서, 1996

B. 퀼스 지음, 조성훈 외 옮김, 미국흑인사, 백산서당, 2002

F. J. 터너 지음, 이주영 옮김, 프론티어와 미국사, 박영사, 1978

S. 퍼슨스 지음, 이형대 옮김, 미국 지성사, 신서원, 1999

G. 포터 지음, 손영호 외 옮김, 미국기업사, 학문사, 1998

한국미국사학회 엮음, 사료로 읽는 미국사, 궁리, 2006

M. H. 헌트 지음, 권용립 외 옮김, 이데올로기와 미국 외교, 산지니, 2007

하룻밤에 읽는 미국사

1판 1쇄 발행 2007년 8월 27일
2판 1쇄 발행 2011년 1월 31일
3판 1쇄 발행 2019년 6월 27일
3판 3쇄 발행 2022년 10월 25일

지은이 손세호

발행인 양원석
편집장 박나미
디자인 엄혜리
영업마케팅 조아라, 이지원, 박찬희

펴낸 곳 ㈜알에이치코리아
주소 서울시 금천구 가산디지털2로 53, 20층 (가산동, 한라시그마밸리)
편집문의 02-6443-8865   **도서문의** 02-6443-8838
홈페이지 http://rhk.co.kr
등록 2004년 1월 15일 제2-3726호

ISBN 978-89-255-6695-5 (03900)